Misselhorn/Pompe-Alama/Ramming (Hrsg.)
Sprache, Wahrnehmung und Selbst

Catrin Misselhorn,
Ulrike Pompe-Alama, Ulrike Ramming
(Hrsg.)

Sprache, Wahrnehmung und Selbst

Neue Perspektiven
auf Gareth Evans' Philosophie

mentis
MÜNSTER

Einbandabbildung: © Angela Matthias

Bibliografische Information der Deutschen Nationalbibliothek

Die Deutsche Nationalbibliothek verzeichnet diese
Publikation in der Deutschen Nationalbibliografie;
detaillierte bibliografische Daten sind im Internet über
http://dnb.dnb.de abrufbar.

Gedruckt auf umweltfreundlichem, chlorfrei gebleichtem
und alterungsbeständigem Papier ∞ ISO 9706

© 2017 mentis Verlag GmbH
Eisenbahnstraße 11, 48143 Münster, Germany
www.mentis.de

Alle Rechte vorbehalten. Dieses Werk sowie einzelne Teile desselben sind urheberrechtlich
geschützt. Jede Verwertung in anderen als den gesetzlich zulässigen Fällen ist ohne vorherige
Zustimmung des Verlages nicht zulässig.

Printed in Germany
Einbandgestaltung: Anna Braungart, Tübingen
Wissenschaftlicher Satz: satz&sonders GmbH, Münster (www.satzundsonders.de)
Druck: AZ Druck und Datentechnik GmbH, Kempten
ISBN 978-3-95743-072-4 (Print)
ISBN 978-3-95743-803-4 (E-Book)

INHALTSVERZEICHNIS

Einleitung 7

I.
NEO-FREGEANISMUS UND HINWEISENDE BEZUGNAHME

Jürgen Pafel
Referenz, Sinn und Bedeutung in einer Neo-Fregesemantik 21

Rico Hauswald
Grundzüge und Potenziale einer Evansschen Konzeption von Ausdrücken für natürliche Arten 35

Ulrike Ramming
Kausale Ketten und technisch gestützte Referenz 57

Jens Kertscher
Rationaler Externalismus: McDowells Evans 77

Gianfranco Soldati
Intentionalität und Singularität demonstrativer Gedanken 97

Pirmin Stekeler-Weithofer
Konstitution des Gegenstandsbezugs –
Namen, Demonstrativ- und Personalpronomen bei Russell und Evans 121

II.
WAHRNEHMUNG ZWISCHEN BEGRIFFEN UND NICHT-BEGRIFFLICHKEIT

Ulrike Pompe-Alama
Evans' Konzeption nichtbegrifflicher Wahrnehmungsgehalte 155

Catrin Misselhorn
Wahrnehmungsrepräsentation und Objektivität –
Zur Verteidigung von Evans' Neo-Kantianismus 179

III.
SELBSTREFERENZ UND SELBSTERKENNTNIS

Quassim Cassam
Evans über Selbstwissen 211

Christoph Michel
Das Transparenzverfahren der Selbstzuschreibung von Überzeugungen 235

Thomas Szanto
Externalismus und Selbstkenntnis:
Evans' Kompatibilismus 259

Jan Müller
Geteilte reflexive Selbstbezugnahme und das »informational system« 283

EINLEITUNG

Der englische Philosoph Gareth Evans starb 1980 im Alter von nur 34 Jahren. Gleichwohl hinterließ er maßgebliche philosophische Beiträge in den Bereichen Logik, Metaphysik, Sprachphilosophie und Philosophie des Geistes, die bis heute großen Einfluss auf die Forschungsdiskussion haben. Sein Ausgangspunkt ist eine an Frege, Russell und Strawson geschulte Theorie der Referenz, die wesentlich in seinem 1982 posthum erschienenen Buch *The Varieties of Reference* entwickelt wird. Die in diesem mittlerweile zum Klassiker avancierten Werk behandelten Themen reichen allerdings weit über den Geltungsbereich klassischer Referenztheorien hinaus: Sie umreißen in Anschluss an Dummett, Russell und Davidson Grundzüge einer Theorie des Verstehens; sie behandeln Fragen einer Theorie der Überzeugung, die das Problem des *tacit knowledge* mit berücksichtigt. Außerdem nimmt Evans im Kontext der Diskussionen zwischen Deskriptivisten und Kausaltheoretikern eine eigenstände Position ein. Nicht zuletzt entwickelt er in einer bis dahin nicht erreichten Präzision Fragen der Selbstbezüglichkeit und nimmt in den Diskussionen zur Frage der Begrifflichkeit bzw. Nichtbegrifflichkeit von Wahrnehmung eine maßgebliche Rolle ein.

Gleichzeitig blieb Evans ein großer Unbekannter. Ein Grund hierfür kann vielleicht in der Tatsache gesehen werden, dass *The Varieties of Reference* unvollendet blieb. Weit ausgearbeitete Kapitel stehen skizzenartigen Vorüberlegungen gegenüber; Argumentationen der einzelnen Kapitel sind nicht immer widerspruchslos in einen systematischen Zusammenhang zu bringen. Der Vorzug einer derartigen Situation liegt darin, dass man einem Autor *quasi* bei der Arbeit zusehen kann: Der Stil von Evans zeichnet sich durch große argumentative Klarheit und eine sorgfältige Rekonstruktion der von ihm behandelten Autoren aus. Er entwickelt eigenständige Positionen, bezieht sich zugleich auf die philosophische Tradition; dies gilt insbesondere für die durch Frege und Russell begründete analytische Sprachphilosophie. Er widmet sich aber auch – vermittelt über die Philosophie seines Lehrers P. F. Strawson – an Kant orientierten Überlegungen zur Frage unseres begrifflich vermittelten Bezugs zur Welt. Daraus ergibt sich eine durchgängig sehr voraussetzungsvolle Art der Argumentation, die es erschwert, Zugang zu den einzelnen Teilen dieses Werks zu finden.

Der teilweise unabgeschlossene Charakter von *The Varieties of Reference*, verbunden mit dem frühen Tod des Verfassers, hat eine Offenheit im Umgang mit diesem Werk ermöglicht, die für sehr unterschiedliche Weisen der Rezeption den Boden bot. Prominenteste Beispiele sind der Ansatz von J. L. Bermúdez zu nicht-begrifflicher Kognition sowie die einflussreiche Auseinandersetzung von John McDowell in *Mind and World* mit den Überlegungen von Evans zur Nicht-Begrifflichkeit von Wahrnehmung. Während Evans in den Diskussionen zur demonstrativen Bezugnahme, der Selbstreferenz sowie zu Wahrnehmungstheorien sehr präsent ist, wird er in den Debatten zu indexikalischen Ausdrücken kaum zur Kenntnis genommen.

Vor dem Hintergrund dieser Forschungssituation haben es sich die Beiträge dieses Bandes zur Aufgabe gemacht, der Philosophie von Gareth Evans gerade im deutschsprachigen Raum zu größerer Bekanntheit zu verhelfen und den Zugang zu seinem Werk zu erleichtern. Dies erfolgt in zweifacher Hinsicht: Es geht darum, die Ausgangspunkte dieser Philosophie noch einmal zurückzuverfolgen und auf diesem Weg den Ertrag der Ergebnisse von Evans deutlich zu machen; zugleich soll die systematische Relevanz der von Evans entwickelten Positionen in Hinsicht auf aktuelle Diskussionen herausgearbeitet werden. Der bislang noch wenig erschlossene Facettenreichtum dieser Philosophie wird aufgezeigt und der Nachweis erbracht, in welcher Weise Gareth Evans auch für heutige philosophische Diskussionen Relevanz beanspruchen kann.

Die in diesem Band vertretenen inhaltlichen Schwerpunkte greifen die in der Forschungsdiskussion zentral verhandelten Themen auf: Zunächst die sprachphilosophischen Grundlagen im Sinne des von Evans vertretenen Neo-Fregeanismus, seine Konzeption der demonstrativen Bezugnahme sowie des impliziten Externalismus; darauf aufbauend Fragen der Selbstreferenz und des Selbstbewusstseins sowie der Begrifflichkeit bzw. Nicht-Begrifflichkeit von Wahrnehmung.

1. Neo-Fregeanismus und hinweisende Bezugnahme

Evans gilt als einer der wichtigen Vertreter einer Neo-Fregeanischen Konzeption des Sinns von referentiellen Ausdrücken, insbesondere von Demonstrativa und indexikalischen Ausdrücken. Der Neo-Fregeanismus in Anknüpfung an Michael Dummett hält an Freges Zwei-Komponenten-Semantik mit ihrer Unterscheidung zwischen der Bedeutung und dem Sinn eines sprachlichen Ausdrucks fest. Während unter der Bedeutung das jeweilige Referenzobjekt zu verstehen ist, wird der Sinn, als Art und Weise des Gegebenseins eines Gegenstands, von Neo-Fregeanern psychologisch, im Sinne propositionaler Einstellungen interpretiert. Darunter ist die Art und Weise zu verstehen, wie über einen Gegenstand gedacht wird bzw. wie dieser Gegenstand dem Sprecher gegeben ist und dieser über ihn denkt. Mit Dummett geht Evans davon aus, dass eine Theorie der Bedeutung zugleich eine Theorie des Verstehens beinhalten muss. Zusätzlich kommt in der von Evans formulierten Variante ein starkes Russellsches Moment ins Spiel: der Sinn eines sprachlichen Ausdrucks ist objektabhängig und zwar in derselben Weise, in der singuläre Gedanken objektabhängig sind. Das Ziel von Evans besteht darin zu zeigen, dass und wie prädikative, d. h. urteilsförmige Gedanken mit Blick auf die Ausübung perzeptiver und vernünftiger Fähigkeiten von Subjekten zu verstehen sind. In diesem Zusammenhang formuliert Evans auch eine eigenständige Position innerhalb der zur Zeit der Entstehung von *The Varieties of Reference* heiß geführten, und bis heute aktuellen Diskussion zwischen Kausaltheoretikern der Referenz und Deskriptivisten. Vor diesem Hintergrund widmen sich die Autoren des ersten Teils unterschiedlichen Aspekten dieser Semantik.

Jürgen Pafel behandelt den Neo-Fregeanismus von Evans in Hinblick auf die Diskussion zu indexikalischen Ausdrücken. Hier hat sich die Kritik von Kaplan und Perry weitgehend durchgesetzt, der zufolge die Annahme eines Sinns für derartige Ausdrücke angezweifelt werden müsse, da dieser *per se* deskriptivistisch konzipiert sei und daher aus kausaltheoretischen Gründen abgelehnt werden müsse. Genau diese Annahme stellt Evans, so Pafel, mit seiner Konzeption von Sinn *de re* in Frage. Dies wird ermöglicht durch die starke Russellsche Komponente: Referenz hängt bei Evans sowohl von der Existenz des jeweiligen Gegenstands ab als auch von den Informationen, die der Sprecher von diesem Gegenstand erhält. Die Informationsverbindung markiert das kausale Element. Über sie werden die relevanten referenziellen Merkmale gewonnen, über die der jeweilige Gegenstand identifiziert werden kann. Für indexikalische Ausdrücke gilt entsprechend, dass der jeweilige situative Kontext in gleicher Weise, d. h. über kausale Verbindungen bestimmt wird. Die Art und Weise, wie der Gegenstand gegeben ist, basiert somit nicht auf Beschreibungen. Mit dieser Position, so konstatiert Pafel abschließend, weist Evans überraschende Gemeinsamkeiten mit aktuellen Überlegungen zur Indexikalität von Kaplan, Perry und Recanati auf.

Rico Hauswald greift mit seinen Überlegungen zu einer Evansschen Konzeption von Ausdrücken für natürliche Arten eine Bemerkung von John McDowell aus dem editorischen Vorwort zu *The Varieties of Reference* auf. Dort teilt McDowell mit, dass Evans beabsichtigt habe, ein eigenes Kapitel zu Termini für natürliche Arten zu schreiben. Hauswald geht der Frage nach, wie eine derartige Konzeption aussehen könnte. Er entwickelt diese Überlegungen in Auseinandersetzung mit Evans' Konzeption der Semantik von

Eigennamen, die wiederum in enger Verbindung stehen zu den Diskussionen innerhalb des Externalismus der 1970er und 1980er Jahre. Die von Evans vertretene Behandlung von Eigennamen verzichtet auf die von Kripke eingeführte kausale Kette zugunsten der Unterscheidung zwischen Produzenten und Konsumenten. Erstere initiieren eine verbindliche Konvention der Namensverwendung über direkte Bekanntschaft; letztere werden eingebunden in eine hierüber etablierte tradierte soziale Praxis der Namensverwendung. In vergleichbarer Weise, so Hauswald, könne im Fall von Termini für natürliche Arten (im Sinn von Putnams sprachlicher Arbeitsteilung) zwischen Experten und Laien differenziert werden. Hauswald zeigt die Leistungsfähigkeit einer an Evans orientierten Position nicht nur in Hinblick auf Fragen des Bedeutungswandels; im Zentrum seiner Auseinandersetzung steht vielmehr die Möglichkeit, über die Konzeption deskriptiver Ausdrücke für natürliche Arten (in Entsprechung zu den deskriptiven Namen bei Evans) einen Beitrag zur aktuellen Debatte zum sog. Qua-Problem zu formulieren.

In anderer Weise geht *Ulrike Ramming* auf die von Evans vertretene Mittelposition zwischen Kausaltheoretikern und Deskriptivisten ein. Das Informationssystem, das Evans im 5. Kapitel von *The Varieties of Reference* entwickelt, übernimmt nicht allein eine zentrale Funktion für die Wahrnehmungstheorie, die Evans häufig unterstellt wird, sondern ist ein zentrales Element der neo-fregeanischen Semantik. Unter der Prämisse einer starken kausalen Komponente, dem Informationssystem, kann Evans dann Fälle thematisieren, die üblicherweise in der Semantik keine Beachtung finden: Fälle, in denen Bezug auf Objekte genommen wird, deren Präsenz technisch vermittelt, *via* Radio oder Fernsehen gegeben ist. Ramming rekonstruiert, inwiefern Evans' Behauptung, dass es sich dabei um Spezialfälle, eine Kategorie *sui generis*, handele, im Rahmen seines Systems nachvollziehbar ist, und aus welchen Gründen er eine Behandlung *à la* Quine, d. h. als verschobene Ostension, ablehnt. Zugleich identifiziert sie das Desiderat, die entsprechenden Überlegungen im Rahmen aktueller bildtheoretischer Diskussionen einer genaueren Überprüfung zu unterziehen.

Jens Kertscher setzt sich auf der Grundlage eines neueren Textes von John McDowell zu Evans mit der Konzeption eines rationalen Externalismus auseinander, den McDowell für sich und Evans beansprucht. Kern dieses Vorhabens sei ein nicht-cartesianisches Modell singulärer Gedanken auf der Basis einer Theorie singulärer Referenz, mit dem zugleich beansprucht werde, einen Beitrag zu einer Theorie mentaler Gehalte zu liefern. In einer sehr genauen Rekonstruktion der Argumente, mit denen sich Evans sowohl zustimmend auf Frege bezieht als sich auch von diesem absetzt, arbeitet Kertscher heraus, dass es das Russellsche Moment der Gegenstandsabhängigkeit von Gedanken ist, welches eine nicht-mentalistische, anti-cartesianische Formulierung von Gedanken ermöglicht, bei der das Subjekt nicht als privilegierte

Instanz des Denkens auftritt. Zentral sei neben dem subjektiven Moment die Situiertheit des Subjekts in der Welt. Die Konzeption von Sinnen *de re* verbinde den Neo-Fregeanismus mit einem Neo-Russellianismus, den Kertscher als rationalen Externalismus bezeichnet: dieser stelle die rationale Beziehung, die Sprecher mit singulären Gedanken zur Welt einnehmen können, in das Zentrum seiner Überlegungen.

Eben diese starke These der Objektabhängigkeit von Gedanken stellt *Gianfranco Soldati* aus phänomenologischer Perspektive in Frage. Dies erfolgt über die Frage nach dem Status singulärer, wahrnehmungsbasierter demonstrativer Gedanken. Handelt es sich dabei um allgemeine Gedanken, die Bedingungen formulieren, die ein Objekt erfüllen muss, um Inhalt derartiger Gedanken sein zu können? Oder stehen sie in einer direkten Relation zum Gegenstand? Soldati will zeigen, dass bereits dieser Gegensatz problematisch ist und vertritt die These, dass Singularität nicht notwendigerweise mit Gegenstandsabhängigkeit gekoppelt sein muss. Er entwickelt seine Überlegungen in Auseinandersetzung mit Evans' Forderung der Wohlfundiertheit, mit der Evans Fälle diskutiert, in denen demonstrative Gedanken nicht erfolgreich referieren. In diesem Zusammenhang problematisiert Soldati die empiristischen Voraussetzungen der Philosophie von Evans und konfrontiert diese mit der von Husserl vertretenen Konzeption wahrnehmungsbasierter demonstrativer Gedanken, in denen der Begriff der Anschauung eine zentrale Rolle spielt. Ihr zufolge hängen derartige Gedanken von Anschauungen ab, über die sich Wahrnehmungserfahrungen bilden können, die aber nicht notwendig von der (aktualen) Existenz des jeweiligen Gegenstands abhängen müssen. Dies führt nach Soldati zu einem alternativen, nämlich dynamischen Verständnis von Wahrnehmung, über das demonstrative Gedanken Bezug auf partikulare Objekte nehmen können, ohne dass deren unmittelbare Präsenz gefordert werden muss.

Die empiristischen Prämissen, auf denen Evans' Konzeption hinweisender Bezugnahme beruht, problematisiert auch *Pirmin Stekeler-Weithofer* vor dem Hintergrund des von ihm entwickelten formentheoretischen Ansatzes. Was der Empirismus Russells, in dessen Tradition Evans steht, übersehe, sei, dass empirische Bezugnahme zwar immer egozentrisch ansetze, zugleich aber immer auch im Rahmen einer kooperativen sprachlichen Praxis stehe. Weltbezug könne daher *per se* nicht unmittelbar und ebenfalls nicht singulär hergestellt werden. Einen der Gründe für dieses Defizit erkennt Stekeler-Weithofer in einer verkürzten Rede von Sinnesdaten, der er Kants Begriff der Anschauung sowie Hegels Begriff des Daseins entgegensetzt, die beide seinem Verständnis zufolge intersubjektive Momente enthalten. Dem entsprächen ein naives Verständnis von Gegenständen, über das in der Logik Russells und seiner Nachfolger davon ausgegangen werde, mit diesen selbst, als physischen Objekten, würden Variablen belegt; der Formentheoretiker dagegen setzt voraus, dass der jeweilige Gegenstandsbereich über basale Namen festgelegt werde. Hieraus resultiert, dass indexikalische Ausdrücke ebenfalls als basale Namen in Äußerungen fungieren; entsprechend müssen selbstreferenzielle Ausdrücke als Äußerungen über personale Rollen aufgefasst werden, die mehr implizieren als die direkte Referenz auf den eigenen Leib. Unter der Voraussetzung der an dieser Stelle nur kursorisch eingeführten Prämissen formuliert Stekeler-Weithofer den Vorschlag, die Referenztheorie von Evans als einen Versuch zur Erfassung einer ›reflexionslogischen Kommentarsprache‹ zu lesen, als eine ›metastufige Kommentierung‹ unserer sprachlichen Praxis.

2. Wahrnehmung zwischen Begriffen und Nicht-Begrifflichkeit

Wenn der Neo-Fregeanismus von Evans kausale und deskriptive Elemente mit einander verbindet, so resultiert daraus eine spezifische Kombination von nicht-begrifflichen und begrifflichen Komponenten. Dies hat vor allem für das Verständnis von Wahrnehmung Konsequenzen, da Evans auf der Ebene der wahrnehmungsbasierten Informationsverbindung zwischen Objekt und Sprecherin davon ausgeht, dass diese nicht-begrifflichen Charakter besitzt. Diese vieldiskutierte These wird über die Einführung des Informationssystems im 5. Kapitel von *The Varieties of Reference* begründet. Hier legt Evans fest, dass informationelle Zustände mit einem bestimmten Gehalt gegenüber Überzeugungen insofern basal sind als sie nicht der Beurteilung als wahr oder falsch unterliegen. Ergänzt wird diese Position durch das Russell-Prinzip: Um auf einen Gegenstand Bezug nehmen zu können muss gewusst werden, auf welchen Gegenstand Bezug genommen wird. Dieses Wissen kann das Subjekt auf drei typische Weisen erlangen: Durch Wahrnehmung/Anschauung, durch Wiedererkennen sowie durch die Kommunikation mit anderen. Alle drei Formen des Referenz ermöglichenden Wissens erläutert Evans durch die Analyse der Form des begrifflichen Denkens, welches der Allgemeinheitsbedingung (*Generality Constraint*) unterliegt. Diese besagt, dass eine kompetente Sprecherin über die Fähigkeit verfügen muss, ein Prädikat nicht nur einem Gegenstand zuzuweisen, sondern vielmehr die Regeln für Prädikatszuweisungen kennen muss.

John McDowell hat in seiner einflussreichen Diskussion dieser Auffassung in *Geist und Welt* kritisiert, dass diese in die Nähe einer dichotomischen Auffassung der kantischen Vermögen von Rezeptivität und Spontaneität bzw. Anschauung und Begriff gerät, wohingegen er selbst für die Verschränkung beider eintritt. McDowells Diskussion wurde in der Folge von Peacocke, Bermúdez, Dretske und anderen fortgeführt. Während McDowell die These vertritt, dass jede Wahrnehmung eines Gegenstands Begriffe involviert, betont

Evans explizit, dass Wahrnehmungsgehalte prinzipiell strukturell verschieden sind von gedanklichen Inhalten. Hierin folgt er Charles Taylor, der sich diesbezüglich wiederum in die Tradition der französischen Phänomenologie von Maurice Merleau-Ponty stellte und hervorhob, dass von zwei verschiedenen kognitiven Systemen auszugehen sei: einem Informationssystem und einem rationalen, denkenden System. Jedes dient jeweils unterschiedlichen Zielsetzungen innerhalb des menschlichen Geistes: Überzeugungen sind propositional strukturiert, zusammengesetzt aus Begriffen, die wiederum einzelne Überzeugungen strukturieren; das Informationssystem hingegen beschafft zunächst die Informationen, die das rationale System für die Bildung von Überzeugungen benötigt, Informationen, die primär über die sinnliche Wahrnehmung vermittelt sind. Diese sind prinzipiell anders beschaffen als Überzeugungen: sie enthalten bloße Daten, die aber gerade deswegen reichhaltiger sind als Komponenten von begrifflich gefassten, rationalen Überzeugungen.

Ulrike Pompe-Alama widmet ihren Beitrag der Diskussion um nicht-begriffliche Wahrnehmungsgehalte. Die reichhaltige Debatte, die hauptsächlich durch McDowells Rekonstruktion des Evansschen Diktums, dass perzeptuelle Gehalte nichtbegrifflich seien, entfacht worden ist, scheint zu keinem überzeugenden Endpunkt zu gelangen, so verhärtet und unvereinbar stehen sich Konzeptualisten und Nicht-Konzeptualisten in ihrer jeweiligen Argumentation gegenüber. Der Aufsatz hat daher sowohl rekonstruierenden als auch entlarvenden Charakter: zum einen sollen sowohl McDowells Kritik als auch Evans' eigene Position gründlich rekonstruiert werden, wobei sich herausstellt, dass zentrale Kritikpunkte von McDowell an Evans' eigentlichem Ansinnen vorbeizielen; zum anderen kann Pompe-Alama zeigen, wie reichhaltig und umfassend der Gesamtzusammenhang der Evansschen Theorie des Geistes ist, in den er nicht-begriffliche Gehalte einbettet, nämlich in eine systematische Hierarchie interdependierender kognitiver Subsysteme wie Wahrnehmung, Denken und Handeln.

Catrin Misselhorns Beitrag stellt Evans' Ansatz in den Kontext der kantischen Philosophie. Sein Neo-Kantianismus lässt sich durch drei Merkmale charakterisieren: Es geht ihm erstens in kantischer Manier darum, zu zeigen, wie objektive Wahrnehmungsrepräsentation möglich ist. Zweitens folgt Evans nicht nur Kants Argumentationsziel, sondern er teilt auch eine wichtige inhaltliche These mit Kant, und zwar die, dass objektive Wahrnehmungsrepräsentation notwendigerweise bestimmte Begriffe oder begriffliche Fähigkeiten involviert. Drittens geht Evans ebenso wie Kant bei der Entwicklung seiner Theorie a priori vor. Alle drei Punkte sind zur Zielscheibe von Tyler Burges einflussreicher Kritik an Evans' neo-kantischem Projekt geworden. Misselhorn verteidigt Evans gegen diese Kritik und verleiht dabei zugleich Evans' Thesen und Argumenten Kontur. Schließlich zeigt sie, dass sein neo-kantischer Ansatz nicht nur Burges vernichtender Kritik widersteht, sondern auch im Kontext der gegenwärtigen Wahrnehmungstheorie originelle Einsichten bereithält, insbesondere im Hinblick auf das Zusammenspiel von phänomenalem und intentionalem Gehalt in der Wahrnehmung.

3. Selbstreferenz und Selbsterkenntnis

Peter Strawson entwickelt im ersten Kapitel von *Individuals* einen an der Philosophie Kants orientierten raum-zeitlichen Rahmen, innerhalb dessen wir Gegenstände identifizieren. Evans knüpft an den Neo-Kantianismus Strawsons an, wenn er in einer phänomenologisch orientierten Variante den egozentrischen Raum einführt, innerhalb dessen wir uns immer schon auf Gegenstände beziehen und zugleich eine Art kognitiver Karte unserer Umgebung entwickeln, die den Raum objektiv darstellt. Diese Raumvorstellung weist eine Doppelgesichtigkeit auf: Zum einen handelt es sich um den Raum, innerhalb dessen wir uns selbst lokalisieren in Relation zu den anderen Gegenständen in ihm; dieser Raum ist aber zugleich der öffentlich geteilte Raum, innerhalb dessen wir uns mit Anderen in Beziehung setzen und über Dinge in der Welt verständigen können. Innerhalb dieses Raums beziehen wir uns aber nicht allein auf äußere Gegenstände und andere Personen, sondern auch auf uns selbst, wie Evans im 7. Kapitel von *The Varieties of Reference* minutiös entwickelt. Zugleich ist die Konzeption der Nicht-Begrifflichkeit von Wahrnehmung ebenfalls relevant für das Verständnis von Selbstbezugnahme, Selbstwissen und Selbstbewusstsein. Das Verständnis von Selbstwissen hängt entscheidend von dem Verständnis davon ab, was es heißt, auf sich selbst Bezug zu nehmen – vom Verständnis der Verwendung der ersten Person Singular. Während beispielsweise Gertrude Anscombe in ihrem einflussreichen Aufsatz bestritt, dass das Pronomen ›ich‹ überhaupt als referenzieller Ausdruck zu verstehen sei, besteht Evans auf einer funktionalen Kontinuität des Sinns demonstrativer Sätze zu solchen Sätzen, die Gedanken über ›mich selbst‹ ausdrücken. Die besondere Art und Weise des Gegebenseins, der Sinn von Sätzen in der ersten Person Singular, besteht folglich in der besonderen Art, den Gegenstand derartiger Sätze zu denken. Evans zufolge ist der Bezug derartiger Sätze identifikationsfrei; diese Art der Referenz ist deshalb in gewisser Hinsicht immun gegenüber Fehlern.

Gleich vier Beiträge widmen sich der Thematik der Selbstreferenz bzw. der Selbstkenntnis. Ausgehend von Evans' Abkehr von einer Introspektionstheorie des Selbstwissens diskutieren sowohl *Quassim Cassam* als auch *Christoph Michel*, inwiefern Evans' Gegenvorschlag, nämlich eine auf Transparenz basierende Zuschreibungspraxis, ein praktikables Verfahren zur Wissensgewinnung über die eigenen mentalen Zustände sein kann.

Christoph Michel untersucht den Komplex des transparenzbasierten Verfahrens, indem er den Fall von Überzeugungen betrachtet und in einem epistemologisch problemorientierten Ansatz den Vorschlag von Evans durchexerziert. Dabei unterscheidet er Tatsachenfragen (ist es der Fall, dass p?) von Standpunktfragen (Glaubst du, dass p?). Letztere Frage ist auch äquivalent zur Frage ›Befindest du dich in einem Zustand der Überzeugung, dass p?‹ und kann als psychologische Frage aufgefasst werden. Im Fortgang untersucht Michel, ob die beiden letzten Fragen denselben Wahrheitsregeln gehorchen, bzw. denselben Wahrheitsbedingungen unterliegen. Darüberhinaus, gibt es neben dieser psychologischen Frage noch die eigentliche Selbstwissensfrage: ›Woher weißt du, dass du dich im Zustand der Überzeugung, dass p, befindest?‹. Die Problematik, die Michel dabei herausstellt, ist, dass Extrospektion *à la* Evans nur dann eine substantielle Alternative zur Introspektion bezüglich der Selbstwissensfrage sein kann, wenn die Tatsachenfrage korrekt und vollständig beantwortet bzw. epistemisch vollständig beantwortbar ist. Hierzu stellt Michel jedoch fest, dass die psychologische Frage, wie auch die Standpunktfrage, einfach eine andere Art von Frage ist als die Tatsachenfrage. Psychologische Fragen sind einfacher zu beantworten als Tatsachenfragen, weil uns unsere eigenen psychischen Zustände näher sind als Tatsachen in der Welt. Er zeigt im Weiteren auf, dass das Transparenzprinzip ebenfalls nicht klärt, wie wir von der Beantwortung der psychologischen Frage (glauben, dass p) zur Beantwortung der eigentlichen Selbstwissensfrage gelangen (wissen, dass man glaubt, dass p). Um diese Schwierigkeiten zu umgehen, schlägt Michel ein extrospektionsbasiertes epistemisches Verfahren vor, das den kognitiven Übergang vom Urteil zur Kenntnis der eigenen Überzeugungen beschreibt. Dieser sogenannte metarepräsentationale Aufstieg soll dabei das klassische inferentielle Modell ersetzen.

Quasim Cassam untersucht mehrere mögliche Lesarten des von Evans veranschlagten Verfahrens zur Gewinnung von Selbstwissen und differenziert hierbei zwischen epistemischen und psychologischen Aspekten des Zugangs zu eigenen Überzeugungen. Cassam stellt zunächst fest, dass es drei verschiedene Möglichkeiten gibt, Evans' Theorie aufzufassen: als Theorie darüber, wie wir zu Wissen über unsere eigenen Überzeugungen *kommen*, kommen *können* oder kommen *müssen*. Cassam untersucht dabei nicht, ob das von Evans vorgeschlagene Verfahren anwendbar ist, sondern wie. Zu diesem Zweck unterscheidet er eine Reihe von Fällen des Zugangs zu eigenen Überzeugungen. Das von Evans vorgeschlagene Transparenzprinzip bedeutet, dass ich, wenn jemand mich fragt, ob ich glaube, dass *p*, genau die gleichen äußeren Phänomene beachten *muss*, wie wenn ich die Frage, ob *p*, beantworten würde. Dies trifft aber nach Cassam vielleicht gar nicht zu, wenn die Entscheidung darüber, was man glaubt, bereits gefallen ist, bzw. es tritt nur ein, wenn man sich noch nie zu betreffendem Sachverhalt gefragt hat, ob man ihn glaubt oder nicht. Dies muss aber nicht immer der Fall sein. Das Transparenzprinzip greift also vielleicht nur in Fällen, in denen man sich wirklich entscheiden muss, ob man glaubt, dass p oder nicht. Und hier eröffnet sich Cassam zufolge ein Problem: Man kann Evans' Verfahren anwenden und dann urteilen, dass man glaubt, dass p, aber wie kann man aufgrund dieses Urteils wissen, dass man glaubt, dass p? Wie Michel diagnositiziert Cassam eine Lücke in Evans' Ansatz. Nach Cassam kann man auf zwei Weisen mit dieser Lücke zwischen Urteilen und Wissen umgehen. Entweder man versucht ein Mittel zur Schließung der Lücke zu finden oder man negiert die Existenz dieser Lücke. Cassam wirbt für die Akzeptanz der Lücke und entwirft ein Lösungsmodell, wie sie geschlossen werden kann: Das sogenannte Vermittelte-Inferenz-Model (VIM) besagt, dass man Selbstwissen (in den Fällen, in denen man sich wirklich fragt, ob man glaubt, dass p) durch Inferenz gewinnt: Man folgert nicht »Ich glaube, dass p« aus der bloßen Tatsache, dass p, sondern aus dem Wissen heraus, dass man urteilt, dass p. Es handelt sich also um eine Form psychologischer Evidenz, die die Inferenz stützt.

Thomas Szanto widmet sich der Debatte um Selbstwissen, wie sie sich zwischen Kompatibilisten und Inkompatibilisten bezüglich der Vereinbarkeit von Selbstwissen und semantischem Externalismus entspinnt. Das Dilemma, in dem sich beide Parteien wiederfinden, besteht in einer Unvereinbarkeit von epistemisch privilegierter Selbstkenntnis und einer externalistisch verankerten Individuation mentaler Zustände. Szanto zeigt in seinem Aufsatz, dass Evans für dieses Dilemma eine bisher unbeachtete Lösungsstrategie bieten kann, die erlaubt, dass die externalistische Bedrohung für epistemisch privilegiertes Selbstwissen abgewendet und zudem am Externalismus festgehalten werden kann. Die relevanten Bausteine in Evans' Theoriegebäude sind dabei zum einen seine informationstheoretisch fundierte externalistische Theorie von Selbstreferenz und zum anderen seine epistemologischen Thesen zur Transparenz des Geistes sowie die Immunität gegen Fehlidentifizierung von Ich-Gedanken. Szanto stellt fest, dass sich Evans dem inkompatibilistschen Problem entziehen kann, weil er, im Gegensatz zu anderen Vertretern dieser Position, keinen Standard-Externalismus vertritt.

Jan Müller geht von einer Spannung in Evans' Modell der Selbstbezugnahme aus, die zwischen dem Fregeschen Sinn des Pronomens der Ersten Person Singular in einem Ich-Gedanken besteht und dem Anspruch, dass derartige Gedanken Objektivität beanspruchen können. Müller vertritt die These, dass es sich bei dieser Spannung nicht um einen Fehler handelt, sondern dass diese zu dem gehört, was er unter einer logischen Grammatik des Transparenzmodells versteht. In diesen Bereich zählt, dass Selbstwissen bei Evans als reflexiv gedacht werden sollte sowie dass ›Ich‹-Gedanken als informationsbasiert betrachtet werden müssen. Müller entwickelt diese These, indem er die Kontinuität zwischen demonstrativer Bezugnahme und Selbstreferenz schrittweise entwickelt. Gegen den von Bermúdez erhobenen Vorwurf, dass gerade auf der Grundlage des Informationssystems ›Ich‹-Gedanken im Rahmen eines ›bottom-up‹-Modells als unteilbar und somit privat zu gelten hätten, rekonstruiert er die Argumentation von Evans in der Weise, dass Weltbezug elementar ist für jedes Wissen unseres eigenen ›Inneren‹ und letzteres somit einen reflexiven Charakter besitzt.

Die Beiträge dieses Bandes wurden im Rahmen von zwei Workshops vorgestellt und diskutiert, die im Januar und Mai 2013 am Institut für Philosophie der Universität Stuttgart mit Unterstützung der Thyssen-Stiftung durchgeführt wurden, der an dieser Stelle noch einmal gedankt sei. Sie zeigen, dass die Philosophie von Gareth Evans durchaus noch unentdeckte Seiten bereithält, die für aktuelle Diskussionen einen hohen Differenzierungsgrad bereitstellen. In diesem Sinn will der vorliegende Band zu einer Vertiefung der Rezeption der Philosophie von Gareth Evans beitragen.

Stuttgart im Mai 2016   Die Herausgeberinnen

I.
NEO-FREGEANISMUS UND HINWEISENDE BEZUGNAHME

Jürgen Pafel

REFERENZ, SINN UND BEDEUTUNG IN EINER NEO-FREGESEMANTIK

1. Einführung

Freges Theorie von Sinn und Bedeutung ist in den 1960- und 1970ern heftig in die Kritik geraten. Davidson stellt das Vorgehen, Ausdrücken Gegenstände als Bedeutungen zuzuweisen, grundsätzlich in Frage, Kripke kritisiert bei Eigennamen und Kaplan und Perry bei indexikalischen Ausdrücken die Annahme eines Sinns neben der Referenz (bzw. der fregeschen Bedeutung).[1] Gareth Evans jedoch versucht Frege gegen manche dieser Einwände zu verteidigen. Insbesondere hält er Freges Auffassung von indexikalischen Ausdrücken für im Wesentlichen korrekt.[2] Die Konzeption, die Evans in diesem Zusammenhang entwickelt, weicht jedoch in einigen Punkten deutlich von Frege ab, so dass man von einer neo-fregeschen Konzeption bei Evans reden kann. Diese Konzeption stimmt, wie wir sehen werden, in einem überraschenden Maße mit dem neueren Standpunkt von Kaplan und Perry überein, die ursprünglich aus einer fregekritischen Position angetreten sind. Die Entwicklung einer neo-fregeschen Konzeption von Referenz, Sinn und Bedeutung im Anschluß an Evans' *Varieties of reference* von 1982 steht im Zentrum dieses Beitrags, wobei wir von der Perry/Evans-Kontroverse über die Analyse indexikalischer Ausdrücke bei Frege ausgehen.

---

[1] Siehe: Davidson, Truth and meaning; Perry, Frege on demonstratives; Kripke, Naming and necessity; Kaplan, Demonstratives.

[2] Terminologische Anmerkung: Ich verwende *indexikalischer Ausdruck* als Oberbegriff für rein indexikalische Ausdrücke einerseits und demonstrative Ausdrücke andererseits. Zu den rein indexikalischen Ausdrücken gehören die Personalpronomen (*ich, du, wir, ihr, sie*) und Lokal- und Temporaladverbien wie *hier* und *jetzt*, aber auch Adjektive wie *gegenwärtig* und *aktuell* sowie die Temporalkonstruktionen (Präsens, Präteritum, Perfekt etc.). Zu den demonstrativen Ausdrücken gehören Nominalgruppen mit Demonstrativ (*dieser, jener*), Demonstrativpronomen (*der/die/das*; *dies*; betontes *er* und *sie*) und Lokaladverbien wie *hier, da, dort* (neben der rein indexikalischen hat *hier* auch eine demonstrative Verwendung).

2. Frege und Indexikalität

In *Über Sinn und Bedeutung* von 1892 klammert Frege das Phänomen der Kontextabhängigkeit und damit das Phänomen der indexikalischen Ausdrücke noch völlig aus. Im Rahmen seiner Theorie scheint sich in Bezug auf diese Ausdrücke die Herausforderung wie folgt zu stellen: Was ist der Sinn und was die Bedeutung eines indexikalischen Ausdrucks, so dass sich aus der Bedeutung des Ausdrucks und der Bedeutung des Rests des Satzes ein Wahrheitswert und aus dem Sinn des Ausdrucks und dem Sinn des Rests des Satzes ein Gedanke ergibt? Nennen wir die so formulierte Herausforderung die ›Strategie des vervollständigenden Sinns‹. Sie wird im Weiteren im Vordergrund stehen, da sowohl Kritiker wie Verteidiger von Frege diese Variante verfolgen.

Nun geht Frege selbst aber die Herausforderung, die die Indexikalität stellt, in *Der Gedanke* von 1918 in einer ganz anderen Weise an. Frege zufolge zeichnen sich Sätze mit indexikalischen Ausdrücken vor allem durch ›verbale Unvollständigkeit‹ aus. Dazu zwei Zitate:

> In allen solchen Fällen ist der bloße Wortlaut, wie er schriftlich festgehalten werden kann, nicht der vollständige Ausdruck des Gedankens, sondern man bedarf zu dessen richtiger Auffassung noch der Kenntnis gewisser das Sprechen begleitender Umstände, die dabei als Mittel des Gedankenausdrucks benutzt werden. Dazu können auch Fingerzeige, Handbewegungen, Blicke gehören.[3]

> Wenn mit dem *Praesens* eine Zeitangabe gemacht werden soll, muß man wissen, wann der Satz ausgesprochen worden ist, um den Gedanken richtig aufzufassen. Dann ist also die Zeit des Sprechens Teil des Gedankenausdrucks.[4]

Das heißt, ein Satz bzw. eine Äußerung wie *Es regnet* drückt alleine keinen vollständigen Gedanken aus, erst der Satz zusammen mit der Äußerungszeit drückt einen Gedanken aus. Man kann dies so darstellen, dass das Paar aus Satz und Äußerungszeit t_0, also: $\langle$*Es regnet*, $t_0\rangle$, der vollständige Gedankenausdruck ist.[5] Wie Freges Skizze genau zu rekonstruieren ist, darüber gehen die Meinungen auseinander.[6] Wir können diese Diskussion außen vor lassen, da die verbale Unvollständigkeit von indexikalischen Sätzen für das Weitere keine Rolle spielt, im Unterschied zur Strategie des vervollständigenden Sinns, die in der Perry/Evans-Kontroverse vorausgesetzt wird.

---

[3] Frege, Der Gedanke, S. 64.
[4] Ebd.
[5] Siehe Kripke, Frege's theory.
[6] Siehe Kripke, Frege's theory; Künne, Philosophische Logik, S. 455 ff.

3. Perrys Fregekritik und Evans' Verteidigungszug

Nach Perry in *Frege on demonstratives* ergibt sich, was auch immer man als Sinn eines indexikalischen Ausdrucks ansetzt, im Rahmen von Freges Theorie von Sinn und Bedeutung keine plausible Analyse, die mit Freges theoretischen Annahmen kompatibel wäre. Freges Semantik scheitere also am Phänomen der Indexikalität. Perry geht dabei offenkundig von der Strategie des vervollständigenden Sinns aus[7]:

> [...] Frege clearly thinks that, given knowledge of the accompanying conditions of utterance, we can get from an utterance of a sentence like [›Russia and Canada quarrelled today‹, JP] [...] to a thought. He must have thought, then, that the demonstrative provides us not simply with an object – its value on the occasion of utterance – but with a *completing sense*. This is puzzling. Neither the unchanging role of ›today‹, or its changing value, provides us with a completing sense. [...] So how do we get from the incomplete sense of ›Russia and Canada quarrelled‹, the demonstrative ›today‹, and the context to a thought? This is the problem demonstratives pose for Frege.[8]

Die konventionelle Bedeutung des indexikalischen Ausdrucks kann kein vervollständigender Sinn sein, denn dann würde die Äußerung von *Russia and Canada quarrelled today* an zwei verschiedenen Tagen den selben Gedanken ausdrücken. Ebensowenig kann der Tag, an dem die Äußerung stattfindet, der Sinn sein, denn für Frege können Dinge der Außenwelt nicht Teil von Gedanken sein. Es bleibt nur etwas Beschreibungsähnliches. In diese Beschreibung könnte alles eingehen, was wir über den Referenten zu wissen glauben. Doch sind erstens unsere Überzeugungen irrelevant für den ausgedrückten Gedanken: Ich könnte glauben, dass heute der 30. Oktober 2015 ist, doch ist meine Äußerung von *Heute ist es windig* am 31. Oktober 2015 auch dann immer noch eine Aussage über den 31. Oktober 2015. Überzeugungen sind zweitens nicht notwendig: Ich kann die Aussage *Heute ist es windig* treffen, ohne genau zu wissen, was für ein Tag heute ist. Überzeugungen sind drittens nicht hinreichend: Was immer Heimson, der sich für Hume hält, glaubt, seine Äußerung *Ich habe den ›Traktat über die menschliche Natur‹ geschrieben* wird nicht wahr werden.

Man kann Perrys Kritik folgendermaßen zusammenfassen[9]:

a. Angenommen, der Satz *Heute ist es schön* ist wahr, wenn er am Tag T geäußert wird, aber falsch, wenn er am Tag T* geäußert wird. Nach Frege

---

[7] Erst im letzten Absatz seines Aufsatzes kommt Perry auf S. 496 f. kurz auf die verbale Unvollständigkeit zu sprechen.
[8] Perry, Frege on demonstratives, S. 480.
[9] Vgl. Evans, Understanding demonstratives.

müssen die beiden Äußerungen unterschiedliche Gedanken ausdrücken. Dies ist nur möglich, wenn der Sinn von *heute* sich in den beiden Äußerungen unterscheidet.

b. In Freges Theorie muss ein Sinn etwas sein, das eine enge Beziehung zu einer eindeutigen Beschreibung eines Gegenstands hat, in unserem Fall zu einer eindeutigen Beschreibung des Tages T auf der einen und des Tages T* auf der anderen Seite.

c. Doch keine Beschreibung B kann als Sinn von *heute* den Gedanken des Satzes *Heute ist es schön* vervollständigen, da es immer möglich ist, dass jemand den Satz *Heute ist es schön* für wahr hält und gleichzeitig den Satz *An B ist es schön* für falsch. Denn wann immer so etwas möglich ist, müssen die Sätze unterschiedliche Gedanken ausdrücken.

Evans greift in *Understanding demonstratives* die Prämisse (b) an und damit Perrys Annahme, dass bei Frege der Sinn eines (singulären) Terms entweder der Sinn einer Beschreibung sein muss oder der Sinn von etwas, das mit einer Beschreibung eng verbunden ist. Evans greift diese Prämisse an, indem er die Existenz von nicht-beschreibenden (existenzabhängigen) Sinnen annimmt. Bei einem indexikalischen Term ist der Sinn die besondere Art und Weise, wie der Referent des Terms gegeben ist (auch Evans verfolgt damit die Strategie des vervollständigenden Sinns). Was es heißt, dass ein solcher Sinn nicht-beschreibend ist, wird deutlicher, wenn man *Varieties of reference* hinzuzieht.

4. Indexikalische Ausdrücke in *Varieties of reference*

Die zentrale Idee von Evans geht auf eine Einsicht von Moore zurück: »Can we say ›that thing‹ = ›the thing at which I am pointing‹ or ›the thing to which this finger points‹ or ›the nearest thing to which this finger points‹? No, because the prop [= proposition, JP] is not understood unless the thing in question is *seen*«.[10] Allgemein formuliert Evans diesen entscheidenden Punkt wie folgt:

[I]n order to understand an utterance containing a referring expression used in this way, the hearer must link up the utterance with some information in his possession.[11]

[I]f a speaker utters the sentence ›This man is F‹, making a demonstrative reference to a man in the environment he shares with the hearer, the hearer can

---

[10] Moore, Commonplace, S. 158; vgl. Evans, Varieties, S. 305 Fußnote 1.
[11] Evans, Varieties, S. 305.

understand the remark only if he perceives the man concerned, and, bringing his perceptual information to bear upon his interpretation of the remark, judges ›This man is F: that's what the speaker is saying‹.[12]

Einen Satz wie *Dieser Stuhl wackelt*, in dem das Demonstrativum situativ-deiktisch verwendet wird und auf einen Stuhl in der für Sprecher und Adressat wahrnehmbaren Umgebung referiert, versteht man nur, wenn man den Stuhl wahrnimmt und auf der Grundlage dieser perzeptuellen Information von dem Stuhl einen Gedanken bildet mit einer ›Vorstellung‹ von diesem Stuhl und mit einem ›Konzept‹ von Wackeln (siehe genauer unten § 5). Das heißt, ein Hörer muss die Äußerung mit Informationen in Zusammenhang bringen, über die er verfügt, und dadurch einen Gegenstand identifizieren, der mit *dieser Stuhl* gemeint ist. Der Hörer muss dabei eine ›Informationsbrücke‹ zu dem Gegenstand hergestellt haben, über die er Informationen von ihm erhält, was über die Wahrnehmung möglich ist.

Diese Informationen können recht unterschiedlicher Natur sein, in dem Beispiel eben handelt es sich um perzeptuelle Information, damit liegt eine ›demonstrative Identifikation‹ des Gegenstandes vor. Eine solche auf demonstrativer Identifikation beruhende Vorstellung von einem Gegenstand und der damit gebildete Gedanke ist ›informationsbasiert‹, d. h. er beruht auf Informationen von einem Gegenstand, die man durch eine (kausale) Verbindung mit dem Gegenstand erhält. Nicht-informationsbasiert ist etwa der Gedanke, der einem Satz entspricht wie *Die größte Frau in Kiew spricht fließend Ukrainisch*. Diesen Satz kann ich vollkommen verstehen, ohne über Informationen von dieser Person zu verfügen. Das heißt, um Äußerungen von Sätzen mit (situativ-deiktisch verwendeten) indexikalischen Ausdrücken zu verstehen, muss man entsprechende informationsbasierte Gedanken bilden.

Für Evans sind bei (indexikalischen) referenziellen Ausdrücken die folgenden Aspekte von zentraler Bedeutung:

a. Sie sind mit einem ›referenziellen Merkmal‹ verbunden, »which the expression conventionally has in that context«[13],
b. der Referent muss das referenzielle Merkmal erfüllen und
c. das Verstehen des Ausdrucks erfordert die Identifikation eines Individuums, von dem man Informationen hat, mit dem Individuum, das das referenzielle Merkmal erfüllt.

Was ein referenzielles Merkmal ist, erläutert er anhand von Beispielen wie folgt: Eine Äußerung von *ich* ist in der Äußerungssituation assoziiert mit

---

[12] Ebd.
[13] Evans, Varieties, S. 311.

der Eigenschaft ›die Person zu sein, die diese Äußerung macht‹; eine Äußerung von *du* ist in der Äußerungssituation assoziiert mit der Eigenschaft ›die Person zu sein, die in dieser Äußerung adressiert ist‹; *dieses F* ist mit dem Merkmal ›ein F zu sein‹ assoziiert; bei Eigennamen könnte das referenzielle Merkmal die Eigenschaft sein ›NN genannt zu werden‹.[14]

Das referenzielle Merkmal ist es, über das die Informationsbasiertheit ins Spiel gebracht wird:

> The fact that a quite specific way of thinking of the referent is required can be seen, in this case [= ›You are a crook‹, JP], to be a consequence of the referential feature which the expression ›you‹ has in a context: namely, *being the person addressed*. It follows immediately that understanding the remark requires the hearer to know *of* an individual that he is being addressed – that some identification is required.[15]

Das referenzielle Merkmale an sich ist nun nicht das, was die Informationsbasiertheit liefert, es dient als Erkennungsmerkmal für das relevante Informationssegment.[16] Als Hörer muss ich den referenziellen Term mit Informationen in Verbindung bringen, über die ich verfüge. Im Falle von indexikalischen Termen sind diese Informationen oft perzeptueller Natur. Diese Informationen kommen dann aus einem kausalen Kontakt mit einem Gegenstand. Evans nimmt weiterhin an, dass diese Informationszustände nicht-konzeptuell bzw. nicht-konzeptualisiert sind.[17] Er unterscheidet solche Informationszustände damit strikt von Überzeugungen, die man von einem Gegenstand hat.[18] Dies ist vielleicht nicht entscheidend, wenn es darum geht, dass solche Informationen nicht-beschreibend sind, entscheidend aber ist, dass sie aus einem direkten oder indirekten Kontakt, aus einer ›Bekanntschaft‹ (im Sinne von Russells *acquaintance*) mit dem Gegenstand resultieren und dass keine Beschreibung, wie detailliert sie auch immer sein mag, ein solches Bekanntschaftsverhältnis zu dem Gegenstand garantieren kann.[19] In dieser Hinsicht unterscheiden sich auch informationsbasierte (bzw. auf Bekanntschaft beruhende) von beschreibenden Gedanken.

Wir haben die Informationsbasiertheit bzw. die Bekanntschaft bisher nur an einem Beispiel mit einem situativ-deiktischen Demonstrativum exem-

---

[14] Siehe Evans, Varieties, S. 311f. sowie S. 312 Fußnote 10.
[15] Evans, Varieties, S. 314.
[16] Evans verwendet die Formulierung »to invoke antecedently existing information« (Varieties, S. 312 Fußnote 10). Vgl. auch das Zitat aus Strawson, Identifying reference, auf S. 306: »When an expression [...] *is* used in this way, I shall say that it is used to *invoke* identifying knowledge [...].«
[17] Siehe Evans, Varieties, S. 227.
[18] Siehe Evans, Varieties, Kap. 5.2.
[19] Siehe Evans, Varieties, S. 308.

plifiziert. Evans führt als weitere Beispiele auf: Sätze mit wiederaufgreifenden Demonstrativa wie *Der Mann, den wir letzte Nacht getroffen haben, sah nicht sehr glücklich aus*, die auf Wahrnehmungserinnerungen beruhen (*past-tense demonstratives*); Sätze mit wiederaufgreifenden Demonstrativa wie *Dieser Bergsteiger ist tollkühn*, die auf dem Zeugnis anderer beruhen (*testimony demonstratives*); Sätze mit rein indexikalischen Ausdrücken wie den Personalpronomen; Sätze mit Anaphern wie *er, sie, es*; Sätze mit (normal verwendeten) Eigennamen.[20]

5. Von der Frege- zur Neo-Fregesemantik

Evans verteidigt Frege gegen Perry, indem er dafür argumentiert, dass die Annahme von nicht-beschreibenden, existenzabhängigen bzw. informationsbasierten Sinnen mit Freges Gesamttheorie kompatibel sei (vgl. oben § 3). Man kann jedoch bezweifeln, dass dies richtig ist. So sind Gedanken in Freges *Der Gedanke* existenz*un*abhängig und damit auch alle seine Teile. Aber ein nicht-beschreibender Sinn ist etwas, was nicht nur von der Existenz eines Gegenstandes, sondern auch von der Existenz einer Person abhängt, die an den Gegenstand auf eine bestimmte Weise denkt. Damit kann ein solcher Sinn wohl kaum Teil eines fregeschen Gedankens sein.

Die von Frege gewählten Ausdrücke *Art des Gegebensein* und *Gedanke* sind gut gewählt, da sie die Aspekte, um die es ihm geht, intuitiv plausibel machen können. Doch kommt diese Plausibilität möglicherweise daher, dass man sie erstmal psychologisch versteht. Erst später erkennt man, dass Frege dies aber nicht intendiert haben kann.

An diesem Punkt wird deutlich, warum es angebracht ist, Evans (zusammen mit McDowell und Peacocke) als ›Neo-Fregianer‹ zu bezeichnen. Evans nimmt mit Frege an, dass (referenzielle) Terme Sinn und Referenz sowie Sätze Gedanken als ihren Sinn haben, dass sich Gedanken aus Sinnen zusammensetzen und dass, einen Satz zu verstehen, heißt, einen bestimmten Gedanken zu fassen. Der große Unterschied zu Frege besteht aber darin, was unter ›Gedanken‹ verstanden wird. Anstelle einer *platonistischen* Auffassung von Gedanken wie bei Frege legt eine Neo-Fregesemantik eine *psychologische* Auffassung zugrunde. Gedanken sind episodische bewusste Erlebnisse, die zu einer bestimmten Zeit an einem bestimmten Ort stattfinden. Gedanken haben einen bestimmten Gehalt, wobei dieser auf eine bestimmte Weise gegeben ist (so wird an die Gegenstände, über die der Gedanke geht, auf eine bestimmte Weise ›gedacht‹). Gedanken und allgemein Sinne sind also für eine Neo-Fregesemantik psychologische Entitäten. Der Sinn eines Terms ist damit

---

[20] Siehe Evans, Varieties, S. 135f., 305f., 309f.

eine Art, an den Referenten zu denken. Schematisch kann man sich einen einfachen Gedanken wie folgt vorstellen[21]:

Gedanke	=	Vorstellung	+	Konzept
↓		↓		↓
Sachverhalt		Gegenstand		Eigenschaft

Eine ›Vorstellung‹ (Evans spricht von *idea*) ist eine konkrete Art, an einen Gegenstand zu denken; ein ›Konzept‹ ist eine bestimmte Art, an eine Eigenschaft zu denken. Vorstellungen und Konzepte sind individuell und subjektiv, was natürlich nicht ausschließt, dass man sie zu ›Typen‹ zusammenfassen kann, und in diesem Sinne davon reden kann, dass zwei Personen die selben Vorstellungen und Konzepte haben.

Evans ist sich des Unterschieds zu Frege bewusst[22]: »We cannot *equate* an Idea (a particular person's capacity) with a Fregean sense, since the latter is supposed to exist objectively (independently of anyone's grasp of it). But there is a very close relation between them.«

Die neo-fregesche Konzeption von Evans geht noch von zwei weiteren allgemeinen Annahmen aus: einerseits der Annahme, dass das Verständnis gewisser Sätze einen informationsbasierten (d. h. nicht-beschreibenden) Gedanken erfordert, und andererseits der Annahme, dass Kommunikation im Wesentlichen ein Art der Wissensübermittlung ist.[23]

Der Übergang von einer platonistischen zu einer psychologischen Auffassung von Gedanken hat nun aber die Konsequenz, dass wir Gedanken nicht mehr mit Propositionen identifizieren können (wie dies bei Frege möglich war). Die Proposition ist nun vielmehr das, was dem Gehalt des Gedankens entspricht (dies lässt es aber noch relativ offen, was man genau unter einer Proposition verstehen will).

---

[21] Vgl. Evans, Varieties, S. 104.
[22] Evans, Varieties, S. 104 Fußnote 24. Siehe auch ebd., S. 315f.: »[W]e can recognize at least a limited applicability of the Fregean notion of sense to expressions of the kind we are concerned with [...]. The limited recognition of sense comes in with our claim that understanding the remarks we are concerned with requires not just that the hearer thinks of the referent, but that he thinks of it in the *right way*. [...] But this is a very limited vindication of Frege. We do not have Frege's full model of the role of sense in communication [...]; for we do not have the thesis that communication between speaker and hearer requires them to think of the referent *in the same way* (in any plausible or natural sense of that phrase). The nearest we come to the full Fregean model is with expressions like ›here‹ and ›now‹; the furthest we move away from the full model is with expressions like ›I‹ and ›you‹.«
[23] Diese letzte Annahme unterscheidet sich von Freges Kommunikationsmodell, nach dem bei erfolgreicher Kommunikation Sprecher und Adressat den selben Gedanken fassen müssen. Bei einer neo-fregeschen Konzeption ist Identität der Gedanken nicht gefordert und oft auch nicht möglich (siehe Fußnote 22 sowie unten § 6).

6. Referenz, Sinn und Bedeutung

Auf dieser Basis kann eine neo-fregesche Konzeption von (indexikalischen) Termen wie folgt aussehen. Zuerst gilt es dabei zwischen einem Ausdruck (*type*) und dem Vorkommen des Ausdrucks in einer Äußerungssituation (*token*) zu unterscheiden, und sie getrennt semantisch zu analysieren. Der Term *dieser Stuhl* beispielsweise hat eine bestimmte (konventionelle charakteristische) Bedeutung, die man in etwa angeben kann als: ›der in einer Äußerungssituation salienteste Stuhl‹. Auf der Basis dieser Bedeutung bekommt ein Vorkommen des Terms durch Festlegung der Äußerungssituation eine bestimmte (kontextuelle) Bedeutung, also etwa: ›der in der-und-der Äußerungssituation salienteste Stuhl‹. Die Bedeutung des Vorkommens ist das Erkennungsmerkmal für die Identifikation des Informationssegments, das einen bestimmten Stuhl als Objekt hat. Beim Verstehen veranlasst die kontextuelle Bedeutung automatisch die Suche nach dem relevanten Informationssegment und führt (im Erfolgsfalle) zu einer perzeptuellen Vorstellung von einem bestimmten Stuhl. Durch die Art der kontextuellen Bedeutung kann dabei die Art der Vorstellung, hier eine perzeptuelle, festgelegt werden, d. h. die Art, wie jemand an ein Objekt denkt. Diese Vorstellung ist der Sinn (oder: die kognitive Bedeutung) des Vorkommens von *dieser Stuhl*, und der Referent des Vorkommens ist der Stuhl, der Objekt der Vorstellung ist.

Schematisch können wir die verschiedenen semantischen Ebenen und ihre Beziehungen wie folgt darstellen:

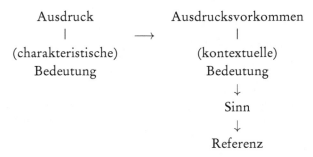

Aus dem Sinn (bzw. der kognitiven Bedeutung) der Ausdrucksvorkommen eines Satzes ergibt sich der Gedanke, und aus deren Referenz die Proposition, die der Satz ausdrückt (das Problem der Unterdeterminierung von Gedanke und Proposition durch die Ausdrucksvorkommen des Satzes sei hier außen vor gelassen).

Angewandt auf einen rein indexikalischen Ausdruck wie *ich* ergibt dies das folgende Bild. Der Ausdruck *ich* hat vereinfacht eine Bedeutung wie ›der Sprecher in einer Äußerungssituation‹. Ein konkretes Vorkommen von *ich* hat dann eine Bedeutung wie ›der Sprecher in der-und-der Äußerungssituation‹. Diese Bedeutung dient der Identifikation eines Gegenstandes, von dem man über Informationen verfügt, als der Sprecher in der-und-der Äußerungssituation. Dies führt zu einer ›Vorstellung‹ vom Sprecher. Die Vorstellung, die dabei der Sprecher von sich selbst hat, ist eine andere als die, die Hörer von ihm haben. Jeder ist sich selbst auf eine ganz eigene Weise gegeben, auf die er niemand anderem gegeben ist.[24] Das bedeutet, dass ein Vorkommen von *ich* je nach Gesprächsteilnehmer unterschiedlichen Sinn hat und damit zu unterschiedlichen Gedanken führt. Dies kann auch bei Demonstrativa der Fall sein, nur dass es dort nicht so gravierend ist. Dies bedeutet nun aber, dass unter dem Sinn eines Ausdrucksvorkommens nicht eine einzige Vorstellung zu verstehen ist, sondern eine Reihe unterschiedlicher Vorstellungen.

Eine Anwendung auf Eigennamen könnte wie folgt aussehen. Eine Nominalgruppe wie *(die) Marie* hat – kontextunabhängig – in etwa die Bedeutung: ›die in einem Äußerungskontext salienteste Person mit Namen ›Marie‹‹. Ein Vorkommen von *(die) Marie* hat dementsprechend die Bedeutung: ›die in dem-und-dem Äußerungskontext salienteste Person mit Namen ›Marie‹‹. Diese Bedeutung aktiviert bei den Gesprächsteilnehmern entsprechende Vorstellungen einer bestimmten Person. Die diesen Vorstellungen entsprechende Person ist der Referent des Vorkommens von *(die) Marie*.[25]

Eine Analyse von informationsbasierten Sätzen im Rahmen einer Neo-Fregesemantik benötigt – vor dem Hintergrund der Unterscheidung zwischen Ausdruck und Ausdrucksvorkommen – die Annahme von drei semantischen Ebenen (Bedeutung, Sinn und Referenz) auf Seiten der Ausdrucksvorkommen.

Eine solche Analyse kann man auch bei referenziell verwendeten definiten Beschreibungen anbringen[26] – *pace* Evans, der definite Beschreibungen mit

---

[24] Vgl. Frege, Der Gedanke, S. 66, und Evans, Varieties, Kap. 7.
[25] Die Informationen, die wir über eine Person haben, kann man sich in mentalen Dossiers (*mental files*) gesammelt vorstellen (siehe neuerdings Recanati, Mental files). Diese Dossiers sind dann entscheidend für die Identifikation des Referenten bei Eigennamen. Doch gilt es die Vorstellung als Teil eines Gedankens zu unterscheiden von dem Dossier; denn letzteres kann zu groß sein, um Teil des Gedankens zu sein (vgl. bei prädikativen Ausdrücken die Unterscheidung zwischen dem Konzept als Teil des Gedankens und der gesamten mentalen Repräsentation der Kategorie, die der Ausdruck bezeichnet). Auch wenn es klar wäre, wie das Dossier aussieht, so wäre damit noch nicht klar, wie die konkrete Vorstellung von dem Gegenstand aussieht.
[26] Vgl. Kaplan, An idea of Donnellan. Vgl. in der Linguistik auch den Jespersen-Schüler Christophersen (The articles, S. 28): »Now the speaker must always be supposed to know which individual he is thinking of; the interesting thing is that the the-form supposes that the hearer knows it too. For the proper use of the the-form it is necessary that it should call up in the hearer's mind the image of the exact individual that the speaker is thinking of. If it does not do that, the form will not be understood.« Familiaritätstheorie wird dieser Ansatz in der Linguistik genannt.

Russell als Quantoren betrachtet.[27] In *Wer ist der Mann mit dem Martini?* hat die definite Beschreibung die (kontextuelle) Bedeutung ›der salienteste Mann mit dem Martini‹, die als Erkennungsmerkmal für die Identifikation der in der Wahrnehmung gegebenen Person fungiert. Die Äußerung soll in einen Kontext gestellt sein, wie Donnellan ihn in *Reference and definite descriptions* für die referenzielle Verwendung von definiten Beschreibungen annimmt: Der Mann, der gemeint ist, trinkt gar keinen Martini, trotzdem ist den Adressaten klar, wer gemeint ist. Die Wahl eines ›Donnellan-Satzes‹ soll deutlich machen, dass das Erkennungsmerkmal (d. h. die kontextuelle Bedeutung) nicht ›blind‹ zu einer oder keiner Vorstellung führt, hier spielen mehr oder weniger bewusste Überlegungen eine Rolle, so dass die daraus resultierende Vorstellung gar nicht mit dem Erkennungsmerkmal strikt kompatibel sein muss. Offensichtlich ist hier noch ein anderer Faktor im Spiel, der ein solches Ergebnis ermöglicht. Ich vermute, dass dieser Faktor – à la Grice – darin besteht, dass die Äußerung als Ganze als Ausdruck einer Intention des Sprechers verstanden wird, den Adressaten etwas mitzuteilen.[28] Die möglichen Vorstellungen, die sich aus dem Erkennungsmerkmal ergeben, werden danach beurteilt, wie plausibel es je nach Vorstellung ist, dass der Sprecher das-und-das mitteilen möchte. In den Donnellan-Sätzen bringt der Sprecher einen Gedanken zum Ausdruck, bei dem die Vorstellung des Sprechers von dem Gegenstand unbeabsichtigterweise nicht mit der kontextuellen Bedeutung der definiten Beschreibung vereinbar ist. Diese Diskrepanz ist etwas, was ein Adressat bewusst korrigieren und damit zu einer Vorstellung gelangen kann, die das selbe Objekt hat wie die Vorstellung des Sprechers.[29]

Der Grund, in einer Neo-Fregesemantik die Kategorie des Sinns (bzw. der kognitiven Bedeutung) anzunehmen, ist genau der selbe wie bei Frege: vor allem die Erklärung des Unterschieds zwischen Sätzen (seien dies Identitätssätze oder Einstellungsberichte), die unterschiedliche, aber referenzidentische Terme aufweisen. Zudem ist der Sinn wie bei Frege das, was die Referenz festlegt.[30]

---

[27] Siehe Evans, Varieties, Kap. 2.4 und 9.3.
[28] Vgl. Pafel, Satztyp.
[29] Eine solche Korrektur kann auch bei indexikalischen Sätzen erfolgen. Bei einer Diskussion über Ralph Ortcutt kann der Sprecher etwas unkonzentriert sagen: »Du warst aber doch am Strand«, wobei er aber nicht den Adressaten, sondern Ortcutt gemeint hat. Dieser kann den Fehler entsprechend (stillschweigend) korrigieren.
[30] Vgl. neuerdings Kaplans Argumente in *An idea of Donnellan* dafür, ›Arten der Bekanntschaft‹ mit in die Semantik hineinzunehmen.

7. Vergleich mit neueren Konzeptionen

Es ist überraschend zu sehen, dass heute von einigen, die zu der Debatte um Indexikalität prominente Beiträge geliefert haben, so etwas wie ein nicht-deskriptiver Sinn und so etwas wie eine Dreiteilung in Bedeutung, Sinn und Referenz angenommen wird (auch wenn sie sich nicht als Neo-Fregianer bezeichnen würden und andere Termini verwenden).

So erscheinen Perrys Aussagen zu indexikalischen Ausdrücken in *Using indexicals* vor dem Hintergrund unserer Evanslektüre recht vertraut:

> The key function of indexicals, I claim, is to help the audience find supplementary, utterance-independent, channels of information about the object to which or to whom the speaker refers.[31]
>
> My sentence, then, opens up for you an utterance-mediated channel of information about an individual for whom you have, or easily can have, another channel of information that is *not* mediated by the utterance. *The indexical indicates what that other channel is* – or at least provides a first step that makes it easy to find.[32]

Perry unterscheidet zwischen der *Bedeutung* von Ausdruckstypen und dem *Gehalt* als einer Eigenschaft von Äußerungen.[33] Dabei haben Äußerungen unterschiedliche Gehalte: reflexiven Gehalt, verbundenen reflexiven Gehalt (*connected reflexive content*) und referenziellen Gehalt. Letzteren können wir mit Referenz identifizieren; die Unterscheidung zwischen reflexivem Gehalt und verbundenem reflexiven Gehalt ist analog zu der Unterscheidung zwischen kontextueller Bedeutung und Sinn eines Ausdrucksvorkommens.

Kaplan beschäftigt sich in *An idea of Donnellan* mit Donnellans Ausgangspunkt, dass bei der referenziellen Verwendung von definiten Beschreibungen die Gesprächsteilnehmer einen bestimmten Gegenstand ›im Auge haben‹ (*having in mind*). In diesem Kontext votiert er für eine Dreiteilung in der Semantik zwischen (i) sprachlicher Bedeutung, (ii) nicht-beschreibender Art, einen Gegenstand im Auge zu haben, und (iii) objektivem Gehalt. Dabei sind (ii) und (iii) mit dem, was wir Sinn und Referenz eines Vorkommens genannt haben, mehr oder weniger identisch. Mit ›sprachlicher Bedeutung‹ ist jedoch eher die kontextunabhängige Bedeutung eines Ausdrucks gemeint (das, was wir die konventionelle charakterische Bedeutung im Unterschied zur kontextuellen Bedeutung genannt haben).

Die Dreiteilung von Recanati in *Mental files* in (i) sprachliche Art des Gegebensein, (ii) psychologische Art des Gegebenseins und (iii) Referenz

---

[31] Perry, Using indexicals, S. 314.
[32] Ebd. S. 325.
[33] Siehe Perry, Reference, und Perry, Using indexicals.

entspricht in hohem Maße der hier vorgenommenen Dreiteilung, wobei Recanatis sprachliche Art des Gegebenseins wieder eher der konventionellen charakteristischen als der kontextuellen Bedeutung entspricht.

Das, was wir als Sinn bezeichnet haben, nämlich Vorstellungen (*ideas*), entspricht in diesen anderen Ansätzen bis zu einem gewissen Punkt dem, was *buffer*, *mental file* oder *having in mind* genannt wird (wobei hier genauer differenziert werden müsste, vgl. Fußnote 25).

Man kann den Eindruck bekommen, dass sich hier ein neues konsensuales Bild der Semantik referenzieller Ausdrücke abzeichnet, das die alten Gräben zwischen Fregianern und Anti-Fregianern zuschüttet, ein Bild, das ganz wesentlich durch Evans' Insistieren darauf entstanden zu sein scheint, dass man indexikalische Ausdrücke innerhalb einer im weiten Sinne fregeschen Semantik adäquat behandeln kann.

Literatur

Christophersen, P.: *The articles: a study of their theory and use in English*, Kopenhagen 1939.

Davidson, D.: Truth and meaning. In: *Synthese* 17, 1967, S. 304–323. Abdruck in: Davidson, *Inquiries into truth and interpretation*, Oxford, S. 17–36. Dt. Übersetzung: Wahrheit und Bedeutung. In: Davidson, *Wahrheit und Interpretation*, Frankfurt am Main 2007, S. 40–67.

Donnellan, K.: Reference and definite descriptions. In: *The Philosophical Review* 75, 1966, S. 281–304.

Evans, G.: Understanding demonstratives. In: *Meaning and understanding*, hg. von H. Parret und J. Bouveresse. Berlin 1981, S. 280–303. Abdruck in: Evans, *Collected Papers*, Oxford 1985, S. 291–321.

Evans, G.: *The varieties of reference*, Oxford 1982.

Frege, G.: Über Sinn und Bedeutung. In: *Zeitschrift für Philosophie und philosophische Kritik* 100, 1892, S. 25–50. Abdruck in: Frege, *Funktion, Begriff, Bedeutung. Fünf logische Studien*, Göttingen 2008, S. 23–46; sowie in: Frege, *Kleine Schriften*, Hildesheim ²1990, S. 143–162.

Frege, G.: Der Gedanke. Eine logische Untersuchung. In: *Beiträge zur Philosophie des Deutschen Idealismus* 1, 1918, S. 58–77. Abdruck in: Frege, *Logische Untersuchungen*, Göttingen ³2003, S. 35–62; sowie in: Künne, *Die Philosophische Logik*, S. 87–112.

Kaplan, D.: Demonstratives. In: *Themes from Kaplan*, hg. von J. Almog, J. Perry und H. Wettstein. Oxford [1968] 1989, S. 481–563.

Kaplan, D.: An idea of Donnellan. In: *Having in mind: The philosophy of Keith Donnellan*, hg. von J. Almog und P. Leonardi. Oxford/New York 2012, S. 122–175.

Kripke, S. A.: *Naming and necessity*, Oxford [1970] 1980. Dt. Übersetzung: *Name und Notwendigkeit*, Frankfurt am Main ⁴2014.

Kripke, S. A.: Frege's theory of sense and reference: some exegetical notes. In: *Theoria* 74, 2008, S. 181–218.

Künne, W.: *Die Philosophische Logik Gottlob Freges. Ein Kommentar*, Frankfurt am Main 2010.

Moore, G. E.: *Commonplace book 1919–1953*, London 1962.

Pafel, J.: Satztyp und kommunikative Intention. In: *Satztypen und Konstruktionen*, hg. von R. Finkbeiner und J. Meibauer. Berlin/Boston 2016, S. 407–432.

Perry, J.: Frege on demonstratives. In: *Philosophical Review* 86, 1977, S. 474–497.

Perry, J.: *Reference and reflexivity*, Stanford 2001.

Perry, J.: Using indexicals. In: *Blackwell guide to the philosophy of language*, hg. von M. Devitt und R. Hanley. Oxford 2006, S. 314–334.

Recanati, F.: *Mental files*, Oxford 2012.

Strawson, P. F.: Identifying reference and truth-values. In: *Theoria* 30, 1964, S. 96–118. Abdruck in: Strawson, *Logico-linguistic papers*, London 1971, S. 75–95.

Rico Hauswald

GRUNDZÜGE UND POTENZIALE EINER EVANSSCHEN KONZEPTION VON AUSDRÜCKEN FÜR NATÜRLICHE ARTEN

1. Einleitung

In seinem editorischen Vorwort zu *The Varieties of Reference (VR)* weist John McDowell darauf hin, Evans habe die Absicht gehabt, dem Kapitel über Eigennamen ein paralleles Kapitel über Ausdrücke für natürliche Arten (AnAs) an die Seite zu stellen, dessen Ausführung aber durch seinen frühen Tod verhindert wurde. In diesem Beitrag möchte ich einige Überlegungen zu einem solchen Kapitel anstellen. Die Grundlage dafür bildet zum einen die Analyse von Evans' sprachphilosophischen Schriften, insbesondere von Kapitel 11 von *VR* über Eigennamen, sowie der wenigen expliziten Bemerkungen über AnAs, die sich verstreut von ihm finden. Zum anderen möchte ich auch neuere Diskussionen über natürliche Arten und auf diese Bezug nehmende Ausdrücke berücksichtigen. Dabei werde ich über eine reine (Re-)Konstruktion einer Evansschen Konzeption hinaus einige der Schwierigkeiten diskutieren, denen eine solche Konzeption im Lichte der seit Evans' Tod geführten Diskussion Rechnung tragen muss, wenn sie Plausibilität für sich beanspruchen will.

In letzter Zeit ist Evans' Konzeption von Eigennamen wieder verstärkt Beachtung geschenkt worden. Sie gilt vielen als aussichtsreicher (wenn auch im Detail verbesserungswürdiger) Ansatz, der die Schwierigkeiten reiner kausaltheoretischer Ansätze vermeidet, ohne in einen reinen Deskriptivismus zurückzufallen (vgl. z. B. Dickie 2011; Garcia-Ramirez 2014). Ein Grund für ein gegenwärtig verstärktes Interesse an Evans speziell im Zusammenhang mit AnAs hat sich im Kontext experimentell-philosophischer Untersuchungen zum Funktionieren solcher Ausdrücke ergeben. Mehrere jüngere Studien (z. B. Genone/Lombrozo 2012; Nichols/Pinillos/Mallon 2016) haben ergeben, dass die sprachlichen Intuitionen gewöhnlicher Sprecher weder von rein deskriptivistischen noch von rein kausaltheoretischen Ansätzen korrekt vorausgesagt werden, was die Autoren dieser Studien teilweise dazu veranlasst hat, in Evans' »hybrider« Konzeption eine vielversprechende theoretische Alternative zu vermuten. Neben methodischen Mängeln dieser Studien (vgl.

Marti 2015) besteht eine Schwierigkeit in diesem Zusammenhang allerdings darin, dass gar nicht so klar ist, wie eine Evanssche Theorie der Semantik von AnAs im Detail aussehen würde – Evans selbst hat sie ja nicht ausformuliert.

Im Folgenden werde ich zunächst (Abschnitt 2) Evans' kritische Auseinandersetzung mit deskriptivistischen und kausaltheoretischen Ansätzen und seine eigene Konzeption von Eigennamen rekonstruieren. Anschließend möchte ich auf dieser Grundlage eine Evanssche Konzeption von AnAs extrapolieren (Abschnitt 3), wobei ich zunächst deren Grundzüge skizzieren werde (3.1), um daraufhin das Potential einer solchen Konzeption zu prüfen, einen Anspruch auf Verbesserung rein kausaltheoretischer Ansätze einzulösen, durch Konfrontation mit drei zentralen Schwierigkeiten, denen kausaltheoretische Ansätze ausgesetzt sind: dem »No Failures of Reference«-Problem (3.2), dem Qua-Problem (3.3) und dem Problem möglicher Referenzwechsel (3.4).

2. Evans' Konzeption der Semantik von Eigennamen

Evans beschäftigt sich im der Semantik von Eigennamen gewidmeten Kapitel 11 von *Varities of Reference* in erster Linie mit der Frage, unter welchen Bedingungen ein Eigenname ein bestimmtes Objekt repräsentiert bzw. welche Mechanismen dafür verantwortlich sind, dass sich ein Eigenname auf ein bestimmtes Objekt bezieht. Dabei besteht sein Anspruch darin, kausaltheoretische Ansätze, die er als entscheidenden Fortschritt gegenüber einfachen deskriptivistischen Ansätzen anerkennt, durch eine Kombination mit deskriptiven Elementen zu verbessern, ohne in den klassischen Deskriptivismus mit seinen bekannten Problemen zurückzufallen.

Im Kern können der einfache Deskriptivismus und die einfache Kausaltheorie folgendermaßen charakterisiert werden:

> Einfacher Deskriptivismus: Ein Sprecher assoziiert mit einem Namen N eine Reihe deskriptiver Inhalte. Er bezieht sich mit N auf genau dasjenige Individuum, auf das diese deskriptiven Inhalte zutreffen.

> Einfache Kausaltheorie: Ein sprachliches Zeichen N wird in einem ursprünglichen Taufakt als Name für ein Individuum I eingeführt und durch eine kommunikative Kette weitergegeben. Jeder Verwender von N, der Teil dieser Kette, und damit in einem indirekten kausalen Kontakt mit I ist, bezieht sich mit N auf I.

Für Evans enthalten beide Modelle partiell richtige Einsichten, sind aber in ihren Reinformen Gegenbeispielen ausgesetzt und damit gleichermaßen unzureichend. Er strebt daher als Alternative einen Ansatz an, der Einsichten beider Modelle vereint und daher häufig als »Hybridtheorie« bezeichnet wird.[1]

Im Mittelpunkt der Konzeption von Eigennamen, die Evans in *VR* entwickelt, steht eine Unterscheidung zwischen »Produzenten« und »Konsumenten« der Praxis, mit einem Namen N auf ein Individuum I Bezug zu nehmen.[2] *Produzenten* sind Sprecher, die in einem bestimmten Sinn unmittelbare Bekanntschaft mit I haben und sich mit N auf I beziehen. Dies wird von Evans in die Formulierung gefasst, dass der Produzent *I als N kennt* (»knows I as N«). Evans zufolge besteht eine solche Bekanntschaft darin, fähig zu sein, I demonstrativ zu identifizieren und nach Beobachtungsunterbrechungen zu reidentifizieren, diese Fähigkeit von Zeit zu Zeit tatsächlich auszuüben, N zur Speicherung von Informationen über I zu verwenden und N zu verwenden, um sich in der Kommunikation mit anderen Sprechern auf I zu beziehen (z. B. beim Austausch von Informationen über I oder beim Geben von Anweisungen, bei denen I eine Rolle spielt) (Evans 1982, 376).

Ein *Konsument* der Praxis, die darin besteht, mit N auf I Bezug zu nehmen, ist demgegenüber ein Sprecher, der N verwendet, ohne in der beschriebenen Weise mit I bekannt zu sein. Konsumenten sind Sprecher, die in diese Praxis beispielsweise durch Erklärungen von Produzenten oder anderen Konsumenten explizit eingeführt worden sein können (z. B. Erklärungen der Form »N ist F«), oder mehr oder weniger beiläufig in Kontakt mit dieser Praxis gekommen sind, indem sie Äußerungen von Sätzen, in denen N vorkommt, gehört oder gelesen haben. Evans spricht von »Konsumenten«, »since on the whole they are not able to inject new information into the practice«. Neue Informationen über I herauszufinden und mit N zu assoziieren setzt Bekanntschaft mit I voraus und obliegt damit im Wesentlichen den Produzenten. Ein Konsument kann aber selbst zum Produzenten werden, wenn er mit I bekannt wird. Evans (1982, 396) charakterisiert das Verhältnis zwischen Konsumenten und Produzenten als das einer semantisch-epistemischen Deferenz (*deference*). Konsumenten partizipieren an einer bestimmten Eigennamen-

---

[1] Eine solche Charakterisierung von Evans' Ansatz ist üblich (ein Beispiel ist Reimer/Michaelson 2014), allerdings, wie Marti (2015) aufzeigt, nicht ganz unproblematisch, da sie den Eindruck erwecken kann, Evans stünde – gleich weit von beiden entfernt – irgendwie zwischen dem reinen Deskriptivismus und der reinen Kausaltheorie. Von seiner Grundausrichtung ist Evans' Ansatz aber klar kausaltheoretisch, auch wenn deskriptive Informationen eine wichtigere Rolle spielen als bei Kausaltheoretikern wie Kripke (vgl. z. B. Kripke 1972) oder Devitt (vgl. z. B. Devitt 1981).

[2] In dem Aufsatz *The Causal Theory of Names* von 1973 hatte Evans einen davon leicht abweichenden Ansatz vertreten, auf den ich hier nicht näher eingehe; zu einem ausführlicheren Vergleich der beiden Varianten vgl. z. B. Dickie (2011). Evans (1982, 377) weist selbst auf die Parallelen seines Modells zu Putnams (1975) »sprachlicher Arbeitsteilung« hin.

verwendungspraxis (*proper-name-using practice*) mit einer charakteristischen intentionalen Einstellung, nämlich mit der Einstellung, den Namen so zu verwenden wie die Produzenten und sich hinsichtlich der mit dem Namen assoziierten Informationen gegebenenfalls durch Produzenten korrigieren zu lassen. Ein nicht-deferentieller Sprecher kann demgegenüber so charakterisiert werden, dass er seine Verwendungsweise eines Namens als Grund für andere Kommunikationsteilnehmer geltend macht, diese Verwendungsweise zu übernehmen.[3]

Ein Sprecher bezieht sich laut Evans genau dann mit einem Namen N auf ein Individuum I, wenn er entweder Produzent der Praxis, sich mit N auf I zu beziehen, ist (d. h. wenn er I als N kennt) oder wenn er Konsument dieser Praxis ist (d. h. wenn er an dieser Praxis partizipiert, ohne I als N zu kennen).

Eine notwendige Voraussetzung dafür, Produzent einer Eigennamenverwendungspraxis zu sein, ist etwas, das Evans »diskriminatorische Fähigkeiten« (*discriminatory capacity*) nennt. Eine zentrale Rolle spielen diese in Evans Diskussion von »Russells Prinzip«, das besagt, dass man nur dann ein Urteil fällen kann, wenn man weiß, worüber man urteilt, d. h. wenn man diskriminatorische Fähigkeiten bezüglich des Objekts des Urteils besitzt (Evans 1982, 89 ff.).

Diskriminatorische Fähigkeiten bezüglich eines Individuums I zu haben heißt, I von allen anderen Objekten unterscheiden zu können. Hinreichende Kriterien dafür, dass man diskriminatorische Fähigkeiten bezüglich I hat, sind Evans (1982, 89) zufolge

(i) die aktuale Wahrnehmung von I,
(ii) die Fähigkeit, I zu erkennen, wenn man I begegnet,
(iii) die Kenntnis diskriminatorischer Fakten über I.

Diskriminatorische Fähigkeiten bezüglich I zu haben kann aber noch nicht hinreichend dafür sein, Produzent einer Praxis zu sein, die darin besteht, mit einem Namen N auf I Bezug zu nehmen. Wenn es charakteristisch für einen Produzenten ist, neue Informationen über I herauszufinden und mit N zu assoziieren, dann bedarf es nicht nur der potentiellen Fähigkeit, sich auf I zu beziehen, sondern diese Fähigkeit muss auch tatsächlich durch Begegnungen aktualisiert werden.

Einen Sonderfall stellen *deskriptive Namen* dar, die basierend auf Beschreibungen eingeführt werden, z. B. »Julius« als Name »derjenigen Person (wer auch immer sie ist), die den Reißverschluss erfunden hat« (Evans 1982, 31), oder »Jack the Ripper« als Bezeichnung für »diejenige Person (wer immer

---

[3] Zur Unterscheidung von deferentiellen und nicht-deferentiellen Sprecherintentionen vgl. auch Rauti (2012).

sie ist), die für die und die Morde verantwortlich ist« (Kripke 1972, 291). Deskriptive Namen nehmen zwischen Beschreibungen und gewöhnlichen Namen eine Zwischenstellung ein. Charakteristisch für Evans' Position ist, dass er sie von ihrer semantischen Rolle her als »referring expressions«, d. h. zur selben Kategorie wie Eigennamen gehörend versteht, auch wenn er betont, dass es »definitely not ordinary proper names« seien (Evans 1982, 378, n. 6). Bemerkenswert ist, dass der Produzent eines deskriptiven Namens nicht in dem Sinn mit dem Objekt bekannt sein muss, wie das bei gewöhnlichen Eigennamen der Fall ist. Er muss nicht zu einer *de-re*-Bezugnahme auf den Namensträger in der Lage sein. Anders als bei gewöhnlichen Eigennamen müssen bei deskriptiven Namen Evans zufolge weder Konsumenten noch Produzenten über diskriminatorische Fähigkeiten bezüglich des Namensträgers verfügen. Die Unterscheidung zwischen Produzenten und Konsumenten ist in Bezug auf deskriptive Namen weitgehend irrelevant (Evans 1982, 378). Ein Produzent hat z. B. über Jack the Ripper per se nicht mehr Informationen, als in der Charakterisierung des Namens enthalten ist; und diese kann einem Konsumenten leicht übermittelt werden – und muss ihm übermittelt werden, sofern er überhaupt an der Praxis der Verwendung dieses Namens teilnehmen will.

Ein paradigmatischer Fall einer Praxis der Verwendung von Eigennamen ist die Bezugnahme auf individuelle Menschen. Auf diesen Fall konzentriert sich Evans in Kapitel 11 von *VR*. Die Produzenten in diesem Fall sind der Namensträger selbst sowie die Personen, die unmittelbare Bekanntschaft mit diesem haben. Konsumenten sind diejenigen, die keine Bekanntschaft mit dem Namensträger haben, sondern durch eine Kommunikationskette mit der Kerngruppe der Praxis verbunden sind. Evans schildert den »natürlichen Lebenszyklus« einer solchen Praxis von der Einführung des Namens bis hin zur Spätphase und dem unter Umständen erfolgenden Verschwinden des Namens aus der kommunikativen Praxis (Evans 1982, 381 ff.). Die wenigsten Eigennamen von Menschen bleiben nach dem Tod des Namensträgers und dem der übrigen Produzenten dauerhaft Teil der kommunikativen Praxis. Bei den wenigen Ausnahmen (z. B. berühmten historischen Personen) ist es typischerweise so, dass die Menge der Informationen, welche die Konsumenten mit dem Namen assoziieren, kleiner wird, je länger die Lebenszeit des Namensträgers zurückliegt.

Um diese Darstellung der Evansschen Konzeption von Eigennamen abzuschließen, sei kurz skizziert, wie sie die zwei Fälle behandelt, die für den reinen Deskriptivismus und die reine Kausaltheorie problematisch sind: das »problem of ignorance and error« (wie Laurence/Margolis (1999, 47) es nennen), das einen der Haupteinwände gegen den reinen Deskriptivismus darstellt, und das Problem des Referenzwechsels, das den Kern von Evans eigenem Haupteinwand gegen den reinen Kausalansatz bildet.

Wie der reine Deskriptivismus geht Evans davon aus, dass die deskriptiven Informationen, die ein Konsument mit einem Namen N assoziiert, eine Rolle dafür spielen, worauf er sich mit N bezieht. Diese Rolle ist aber nicht die, die der einfache Deskriptivismus für sie vorsieht. Es ist nicht so, dass ein Sprecher sich mit N einfach direkt auf das Individuum beziehen würde, auf das die mit N assoziierten Informationen zutreffen. Die Informationen legen vielmehr fest, an welcher Namenverwendungspraxis er partizipieren möchte. Wenn I gemeinhin fälschlicherweise als ein Individuum betrachtet wird, das die Eigenschaft F hat, dann partizipiert ein Sprecher mit einer Äußerung der Form »I ist F« an dieser Praxis und bezieht sich auf I, auch wenn I tatsächlich *nicht* F ist. In Kripkes (1972, 293 ff.) Beispiel bezieht sich ein Sprecher mit einer Äußerung des Ausdrucks »Gödel« auf Gödel, auch wenn die Information, die er damit assoziiert (dass es sich um den Entdecker des Unvollständigkeitssatzes handelt), falsch ist und eigentlich auf ein anderes Individuum zutrifft. Entscheidend für den Evansschen Ansatz ist, dass es zum einen eine Gruppe von Produzenten gibt, die mit I unmittelbare Bekanntschaft haben und sich mit N auf I beziehen, und zum anderen eine kausale Kommunikationskette existiert, die den Konsumenten mit genau der von diesen Produzenten eingeführten Praxis verbindet.

Im Gegensatz zum reinen Deskriptivismus ist Evans' Konzeption – wie auch die reine Kausaltheorie – in der Lage, diesen Fall zu erklären und ist damit nicht mit dem »problem of ignorance and error« konfrontiert, das darin besteht, dass ein Sprecher sich auch erfolgreich auf ein Individuum beziehen kann, über das er falsche Informationen besitzt.

Auf der anderen Seite konfrontiert Evans die reine Kausaltheorie mit dem Problem des Referenzwechsels: Wie kann ein Konsument erfolgreich auf ein anderes Objekt Bezug nehmen als das, auf das sich die Produzenten bei der ursprünglichen Einführung des Namens bezogen haben? Dass solche Fälle tatsächlich auftreten, illustriert Evans an mehreren Beispielen, von denen das bekannteste den Namen »Madagaskar« betrifft: »Madagaskar« wurde ursprünglich von arabischen Seeleuten als Name eines Teils des afrikanischen Kontinents verwendet. Marco Polo kam auf seiner Reise mit dem Ausdruck in Kontakt, aufgrund eines Missverständnisses transportierte er ihn aber als Bezeichnung für die große, Afrika vorgelagerte Insel nach Europa. Offenbar beziehen wir uns mit dem Ausdruck heute nicht mehr auf seinen ursprünglichen Referenten, sondern auf die Insel. Wie ist dies möglich? Die Antwort, die sich aufgrund der in Kapitel 11 von *VR* dargestellten Konzeption ergibt, lautet, dass Marco Polo nicht einfach ein Konsument einer bestehenden, sondern Produzent einer neuen Praxis war. Marco Polo war mit der Insel vertraut und verwendete den Ausdruck Madagaskar als Namen dieser Insel. Die Insel, nicht der Teil des afrikanischen Festlandes, war in der von Marco Polo begründeten Praxis die dominante kausale Quelle der mit dem Ausdruck assoziierten Informationen.[4] Wenn wir heute den Ausdruck verwenden, so partizipieren wir an *dieser*, nicht an der ursprünglichen Praxis.

3. Eine Evanssche Konzeption von Ausdrücken für natürliche Arten

3.1 Grundzüge einer Evansschen Konzeption von Ausdrücken für natürliche Arten

Die Festlegung der Referenz von AnAs weist aus einer Evansschen Perspektive viele Gemeinsamkeiten mit jener von Eigennamen auf, weicht in einigen Punkten aber auch von ihr ab. Zu den Gemeinsamkeiten gehört, dass die Produktion und Verwendung von AnAs als arbeitsteilige soziale Praxis und als Kombination kausaler und deskriptiver Elemente zu verstehen ist. Es lassen sich Produzenten und Konsumenten von Praktiken der AnA-Verwendung unterscheiden, deren Verhältnis zueinander durch die Deferenz-Relation beschrieben werden kann und die über jeweils unterschiedliche Fähigkeiten verfügen müssen (was dies im Einzelnen für Fähigkeiten sind, werde ich weiter unten in diesem Abschnitt genauer untersuchen). Darüber hinaus lässt sich als Analogon zu den von Evans diskutierten deskriptiven Namen das Konzept eines deskriptiven AnAs einführen (im nächsten Abschnitt werde ich erörtern, welche systematische Relevanz diesem zukommt).

Aber es gibt auch verschiedene relevante Unterschiede zwischen Eigennamen und AnAs. Ich hatte im vorigen Abschnitt Evans' Konzeption eines »natürlichen Lebenszyklus« von Personennamen von der Einführung bis zur Spätphase rekonstruiert. Typischerweise schrumpft die Menge der Informationen, welche die Konsumenten mit dem Namen assoziieren, je länger die Lebenszeit des Namensträgers zurückliegt. Bis auf wenige Ausnahmen (z. B. bei berühmten historischen Personen) verschwinden die meisten Namen nach dem Tod der Namensträger und der anderen Produzenten irgendwann gänzlich aus der kommunikativen Praxis.

Im Unterschied zu individuellen Menschen hören natürliche Arten (mit einigen Ausnahmen wie ausgestorbenen biologischen Spezies oder ausgerotteten Krankheiten) typischerweise nicht zu existieren auf, oder zumindest übersteigt die Dauer ihrer Existenz die Dauer derjenigen von Menschen bei weitem; es ist also selten so, dass irgendwann niemand mehr da wäre, der mit der Art unmittelbare Bekanntschaft hätte. Sehr wohl sterben diejenigen,

---

[4] Die historischen Details hat Evans womöglich nicht ganz korrekt dargestellt (Burgess 2014). Der Einfachheit halber halte ich mich aber an Evans' Version des Beispiels.

die den Begriff erstmalig eingeführt haben; aber es gibt typischerweise auch danach eine Gruppe von Individuen, die unmittelbare Bekanntschaft mit der Art haben (oder genauer: die Bekanntschaft mit *Instanzen* der Art haben – auf die Notwendigkeit dieser Präzisierung werde ich weiter unten in diesem Abschnitt noch einmal genauer eingehen). Bei diesen Individuen handelt es sich um die »Experten«, von denen bei Putnam die Rede ist.[5] Bei AnAs gibt es im Gegensatz zu Eigennamen daher normalerweise keine finale Phase, in welcher »the practice has only consumers as participants, with the stock of information existing from the time of its maturity usually diminishing as time passes« (Evans 1982, 381). In der Regel werden die Informationen, die über eine natürliche Art verfügbar sind, im Laufe der Zeit vielmehr dadurch *vermehrt*, dass Experten kontinuierlich Forschungen über die Art betreiben und neues Wissen darüber akkumulieren. Vor diesem Hintergrund ist es sinnvoll, eine Differenzierung einzuführen zwischen *ursprünglichen Produzenten/Experten*, die den Ausdruck erstmals als Bezeichnung für eine natürliche Art in die kommunikative Praxis eingeführt haben, und *späteren Produzenten/Experten*, die ebenfalls unmittelbare Bekanntschaft mit der Art haben und oftmals über sehr viel mehr Informationen über diese verfügen als die ursprünglichen Produzenten. Daneben gibt es die *Konsumenten* oder *Nicht-Experten*, die keine unmittelbare Bekanntschaft mit der Art haben und in ihrem Gebrauch eines AnAs in einer ähnlichen Form von Abhängigkeit und Deferenz zu den Produzenten stehen, wie die Konsumenten einer Eigennamenverwendungspraxis zu den Produzenten derselben.

Das Verhältnis zwischen den späteren und den ursprünglichen Produzenten ist durch eine Ambivalenz von deferentieller und nicht-deferentieller Haltung geprägt. Einerseits weisen die späteren Produzenten zu den früheren eine ähnliche Form sprachlicher Deferenz auf, wie Evans sie für das Verhältnis von Konsumenten und Produzenten von Eigennamenverwendungspraktiken diagnostiziert. Sie begreifen sich als Teil einer kommunikativen Kette, die bis zu den ursprünglichen Produzenten zurückreicht. Sie verwenden *genau den AnA*, den diese eingeführt hatten. Man könnte in diesem Zusammenhang von einer Art »historischen Deferenz« sprechen. Um es an einem Beispiel zu illustrieren: Würde man etwa in alten Texten eine historische Artbezeichnung X entdecken, und durch einen Interpretationsfehler käme man zunächst zu der falschen Überzeugung, dass X die Bezeichnung bestimmter Pflanzen sei (während es in Wirklichkeit vielleicht die Bezeichnung einer durch den Konsum der Pflanzen ausgelösten Krankheit ist), so würde man, sobald der Irrtum korrigiert wird, sagen: X ist eigentlich *keine* Pflanzenart (sondern eine Krankheit). Diese Form

---

[5] Vgl. Putnam (1975).

von Deferenz ist nicht identisch mit derjenigen, die typisch für die Einstellung eines Konsumenten zu einem (zeitgenössischen) Experten ist. Ein Konsument zeichnet sich durch die Disposition aus, sich in seiner Verwendung eines AnAs von einem Experten korrigieren zu lassen, weil letzterer ein genaueres *Verständnis der Natur* der Art besitzt, auf die der AnA referiert. Demgegenüber basiert die Deferenz eines späteren Sprechers (sei er Konsument oder selbst Experte) gegenüber ursprünglichen Produzenten auf der Autorität, die letzteren als *Urheber* des Ausdrucks beigemessen wird.

Andererseits verwenden spätere Experten einen AnA nicht zwangsläufig *auf dieselbe Weise* wie ursprüngliche Produzenten. Spätere Experten haben häufig mehr Informationen über die natürliche Art als die ursprünglichen Produzenten. Sie können neue Informationen mit dem Ausdruck assoziieren, aber auch Fehler korrigieren, d. h. früher assoziierte Überzeugungen entfernen.[6] Darüber hinaus kann es auch zu deliberativen Verschiebungen des Referenten des AnAs kommen. Spätere Experten können beispielsweise feststellen, dass eine natürliche Art X ein höheres Genus für zwei oder mehr ihrerseits natürliche Spezies darstellt, von deren Existenz frühere Sprecher womöglich keine Kenntnis hatten. Sie können dann unter Umständen zu dem Entschluss kommen, den von den ursprünglichen Produzenten als Bezeichnung für X eingeführten AnA als Bezeichnung für eine der natürlichen Spezies von X zu verwenden. Spätere Experten zeichnen sich also häufig auch durch eine Form von nicht-deferentieller Haltung gegenüber früheren Sprechern aus.

Durch welche Eigenschaften muss sich ein Produzent einer solchen Praxis auszeichnen? Rufen wir uns noch einmal Evans' Charakterisierung der Produzenten von Eigennamenverwendungspraktiken ins Gedächtnis: Um ein Individuum *I als N* kennen zu können, muss ein Produzent diskriminatorische Fähigkeiten bezüglich I haben, d. h. er muss (i) I aktual wahrnehmen, (ii) die Fähigkeit besitzen, I zu erkennen, wenn er I begegnet, oder (iii) diskriminatorische Fakten über I kennen. Was, wenn man nun anstelle von I eine natürliche Art in diese Kriterien einsetzt? Während Kriterium (iii) problemlos auf Praktiken der Verwendung von AnAs übertragbar sein dürfte, ist das bei den ersten beiden Kriterien nicht ohne Weiteres möglich. Denn es ist fraglich, ob eine natürliche Art in der Umwelt eines Sprechers *wahrnehmbar* ist und ob er ihr im eigentlichen Sinne *begegnen* kann. Freilich können

---

[6] In dieser Hinsicht unterscheiden sich AnAs nicht grundsätzlich von Eigennamen, da – etwa durch Auswertung neuer historischer Quellen – auch über Individuen bzw. Einzeldinge neue Informationen zutage treten und mit den Namen, die auf diese Bezug nehmen, assoziiert werden können.

individuelle *Instanzen* der Art wahrnehmbar sein, aber von einer wahrnehmbaren Präsenz der Art *als solcher* wird man, je nachdem, wie deren Ontologie aufgefasst wird, kaum oder gar nicht sinnvoll sprechen können. Wird eine Art als abstrakte Entität aufgefasst (z. B. als Menge ihrer Instanzen oder als Universalie), kann es keine Wahrnehmbarkeit geben, da nur konkrete, raumzeitliche Entitäten wahrnehmbar sind. Alternativ könnte man versuchen, Arten als mereologische Summen ihrer Instanzen zu verstehen. Dann hätte man sie zwar als *Concreta* konzipiert, es müsste aber bedacht werden, dass durch die Wahrnehmung etwa eines individuellen Tigers dann lediglich ein winziger mereologischer Teil der Art wahrgenommen werden, oder man einem winzigen Teil »begegnen« würde. Abgesehen davon ist fraglich, ob eine Konzeption von Arten als mereologische Summen auf eine überzeugende Modellierung ihrer Ontologie und ihrer Beziehung zu den sie bezeichnenden Ausdrücken hinausläuft.[7]

Eine Möglichkeit, diese Schwierigkeiten zu beheben, besteht in einer Modifikation der ersten beiden Kriterien für diskriminatorische Fähigkeiten – etwa so: S hat diskriminatorische Fähigkeiten bezüglich einer Art A,

(i*) wenn S Individuen I *als Instanzen von A* aktual wahrnimmt

oder

(ii*) fähig ist, Individuen I *als Instanzen von A* zu erkennen, wenn S ihnen begegnet.

Evans deutet in einem ähnlichen Sinn selbst eine alternative Möglichkeit an. Er spricht von einer »effective capacity to distinguish occasions when they are presented with members of that kind, from occasions when they are presented with members of any other kinds which are represented in any strength in the environment they inhabit« (Evans 1982, 382f.).

Die Fähigkeit, z. B. Ulmen zu erkennen, setzt, wie Evans (1981, 382f., n. 8) erläutert, die Fähigkeit voraus, Ulmen von anderen Bäumen zu unterscheiden, die in relevantem Maß in der Umwelt der fraglichen Sprechergemeinschaft vorkommen. Aber sie setzt *nicht* die Fähigkeit voraus, »to distinguish elms from every other kind of tree in the universe«. Somit kann jemand für Evans ein Produzent bspw. im Hinblick auf den AnA »Wasser« sein, auch wenn er nicht in der Lage wäre, Wasser von der Substanz mit der chemischen Struktur XYZ auf der Zwillingserde zu unterscheiden. Entscheidend ist, dass XYZ in der Umwelt der Produzenten nicht vorkommt; ihre Unfähigkeit XYZ von Wasser in einer hypothetischen, kontrafaktischen Situation unterscheiden zu

---

[7] Beispielsweise dürften sich AnAs kaum sinnvoll als rigide Designatoren interpretieren lassen, wenn natürliche Arten als mereologische Summen aufgefasst werden. Ein ähnliches Problem ergibt sich für ihre Interpretation als Mengen.

können, disqualifiziert sie nicht als Produzenten der Praxis der Verwendung des AnAs »Wasser«.

Allerdings stellt sich die Frage, ob Evans' Antwort uns nicht zu wenig darüber sagt, welche Voraussetzungen ein Sprecher erfüllen muss, um Produzent einer AnA-Verwendungspraxis zu sein. Denn welche Fähigkeiten *sind* denn erforderlich, um ein Individuum als Instanz einer Art A zu erkennen? Ein Problem in diesem Zusammenhang besteht darin, dass jedes Individuum Instanz zahlreicher Arten (natürlicher und nicht-natürlicher) ist. Dieser Sachverhalt liegt dem Qua-Problem zugrunde, auf das ich im übernächsten Abschnitt ausführlicher zu sprechen komme. Zunächst möchte ich mich jedoch jenem Sonderfall zuwenden, bei dem ein Produzent offenbar *keine* diskriminatorische Fähigkeit besitzen muss, nämlich deskriptiven Namen bzw. AnAs.

3.2 Deskriptive Ausdrücke für natürliche Arten und das »No Failures of Reference«-Problem

In den folgenden drei Abschnitten möchte ich zum einen die Leistungsfähigkeit der bis hierhin extrapolierten Evansschen Konzeption von AnAs durch Konfrontation mit drei Problemen evaluieren, die sich in den letzten Jahrzehnten als besonders kritisch für rein kausaltheoretische Ansätze herausgestellt haben. Gleichzeitig soll dabei die Evanssche Konzeption verfeinert und hinsichtlich einiger Details weiter ausgearbeitet werden. Bei den zu besprechenden Problemen handelt es sich um das »No Failures of Reference«-Problem, das Qua-Problem und das Problem möglicher Referenzwechsel.

Das »No Failures of Reference«-Problem besteht darin, dass es bei einigen (vermeintlichen) AnAs keine tatsächlichen Arten gibt, auf die sie sich beziehen.[8] Der Ausdruck »Phlogiston« referiert nicht, denn es *gibt* kein Phlogiston. Die experimentellen Effekte, die frühere Theoretiker mit dem Phlogiston-Konzept erklären wollten, waren aber real; sie wurden von realen Substanzen hervorgerufen, z. B. von Sauerstoff. Die Kausaltheorie scheint daher vorherzusagen, dass der Ausdruck »Phlogiston« *referiert* – nämlich auf diejenige Substanz, die die fraglichen Effekte hervorgerufen hat. Aber der Ausdruck referiert *nicht*.

Wie in diesem Abschnitt gezeigt werden soll, kann Evans' Konzeption dem »No Failures of Reference«-Problem erfolgreich begegnen. Die entscheidende dafür notwendige Ressource ist das Konzept *deskriptiver Ausdrücke für natürliche Arten (deskriptiver AnAs)*, das ich im Folgenden als Analogon zu den in Abschnitt 2 vorgestellten *deskriptiven Namen* einfüh-

---

[8] Für eine Diskussion dieses Problems vgl. Stanford/Kitcher 2000, 115 ff.

ren möchte. Genauso wie deskriptive Namen zwischen Beschreibungen und gewöhnlichen Namen verortbar sind, nehmen deskriptive AnAs eine Zwischenstellung zwischen rein nominellen Artausdrücken (z. B. »Junggeselle«) und gewöhnlichen AnAs ein. Beispiele lassen sich etwa im Bereich theoretisch vorhergesagter Typen von Elementarteilchen finden, die noch nicht experimentell bestätigt wurden. Beispielsweise wurde »Higgs-Teilchen« in den 1960er Jahren als Bezeichnung für »denjenigen Teilchentyp, der die und die Eigenschaften besitzt und die und die Rolle im Standardmodell spielt«, eingeführt. Der 2012 im LHC-Teilchenbeschleuniger gelungene experimentelle Nachweis dieses Teilchentyps ist analog zu einer hypothetischen Situation, in der zeitgenössische Ermittler eine bestimmte Person I ausfindig gemacht und als »Jack the Ripper« identifiziert hätten.

Welche Unterschiede gibt es zwischen deskriptiven Namen und deskriptiven AnAs? Was die Differenz von Produzenten und Konsumenten betrifft, habe ich in Abschnitt 2 darauf hingewiesen, dass Evans diese Differenz bei deskriptiven Namen für weitgehend irrelevant hält, da die einzigen mit dem Namen assoziierten Informationen die Definition des Namens betreffen, die einem Konsumenten ohnehin übermittelt werden muss, damit er überhaupt an der Praxis der Verwendung dieses Namens partizipieren kann. Im Vergleich dazu erscheinen deskriptive AnAs häufig als theoretisch überaus voraussetzungsreich. Die Praxis der Verwendung eines Ausdrucks wie »Higgs-Teilchen« war auch vor der experimentellen Bestätigung bereits durch ein hohes Maß an sprachlicher Arbeitsteilung und Deferenz von Konsumenten gegenüber Produzenten gekennzeichnet. Einem Konsumenten war nicht unbedingt klar, was genau ein Higgs-Teilchen ist. Die Beherrschung dieses Begriffs setzte und setzt ein hohes Maß an theoretischem Wissen im entsprechenden Fachgebiet voraus. Dies stellt freilich keinen grundlegenden Unterschied zu deskriptiven Namen dar. Schließlich sind auch theoretisch überaus komplexe deskriptive Namen vorstellbar, deren korrekte Verwendung nur von einer Elite beherrscht wird. Nichtsdestoweniger scheinen derartig anspruchsvolle deskriptive Namen in unserer kommunikativen Praxis sehr selten zu sein, während theoretisch anspruchsvolle deskriptive AnAs in signifikanter Zahl vorkommen. Überhaupt lässt sich vermutlich sagen, dass – unabhängig vom Anspruchsniveau – deskriptive AnAs sehr viel häufiger vorkommen als deskriptive Namen. Denn auch wenn sich etliche klare Beispiele deskriptiver Namen finden, so gibt es doch kaum sonderlich viele davon in der natürlichen Sprache (LaPorte 2011). Deskriptive AnAs scheinen demgegenüber sehr viel häufiger zu sein. Vermutlich liegt das daran, dass in modernen Wissenschaften zur Erklärung verschiedenster Phänomene in großem Umfang Typen theoretischer Entitäten postuliert werden, deren Existenz (noch) nicht direkt nachweisbar ist, wohingegen die Postulierung der Existenz (noch) nicht direkt nachweisbarer Einzeldinge zur

Erklärung bestimmter Phänomene eine vergleichsweise untergeordnete Rolle spielt.[9]

Wie lässt sich nun mit dem Konzept eines deskriptiven AnAs dem »No Failures of Reference«-Problem begegnen? Es ist plausibel anzunehmen, dass deskriptive AnAs nur dann referieren, wenn es tatsächlich eine natürliche Art gibt, auf welche die bei der Referenzfestlegung verwendeten Beschreibungen wenigstens *annähernd* zutreffen. Die Situation ist ganz analog zu der bei deskriptiven Namen. Genaugenommen macht Kripke eine Einschränkung bei der Beschreibung, die er mit »Jack the Ripper« assoziiert sieht: Es sei nämlich der Name desjenigen, »whoever he is, who committed all these murders, *or most of them*« (meine Hervorh.). Wäre z. B. *einer* der ihm gewöhnlich zugeschriebenen Morde tatsächlich von einer anderen Person ausgeübt worden, so würde man den Mörder in den restlichen Fällen, sofern sie von *einer* Person verübt wurden, vermutlich durchaus trotzdem als »Jack the Ripper« zu bezeichnen geneigt sein, da die Beschreibung immer noch hinreichend gut erfüllt ist. Sollte es sich aber herausstellen, dass jeder der Jack the Ripper zugeschriebenen Morde tatsächlich von jeweils unterschiedlichen Personen ausgeübt wurde, würde man vermutlich sagen, dass es Jack the Ripper gar nicht gab.

Wir können aus der Diskussion der Existenz und des Funktionierens deskriptiver AnAs eine grundlegende Einsicht in die Natur von AnAs generell gewinnen. Am Beispiel des Higgs-Teilchens lässt sich nachvollziehen, dass die Unterscheidung zwischen deskriptiven AnAs einerseits und andererseits solchen AnAs, bei deren Einführung die Produzenten unmittelbare Bekanntschaft mit der benannten Art hatten, gar kein kategorischer Gegensatz ist, sondern vielmehr Pole eines Kontinuums markiert. Als der Ausdruck »Higgs-Teilchen« eingeführt wurde, war er als Bezeichnung für eine Art von Teilchen gedacht, die lediglich ein theoretisches Postulat darstellte; es war ein deskriptiver AnA. Dass 2012 ein experimenteller Nachweis der Existenz von Higgs-Teilchen erfolgreich durchgeführt wurde, heißt freilich nicht, dass diese Teilchen plötzlich irgendwie auf eine Weise sichtbar wurden, wie bspw. Tiger für uns sichtbar sind. Der experimentelle Nachweis bestand vielmehr darin, dass im Rahmen eines sehr komplizierten Experimentalaufbaus im Teilchenbeschleuniger bestimmte Effekte erzeugt und beobachtet wurden, die man als Bestätigung der Existenz des Higgs-Teilchens interpretiert hat. Man kann mit einem Higgs-Teilchen – auch trotz des experimentel-

---

[9] Dieser Umstand spiegelt sich in der Ubiquität der wenigen in der Literatur anzutreffenden Standardbeispiele für deskriptive Namen. Zu ihnen zählen insbesondere »Neptun«, der ursprünglich als Name desjenigen Planeten eingeführt wurde, der für die Unregelmäßigkeiten der Uranusumlaufbahn verantwortlich ist, bzw. des »Vulkan« als Name des (vermeintlichen) für die Unregelmäßigkeiten der Merkurumlaufbahn verantwortlichen Planeten.

len Nachweises – offenbar nicht auf eine Weise »vertraut« sein, wie man mit Tigern vertraut sein kann. Aber wie sind wir denn mit *diesen* vertraut? Auch der Vorgang der Identifizierung einer Entität *als Tiger* setzt bestimmte Fähigkeiten voraus, die der Identifizierung bestimmter experimenteller Resultate *als Nachweis der Existenz des Higgs-Teilchens* gar nicht so unähnlich sind. Auch bei der Identifikation eines Tigers müssen bestimmte (visuelle, akustische usw.) Eindrücke korrekt interpretiert sowie bestimmte kognitive, begriffliche Fähigkeiten korrekt angewandt werden. In einem bestimmten Sinn kann man auch mit einem Tiger nicht direkt, d. h. ohne irgendwie interpretieren zu müssen, vertraut sein. Aus diesem Grund meinte Russell, dass wir das, was er »acquaintance« nennt, zwar in Bezug auf Sinnesdaten, nicht aber in Bezug auf gewöhnliche materielle Einzeldinge haben können (vgl. Russell 1910–11). Wenn wir gewöhnlich davon sprechen, dass wir mit gewöhnlichen Einzeldingen »vertraut« oder »bekannt« sind (so wie auch ich es hier an verschiedenen Stellen tue), so meinen wir damit etwas Schwächeres als jene direkte kognitive Relation der »acquaintance«, die Russell beschreibt. Wir meinen damit eine durch Elemente des Urteilens und Interpretierens bereits vermittelte Relation, denen im Übrigen auch bei der Einführung und Verwendung von Eigennamen eine ganz ähnliche Bedeutung zukommt.

Bei einem nochmaligen Blick auf paradigmatische deskriptive Namen oder AnAs wird auf der anderen Seite folgendes deutlich: Die Beschreibungen, die ihrer Einführung zugrunde liegen, basieren auf Informationen, die eine gewisse Form von kausalem Kontakt mit denjenigen Entitäten voraussetzen, die als Referenten für diese Ausdrücke in Frage kommen. Ein Zeitgenosse kannte zwar Jack the Ripper nicht persönlich, hatte aber die Taten vor Augen, die diesem zur Last gelegt wurden. Damit bestand zumindest eine Form von indirektem Kontakt. In ähnlicher Weise hatte auch ein Experte vor dem experimentellen Nachweis des Higgs-Teilchens bereits eine Form von indirektem Kontakt mit der Art – nämlich über die Phänomene, für deren Erklärung das Higgs-Teilchen postuliert wurde. Was diesen Fall von einem Fall wie dem des Phlogiston unterscheidet, ist letztlich der Umstand, dass es in dem einen Fall eine Art gab, die den mit dem Ausdruck assoziierten Beschreibungen annähernd entsprach, im anderen Fall dagegen nicht.

3.3 Das Qua-Problem

Das Qua-Problem[10] besteht darin, dass eine demonstrative Bezugnahme auf – im einfachsten Fall – eine einzelne Instanz nicht hinreicht, um die Referenz eines AnAs eindeutig festzulegen. Eine Taufe durch einen Sprechakt der Form

(T): »Der Ausdruck X soll fortan auf alles Bezug nehmen, was von derselben Art ist wie I«

(wobei mit »I« demonstrativ auf eine individuelle Instanz verwiesen wird) ist insofern uneindeutig, als ein bestimmtes Individuum mehr als nur eine Art instanziieren kann. Ein individueller Tiger I instanziiert die Art *Tiger*, aber auch die Arten *Lebewesen*, *Raubtier*, *Fleischfresser*, *Großkatze* usw.; entsprechend ist er Element vieler, sich enthaltender oder überlappender Klassen. Welche dieser Klassen relevant ist, d. h. welche der Arten von X bezeichnet werden soll, wird im Rahmen von T nicht eindeutig festgelegt.

Wie in Abschnitt 3.1 ausgeführt, zeichnet sich ein Produzent einer AnA-Verwendungspraxis Evans zufolge dadurch aus, dass er diskriminatorische Fähigkeiten bezüglich der fraglichen Art A in dem Sinne besitzt, dass er bestimmte Individuen *als Instanzen von A* identifizieren kann. In gewissem Sinn ergibt sich das Qua-Problem damit für Evans gar nicht, da ein Sprecher, um I als Instanz von A identifizieren zu können, A von allen anderen Arten A′, deren Instanz I ebenfalls ist, unterscheiden können muss. Diese Antwort ist aber insofern unbefriedigend, als unklar bleibt, wie ein Sprecher es denn bewerkstelligen kann, diese diskriminatorische Fähigkeit zu erwerben und auszuüben.

Für eine an Evans anschließende Konzeption bieten sich mindestens zwei Möglichkeiten an, mit dem Qua-Problem umzugehen: zum einen die Strategie der multiplen Fundierung, zum anderen die Strategie der semantischen Marker.

Die erste Möglichkeit besteht darin, die Idee eines *einzelnen* Taufakts durch die Idee einer multiplen Fundierung (*multiple grounding*) der Relation zwischen dem AnA und der bezeichneten Art zu ersetzen.[11] Wenn die Verbindung zwischen X und einer bestimmten Art nicht durch eine einzelne Bezugnahme auf I hergestellt, sondern nach und nach durch eine ganze Reihe von Kontakten mit anderen Elementen der verschiedenen Klassen, deren Element I ist, etabliert wird, so besteht offenbar die Möglichkeit, die Zahl der als

---

[10] Diese Bezeichnung hat Devitt (1981) eingeführt. Wiggins (1994) spricht auch vom »problem of underdetermination of meaning by deixis«.

[11] Diese Bezeichnung geht auf Devitt zurück, der diese Strategie sowohl im Hinblick auf Eigennamen als auch bezüglich AnAs verfolgt hat, vgl. u. a. Devitt (1981, 190 ff.), Devitt (2015) und Devitt/Sterelny (1999, 88 ff.).

mögliche Referenz von X in Frage kommenden Arten zu reduzieren. Bei der Begegnung mit verschiedenen Tigern wird der Ausdruck »Tiger« angewandt, bei der Begegnung etwa mit Großkatzen, die keine Tiger sind, dagegen nicht. Dadurch wird die Referenz des Ausdrucks in einer längeren Produktionsphase nach und nach präzisiert. Wie in Abschnitt 2 angedeutet, stellt sich Evans die Einführung eines Eigennamens (und, wie zu vermuten ist, eines AnAs) als Prozess vor, der nicht mit einer einmaligen Taufsituation abgeschlossen ist. Vor diesem Hintergrund scheint es naheliegend, die Strategie der multiplen Fundierung als Teil von Evans' Konzeption zu interpretieren.

Als Lösungsvorschlag für das Qua-Problem ist diese Strategie allerdings mit mehreren Problemen konfrontiert. Zunächst lässt sie nach wie vor offen, wie genau man sich den Präzisierungsprozess vorzustellen hat. Wie und aufgrund welcher Fähigkeiten gelingt es den Sprechern, bestimmte Individuen in die Extension des Ausdrucks zu inkludieren und andere zu exkludieren, wenn die Semantik des Ausdrucks doch noch gar nicht festgelegt ist, sondern durch den Präzisierungsprozess erst determiniert werden soll? Darüber hinaus besteht Anlass zur Skepsis, dass die Anzahl der Klassen, deren Element I ist, gering genug ist, dass eine hinreichende Präzisierung des AnAs in absehbarer Zeit möglich wäre. Eine solche Skepsis wird besonders durch »liberale« Auffassungen der Metaphysik natürlicher Arten genährt, denen zufolge die Teilmenge der Arten, die wir mit dem Epithet »natürlich« zu versehen berechtigt sind, keineswegs nur die klassischerweise genannten Beispiele (chemische Elemente, Typen von Elementarteilchen, biologische Spezies usw.) umfasst, sondern unüberschaubar umfangreich und lediglich unscharf von ihrer Komplementärmenge abgegrenzt ist.[12]

Ein drittes Problem dieser Lösungsstrategie besteht darin, dass AnAs eine Form von *open texture* (ganz im Sinne von Friedrich Waismann) aufweisen können, aufgrund derer es ursprünglichen Produzenten prinzipiell unmöglich ist, die Referenz des AnAs eineindeutig festzulegen, und spätere Experten eventuell gezwungen sind, immer weitere Präzisierungen des Ausdrucks vorzunehmen. Es kann beispielsweise sein, dass eine natürliche Art Spezies eines – ebenfalls natürlichen – umfassenderen Genus G ist, so dass die Menge der Instanzen von S (M_S) Teilmenge der Menge der Instanzen von G (M_G) ist. Angenommen, eine Gruppe ursprünglicher Produzenten ist mit Elementen von M_S – und damit automatisch mit Elementen der umfassenderen M_G – bekannt. Weiterhin seien die Elemente von M_S die einzigen Elemente von M_G, mit denen diese Produzenten bekannt sind. Das schließt

---

[12] Derartige liberale Auffassungen finden sich z. B. in Duprés »promiskem Realismus« oder in Boyds »homeostatic property cluster«-Theorie, vgl. u. a. Dupré (1993) und Boyd (2010); ein etwas anders gelagerter, von der Stoßrichtung aber vergleichbarer Einwand gegen diese Lösungsstrategie des Qua-Problems findet sich auch bei Stanford/Kitcher (2000).

nicht aus, dass es außerhalb der Umwelt und außerhalb des Kenntnisbereichs dieser Produzenten weitere Spezies S_2, S_3 usw. von G gibt, mit denen sie keine Bekanntschaft haben (M_G enthält also neben M_S auch die Teilmengen M_{S2}, M_{S3} usw.). Wenn nun die Produzenten einen AnA X unter Bezugnahme auf Elemente von M_s eingeführt haben, so ist unbestimmt, ob die Referenz von X die M_s oder z. B. die M_G entsprechende Art ist. Sollten dann Experten irgendwann zu einem späteren Zeitpunkt auf Elemente von M_{S2} oder M_{S3} stoßen, ist aufgrund dieser Form von *open texture* schlicht nicht festgelegt, ob diese Elemente zur Extension von X gehören oder nicht. Die Produzenten müssen zu diesem Zeitpunkt eine *Entscheidung treffen*, X auf diese anzuwenden oder nicht (solche Präzisierungen vorher offener oder unscharfer Begriffe sind zu unterscheiden von deliberativen oder irrtümlichen Referenzwechseln im engeren Sinn, bei denen ein präziser Begriff eine neue, präzise Bedeutung bekommt).

Eine zweite, von Putnam inspirierte Möglichkeit, dem Qua-Problem zu begegnen, besteht darin, einen AnA X als Ausdruck zu verstehen, der mit semantischen Markern verbunden ist, die seine intendierte Rolle in der Sprache spezifizieren (Putnam 1975, 266ff.). Auf diese Weise kann die für den Ausdruck X relevante *Art der Art*, der I angehört, näher bestimmt werden. Eine Taufsituation hätte demnach nicht einfach die Form

(T): »Der Ausdruck X soll fortan auf alles Bezug nehmen, was von derselben Art ist wie I«

sondern die Form

(T′): »Der Ausdruck X soll fortan auf alles Bezug nehmen, was von derselben *Art von Art* ist wie I«

Je nachdem, welcher AnA eingeführt werden soll, wäre diese höherstufige Art (oder das »Genus«) anders zu spezifizieren. Im Fall von Tigern etwa so:

(T″): »Der Ausdruck X soll fortan auf alles Bezug nehmen, was von derselben *Spezies* ist wie I«

Durch T″ werden nun augenscheinlich alle genannten Arten bis auf *Tiger* ausgeschlossen.

T″ zeigt, zumindest in Bezug auf dieses Beispiel, das gewünschte Ergebnis. Gegenüber der Strategie der multiplen Fundierung hat diese Strategie zudem den Vorteil, dass sie eine genauere Antwort auf die Frage gibt, wie und aufgrund welcher Fähigkeiten es den Sprechern gelingt, einen AnA mit dem nötigen Präzisierungsgrad in die Sprache einzuführen. An den Evansschen Grundansatz ist diese Strategie insofern anschließbar, als Evans deskriptiven Elementen explizit eine legitime Rolle beim Prozess der Referenzfestlegung zubilligt.

Obwohl T″ in Bezug auf dieses Beispiel das gewünschte Resultat zeigt, weist auch diese Strategie Probleme auf. Es ist nämlich fraglich, ob man – analog zu Tiger/Spezies – wirklich in allen Fällen ein geeignetes Genus angeben und damit die Ähnlichkeitsrelation hinreichend exakt bestimmen kann. Außerdem muss bedacht werden, dass die mit einem bestimmten AnA verbundenen Genus-Kategorien ihre Rolle als mit einem ganz konkreten AnA assoziierten semantischen Marker verlieren können. Zum Beispiel könnte ein zunächst als Speziesbezeichnung verwendeter Ausdruck als Bezeichnung etwa für eine umfassendere Kategorie (eine Gattung, Familie oder Klasse in der biologischen Taxonomie) in Gebrauch kommen oder umgekehrt. Ein Ausdruck kann sogar seine Rolle als AnA verlieren (also nicht mehr mit dem Marker »natürliche Art« verbunden sein), oder umgekehrt diesen Status irgendwann hinzugewinnen.

Keine der beiden diskutierten Strategien zur Lösung des Qua-Problems liefert eine vollständig befriedigende Antwort. Eventuell besteht zumindest eine Art *Auflösung* des Problems einfach darin, den Anspruch aufzugeben, die Referenz eines AnAs müsste eineindeutig in seiner Produktionsphase festgelegt sein, und stattdessen vielmehr anzuerkennen, dass AnAs ein gewisses Maß an Offenheit, an *open texture*, zwangsläufig aufweisen.

3.4 Das Problem möglicher Referenzwechsel

Eine zentrale Herausforderung bei der Konstruktion einer Theorie von Ausdrücken für natürliche Arten besteht darin, eine Konzeption zu entwickeln, die nicht am »problem of ignorance and error« scheitert, zugleich aber Phänomenen tatsächlich vorkommender Referenzwechsels Rechnung trägt. Das »problem of ignorance and error« kann auf ähnliche Weise gehandhabt werden, wie es oben im Hinblick auf Eigennamen geschehen ist: Auch wenn ein Sprecher falsche Informationen mit einem AnA X assoziiert, so kann er doch erfolgreich auf die von X bezeichnete natürliche Art referieren. Denn entscheidend dafür ist nicht, ob diese Informationen auf die Art zutreffen oder nicht, sondern ob der Sprecher sich im Rahmen einer bestimmten Praxis bewegt.

Auf der anderen Seite existieren eine Reihe von Fällen, in denen – analog zum Madagaskar-Beispiel – die Referenz eines AnAs gewechselt hat. Evans (1982, 390, n. 16) listet selbst eine Reihe solcher Beispiele auf: der Ausdruck »albatross« bezeichnete ursprünglich Pelikane, »buffalo« eine nordafrikanische Antilope, »daffodil« (Narzisse) Affodillen, »turkey« (Truthahn) Perlhühner, »apple« alle Früchte außer Beeren und »cobra« alle Schlangen.

Ein nicht-intendierter Referenzwechsel lässt sich aus einer Evansschen Sicht folgendermaßen erklären: Eine Gruppe von Produzenten hat einen AnA X als Bezeichnung einer Art A eingeführt und eine Reihe von Informationen über diese akkumuliert. Andere Sprecher kommen mit X in Kontakt und wenden ihn irrtümlich auf eine andere Art A′ an, mit der sie bekannt sind – sie werden damit zu Produzenten einer neuen Praxis der Verwendung von X. Die Teilnehmer der ursprünglichen Praxis sind nicht willens oder in der Lage, die neue Praxis zu korrigieren (beispielsweise weil es keinen Kontakt zwischen ihnen und der Gruppe der Sprecher gibt, die X als Bezeichnung für A′ verwenden). Auf diese Weise kommt X als AnA in Gebrauch, der auf A′ referiert – zumindest in einer bestimmten Gemeinschaft. Es gibt in diesem Szenario also zunächst zwei parallele Praktiken der Verwendung von X. Unter Umständen verschwindet die ursprüngliche Praxis irgendwann und nur noch die neue bleibt übrig.

Evans bemerkt, dass »a change in the reference of a proper name is […] much more difficult than a change in the extension of a natural-kind term« (Evans 1982, 390). Während »Evans had to resort to so recherché an example as the Madagascar case« (Burgess 2014, 199), hatte er offenbar weniger Mühe, gleich mehrere Beispiele für Referenzwechsel bei AnAs zu finden. Die Erklärung, die Evans für dieses Missverhältnis anbietet, lautet, dass mit AnAs typischerweise weitaus weniger Informationen assoziiert seien als mit Eigennamen. Ein zusätzlicher Grund dürfte in dem im vorigen Abschnitt diskutierten Umstand bestehen, dass Individuen typischerweise Instanzen zahlreicher Arten sind: Selbst wenn jemand mit einer Reihe von Instanzen der Art A vertraut ist und korrekterweise davon ausgeht, dass diese in die Extension eines bestimmten AnAs fallen, heißt das nicht, dass er den AnA korrekt verwenden kann.

4. Schluss

Ich habe ausgehend von Evans' Theorie von Eigennamen eine Konzeption der Semantik von AnAs extrapoliert, der zufolge die Verwendung solcher Ausdrücke durch sprachliche Arbeitsteilung und die Differenz zwischen verschiedenen Sprechergruppen (ursprüngliche Produzenten, spätere Experten, Konsumenten) charakterisiert ist. Ich habe argumentiert, dass bei der Behandlung von AnAs gegenüber Eigennamen verschiedene Besonderheiten zu berücksichtigen sind. So gibt es bei AnAs typischerweise keinen »natürlichen Lebenszyklus« wie bei Eigennamen. Auch muss die Formulierung der Bedingungen für diskriminatorische Fähigkeiten modifiziert werden, da natürliche Arten einen anderen ontologischen Status aufweisen als Individuen.

Analog zum Sonderfall deskriptiver Eigennamen habe ich das Konzepts eines *deskriptiven Ausdrucks für natürliche Arten* eingeführt. Dieses Konzept hat sich bei der Behandlung des »No Failure of Reference«-Problems als hilfreich erwiesen. Mit dem Phänomen möglicher Referenzwechsel von

AnAs scheint ein Evansscher Ansatz nicht mehr oder weniger Schwierigkeiten zu haben als mit möglichen Wechseln der Referenz von Eigennamen. Eine größere Herausforderung stellt das Qua-Problem dar. Evans vermeidet zwar durch seine Forderung, Produzenten müssten Instanzen einer Art *als solche* erkennen können, dem Qua-Problem überhaupt unmittelbar ausgesetzt zu sein. Die Frage, auf welche Weise genau es einem Sprecher möglich ist, diese Forderung zu erfüllen, ist jedoch nicht leicht zu beantworten. Zwei naheliegende Strategien – die der multiplen Fundierung und die der semantischen Marker – vermögen zwar Teilantworten zu geben, sind aber nicht restlos überzeugend. Obwohl sich somit Evans' in *VR* entwickelte Konzeption tatsächlich als geeigneter Rahmen für eine Theorie der Ausdrücke für natürliche Arten erweist, die Probleme klassischer kausaler und deskriptivistischer Ansätze vermeidet, bleiben einige – freilich auch für andere Theorien schwierige – Fragen offen.

Literatur

Boyd, R.: Realism, Natural Kinds, and Philosophical Methods. In: H. Beebee/N. Sabbarton-Leary (Hg.): *The Semantics and Metaphysics of Natural Kinds*. New York 2010, S. 212–34.

Burgess, J.: Madagascar revisited. *Analysis* 74, 2014, S. 195–201.

Devitt, M.: *Designation*. New York 1981.

– Should Proper Names Still Seem so Problematic? In: A. Bianchi (Hg.): *On Reference*. Oxford 2015, S. 108–43.

Devitt, M./Sterelny, K.: *Language and Reality: An Introduction to the Philosophy of Language*. Second Edition. Cambridge 1999.

Dickie, I.: How Proper Names Refer. *Proceedings of the Aristotelian Society* CXI, 2011, S. 43–78.

Dupré, J.: *The Disorder of Things*. Cambridge 1993.

Evans, G.: The Causal Theory of Names. *ASSV* 47, 1973. Wiederabgedruckt in: *Collected Papers*. Oxford 1985, S. 1–24.

– *The Varieties of Reference*. Hg. v. J. McDowell. Oxford 1982.

Garcia-Ramirez, E.: The Kind Membership Theory of Reference Fixing for Proper Names. *Topicos* 47, 2014, S. 113–38.

Genone, J./Lombrozo, T.: Concept possession, experimental semantics, and hybrid theories of reference. *Philosophical Psychology* 25, 2012, S. 717–42.

Kripke, S.: Naming and Necessity. In D. Davidson/G. Harman (Hg.): *Semantics of Natural Language*. Dordrecht 1972, S. 253–355.

LaPorte, J.: Rigid Designators. In: E. Zalta (Hg.): *The Stanford Encyclopedia of Philosophy (Summer 2011 Edition)*, 2011, http://plato.stanford.edu/archives/sum2011/entries/rigid-designators/.

Laurence, S./Margolis, E.: Concepts and Cognitive Science. In: Dies. (Hg.): *Concepts: Core Readings*. Cambridge 1999, S. 3–81.

Marti, G.: General Terms, Hybrid Theories and Ambiguity: A Discussion of Some Experimental Results. In: J. Haukioja (Hg.): *Advances in Experimental Philosophy of Language*. London 2015, S. 157–72.

Nichols, S./Pinillos, N. A./Mallon, R.: Ambiguous Reference. *Mind* 125, 2016, S. 145–175.

Putnam, H.: The meaning of ›meaning‹. In: *Philosophical Papers II*. Cambridge 1975, S. 215–71.

Rauti, A.: Multiple Groundings and Deference. *The Philosophical Quarterly* 62, 2012, S. 317–36.

Reimer, M./Michaelson, E.: Reference. In: E. Zalta (Hg.): *The Stanford Encyclopedia of Philosophy (Winter 2014 Edition)*, 2014, http://plato.stanford.edu/entries/reference/.

Russell, B.: Knowledge by Acquaintance and Knowledge by Description, 1910–11. Wiederabgedruckt in *Mysticism and Logic*, London 1986, S. 200–21.

Stanford, P. K./Kitcher, P.: Refining the Causal Theory of Reference for Natural Kind Terms. In: *Philosophical Studies* 97, 2000, S. 99–129.

Wiggins, D.: Putnam's doctrine of natural kind words and Frege's doctrines of sense, reference, and extension: Can they cohere? In: P. Clark/B. Hale (Hg.): *Reading Putnam*. Oxford 1994, S. 59–74.

Ulrike Ramming

KAUSALE KETTEN UND TECHNISCH GESTÜTZTE REFERENZ[1]

1. Einleitung

Zu Beginn des sechsten Kapitels von *The Varieties of Reference* führt Gareth Evans zwei für die Sprachphilosophie eher untypische Beispiele ein und verweist auf den allgemeinen Sprachgebrauch: Wir reden davon, jemanden im Fernsehen zu sehen oder im Radio zu hören, ebenso wie wir davon sprechen, jemanden im Spiegel zu erblicken.[2] Wir sagen, so Evans etwas später, ›dieser Sprecher‹ und deuten dabei auf das Radio- oder Fernsehgerät, aus dem die Stimme des Sprechers zu hören oder er selbst auf dem Bildschirm zu sehen ist.

Evans problematisiert mit diesen Beispielen ein seiner Auffassung nach zu naives Konzept von Wahrnehmung. Mit der spontanen Bezugnahme auf ein Objekt, dessen direkte Präsenz technisch vermittelt ist, betritt er Neuland. Eine Behandlung im Sinn von Quines verschobener Ostension lehnt er ab[3]; wenig später spricht er von einer Kategorie *sui generis*.[4]

Unstrittig ist, dass Evans mit der Thematisierung derartiger Fälle zu seiner Zeit eine Ausnahme innerhalb der Diskussion zur Semantik darstellt. Bis heute gilt die Referenz auf natürliche Arten als paradigmatischer Normalfall. Zeitgleich mit Evans diskutierten lediglich Putnam und Burge Artefakte. Den beiden letzteren ging es allerdings dabei nicht um deren Funktion als informationstransferierende Instanzen, sondern als Gegenständen von Referenz. Putnam scheiterte bekanntlich bei dem Versuch, den von ihm entwickelten Externalismus über den Bereich der natürlichen Arten auszuweiten[5]; Burge löste das Problem im Rahmen des Anti-Individualismus unter Rekurs auf

---

[1] Ich danke Jens Kertscher, Jan Müller, Catrin Misselhorn, Ulrike Pompe-Alama und Jakob Steinbrenner für aufschlussreiche Diskussionen und hilfreiche Kommentare.
[2] Evans, Varieties, S. 144.
[3] Ebd., S. 145.
[4] Ebd., S. 151.
[5] Vgl. Schwartz, Putnam.

die Konventionalität sprachlicher Bedeutung.[6] Evans interessiert sich in den genannten Fällen dagegen nicht für den sprachlichen Bezug auf Artefakte, sondern für eine Art der Referenz, die nur artifiziell, technisch vermittelt zu realisieren ist. Dies erfolgt auf der Grundlage einer starken kausalen Komponente innerhalb des Theoriegerüsts von *Varieties*, dem Informationssystem. Dieses wird in der Rezeption vorrangig wahrnehmungstheoretisch interpretiert; weitgehend unberücksichtigt bleibt, dass es eine zentrale Funktion innerhalb innerhalb der neo-fregeanischen Semantik erfüllt, die Evans in diesem Werk entwickelt.[7]

Anliegen dieses Textes ist es, die spezifische Kombination von kausaltheoretischen und deskriptivistischen Komponenten aufzuzeigen, wie sie für die Semantik von *Varieties* charakteristisch ist. Das Informationssystem markiert in diesem Zusammenhang das kausale Element. Erst auf der Grundlage dieser kausalen Dimension kommt Wahrnehmung ins Spiel; zugleich ermöglicht die kausale Kette, dass Evans Fälle thematisiert, die als technisch gestützte Referenz bezeichnet werden sollen – Beispiele für eine Präsenz in und durch Medien. Untersucht wird, in welcher Weise Evans diesen Typus von Referenz im Rahmen des Systems einführt und behandelt; in diesem Zusammenhang sollen auch die problematischen Implikationen analysiert werden, die an dieser Stelle auftreten und auf einige Schwachpunkte des von Evans entwickelten – oder besser: skizzierten – Ansatzes verweisen. Dies geschieht zunächst unter Rekurs auf Evans' konstruktiv-kritische Auseinandersetzung mit Kripkes Kausaler Theorie der Referenz, die bei Evans zu einer spezifischen Verbindung von kausalen und deskriptiven Elementen führt, in deren Kontext erste Ansätze für das Informationssystem zu finden sind. Hieran anschließend soll gezeigt werden, in welcher Weise das Informationssystem in *Varieties* eine zentrale Funktion für die Referenztheorie übernimmt. Auf dieser Grundlage werden dann die genannten Beispiele technisch gestützter Referenz überprüft, um abschließend auf die Grenzen des Evans'schen Modells einzugehen. Im Zentrum der Aufmerksamkeit soll dabei stehen, ob Evans' Behauptung, es handle sich bei derartigen Fällen um eine spezielle Kategorie, die nicht als verschobene Ostension zu behandeln sei, überzeugt.

---

[6] Burge, Individualism.
[7] Eine Ausnahme stellt Beament, Evans's Varieties, dar.

2. Evans' Auseinandersetzung mit Kripke

Evans gilt als früher Vertreter einer Position, die in der Diskussion zwischen Deskriptivisten und Kausaltheoretikern Elemente beider Ansätze miteinander verbindet.[8] Er stimmt mit letzteren in der Kritik an den intentionalistischen Prämissen von Russells Kennzeichnungstheorie überein, die auf einer cartesianischen Konzeption des Geistes, der »bad old Philosophy of Mind«[9] basieren und zu skeptischen Schlussfolgerungen führen.[10] Seine Überlegungen zielen deshalb darauf ab, nicht-deskriptivistische Elemente in die Referenztheorie einzuführen.[11] Dies geschieht, indem er Russells Konzept der Bekanntschaft (›acquaintance‹) kausaltheoretisch reformuliert. Mit Russell stimmt Evans darin überein, dass die Referenz eines Eigennamens über die »Informationsmenge«[12] bestimmt sein muss, über die die Sprecherin bei der korrekten Verwendung des Namens verfügt. Gegen den Deskriptivismus formuliert er dieses Bestimmungsverhältnis aber nicht so, dass diese Informationen über Beschreibungen gegeben sind. Vielmehr

> [...] steht der Name für denjenigen Gegenstand, der den größten Teil der Informationen kausal verursacht hat. Damit ist [...] Kripkes Theorie der kausalen Relation aufgenommen, jedoch nicht so, daß der entscheidende Kausalzusammenhang die kausale Kette von der Taufe des Gegenstandes bis zur jetzigen Namensverwendung ist, sondern so, daß ausschlaggebend der Kausalzusammenhang zwischen den Zuständen, Tätigkeiten usw. des Gegenstandes und der Informationsmenge der Sprecher ist.[13]

Diese Kombination entwickelt Evans in seinem frühen Aufsatz *The Causal Theory of Names*. In diesem wird deutlich, in welcher Weise Evans mit Kripke sympathisiert; zugleich lässt sich erkennen, auf Grund welcher Überlegungen er sich von diesem absetzt – Überlegungen, die in *Varieties* zur Formulierung des Informationssystems führen.

Evans stimmt mit Kripke in der Kritik am Deskriptivismus darin überein, dass letzterer Referenz ausschließlich individualistisch begründe, nämlich über ein starkes intentionalistisches Moment, demzufolge die Sprecherintention einen entscheidenden Anteil an der Referenzbeziehung zwischen Namen und Gegenstand trägt. Im Gegenzug entwickelt Kripke mit dem Modell der kausalen Kette einen Alternativvorschlag, der sozial akzentuiert ist: am Anfang steht die Taufe eines Gegenstands mit einem bestimmten Namen; die

---

[8] Wolf, Einleitung, S. 30.
[9] Evans, Causal Theory, S. 12; deutsch: S. 322.
[10] McDowell, Evans's Frege, S. 164 f.
[11] Ebd. S. 174.
[12] Wolf, Einleitung, S. 30.
[13] Ebd.

Beziehung zwischen Name und Gegenstand wird generationsübergreifend weitergegeben. Evans wirft Kripke in diesem Zusammenhang Ungenauigkeit vor: dieser differenziere nicht hinreichend zwischen der Sprecher- und der sozialen Ebene. Vor allem aber, so Evans, beruhe das Modell der kausalen Kette auf einem magischen Trick: »The Causal Theory [...] regards the capacity to denote something as a magic trick which has somehow been passed on and once passed on cannot be lost.«[14] Kripke ignoriere sprachliche Phänomene wie Kontextsensitivität und Bedeutungswandel.

Deshalb verzichtet die von Evans skizzierte Alternative auf der sozialen Ebene beinahe vollständig auf kausale Komponenten. Sie stellt, hierin stärker an Strawson orientiert, den in Sprachgemeinschaften verbindlichen Gebrauch von Eigennamen in den Vordergrund, den die kompetente Sprecherin übernimmt. Auf diese Weise bilden sich Traditionen der Namensverwendung aus, die kausal interpretiert werden können im Sinn einer generationenübergreifenden Weitergabe bestimmter denotativer Relationen, nicht aber im Sinn strikter, invariabler Weisen der Referenzbewahrung.

Die kausale Komponente erhält stärkeres Gewicht auf der Ebene des individuellen Sprachgebrauchs. Hier reformuliert Evans Russells Konzept der Bekanntschaft kausaltheoretisch: Objekt x ist die kausale Quelle für diejenigen Informationen, über die der Sprecher verfügen muss, um sich erfolgreich auf x beziehen zu können. Evans spricht in einer vage gehaltenen Formulierung von x als der bestimmenden Quelle (›dominant source‹).[15] Wahrnehmung spielt in diesem Zusammenhang eine wichtige, aber nicht ausschließliche Rolle.[16]

Was leistet die hier umrissene Konzeption? Die Ausdifferenzierung von Kripkes Modell der kausalen Kette wurde bereits genannt. Auf der Sprecherebene verzichtet sie, wie Evans betont, auf starke intentionalistische Prämissen – Intentionen alleine können eine Referenzbeziehung nicht begründen. Es bedarf vielmehr, erstens, einer Objektorientierung, die über die kausale Verknüpfung mit dem Gegenstand hergestellt wird, zweitens einer etablierten Praxis der Namensverwendung.

Der Begriff der Information wird in diesem Zusammenhang ohne Kommentar eingeführt. Er besitzt meiner Auffassung zufolge für Evans den Vorteil, dass er frei ist von jeder Art mentalistischer Assoziation. Wenn ›kausal‹ in referenztheoretischen Kontexten die Unabhängigkeit von Überzeugungen

---

[14] Evans, Causal Theory, S. 8.; deutsch: S. 317.
[15] Ebd., S. 16; deutsch: S. 327. Ursula Wolf übersetzt ›dominant‹ mit ›vorherrschend‹; ›bestimmend‹ erfasst meiner Auffassung nach genauer die Funktion, über das Bündel von Informationen, dessen Ursache x ist, x eindeutig identifizieren zu können.
[16] Vgl. ebd. S. 15; deutsch: S. 325.

indizieren soll[17], so erfüllt der Informationsbegriff für Evans' Argumentation genau diese Funktion: gesammelte Informationen sind noch keine Überzeugungen. Evans spricht von Transaktionen des Informationssammelns (»information-gathering transactions«)[18] und nimmt damit eine Formulierung aus *Varieties* vorweg: »People are, in short and among other things, gatherers, transmitters and storers of information. These platitudes locate perception, communication, and memory in a system – the informational system – which constitutes the substratum of our cognitive lives.«[19]

In den Überlegungen dieses frühen Textes zeichnet sich bereits eine Tendenz ab, die in *Varieties* systematisch ausgearbeitet wird: das kausale Moment, das in Kripkes Modell der Referenz von Eigennamen als soziale Komponente eine zentrale Funktion einnimmt, wird aus diesem Zusammenhang herausgelöst. Die Behandlung von Eigennamen in *Varieties* verzichtet auf jede Form von Kausalität und konzentriert sich auf die Beziehung zwischen Produzenten und Konsumenten – zwischen denjenigen, die die Denotation eines Eigennamens *qua* Taufe festlegen und jenen, die sie übernehmen.[20] Dies gilt in gleichem Maß für soziale Aspekte von Referenz. Dagegen rückt Kausalität als zentraler Faktor in die Relation von Sprecher und Objekt, vor allem in Fällen, in denen eine direkte Konfrontation besteht, d. h. bei der Anwendung deiktischer Ausdrücke. Die daraus resultierende starke Objektorientierung liefert die Grundlage für die Semantik von *Varieties* und damit auch für Russells Prinzip.

3. Die semantischen Aspekte des Informationssystems

Der Begriff der Information tritt bei Evans im Kontext seiner Kritik an Russells Deskriptivismus und der Diskussion von Kripkes Vorschlag für eine kausale Theorie der Referenz auf. Er steht folglich in einem eindeutig semantischen Kontext. Meiner Interpretation zufolge finden die bisher skizzierten Grundzüge der von Evans vertretenen Kombination von kausalen und deskriptivistischen Elementen ihre systematische Ausarbeitung in *Varieties*.

Die neo-fregeanische Konzeption, die Evans vertritt, fasst Freges Begriff der Bedeutung bekanntlich in der Weise auf, dass ein sprachlicher Ausdruck zum semantischen Wert, dem Wahrheitswert, eines Satzes beiträgt, während Freges Begriff des Sinns als kognitiver Wert interpretiert wird.[21] Freges Sinn

---

[17] Vgl. Nimtz, Verteidigung, S. 108.
[18] Evans, Causal Theory, S. 15; deutsch: S. 325.
[19] Evans, Varieties, S. 122.
[20] Vgl. Evans, Varieties, Kap. 11. Vgl. auch Nimtz, Verteidigung, S. 107.
[21] Vgl. Beament, Evans' Varieties, S. 39.

indiziert demzufolge für singuläre Termini die Art und Weise des Gegebenseins des Referenzobjekts; für Sätze ist darunter der Gedanke zu verstehen, den der Satz ausdrückt. Gedanken sind bei Frege platonistisch verstandene abstrakte Entitäten – der Neo-Fregeaner interpretiert sie als propositionale Einstellungen.[22] Innerhalb dieses Rahmens einer zweiwertigen Semantik erhalten singuläre Termini bei Evans eine starke Russellsche Komponente: sie sind objektabhängig in der Weise, dass das Referenzobjekt eines singulären Terms existieren muss, damit der Ausdruck referieren kann.[23] Evans verbindet Fregesche und Russellsche Elemente in Bezug auf singuläre Termini dahingehend, dass er den Übergang von Referenz zu Gedanken/Überzeugung als Art und Weise des Denkens über den Gegenstand formuliert. Dabei stellen, wie Beament betont, objektabhängige Gedanken keine Bindeglieder zwischen dem Sprecher und dem Gegenstand dar, vielmehr ist der Bezug zum Gegenstand direkt und bedarf keiner zusätzlichen Bestimmung über eine Kennzeichnung oder Spezifizierung.[24]

Während Russell nur zwei Arten der Kenntnis von Gegenständen kennt – über Kennzeichnung einerseits, andererseits über Bekanntschaft via Wahrnehmung – arbeitet Evans mit drei Weisen der Identifizierung eines Objekts: hinweisende Identifizierung, auf Wiedererkennung beruhende Identifizierung sowie Identifizierung über Kennzeichnung. Ihnen entsprechen auf Seiten der Sprecher die Fähigkeiten der Wahrnehmung, der Erinnerung und der Kommunikation; auf sprachlicher Ebene stehen dafür gewöhnliche deiktische Ausdrücke (›ordinary demonstratives‹ – ›This φ is an F‹), ›past-tense demonstratives‹ (›That φ was an F‹) und ›testimony demonstratives‹: »[...They, U.R.] refer to an object heard of by testimony (e.g., conversation, rumour, newspaper etc.) – so to understand an utterance of ›That φ is F‹ one must possess the information which the speaker presumes to be in common possession.«[25]

Evans' Konzeption des Informationssystems, wie es im fünften Kapitel von Varieties entwickelt wird, markiert in diesem Zusammenhang den Übergang von Referenz zu Gedanken. Die theoriearchitektonische Relevanz für das Gesamtsystem erweist sich bereits an der Stellung dieses Kapitels: Es schließt an die Einführung der semantischen Grundlagen an; ab dem sechsten Kapitel diskutiert Evans die unterschiedlichen Typen von Referenz, beginnend mit Ostension.

Im Zentrum des Informationssystems steht der Begriff des Informationszustands (›informational state‹). Er übernimmt eine Brückenfunktion und

---

[22] Ebd.; vgl. Dummett, Frege, S. 95.
[23] Vgl. Beament, Evans' Varieties, S. 40.
[24] Ebd. S. 40/41.
[25] Ebd., S. 45.

stellt damit das Bindeglied für die sehr spezielle Verknüpfung von Semantik und Philosophie des Geistes bei Evans dar. Bei Informationszuständen handelt es sich um mentale Zustände, die nicht mit Überzeugungen gleichzusetzen sind, sondern für die die Unabhängigkeit von Überzeugungen (›belief-independence‹) charakteristisch ist. Überzeugungen basieren auf Informationszuständen; aus diesem Grund handelt es sich beim Begriff des Informationszustandes um einen Grundbegriff:

> In general, it seems to me preferable to take the notion of *being in an informational state with such-and-such content* as a primitive notion for philosophy, rather than to attempt to characterize it in terms of belief. In the first place, such a characterization could not be simple, because of a fundamental (almost defining) property of the states in the informational system, which I shall call their ›belief-independence‹: the subject *being* in an informational state is independent of whether or not he believes that the state is veridical.[26]

Für die Erklärung der Funktionsweise des Informationssystems bedient sich Evans des Beispiels der Fotografie. Dieses betont den kausalen Charakter der Prozesse, die sich auf dieser Ebene vollziehen: Um sich in einem Informationszustand zu befinden, bedarf es eines Inputs, der vom Objekt der Referenz verursacht wird. Ein spezifischer Mechanismus produziert *qua* Input einen mentalen Zustand mit dem entsprechenden Gehalt: »And we can say that the product of such a mechanism is *of* the objects that were input to the mechanisms when the product was produced.«[27] Zwischen Gehalt und Gegenstand besteht eine Adäquatheitsrelation, die auf der Akkuratheit des Mechanismus' beruht. Die Abläufe, die sich derart auf der Ebene des Informationssystems abspielen, sind daher nicht-begrifflicher und sub-personaler Natur.[28]

Evans' paradigmatisches Beispiel scheint ein naives Verständnis von Fotografie zu demonstrieren sowie, damit verbunden, einen einfachen Realismus, innerhalb dessen dem Referenzgegenstand Priorität gegenüber der Abbildung zugesprochen wird. Eine derartige Annahme verweigert er allerdings im nächsten Argumentationsschritt: »Notice that I have explained the sense in which a photograph is of an object, or objects, without presupposing that a specification of its *content* must make reference to that object, or those objects.«[29] Evans unterscheidet folglich, in einer kryptisch gehaltenen Fuß-

---

[26] Evans, Varieties, S. 123.
[27] Ebd., S. 125.
[28] Die Unabhängigkeit der Informationszustände von Überzeugungen verdeutlicht Lopes an folgendem Beispiel: In dem bekannten Fall von Ponzos Illusion wissen wir, dass die beiden waagerechten Linien gleich lang sind. Da sie von zwei in Zentralperspektive auf einander zulaufenden Längslinien eingerahmt sind, erscheint die vordere waagerechte Linie gegenüber der hinteren kürzer. Unser Wissen ändert nichts an der optischen Täuschung; wir nehmen die hintere Linie als länger wahr. Vgl. Lopes, Understanding, S. 102.
[29] Evans, Varieties, S. 125.

note, zwischen Repräsentationen, bei denen der Bezug zum Referenzobjekt konstitutiv ist und solchen, bei denen dies nicht der Fall ist – zwischen Repräsentationen von a und a-Repräsentationen.[30] Bei letzteren handelt es sich, Lopes zufolge, um Fälle, in denen die Informationsquelle unbekannt ist – dies trifft beispielsweise auf Gegenstände zu, die auf Gemälden abgebildet sind.[31] Für Repräsentationen von a gilt dagegen, dass eine verlässliche Beziehung zwischen kausaler Quelle bzw. den Eigenschaften dieser Quelle und dem Inhalt des Inputs besteht: »[...] an identification on the basis of a state's content is ›well-grounded‹ only if it picks out the very object from which the information was in fact derived.«[32] Damit ist die Grundstruktur des Informationssystems gegeben, auf deren Grundlage verlässliche gehaltvolle mentale Zustände entstehen können.

Das mechanistische Modell des Fotoapparats mit seinen Input-Output-Operationen macht deutlich, dass das Informationssystem für die kausale Komponente im System von Evans steht. Es setzt sich aus drei Elementen zusammen: Wahrnehmung, Erinnerung als rekursivem Element und der Kommunikation mit anderen im Rahmen des sozialen Informationssystems, das als einziges ausschließlich propositionale Gehalte enthält.[33] Alle drei sind kausal konzipiert: Wahrnehmung über den direkten Input, den das wahrgenommene Objekt liefert, Erinnerung via gespeicherte Inputs, – und das kommunikative Zeugnis lässt sich in einem weiten Sinn, im Sinn einer sozialen Kette, kausal verstehen.

Der Übergang von einem Informationszustand zu einer Überzeugung erfolgt durch die Ausübung prädikativer Kompetenzen, deren Bedingungen mit Russells Prinzip und der Allgemeinheitsbedingung (›Generality Constraint‹) formuliert werden.[34] Russells Prinzip zufolge muss man über einen Begriff von einem Objekt verfügen, um dieses unter anderen identifizieren zu können; frau muss wissen, durch welche Eigenschaften es sich von anderen unterscheidet. Die Allgemeinheitsbedingung formuliert dieses Prinzip weiter aus: es impliziert demzufolge die Fähigkeit zur korrekten Anwendung von Begriffen in der Weise, dass die Sprecherin über die Kompetenz verfügt, das jeweils spezifisch Allgemeine so zu bestimmen, dass sie den entsprechenden Begriff auch auf andere Objekte anwenden kann.[35]

Weshalb benötigt Evans die strikte Unterscheidung zwischen Informationszustand und Überzeugungen? Zum einen, um einen starken Intellek-

---

[30] Vgl. ebd., FN 10.
[31] Vgl. Lopes, Understanding, S. 104.
[32] Ebd.
[33] Evans, Varieties, S. 127.
[34] Ebd. Kap. 4.
[35] Vgl. Lopes, Understanding, S. 105.

tualismus zu vermeiden[36]; zum anderen, um die vereinfachte Position der Kausaltheoretiker der ersten Stunde zu umgehen, die er unter dem Schlagwort ›Fotografiemodell der mentalen Repräsentation‹ kritisiert: die kausale Verbindung zu einem Gegenstand stelle zwar eine notwendige, nicht aber eine hinreichende Bedingung für erfolgreiche Referenz und mentale Repräsentation dar.[37]

In dieser nicht-begrifflichen und kausalen Ausprägung dient das Informationssystem sowohl der Selbstlokalisierung des Sprechers im egozentrischen Raum als auch der kausalen Verknüpfung mit dem Gegenstand, von dem er die Informationen erhält. Evans legt die Struktur dieser Beziehung auf der grundlegenden Ebene phänomenologisch an: der egozentrische Raum, der um den Sprecher herum entsteht und innerhalb dessen dieser Objekte wahrnimmt und identifiziert, baut sich über basale Eigenschaften der Gegenstände auf: über die räumliche Situierung des Gegenstands im Verhältnis zum Sprecher und zu anderen Objekten, durch seine geometrische Form, Farbschattierungen etc. – Eigenschaften, die der frühe Wittgenstein als interne Eigenschaften bezeichnet. Evans spricht an dieser Stelle von basalen Vorstellungen (›fundamental Idea‹), die wir uns von Gegenständen machen.[38] Ohne dass Evans die Beziehung zwischen basalen Vorstellungen und Informationszuständen genauer erklärt, wird deutlich, dass beide in engem Zusammenhang stehen müssen. So betont er im Zusammenhang mit ostensiver Identifikation, dass auch im egozentrischen Raum eine Informationsverbindung (›information link‹) besteht:

> The information link with the object may *enable* the subject effectively to locate the object without providing very specific information about its location ... (The information-link places the subject in a position rather like that of the man who feels something tugging at the end of his fishing line. In such cases we are placed in a position in which we have the *practical ability* to locate the object; it is not necessary to construct some concept (›the one at the end of my line‹) in order to allow the subject's thoughts to reach out its object.[39]

Diese Textstelle verdeutlicht den Kern des Ansatzes, den Evans entwickelt: Auf der einen Seite ermöglicht die phänomenologische Rekonstruktion der von Strawson in *Individuals* eingeführten räumlichen Grundstruktur[40] den Verzicht auf ein vorausliegendes Begriffssystem auf der basalen Ebene.[41]

---

[36] Evans, Varieties, S. 124.
[37] Vgl. ebd., Kap. 3.4.
[38] Ebd. S. 107.
[39] Ebd. S. 172. Klammerfehler im Original.
[40] Vgl. Strawson: Einzelding, Kap. 1.
[41] Vgl. die Kritik an Strawsons Wahrnehmungskonzept in Evans, Varieties, S. 143f. Aus dieser Kritik resultiert Evans' phänomenologische Konzeption des Wahrnehmungsraums.

Hieraus resultiert die viel diskutierte Nichtbegrifflichkeit von Wahrnehmung und der durch sie kausal verursachten Informationszustände. Auf der anderen Seite ergibt sich in der Konsequenz, dass die kausale Verbindung nicht selbst wieder thematisiert, über eine Kennzeichnung identifiziert werden muss.

Auf der Seite der Sprecherin konstituiert ein schwaches Moment von Intentionalität die Beziehung zum Referenzobjekt, für das Evans die Formulierung ›finding the target‹ einführt.[42] Es indiziert die Objektorientierung der Sprecherin, das Zurückverfolgen der kausalen Spur, über die sie die relevanten Informationen erhalten hat. Entscheidend ist, dass dieses intentionale Moment ebenso wenig ausreicht für die Konstitution der referentiellen Beziehung wie das kausale. Die Unterscheidung zwischen notwendigen und hinreichenden Bedingungen durchzieht die Überlegungen zum Informationssystem: notwendig sei für gelingende Referenz eine kausale, informationsübermittelnde Verbindung zum Gegenstand; hinreichend ist aber erst die Identifikation dieses Gegenstands als Referenzobjekt eines bestimmten Gedankens über die begrifflichen Kompetenzen der Sprecherin:

> Finding the *target* of an information-based particular-thought would involve tracing back the causal routes by which the relevant information is derived from the relevant object. Finding its *object* would involve employing the mode of identification which the subject employs in the thought (exploiting the answer to the question ›In virtue of what does the subject know which object his thought concerns?‹). Only if these two procedures locate the same object can the subject be credited with an information-based particular-thought about that object.[43]

Die kausale Verbindung darf Evans zufolge keine Determinante des mentalen Gehalts sein; dieser wird alleine bestimmt über die begriffliche Spezifizierung des Inhalts sowie die Fähigkeit zur Identifikation des relevanten Objekts.[44]

Aus der Perspektive des hier vorgestellten Zugangs zum Informationssystem argumentiert John McDowell nicht ganz korrekt, wenn er in seiner einflussreichen Darstellung der Position von Evans behauptet, die »[…] nichtbegrifflichen Informationszustände […]« seien »[…]die Auswirkungen der Rolle, welche die Wahrnehmung im Informationssystem […]«[45] spiele. McDowell führt die Nicht-Begrifflichkeit von Wahrnehmung in der folgenden Weise ein: »Evans macht eine […] uneingeschränkte Behauptung, nämlich daß der Inhalt der Wahrnehmungserfahrung nicht-begrifflich sei. Ihm zufolge kommt der begriffliche Inhalt innerhalb des Wahrnehmungskontextes erst

---

[42] Vgl. ebd., S. 139f.
[43] Ebd., S. 139.
[44] Ebd.
[45] McDowell, Geist, S. 72.

bei den auf Erfahrung beruhenden Urteilen ins Spiel [...] Evans identifiziert also Wahrnehmungserfahrungen mit Zuständen des Informationssystems.«[46]

Diese Interpretation ist insofern unzutreffend, als Evans explizit betont, dass Wahrnehmungserfahrungen nicht mit wahrnehmungsbasierten Informationszuständen gleichzusetzen sind.[47] Zudem ignoriert McDowell den theorieimmanenten Begründungszusammenhang zwischen Informationszuständen und Wahrnehmung: zwar basiert ein Großteil von Informationszuständen auf Wahrnehmung; die Nichtbegrifflichkeit von Wahrnehmung sowie des Gehalts von Informationszuständen resultiert aber aus der Tatsache, dass das Informationssystem für die kausale Komponente in Evans' System steht: sie erfordert aus theoriestrategischen Gründen, dass der kausale Input, den Wahrnehmung liefert, nicht-propositional zu sein hat, um ihn eindeutig von den deskriptivistischen Elementen abgrenzen zu können.

Aus dieser Perspektive handelt es sich auch um eine Überinterpretation, wenn Tyler Burge Evans als Wahrnehmungstheoretiker diskutiert.[48] Der hier vorgelegten Interpretation zufolge spielt Wahrnehmung zwar eine zentrale Rolle im Zusammenhang mit der ostensiven Identifikation; Evans' Ausführungen zu deiktischen Ausdrücken können aber sicherlich nicht als vollständig ausgearbeitete Wahrnehmungstheorie gelten. Wenngleich Burges differenzierte Diskussionen des ›fundamental ground of difference‹ und der Konzeption der Informationszustände[49] zum Besten zählt, was zum Thema zu lesen ist, bleibt gleichzeitig unverständlich, weshalb er Evans in einer Reihe mit Strawson als einen Vertreter der These der Begrifflichkeit von Wahrnehmung darstellt.

4. Technisch gestützte Referenz als Kategorie sui generis

Wie lassen sich die zu Beginn dieses Textes vorgestellten Beispiele einer technisch gestützten Referenz auf der Basis des Informationssystems und seiner Funktion innerhalb der neo-fregeanischen Semantik von *Varieties* analysieren?

Nehmen wir den »Normalfall«: Ich befinde mich mit mehreren Personen in einem Raum, weise auf Person x und sage zu meiner Nachbarin: ›Diese Person hat eine unangenehm laute Stimme‹. Das Evans-Modell bietet in gro-

---

[46] Ebd., S. 72, 73.
[47] Vgl. Evans, Varieties, S. 157. Vgl. hierzu ausführlich den Beitrag von Ulrike Pompe-Alama in diesem Band.
[48] Vgl. Burge, Origins, S. 184 f.
[49] Vgl. ebd. und S. 194 f.

ben Zügen folgende Analyse: über mein Gehör erhalte ich einen akustischen Input, der ergänzt wird durch die akustisch-visuelle Lokalisierung von x innerhalb meines egozentrischen Raums. Durch die Identifizierung der Person über das für sie charakteristische Merkmal, eine für mich unangenehm laute Stimme zu besitzen, kommt die prädikative Komponente hinzu. Meine Äußerung kombiniert die begriffliche Bestimmung mit dem deiktischen Ausdruck ›diese Person‹ und bestimmt Person x in einem öffentlich geteilten Raum als die Person, von der die Rede ist.

Im Fall technisch gestützter Referenz (›diese Sprecherin hat eine angenehme Stimme‹) erfolgt die Lokalisierung des Referenzobjekts, Person x, ebenfalls über die Verwendung eines deiktischen Ausdrucks, verbunden mit der prädikativen Charakterisierung, eine angenehme Stimme zu haben. Ebenso liegt ein Wahrnehmungsinput vor, dessen Quelle aber nicht unmittelbar präsent ist, deren Präsenz vielmehr durch technische Übertragung vermittelt ist. Lopes legt den Schwerpunkt seiner Analyse derartiger Fälle auf den Aspekt, dass Russells Prinzip nicht vollständig zur Anwendung kommen könne: Die Art der Informationsübertragung erlaube nicht, Person x eindeutig von anderen zu unterscheiden, sie als *diese* Sprecherin zu identifizieren. Auf dieser Grundlage macht er zwei mögliche Optionen im Umgang mit derartigen Situationen aus: der Gedanke über diese Frau könne, erstens, erweitert werden um eine Konzeption von der entsprechenden Informationssituation: »[...] so that we think of her as the input to a radio-cum-auditory information-transmission system.«[50] Lopes stellt bei Evans allerdings eine zweite Option fest: dieser argumentiere, dass derartige vermittelte Modi der Bezugnahme unüblich seien; daher sei es nicht sinnvoll, die Reflexion auf die jeweilige Informationssituation in der Weise zu verallgemeinern, dass sie auf alle Arten von ostensiver Identifikation zutreffen müsse.[51]

Diese Einschätzung von Lopes trifft nur teilweise zu; die zweite Option kommt für Evans tatsächlich nicht in Frage, aber nicht wegen der angeblichen Ungewöhnlichkeit technisch gestützter Referenz. Gegen eine derartige Annahme spricht die Beiläufigkeit, mit der Evans die entsprechenden Beispiele einführt. Ebenso spricht gegen die Vermutung, Evans könne die Verallgemeinerung der Bedingungen für die Analyse derartiger Fälle in Erwägung gezogen haben, deren Einordung als eigene Kategorie. Hierüber werden Situationen, in denen die kausale Kette technischen Charakter besitzt, eindeutig von nicht-technischen ›Normalfällen‹ unterschieden. Tatsächlich verfolgt Evans die erste Option. Er betont sehr wohl die Notwendigkeit, in Fällen technisch gestützter Referenz die kausale Kette, über die die Informationen übermittelt werden, zusätzlich zu bestimmen. Dies muss über ein begriff-

---

[50] Lopes, Understanding, S. 106.
[51] Ebd.

liches Element geschehen, das die Informationssituation (›informational situation‹) zusätzlich charakterisiert: »[...] a conceptual element, requiring an idea of the informational situation, must be present.«[52] Seiner Auffassung zufolge muss in diesen Fällen der Informationskanal im Hintergrund gegenwärtig sein.[53] Wie dies aussehen könnte, lässt sich aus den Ausführungen von Evans zum indexikalischen Ausdruck ›hier‹ im Fall der Identifikation materieller Objekte rekonstruieren:[54]

›Hier‹-Gedanken beziehen sich Evans zufolge unmittelbar auf den egozentrischen Raum des Subjekts. Sie sind objektiv insofern als sie sich auf einen bestimmten Raumausschnitt innerhalb des öffentlich geteilten Raums beziehen, enthalten zugleich einen fregeschen Sinn in der Weise, dass die Gegebenheit dieses Raums von der Position des Sprechers abhängt. Im Fall technisch gestützter Referenz bedarf es zusätzlich einer deskriptiven Bestimmung dessen, was als ›Referenzraum‹ bezeichnet werden könnte. Evans führt als Beispiel die Fernsehübertragung von Bildern an, die von Bord eines U-Bootes aus aufgenommen werden, das sich auf dem Meeresgrund bewegt. Bei Sätzen wie ›Was haben wir denn hier?‹ oder ›Hier ist es schlammig‹ bezieht sich ›hier‹ auf einen Ort, der mit Kennzeichnungen wie ›der Ort, an dem sich das U-Boot aufhält‹ oder ›die Stelle, an der diese Bilder aufgenommen wurden‹ bestimmt werden muss.[55] Die Informationssituation bedarf einer zusätzlichen Bestimmung: wir müssen eine Vorstellung/Idee von ihr bekommen und in den ›Hier‹-Gedanken mit einbauen. Aufgrund dieser zusätzlichen Komponente behauptet Evans, es handele sich bei derartigen Fällen um eine Kategorie *sui generis*.

Es lohnt sich, sich an dieser Stelle klar zu machen, dass es sich dabei nicht bloß um eine Etikettierung kosmetischer Art handelt. Wollte man entsprechend der von Lopes formulierten zweiten Option die Bedingungen für die Analyse von Fällen technisch gestützter Referenz auf alle Fälle von ostensiver Identifikation verallgemeinern, so führte dies zu einer unnötigen Verkomplizierung – im Normalfall muss die Informationssituation nicht zusätzlich bestimmt werden. Sie ist aus der direkten Konfrontation mit dem Wahrnehmungsgegenstand unmittelbar einsichtig. Schwerer wiegt, dass mit der zweiten Option die für das Theoriegerüst von *Varieties* konstitutive Trennung von kausalen und deskriptiven Komponenten aufgeweicht würde. Auf diese Weise würde in die kausale Relation ein deskriptives Moment Eingang finden, was nach der bisherigen Darstellung nicht sein darf. Aus diesem

---

[52] Evans, Varieties, S. 147.
[53] Ebd., S. 148.
[54] Zu Evans' dynamischer Behandlung indexikalischer Ausdrücke vgl. Evans: Demonstratives, Beament: Evans' Varieties, S. 47, sowie den Aufsatz von Jürgen Pafel in diesem Band.
[55] Evans, Varieties, S. 164–165.

Grund muss Evans, auch zur Wahrung der Gesamtkonstruktion seines Systems, Fälle technisch gestützter Referenz als Sonderfall behandeln, deren Modellierung es erlaubt, diese scheinbar problemlos zu integrieren.

5. Kausale Informationsverbindung oder verschobene Ostension?

Lässt sich mit Evans' Modellierung von Fällen technisch gestützter Referenz aber wirklich eine Analyse unter Zuhilfenahme von verschobener Ostension begründet zurückweisen? Das Argument, das Evans gegen eine Lösung *à la* Quine vorbringt, erklärt sich aus der anti-deskriptivistischen Stoßrichtung, die zur Einführung des Informationssystems führt. Als Beispiel für verschobene Ostension führt er den Fall an, in dem jemand auf ein Auto zeigt, das mit Strafzetteln überhäuft am Straßenrand steht, und sagt: ›Dieser Mann wird sich ärgern!‹[56] Evans' Auffassung zufolge handelt es sich eindeutig um Referenz, die auf Kennzeichnung beruht – der Halter des Wagens kann über die Kennzeichnung ›der Mann, dem das Auto mit den vielen Strafzetteln gehört‹ identifiziert werden.

Dieses Argument greift allerdings nicht bei Quines klassischem Beispiel: Die Feststellung ›Der Tank ist voll‹, getroffen, während ich auf die Tankanzeige meines Wagens weise, lässt sich nicht in eine Aussage mit einer Kennzeichnung als Element umformulieren. Klassische Fälle von verschobener Ostension beruhen auf einem Entsprechungsverhältnis: der Exemplifizierung eines *types* durch ein *token*, einer abstrakten Entität durch ein konkretes Beispiel, aber auch einer Person durch eine bildliche Darstellung.[57] Evans' Behauptung, eine Interpretation der Radio- und Fernsehbeispiele über verschobene Ostension führe eine Kennzeichnung ein, wo innerhalb seines systematischen Rahmens keine Kennzeichnung auftreten darf, überzeugt daher nicht.

Aber untersuchen wir die Beispiele genauer. Würde ich die Beispiele technisch gestützter Referenz im Sinn verschobener Ostension behandeln, so ergäbe sich folgende Analyse: Wenn ich im Beispiel Quines auf die Tankuhr zeige, so deute ich verschoben auf den Tank, von dem ich behaupte, er sei voll – oder auf das Benzin, von dem ich aussage, dass genug davon im Tank sei.[58] Analog hierzu könnte ich annehmen, dass ich in dem Fall, in dem ich auf das Radio- oder Fernsehgerät zeige, mich verschoben auf die Sprecherin beziehe, deren Stimme ich als angenehm empfinde. In beiden Fällen

---

[56] Ebd., S. 145.
[57] Quine, Ontologische Relativität, S. 57; engl., S. 40.
[58] Vgl. Steinbrenner, Haus, S. 80.

deute ich auf Anwesendes – die Tankuhr, das Gerät –, um mich auf Nicht-Anwesendes – das Referenzobjekt – zu beziehen. An dieser Stelle wird die Differenz zwischen beiden Falltypen auf der phänomenalen Ebene deutlich. Zeige ich auf die Tankuhr, die angibt, dass der Tank noch voll ist, so ist anzunehmen, dass tatsächlich Benzin im Tank ist; andernfalls würde ich eine böse Überraschung erleben. Aber das vorhandene Benzin ist für mich nicht direkt wahrnehmbar. Anders im Fall der Radiosprecherin: ich deute auf den Apparat, aus dem ihre Stimme zu hören ist. Diese ist für mich als Hörerin unmittelbar präsent. Dies gilt für eine Live-Übertragung ebenso wie für die Ausstrahlung einer Aufzeichnung.

Anders stellt sich die Situation im Fall des Fernsehens dar: die Stimme, auf die ich mich beziehe, ist ebenso präsent wie im Fall des Radiohörens. Aber ich sehe die Sprecherin im Fernsehbild. Wenn im Fall eines Porträts von Rudolf Carnap die Differenz zwischen Darstellung und Dargestelltem eindeutig ist, bleibt das Fernsehbild diesbezüglich ambivalent: im Fall einer Live-Übertragung ist die phänomenale Präsenz mit leichter Zeitverzögerung direkt, wenngleich bildlich vermittelt. Es bedürfte einer genaueren Analyse des Status' von Fernsehbildern, um diesen Fall genauer zu analysieren.

Vorläufig kann somit gesagt werden, dass Evans' Abwehr der verschobenen Ostension als Möglichkeit der Analyse für Fälle technisch gestützter Referenz zwar nicht mit seinem Kennzeichnungsargument begründet werden kann, dass aber die Analyse auf der Ebene des phänomenalen Erlebens seine Haltung unterstützt. Anzunehmen ist, dass er die Option, Fälle technisch gestützter Referenz als Fälle verschobener Ostension zu behandeln, auch aus theoriestrategischen Gründen zurückweist: Verschobene Ostensionen ließen sich nicht in die für seinen Ansatz charakteristische Verknüpfung von deskriptivistischen und kausalen Elementen umstandslos einfügen; vermutlich lehnte er zugleich die starken ontologischen Prämissen der Philosophie Quines ab, die mit seiner eigenen Position nicht zu vereinbaren gewesen wären.

Damit stellt sich abschließend eine Frage auf theoretischer Ebene: Geoffrey Nunberg plädierte in seinem einflussreichen Aufsatz *Indexicality and Deixis* dafür, die Unterscheidung zwischen direkter und verschobener Ostension prinzipiell aufzugeben. Dies geschieht vor dem Hintergrund einer umfassenden Diskussion indexikalischer Ausdrücke auf der Grundlage der von Kaplan, Perry u. a. entwickelten Objekttheorie der Bedeutung. Pointiert formuliert weist Nunberg darauf hin, dass sich indexikalische Referenz nicht als so einfach und basal darstellt wie dies üblicherweise angenommen wird und weist dies in einer ausführlichen Analyse des Personalpronomens ›wir‹ nach. Auf Grund der bereits bei den sog. Normalfällen vorzufindenden Komplexität erscheint es aus seiner Sicht unmöglich, klare Kriterien zu bestimmen, die eine strikte Unterscheidung zwischen normalen und abweichenden (›deferred‹) Verwendungsweisen indexikalischer Ausdrücke erlauben würden: »It is much cleaner and simpler to suppose that the grammar of the language places no restrictions on deferred use, leaving it to pragmatics to sort out individual cases.«[59] Es wäre interessant zu überprüfen, inwiefern Nunbergs These die Position von Evans stützen würde bzw. seine Klassifizierung technisch gestützter Referenz als Kategorie *sui generis* in Frage stellen könnte. Allerdings ergibt sich an dieser Stelle eine Schwierigkeit: Nunbergs Überlegungen gehen von der Semantik Kaplans und Perrys aus, Evans dagegen setzt sich gerade hinsichtlich der Behandlung indexikalischer Ausdrücke dezidiert von dieser ab. So gilt sein Anliegen in *Understanding Demonstratives* dem Nachweis, dass sich dieser sprachliche Typus, entgegen der Behauptung von Perry und Kaplan, in einer zweiwertigen, d. h. Fregeschen Semantik durchaus in zufrieden stellender Weise behandeln lasse.[60] Somit wäre es erforderlich, Evans' diesbezügliche, in der Diskussion nicht beachtete Position aufzuarbeiten, um erst auf dieser Grundlage überprüfen zu können, inwiefern Nunbergs Vorschlag für Evans' Zurückweisung der verschobenen Ostension Relevanz besitzt.[61]

6. Die semantische Neutralität der Informationskette

Damit stellt sich abschließend eine andere Frage, nämlich ob die für Evans' Ansatz zentrale Grundannahme, dass die kausale Kette nicht zur Bestimmung des Inhalts eines Gedankens beiträgt, dass sie sich somit semantisch neutral verhält, auch für Fälle technisch gestützter Referenz aufrecht erhalten werden kann.

Wie bereits gezeigt wurde, baut Evans seinen Ansatz auf der Dualität von kausalen und deskriptivistischen Elementen auf, für die gilt, dass nur letztere Anteil haben am Gehalt eines Gedankens:

> Notice that the causal connections [...] are not part of the *content* of the particular thought [...] The content is determined by the subject's mode of identification [...] ; the fact that the thought-episode is causally related to the object in question [...] serves, not as a determinant of content, but as a necessary condition for the possibility of ascribing an information-based particular thought with the content in question to the subject.[62]

---

[59] Nunberg, Indexicality, S. 31.
[60] Vgl. hierzu den Beitrag von Jürgen Pafel in diesem Band.
[61] Die Untersuchung dieser Frage würde zu umfangreich ausfallen, als dass sie an dieser Stelle durchgeführt werden kann und ist einem späteren Aufsatz vorbehalten.
[62] Evans, Varieties, S. 139.

Tom Beament hat diesbezüglich zwei Schwierigkeiten aufgezeigt, die sich für Evans ergeben. Die erste tritt im Zusammenhang mit den verschiedenen Typen demonstrativer Referenz auf: die Forderung nach semantischer Neutralität kann zwar im grundlegenden Fall der hinweisenden Identifikation (›this φ‹) erfüllt werden; aber mit deren Abgrenzung von den sogenannten ›past-tense demonstratives‹ (›that φ‹) tritt bereits die Schwierigkeit auf, dass ›this φ‹ und ›that φ‹ eine inhaltliche Differenz anzeigen, die sich aus unterschiedlichen kausalen Inputs ableiten lässt – einmal direkt über Wahrnehmung, zum anderen indirekt, über eine im Gedächtnis gespeicherte Information. Hieraus folgt, wie Beament betont: »[...] the difference between ›The φ‹ and ›That φ‹ *is* a difference in content, and so should be reflected in the mode of identification.«[63]

Die zweite Schwierigkeit bringt Evans im Anhang zum fünften Kapitel selbst zur Sprache. Sie ergibt sich in den Fällen, in denen ein einzelner Gedanke seinen Gegenstand verfehlt, d. h. wenn das Zurückverfolgen der kausalen Route nicht auf ein Zielobjekt trifft. In diesem Fall, so Beament, tritt ein nicht-Russellsches Element in die Konstruktion ein: »[...] there is a conflict between the idea that the descriptive mode of identification gives the way in which the subject thinks of the object, and so the thought content or sense, and the idea that the descriptive content is available even when there is no object [...]«[64]

Diese Problematik gilt auch für Fälle technisch gestützter Referenz. Angenommen, ich saß im Januar 1991 vor dem Fernsehgerät und sagte, während ich in den Nachrichten Filmaufnahmen von den amerikanischen Luftangriffen auf Bagdad sah: ›Diese smart bombs sind wirklich präzise treffende Waffen!‹ Als naive Zuschauerin wäre ich davon ausgegangen, dass ich, wie von der Berichterstattung behauptet, auf die Flugkörper zeige, die auf irakische Stellungen in Bagdad abgeschossen wurden – tatsächlich hätte ich auf digitale Objekte in einer Computersimulation gedeutet. Die Differenz zwischen digitalem Gegenstand, auf den ich zeige, und realer Waffe, von der ich glaube, dass ich sie sehe, ist bedingt durch die eingesetzten technischen Kanäle, die ab den 1990er Jahren ermöglichten, Computersimulationen in die Kriegsberichterstattung einzubauen. Die impliziten Optionen innerhalb technischer kausaler Ketten beeinflussen in diesem Fall den semantischen Gehalt des Repräsentierten.

Evans versucht, so Beament, derartigen Schwierigkeit mit dem Konzept der Wohlbegründetheit zu begegnen. Ein Gedanke ist dann wohl begründet, wenn ihm ein Objekt entspricht. Fälle, in denen dies nicht zutrifft, liegen dann vor, wenn zwei Gegenstände nicht voneinander zu unterscheiden sind,

---

[63] Beamant, Evans' Varieties, S. 52.
[64] Ebd.

bei Halluzinationen sowie bei Lügen.[65] Bei der Ununterscheidbarkeit von Gegenständen differenziert Evans noch einmal zwischen zwei Möglichkeiten: sie liegt einmal auf der Seite der Objekte – Evans führt hier das Beispiel zweier Stahlbälle an, die sich in ihrem Aussehen vollständig gleichen. Ich kann unter derartigen Umständen nicht bestimmen, welchen der beiden Bälle ich am Vortag gesehen hatte.[66] – Die andere identifiziert den Grund für die Ununterscheidbarkeit in der Fähigkeit bzw. Unfähigkeit des Subjekts, die Gegenstände voneinander zu unterscheiden. Versucht man, das oben angeführte Beispiel auf der Grundlage der von Evans vorgegebenen Optionen zu analysieren, so zeigt sich Folgendes: Auf der Objektseite folgt die Ununterscheidbarkeit der sogenannten sauberen Bombe von dem in der Simulation gezeigten Objekt aus den technischen Kanälen der Informationsübermittlung – würde ich beide nebeneinander stehend sehen, könnte die Differenz zwischen beiden nicht größer sein. Für die Subjektseite gilt laut Evans, dass ein Urteil gefällt wird, ohne dass das Subjekt über die Möglichkeit verfügt, das in Frage stehende Objekt im Sinne von Russells Prinzip eindeutig von anderen zu unterscheiden. Auch dies trifft in meinem Beispiel zu – Russells Prinzip wird verletzt, und zwar weil die technisch gestützte kausale Kette zur Ununterscheidbarkeit der Gegenstände beiträgt. Sie verhält sich sowohl in Bezug auf den wahrgenommenen Gegenstand als auch auf die Wahrnehmungssituation nicht neutral. Beament betont daher zu Recht, dass Evans ein reflexives Element in seine Theoriekonstruktion aufnehmen müsste.[67] Die Erweiterung von Fällen technisch gestützter Referenz um eine deskriptive Komponente zur Charakterisierung der Informationssituation reicht nicht aus; die über die Deskription geleistete Bestimmung müsste zugleich reflexiv ausgelegt sein um überprüfen zu können, ob die technisch-kausale Kette nicht zur Art und Weise des Gegebenseins des Gegenstandes und damit zum semantischen Gehalt des entsprechenden Gedankens beiträgt.

7. Schluss

Es konnte gezeigt werden, dass für die von Evans vorgelegte neo-fregeanische Semantik eine sehr spezifische Verbindung von kausalen und deskriptivistischen Komponenten charakteristisch ist. Für die kausale Seite steht das Informationssystem, das die Voraussetzung dafür bildet, dass Evans Fälle

---

[65] Vgl. Evans, Varieties, S. 133.
[66] Vgl. ebd., S. 90. Catrin Misselhorn weist in ihrem Beitrag zu diesem Band darauf hin, dass das Beispiel der Stahlbälle in der Literatur zu Wahrnehmungstheorien kontrovers diskutiert wird. Auf diese Diskussion kann an dieser Stelle aus Platzgründen nicht eingegangen werden.
[67] Beament, Evans's Varieties, S. 56.

technisch gestützter Referenz problemlos thematisieren kann. Technisch gestützte Informationsübertragung ermöglicht es, die Verbindung zu einem nicht anwesenden Objekt herzustellen, dieses innerhalb des egozentrischen Raums zu lokalisieren und über eine ostensive Identifikation in Verbindung mit einer prädikativen Bestimmung zu identifizieren. Deutlich wurde, dass diese Fälle insofern eine eigene Kategorie darstellen, als bei ihnen im Vergleich zu ›normalen‹ Fällen hinweisender Identifizierung zusätzliche Elemente erforderlich sind, die erlauben, die Informationssituation präzise zu bestimmen: eine Kennzeichnung dessen, was als ›Referenzraum‹ bezeichnet wird, verbunden mit einem indexikalischen Ausdruck. Unter dieser Voraussetzung kann Evans eine Behandlung derartiger Fälle unter Zuhilfenahme von verschobener Ostension begründet zurückweisen. Schwierigkeiten ergeben sich dagegen allerdings in Bezug auf eine der Kernannahmen von *Varieties*, der geforderten inhaltlichen Neutralität der kausalen Kette. Diesbezüglich wurde gezeigt, dass die Art der Informationsübertragung durchaus Einfluss nehmen kann auf das dargestellte Objekt und dass deshalb ein reflexives Moment zur Überprüfung des jeweiligen Objektbezugs erforderlich wäre.

Deutlich wurde außerdem, dass Evans bei dem von ihm eingeführten Beispiel der Referenz auf die Stimme einer Sprecherin im Fernsehen vernachlässigt, dass in diesem Fall auf eine in einem Bild repräsentierte Person Bezug genommen wird. Hier ergeben sich Berührungspunkte zur Bildtheorie. Bereits das von Evans in Anschlag gebrachte Beispiel der Fotografie, mit dem er die Funktionsweise des Informationssystems erklärt, wirft die Frage auf, ob dieses vor dem Hintergrund aktueller Diskussionen innerhalb analytischer Theorien des Bildes Bestand hat.[68] In gleicher Weise wäre das Beispiel der Fernsehsprecherin in Beziehung zu analytischen Theorien des bewegten Bildes zu setzen. Ob und inwiefern nach einer ausführlichen bildanalytischen Untersuchung der genannten Beispiele die Argumentation von Evans ihre Überzeugungskraft behalten könnte bzw. der Modifizierung bedürfte, verdient die Anstrengung einer weiteren Untersuchung.

Literatur

Beament, T.: Evans' Varieties of Demonstrative Identification. In: *AGORA – Papeles de Filosofia 23*, 2004, S. 37–60.
Burge, Tyler: Individualism and the Mental. In: Ders.: *Foundations of Mind. Philosophical Essays*, Vol. 2, Oxford 2007, S. 100–150.
– *Origins of Objectivity*. Oxford 2010.
Dummett, M.: *Frege. Philosophy of Language*. London ²1981.

---

[68] Vgl. den entsprechenden Hinweis bei Steinbrenner, Bildtheorien, S. 311.

Evans, G.: The Causal Theory of Names. In: Ders.: *Collected Papers*, Oxford 1985, S. 1–24. [Deutsch: Die Kausale Theorie der Namen. In: *Eigennamen. Dokumentation einer Kontroverse*, hg. von U. Wolf, Frankfurt am Main 1985, S. 309–336.]
- Understanding Demonstratives. In: Ders.: *Collected Papers*, Oxford 1985, S. 291–321.
- *The Varieties of Reference*, hg. von John McDowell, Oxford/New York 1982.
- Evans's Frege. In: Ders.: *The Engaged Intellect. Philosophical Essays*. Cambridge/Mass. und London 2009, S. 163–185.

Lopes, D.: *Understanding Pictures*. Oxford 1996.
McDowell, J.: *Geist und Welt*. Frankfurt/M. 2001.
Nimtz, Ch.: Kripke vs Kripke. Eine bescheidene Verteidigung der Kennzeichnungstheorie. In: *Referenz und Realität*, hg. von A. Rami und H. Wansing, Paderborn 2007, S. 101–121.
Nunberg, G.: Indexicality and Deixis. In: *Linguistics and Philosophy 16*, 1993, S. 1–43.
Quine, Willard V. O.: *Ontologische Relativität und andere Schriften*. Frankfurt/M. 2003. [Englisch: Ontological Relativity & Other Essays. New York 1969].
Schwartz, Stephen P.: Putnam on Artifacts. In: *The Philosophical Review 87*, 1978, S. 566–574.
Strawson, P.: *Einzelding und logisches Subjekt (Individuals)*. Stuttgart 1972.
Steinbrenner, J.: Bildtheorien der analytischen Tradition. In: *Bildtheorien. Anthropologische und kulturelle Grundlagen des Visualistic Turn*, hg. von K. Sachs-Hombach. Frankfurt/M. 2009, S. 284–315.
- ›Dies ist das Haus‹ – Wie wir zu Überzeugungen aufgrund von Bildern gelangen. In: *Bilder als Gründe,* hg. von M. Harth und J. Steinbrenner, Köln 2013, S. 73–84.

Wolf, U.: Einleitung. In: *Eigennamen. Dokumentation einer Kontroverse*, hg. von U. Wolf, Frankfurt am Main 1985, S. 9–41.

Jens Kertscher

RATIONALER EXTERNALISMUS: MCDOWELLS EVANS

1. Vorbemerkung

Wenn man nur die dritte Vorlesung von *Mind and World* vor Augen hat, könnte der Eindruck entstehen, dass McDowells Auseinandersetzung mit Evans äußerst kritisch ist. Das ist jedoch keineswegs der Fall. Im Gegenteil: Evans' Werk, insbesondere die *Varieties of Reference* sind für McDowell ein beständig präsenter Bezugspunkt für einige seiner zentralsten philosophischen Positionen.[1] Beide Autoren versuchen, eine Konzeption singulärer Bezugnahme zu verteidigen, die ohne bestimmte Annahmen von Theorien direkter Bezugnahme auskommt. Strittig ist hier die Frage, wie Abhängigkeit des Denkens von der Welt angemessen konzipiert werden muss. Das Ergebnis könnte man als rationalen Externalismus bezeichnen. In diesem Beitrag will ich diese Thematik in den Vordergrund stellen. Der Beitrag gliedert sich in zwei Hauptteile: Zunächst werde ich den Diskussionszusammenhang darstellen, aus dem heraus Evans und McDowell ihre Überlegungen entwickeln. Das ist einmal die Kritik am Deskriptivismus in der Referenz-Semantik; zum anderen eine bestimmte Anknüpfung an Frege, die auch Probleme der Frege-Deutung aufwirft. Im zweiten Teil diskutiere ich Evans' und McDowells Modell einer von ihnen so genannten »nicht-cartesianischen« Konzeption singulärer Gedanken. Mein Ziel ist es dabei, den von Evans und McDowell entwickelten Vorschlag zu diesem Thema als eine nach wie vor diskussionswürdige Alternative zu referenz-semantischen bzw. kausal-externalistischen Standardmodellen zu präsentieren.

---

[1] Neben der erwähnten Vorlesung in *Mind and World* (McDowell, Mind and World, S. 46f.) ist hier vor allem ein neuerer Aufsatz zu Evans' Frege-Deutung zu erwähnen: McDowell, Evans's Frege. Vgl. außerdem die Aufsätze in Teil II des Bandes McDowell: Meaning, Knowledge and Reality.

2. Ein Problem des generalisierten Deskriptivismus

Das Problem der singulären Bezugnahme wird in der Sprachphilosophie sowie der Philosophie des Geistes nach wie vor intensiv diskutiert.[2] Erstaunlicherweise ist Gareth Evans' Beitrag zu dieser Diskussion, obwohl er mehr als 30 Jahre nach dem Erscheinen von *The Varieties of Reference* nach wie vor als einer der originellsten und komplexesten gelten darf, nicht so präsent, wie er es verdienen würde. Evans hat seine Konzeption als Alternative zu Theorien der direkten Bezugnahme entwickelt, die seit den späten 1960er Jahren als Reaktion auf die damals vorherrschende deskriptivistische Konzeption singulärer Termini vorgeschlagen wurden. Protagonisten dieser anti-deskriptivistischen Wende waren u. a. Saul Kripke, David Kaplan, Peter Strawson und Hilary Putnam.

Nach deskriptivistischer Auffassung greifen singuläre Termini einen Gegenstand nicht unmittelbar heraus, sondern vermittelt über einen Begriff, der die Eigenschaften des bezeichneten Gegenstandes spezifiziert. Dieser Ansatz wurde oft mit Freges Unterscheidung von Sinn und Bedeutung sowie Russells Theorie der Kennzeichnungen in Verbindung gebracht.[3] Demnach ist der Sinn eines Ausdrucks – nach Frege die »Art des Gegebenseins des Bezeichneten«[4] – eine Menge spezifizierender Bedingungen, die eine außersprachliche Entität erfüllen muss, damit der Ausdruck bezeichnen kann. Das Paradigma dafür ist die definite Kennzeichnung. Orientiert man sich daran, kann die Relation der Bezugnahme als Ergebnis des Zusammenspiels von zwei grundlegenderen Relationen verstanden werden: Erstens, einer Relation des *Ausdrucks*, die zwischen der Kennzeichnung und dem sie ausdrückenden Begriff besteht; zweitens, einer Relation der *Subsumption*, die zwischen Begriff und Gegenstand besteht. Nach diesem Bild beziehen wir uns mit einem singulären Terminus auf einen Gegenstand, indem wir ihn – kraft spezifizierender Eigenschaften – als unter einen Begriff fallend denken.[5] Interpretiert man Frege vor dem Hintergrund von Russells Theorie der Kennzeichnungen so, dass das referenztheoretische Paradigma die definite Kennzeichnung ist, legt man sich darauf fest, auch andere Typen von singulären Termini (z. B. Eigennamen oder Demonstrativpronomen) nach diesem Modell zu analysieren: Auch ihr Sinn ist dann eine Kennzeichnung, die einen den Bezug des Terminus festlegenden deskriptiven Gehalt ausdrückt.[6] Dieses Modell hat offensichtlich einen großen Nachteil. Wenn es nämlich zutrifft, gibt es nur

---

[2] Vgl. R. Jeshion (Hg.), New Essays und Recanati, Direct Reference.
[3] Vgl. Frege, Sinn und Bedeutung sowie Russell, On Denoting.
[4] Vgl. Frege, Sinn und Bedeutung, S. 41.
[5] Vgl. Kaplan, Demonstratives, S. 485f.
[6] Zur Kritik vgl. Evans, Understanding Demonstratives, S. 300ff.

allgemeine Propositionen bzw. Gedanken.⁷ Auch dann, wenn wir uns mittels eines Eigennamens oder eines Demonstrativpronomens auf etwas beziehen, würden wir keinen genuin singulären Gedanken denken. Das Problem wird deutlich, wenn man prädikative Aussagesätze unter der Voraussetzung dieses Modells für singuläre Termini analysiert. Dann geht nämlich der Unterschied zwischen Prädikationen des Typs ›a ist F‹, des Typs ›x ist F‹ und solchen des Typs ›der G ist H‹ verloren.⁸ Im ersten Fall soll der singuläre Terminus ›a‹ einen Gegenstand als einen beliebigen aus einer Menge (einer aus allen) herausgreifen, dem die Eigenschaft F zukommt. Der Satz ›a ist F‹ drückt daher eine allgemeine Proposition über Eigenschaften des Gegenstandes aus. Die Wahrheitsbedingungen für diesen prädikativen Aussagesatz sind in Anlehnung an Russells Theorie der Kennzeichnungen genau dann erfüllt, wenn *irgendein* Gegenstand folgende Bedingungen erfüllt: »ξ hat die Eigenschaft P, kein anderer Gegenstand hat die Eigenschaft P und ξ ist F.« Beim Typus der ›G ist H‹ ist ›G‹ kein singulärer Terminus, sondern eine bereits allgemeine Kennzeichnung (›der xy‹), von der mittels eines generellen Terminus eine Eigenschaft ausgesagt wird. Im dritten Fall ›x ist F‹ wird von einem Gegenstand ›x‹ ausgesagt, dass ihm im *Unterschied zu allen anderen* die Eigenschaft F zukommt. Hier haben wir es mit einer singulären Proposition zu tun, also einer solchen, die sich auf einen ganz bestimmten Gegenstand, im Unterschied zu allen anderen bezieht. Die Singularität des Gegenstandes, d. h. seine numerische Identität, wird in einem singulären Gedanken als solche repräsentiert. Nach Evans ist die Singularität von Gegenständen eine grundlegende Gegebenheit unserer Erfahrung und unserer Repräsentation der Welt. Wenn wir einen Weltausschnitt sprachlich oder denkend repräsentieren, dann nehmen wir auf einzelne Dinge Bezug, denen wir Eigenschaften zuschreiben. Unsere Gedanken richten sich dabei sowohl auf die Dinge als auch auf deren Eigenschaften, und nicht nur auf die Eigenschaften (bzw. auf den Gegenstand vermittelt über Eigenschaften), wie es das deskriptivistische Modell nahe legt. Nur wenn man den generalisierten Deskriptivismus aufgibt, wird man dieser grundlegenden Gegebenheit gerecht. Evans' systematischer Einsatzpunkt ist also die Frage, wie der Weltbezug des Denkens so zu verstehen ist, dass ein Bezug auf Einzelnes als Einzelnes möglich ist. Wie schon erwähnt teilt Evans diesen Einsatzpunkt mit Theoretikern der direkten Referenz; er teilt mit ihnen auch deren grundsätzlich externalistische Orientierung. Der Externalismus ist eine Auffassung, der zufolge »*unser Denken insgesamt* in einer Weise von der Welt abhängt, dass wir im Großen und Ganzen nicht die Gedanken haben könnten, die wir haben, wenn die Welt im Großen und

---

⁷ Vgl. Tugendhat, Vorlesungen, S. 378 ff.
⁸ Vgl. dazu die Ausführungen bei McDowell, Evans's Frege, S. 163 f. Meine Darstellung weicht allerdings von derjenigen McDowells ab.

Ganzen nicht so beschaffen wäre, wie wir denken.«[9] Der Zusammenhang mit der Frage nach der Möglichkeit singulärer Gedanken wird hier deutlich: Evans' und McDowells Externalismus bewegt sich in einem theoretischen Rahmen, der durch die Frage nach der Gegenstandsabhängigkeit von singulären Gedanken vorgezeichnet ist.

Evans unterscheidet sich aber in zwei Hinsichten von Theoretikern direkter Bezugnahme und konkurrierenden Spielarten des Externalismus. McDowell fasst sie folgendermaßen zusammen: »Evans's Frege enables a synthesis between acknowledging that contextual relations between subjects and objects matter for determining the contents of thoughts, on the one hand, and giving full weight to the idea that thinking is an exercise of rationality, on the other.«[10] Demnach bietet Evans eine externalistische Konzeption des Zusammenhangs unserer Gedanken mit der Welt: Es gibt bestimmte Gedanken, deren Gehalt konstitutiv davon abhängt, wie die Welt, die sie repräsentieren, beschaffen ist. Solche Gedanken sind gegenstandsabhängig. Diese Relation – und dieser zweite Punkt ist nach McDowell der besondere Witz von Evans' Position – ist durchgängig rational. Denken ist eine Ausübung vernünftiger Fähigkeiten, auch dann, wenn Einzelnes gedacht wird.[11] Anders als Theoretiker der direkten Bezugnahme (und kausale Externalisten) gibt Evans mit dem Deskriptivismus nicht auch schon das Modell Freges auf. Ihm zufolge kann – vielleicht sogar: muss – eine Theorie singulärer Bezugnahme mit Fregeanischen Mitteln ausgearbeitet werden. Das Ergebnis wäre dann ein rationaler Externalismus.

Ich werde nun vom rationalitätstheoretischen Rahmen ausgehen, in den McDowell Evans' Konzeption stellt, und mich dabei an zwei Argumentationslinien orientieren. Die erste geht von einem rationalitätstheoretischen Prinzip aus, das Evans dazu dient, die Frege'sche Unterscheidung von Sinn und Bedeutung zu interpretieren und dabei insbesondere die Unverzichtbarkeit eines an Frege angelehnten Sinnbegriffs zu begründen. Die zweite Argumentationslinie betrifft die sich daraus ergebende Version des rationalen Externalismus, den McDowell Evans zuschreibt.

---

[9] So Liptow, Externalismus, S. 63. Liptow unterscheidet einen globalen von einem lokalen Externalismus und schreibt McDowell die lokale Version zu, wonach »nur *bestimmte Arten* von Gedanken aufgrund der spezifischen Weise, in der sie auf die Welt bezogen sind, konstitutiv von bestimmten Gegenständen abhängen.« (Ebd.). Das gilt auch für Evans.

[10] McDowell, Evans's Frege, S. 185.

[11] Dieser Doppelaspekt von Evans' Konzeption ist für McDowell zentraler als die viel diskutierte Frage nach dem begrifflichen Gehalt von Wahrnehmung. Nach McDowell lässt sich Evans' Position sogar ohne Berufung auf nicht-begriffliche Wahrnehmungsinhalte rekonstruieren. Vgl. dazu die Bemerkungen bei McDowell, Mind and World, S. 106. Für eine vorzügliche Aufarbeitung der von McDowell losgetretenen Debatte zum begrifflichen Gehalt von Wahrnehmung vgl. Pompe, Perception and Cognition.

3. Evans' neo-fregeanische Abhängigkeitsthese

Freges Unterscheidung zwischen Sinn und Bedeutung hat die Funktion, die kognitiven Eigenschaften sprachlicher Ausdrücke zu erklären. Nur wenn man so eine Unterscheidung trifft, wird verständlich, warum bestimmte Identitätsaussagen kognitiv gehaltvoll sind. Evans stellt Freges Unterscheidung in einen weiteren Zusammenhang, nämlich den einer Bedeutungstheorie, die auch eine Theorie des Verstehens sein muss.[12] Bedeutungstheorien sollen nämlich das Verständnis erklären, das kompetente Sprecherinnen von den Ausdrücken ihrer Sprache haben. Unterschiedliche kognitive Werte von Ausdrücken lassen sich im Rahmen einer als Theorie des Verstehens konzipierten Bedeutungstheorie nicht unabhängig von den unterschiedlichen Weisen bestimmen, wie Sprecherinnen diese Ausdrücke verstehen können. Insofern ist es notwendig, einen Zusammenhang zwischen Frege'schen Sinnen und dem (sprachlichen) Verhalten von Sprecherinnen herzustellen. Genau das tut Evans, indem er Freges Begriff des Sinns in den Zusammenhang einer Theorie des Verstehens sowie des Spezifizierens von Gedanken stellt und ihn über die Funktion erläutert, die ihm bei der Zuschreibung von Gedanken zukommt. Wenn man die Aufgaben einer Bedeutungstheorie so bestimmt, erhält man den ersten Baustein für Evans' Aneignung von Freges Sinn-Begriff:

> Frege's idea was that it may be a property of a singular term as an element of a public language that, in order to understand utterances containing it, one must not only think of a particular object, its Meaning, but one must think of that object *in a particular way*: That is, every competent user of the language who understands the utterance will think of the object in the same way.[13]

Freges Art des Gegebenseins bestimmt Evans hier näher als die jeweils spezifische Weise, über den bezeichneten Gegenstand zu denken.

Auch der nächste Schritt ergibt sich aus den Aufgaben einer Bedeutungstheorie. Evans unterstellt, dass Freges Problem, unterschiedliche kognitive Werte von ko-referentiellen Ausdrücken zu erklären, im Rahmen der Psychologie von Einstellungszuschreibungen gelöst werden muss. Gestiftet wird so ein Zusammenhang durch ein Kriterium für die Verschiedenheit von Gedanken, das Frege in einem Brief an Philippe Jourdain formuliert. Die Stelle bei Frege, auf die sich Evans bezieht, lautet folgendermaßen: »Demgemäss ist auch der Sinn des Satzes ›Der Ateb ist mindestens 5000 Meter hoch‹ verschieden von dem Sinn des Satzes ›Der Afla ist mindestens 5000 Meter hoch.‹ Wer dieses für wahr hält, braucht keineswegs auch jenes für wahr zu halten.«[14]

---

[12] Vgl. G. Evans, Varieties, S. 13. Darin folgt er Dummett. Vgl. Dummett, Bedeutungstheorie, S. 100 f.
[13] Vgl. Evans, Varieties, S. 16.
[14] Frege, Brief an Jourdain, S. 112.

Frege meint: Der Satz A drückt einen anderen Gedanken als der Satz A* aus, wenn eine Sprecherin A für wahr und zugleich A* für falsch halten kann (oder umgekehrt).[15] Bei Frege ist von Einstellungszuschreibungen allerdings gar nicht die Rede. Evans interpretiert dieses Kriterium, das er »intuitive criterion of difference« nennt, jedoch als eines für die Individuierung von Gedanken im Kontext der Zuschreibung von propositionalen Einstellungen:

> For the notion of cognitive value is a notion partially defined in terms from propositional-attitudes psychology: a sentence S has a different cognitive value from a sentence S' just in case it is possible to understand S and S' while taking different attitudes towards them.[16]

Bei Evans erfährt man dazu nicht mehr. Hält man es jedoch für richtig, dass Bedeutungstheorien immer auch das Verstehen erklären sollen, das Sprecherinnen von den Ausdrücken ihrer Sprache haben, kann man den von Evans hergestellten Zusammenhang durchaus im Rahmen des Frege'schen Modells verständlich machen: Den Sinn eines Satzes zu verstehen, heißt, den Gedanken zu verstehen, den dieser Satz ausdrückt. Da Gedanken der Gehalt von propositionalen Einstellungen sind, müssen sie über propositionale Einstellungen individuiert werden. Dafür brauchen wir das »intuitive criterion of difference«.[17] Ohne dieses Kriterium wäre es nicht möglich zu erklären, wie eine Person zwei Sätze, die sich auf denselben Gegenstand beziehen, mit unterschiedlichen Gedanken verbinden kann. Diesen Punkt generalisiert McDowell rationalitätstheoretisch: Die Zuschreibung von Gedanken hat die Funktion, Sprecherinnen als möglichst rational erscheinen zu lassen. Sie steht unter dem konstitutiven Ideal der Rationalität. Wären Gedanken weniger feinkörnig individuiert als Frege'sche Sinne, dann müssten wir in Fällen, in denen eine Person, wie in Freges oben zitiertem Beispiel, den Satz über den ›Ateb‹ für wahr, aber denjenigen über den ›Afla‹ für falsch hält, obwohl gilt ›Der Ateb = der Afla‹, dieser Person widersprüchliche Gedanken zuschreiben. Die Unterscheidung zwischen Sinn und Bedeutung erlaubt es, solche misslichen Konsequenzen zu vermeiden, und es ist Evans' Verdienst, diesen konstitutiven Zusammenhang zwischen Sinn, Denken und Rationalität explizit gemacht zu haben.[18] Anders als konkurrierende, an Frege anschließende Bedeutungstheorien, die die Aufgaben einer Bedeutungstheorie unabhängig voneinander bearbeiten wollen, d. h. den Begriff des Sinns unabhängig davon analysieren, ob ein Ausdruck sich auf etwas bezieht oder nicht, geht Evans

---

[15] Vgl. Evans, Varieties, S. 18f. Evans formuliert das Kriterium deutlicher mit Bezug auf die Einstellungen der Sprecherinnen zu einem Gedanken.

[16] Ebd. S. 19.

[17] Ebd., S. 19f.

[18] Vgl. McDowell, Evans's Frege, S. 168ff. Vgl. dazu die detaillierte Rekonstruktion bei van Riel, McDowells Frege, S. 204–207.

so vor, dass ein Zusammenhang zwischen dem Begriff des Sinns und anderen Begriffen, wie denen des rationalen Verhaltens, deutlich wird.[19]

Nun kreist Evans' Frege-Deutung um die Frage, ob sich singuläre Gedanken in den Rahmen der Frege'schen Semantik integrieren lassen. Wie hängen die bisherigen Überlegungen damit zusammen? An dieser Stelle kommt Evans' Kritik am generalisierten Deskriptivismus ins Spiel. Ich hatte bereits erwähnt, dass die Identifikation des Frege'schen Sinns mit einer Russell'schen definiten Kennzeichnung den Unterschied verschleiert, der zwischen prädikativen Aussagesätzen besteht, bei denen echte singuläre Termini an der Subjektstelle auftreten, und solchen, bei denen an dieser Stelle eine Kennzeichnung vorkommt. Wenn man diese Prämisse aufgibt, lassen sich singuläre Termini identifizieren, die ihre Bedeutung schlicht der Tatsache verdanken, dass sie sich unvermittelt (bzw. direkt) auf einen Gegenstand beziehen. Evans bezeichnet solche Ausdrücke als Russell'sche Terme; sie werden nach folgendem Kriterium identifiziert: Wenn es keinen Gegenstand gibt, auf den sie sich beziehen, haben sie keine Bedeutung.[20] Die Existenz solcher Terme beruht auf dem Grundsatz – Evans nennt ihn »Russells principle« –, wonach jemand nur dann einen gehaltvollen Gedanken haben kann, wenn er weiß, über welchen Gegenstand er denkt: »He [Russell] held a theory of thought which incorporated the principle that it is not possible for a person to have a thought about something unless he knows which particular individual in the world he is thinking about.«[21] Zusammen mit dem Rationalitätsprinzip, wonach Gedanken feinkörniger individuiert sein müssen als die Gegenstände, auf die sie sich beziehen, ergibt sich daraus, wie noch deutlicher werden wird, die nicht nur als Frege-Deutung, sondern auch systematisch anspruchsvolle These, dass Gedanken und Sinne gegenstandsabhängig sind. Nach McDowells Darstellung kann diese Abhängigkeitsthese folgendermaßen formuliert werden: Jemand kann nur dann einen in einem prädikativen Aussagesatz ausgedrückten Gedanken fassen, wenn der darin vorkommende singuläre Terminus tatsächlich einen Gegenstand herausgreift; oder noch stärker: Einen Gedanken der Form ›a ist F‹ gibt es demnach nur, wenn ›a‹ existiert.[22]

Dieses Ergebnis mag vor dem Hintergrund von Russells System überraschen, denn darin haben zwei Russell'sche Terme, die denselben Gegenstand bezeichnen, dieselbe Bedeutung, aber keinen Sinn. Es handelt sich um direkt bezugnehmende Ausdrücke. Deshalb werden gegenstandsabhängige Propositionen nach Russell grundsätzlich über den Gegenstand individuiert, so dass

---

[19] Diese Strategie hat McDowell in seinen eigenen bedeutungstheoretischen Arbeiten weiter verfolgt. Vgl. dazu van Riel, McDowells Frege, S. 214f.
[20] G. Evans, Varieties, S. 41 und S. 71.
[21] Vgl. ebd., S. 44, vgl. auch S. 65.
[22] Vgl. McDowell, Evans's Frege, S. 173. Vgl. dazu wiederum van Riel, McDowells Frege, S. 217f.

es keine zwei Propositionen dieser Art geben kann, bei denen dieselbe Eigenschaft vom selben Gegenstand ausgesagt wird.[23] Wenn also Propositionen, in denen Russell'sche Terme vorkommen, keinen Frege'schen Sinn haben, könnte man daraus schließen, dass alle Gedanken, die über einen Frege'schen Sinn individuiert werden, gegenstands*unabhängig* sein müssen. Genau diesen Schluss hält Evans nicht für zwingend. Solche Gedanken können sich durchaus auch dem Sinn nach unterscheiden (sie müssen sich sogar prinzipiell so unterscheiden lassen, akzeptiert man das Rationalitätsprinzip). Gegenstandsabhängigkeit ist also durchaus mit Frege'schem Sinn vereinbar: Damit folgt Evans Russell nicht in der Auflösung der Sinn-Bedeutung-Unterscheidung für gegenstandsabhängige Propositionen; im Gegensatz zu anderen Kritikern des Deskriptivismus, die ebenfalls Russells eigenwillige Beschränkung von Russell'schen Termen auf so genannte logische Eigennamen aufgeben, will Evans allerdings zugleich Sinn ohne Bedeutung ausschließen. Darin folgt er wiederum Freges Ansatz, wonach der Sinn die Bedeutung eines Ausdrucks festlegt. Singuläre Termini sind dann grundsätzlich als Russell'sche Terme zu analysieren, und ko-referierende Ausdrücke können sich dem Sinn nach unterscheiden.

Halten wir also fest: Wenn man die Vorstellung, dass Frege'sche Sinne als Kennzeichnungen zu analysieren sind, zusammen mit dem daraus abgeleiteten generalisierten Deskriptivismus aufgibt, kann man eine Konzeption Russell'scher Terme und damit gegenstandsabhängiger Propositionen entwickeln, die mit einem an Frege angelehnten Sinn-Begriff vereinbar ist. Dem entspricht ein Konzept Russell'scher Gedanken, d. h. von Gedanken, die nicht existieren können, wenn es keinen Gegenstand gibt, auf den sie sich beziehen. Ich hatte um der Argumentation willen diese Überlegungen aufgrund der Anforderungen an eine Bedeutungstheorie angenommen und ausgehend von dieser Annahme gezeigt, wie sie sich begründen lassen durch McDowells Einsatz eines Rationalitätsprinzips für die Zuschreibung von propositionalen Einstellungen auf der Grundlage des »intuitive criterion of difference.«

Im zweiten Teil werde ich systematische Konsequenzen der Abhängigkeitsthese speziell für singuläre, wahrnehmungsbasierte Gedanken diskutieren. Vorher will ich – wenigsten kurz – auf eine Schwierigkeit eingehen, die diese Deutung des Zusammenhangs von Sinn und Bedeutung bei Frege betrifft.

---

[23] Vgl. McDowell, Evans's Frege, S. 172. Vgl. auch Evans, Varieties, S. 71.

4. Sinn ohne Bedeutung?

Die im vorherigen Abschnitt erörterte Argumentationsstrategie wird durch einige Bemerkungen Freges konterkariert, wonach es sinnvolle Ausdrücke gibt, die nichts bezeichnen.[24] Vor dem Hintergrund von Evans' und McDowells Deutung stellt sich dann die Frage, wie die Rede vom Sinn als »Art des Gegebenseins« oder gar als Art, über einen Gegenstand zu denken, mit solchen Bemerkungen zu vereinbaren ist. Es kann keine Art des Gegebenseins geben, wenn nichts gegeben ist; es kann kein Denken über einen Gegenstand geben, den es nicht gibt.[25]

Die Argumente, die Evans vorbringt, um solche Bemerkungen Freges mit seiner Abhängigkeitsthese in Einklang zu bringen, sind bereits ausgiebig und kontrovers diskutiert worden.[26] Ich kann mich daher darauf beschränken, zwei miteinander verknüpfte Argumentationslinien aufzugreifen, die weiteres Licht auf Evans' und McDowells Abhängigkeitsthese werfen. Eines dieser Argumente beruht auf Existenzbedingungen für Gedanken.[27] Nach Evans existiert ein Gedanke nur, wenn er unter das Gesetz vom ausgeschlossenen Dritten fällt. Sein Argument lässt sich folgendermaßen darstellen: Eine Äußerung ›a ist F‹ ist weder wahr noch falsch, wenn der singuläre Terminus ›a‹ keinen Gegenstand bezeichnet; Äußerungen, die weder wahr noch falsch sind, drücken, was immer ihr Sinn sein mag, nichts aus, das unter das Gesetz vom ausgeschlossenen Dritten fällt; die Äußerung ›a ist F‹ drückt keinen Gedanken aus, sondern, wie Evans anmerkt, einen »Scheingedanken.«[28]

---

[24] Vgl. Frege, Sinn und Bedeutung, S. 42: »Dadurch also, daß man einen Sinn auffaßt, hat man noch nicht mit Sicherheit eine Bedeutung.« Ein Eigenname, so eines von Freges Beispielen, kann sinnvoll sein, auch wenn er keine wirkliche Person bezeichnet.

[25] So fragt Evans, Varieties, S. 22: »It is really not clear how there can be a mode of presentation associated with some term when there is no object to be presented.« Vgl. ganz analog auch dort S. 26. Dieses Argument, das die Rede von Sinn ohne Bedeutung als sinnlos erweisen soll, überzeugt allerdings nur, wenn man nicht beachtet, dass nach Frege die Funktion von Namen darin besteht, ihren Sinn und nicht den durch sie bezeichneten Gegenstand in die Proposition einzuführen. Dazu Geirsson, Frege and Object Dependent Propositions.

[26] Neben dem zitierten Aufsatz von Geirsson seien genannt: Bell, How ›Russellian‹ was Frege?, Sainsbury, Departing from Frege und neuerdings Textor, Frege on Sense and Reference.

[27] Zu diesem Punkt vgl. Textor, Frege on Sense and Reference, S. 134.

[28] Evans, Varieties, S. 25. Evans folgt hier Russells Theorie der Kennzeichnungen, die dem *Tertium non Datur* umstandslos gerecht wird: Der Satz »Der gegenwärtige König von Frankreich ist kahl« ist nach Russells Analyse bekanntlich falsch. Evans kann sich für die Zuschreibung von »Scheingedanken« auch auf Stellen berufen, wo Frege fiktionale Namen thematisiert. In solchen Fällen haben wir es mit Sätzen zu tun, die sinnvoll sind, obwohl in ihnen nicht Bezug nehmende singuläre Termini vorkommen, z. B. »Nausikaa« in Homers *Odyssee*. Dieser Name benennt nichts: »Aber er tut so als benenne er ein Mädchen, damit sichert er sich einen Sinn. Und der Dichtung genügt Sinn, der Gedanke auch ohne Bedeutung, ohne Wahrheitswert, aber nicht der

Frege kennt jedoch ein weniger anspruchsvolles Kriterium für die Existenz von Gedanken: »Man kann unter dem Sein eines Gedankens auch verstehen, daß der Gedanke als derselbe von verschiedenen Denkenden gefasst werden könne.«[29] Nach diesem Kriterium existiert ein Gedanke, wenn er von verschiedenen Denkern als derselbe gefasst werden kann. Das ist dann der Fall, wenn verschiedene Denker die Satzfrage, durch die der Gedanke ausgedrückt wird, mit »ja« oder »nein« beantworten können. Wie Frege an dieser Stelle weiter ausführt, können nach diesem Kriterium auch Gedanken, die nicht existierende Gegenstände zum Inhalt haben, echte Gedanken sein. Wissenschaftler können beispielsweise die Frage, ob es eine Substanz gibt, die mit Phlogiston identisch ist, sinnvoll erwägen.[30] Die Frage »Gibt es Phlogiston?« drückt demnach einen Gedanken aus, der allen beteiligten Wissenschaftlern zugänglich ist. Sie werden bei der Beantwortung dieser Frage auf ihr Wissen über den Sinn des Ausdrucks »Phlogiston« zurückgreifen, und man wird ihnen auch dann keinen Scheingedanken unterstellen, wenn sich später herausstellt, dass der fragliche Gedanke falsch gewesen sein muss, weil es eine solche Substanz nicht gibt. Der Satz vom ausgeschlossenen Dritten, wonach Gedanken immer entweder wahr oder falsch sein müssen, um als Gedanken zu existieren, gilt nach Frege nur in einer logisch vollkommenen Sprache, in der man durch Festlegungen allen Kennzeichnungen eine Bedeutung zuweisen kann.[31] In natürlichen Sprachen kann man das weder voraussetzen, noch ist es erforderlich, das zu tun. Da Evans den Begriff des Sinns jedoch in den Kontext der Zuschreibung propositionaler Einstellungen stellt, kann er sich mit Freges schwächerem Existenzkriterium nicht zufrieden geben.

Die Annahme von Gedanken ohne Wahrheitswert kann daher nach Evans nur inkonsistent sein. Das wird dort besonders deutlich, wo Freges Abgrenzung des wissenschaftlichen vom fiktionalen Sprachgebrauch eine unplausible Unterscheidung zwischen zwei Arten von Gedanken nahelegt: Gedanken mit und Gedanken ohne Wahrheitswert. An einer Stelle schreibt Frege: »Die Behauptungen sind in der Dichtung nicht ernst zu nehmen: es sind nur Scheinbehauptungen. Auch die Gedanken sind nicht ernst zu nehmen wie in der

---

Wissenschaft.« (Frege, Schriften zur Logik, S. 32). Im Fall der fiktionalen Rede wird so getan, *als ob* mit einem Namen etwas benannt würde. Der Name »Nausikaa« verhält sich so, als würde er etwas benennen. Tatsächlich wird mit Sätzen, in denen leere Eigennamen vorkommen, aber gar nicht wirklich etwas behauptet, also als wahr hingestellt. Vgl. dazu auch Textor, Frege on Sense and Reference, S. 134. Er macht darauf aufmerksam, dass Frege durchaus sinnvolle Sätze kennt, die keine Gedanken ausdrücken, z. B. Befehle.

[29] Frege, Die Verneinung, S. 57. Darauf und auf diese Stelle verweist Textor, Frege on Sense and Reference, S. 135.

[30] Das Beispiel und seine Interpretation übernehme ich von Textor, vgl. ebd.

[31] Vgl. Frege, Sinn und Bedeutung, S. 55.

Wissenschaft: es sind nur Scheingedanken.«[32] Daraus folgt aber nicht, dass es zwei Arten von Gedanken gibt. Evans wirft Frege vor, an dieser Stelle eine Situation, in der behauptet wird, ein Ausdruck habe Sinn und Bedeutung, tatsächlich aber weder das eine noch das andere hat, mit einer solchen Situation zu verwechseln, in der ein Ausdruck tatsächlich sinnvoll ist, sich aber auf keinen Gegenstand bezieht. Er schlägt daher vor, die zitierte Bemerkung parallel zu lesen: So wie Scheinbehauptungen keine echten Behauptungen sind, so sind auch Scheingedanken keine echten Gedanken. Nach dieser Lesart gibt es nur echte Gedanken (die entweder wahr oder falsch sind) und »Scheingedanken«:

> Frege's use of the notion of fiction wrongly directs our attention to just one case in which it is *as if* a singular term refers to something, namely when we are engaged in a pretence that it does, but there are others, and if we think of them, we might speak of apparent, rather then mock or pretend thoughts.[33]

Evans meidet damit die Konsequenz, Gedanken annehmen zu müssen, die keinen Wahrheitswert haben. Er kann sich außerdem auf den normalen Sprachgebrauch berufen. Wir nennen etwas ein ›Schein-X‹, wenn es ein X ist, das wie ein X *erscheinen* soll, tatsächlich aber keines ist.[34] Beide Argumente – Vermeidung von Wahrheitswertlücken und *Tertium non datur* als Existenzbedingung für Gedanken – sind sicherlich nicht hinreichend, um Frege die These gegenstandsabhängiger Sinne unterstellen zu können, dennoch machen sie deutlich, was die Implikationen von Evans' und McDowells Abhängigkeitsthese sind. McDowell argumentiert jedenfalls im Einklang mit solchen Evans'schen Überlegungen, wo er dessen Frege-Deutung verteidigt.[35] Er beruft sich dabei auf Intuitionen darüber, was es heißt, zu urteilen. Eines seiner Argumente geht von Freges Urteilstheorie aus. Urteilen ist danach die Anerkennung der Wahrheit eines Gedankens.[36] Betrachten wir folgende Urteile U, U* und U**:

U   Es ist wahr, dass (P), wobei P = der Schmelzpunkt von Wasserstoff liegt bei −259 °C

U*   Es ist wahr, dass (P*), wobei P* = der Schmelzpunkt von Wasserstoff liegt bei −20 °C

U**   Es ist wahr, dass (P**), wobei P** = Phlogiston entweicht allen brennbaren Körpern bei der Verbrennung

---

[32] Frege: Schriften zur Logik, S. 41 f.
[33] Evans, Varieties, S. 39.
[34] Vgl. dazu die Diskussion bei Sainsbury, Departing from Frege, S. 11 f. Er kommt zu dem Ergebnis, dass solche Überlegungen nicht geeignet sind, Evans' Deutung zu stützen.
[35] McDowell, Evans's Frege, S. 180 f.
[36] Frege, Der Gedanke, S. 35.

Hier gilt, dass das erste Urteil wahr ist, weil es wahr ist, dass P. Das zweite Urteil ist dagegen falsch, weil es falsch ist dass P*. Wie verhält es sich mit dem dritten Urteil? Da P** einen nicht referierenden singulären Terminus enthält, müsste P** keinen Wahrheitswert haben. Demnach wäre das Urteil wohl falsch; es wäre aber nicht deshalb falsch, weil der Gedanke (P**) falsch ist, sondern weil er keinen Wahrheitswert hat. Zumindest kann man diese Folgerung nicht ausschließen. McDowell gibt hier zu bedenken, dass sie dem widerspricht, was es heißt zu urteilen, nämlich anerkennen, dass etwas der Fall ist. Dazu muss es eine Bedingung geben, die erfüllt ist, wenn etwas der Fall ist. Dementsprechend ist das Urteil wahr oder falsch, je nach dem, ob die fragliche Bedingung erfüllt ist oder nicht. Eine solche Bedingung gibt es aber offensichtlich nicht, wenn ein Gedanke beurteilt wird, der keinen Wahrheitswert und damit auch keine Wahrheitsbedingungen hat. Inwiefern hat man es dann überhaupt noch mit einem Fall von Urteilen zu tun? – nur dann, wenn man einfach annimmt, dass der beurteilte Gedanke einen Wahrheitswert hat, in unserem Bespiel (P**) also schlicht falsch ist.[37] Die Annahme von Gedanken ohne Wahrheitswert wäre demnach mit Freges eigener Konzeption des Zusammenhangs von Gedanke und Urteil unverträglich.

5. Eine cartesianische Implikation des kausalen Externalismus

Die These von der Gegenstandsabhängigkeit, wie sie bisher erläutert wurde, kann zunächst als Beitrag zu einer angemessenen Theorie des geistigen Gehalts verstanden werden. Singuläre Gedanken sind gegenstandsabhängig, weil es sie nur gibt, wenn der Gegenstand, den sie repräsentieren, tatsächlich existiert, wenn also die Denkende tatsächlich mit einem Stück Wirklichkeit in Kontakt tritt. Paradigmatisch dafür sind demonstrativ-perzeptuelle Gedanken. Hier taucht an der Subjektstelle ein indexikalischer Ausdruck auf. Wenn Evans und McDowell eine an Frege anschließende Theorie des singulären Gegenstandsbezugs vorschlagen, dann geht es ihnen allerdings nicht nur darum, einen Beitrag zur Analyse des Gehalts solcher Gedanken zu liefern. Weil die Besonderheit singulärer Gedanken darin besteht, dass bei ihnen die Frage, ob es den Gegenstand, an den jemand in so einem Fall denkt, tatsächlich gibt, nicht von der Frage getrennt werden kann, ob das, was diese Person gerade tut, überhaupt Denken ist[38], können sie als Paradigma dafür betrachtet wer-

---

[37] McDowell, Evans's Frege, S. 181: »In this kind of case specifying the supposed thought cannot be saying *what* the person judges, in the sense of specifying how things are if the person is judging truly.«
[38] Vgl. Liptow, Externalismus, S. 73.

den, was es überhaupt heißt, zu denken. Evans weist darauf hin, dass die Rede von geistigen Gehalten und Gedanken schon begrifflich darauf abzielt, zu erfassen, wie subjektive Zustände von etwas nicht Subjektivem wie Dingen in der Welt handeln können.[39] Vor diesem Hintergrund ist die Schwäche des deskriptivistischen Modells, die Repräsentation von Singularität zu verfehlen, nur Ausdruck eines tieferliegenden Problems, das auch von Theorien direkter Referenz nicht erfasst wird. Evans hat dieses Problem schon früh thematisiert. Der Deskriptivismus setzt nämlich voraus, dass im denkenden Subjekt auch dann etwas vom gemeinten Gegenstand gleichsam gespeichert sein muss, wenn es einen solchen Gegenstand in der Welt nicht gibt.[40] Denken und Gegenstandsbezug fallen dann auf eigentümliche Weise auseinander. Nach diesem Modell wird der Weltbezug über die unmittelbare Bekanntschaft mit bestimmten Gegenständen hergestellt, zu denen das Subjekt einen privilegierten Zugang hat (z. B. Sinnesdaten); privilegiert deshalb, weil sie nur dem denkenden Subjekt zugänglich sind und gerade deswegen unfehlbares Wissen von ihnen möglich ist. Ein solches Verständnis des Denkens und seines Weltbezugs bezeichnet Evans als »cartesianisch.« Normalerweise verbindet man damit in der Philosophie des Geistes einen Substanzendualismus oder die Idee der Unfehlbarkeit des Subjekts hinsichtlich seiner eigenen Gedanken. Letzteres problematisiert auch Evans, wobei für ihn weniger die Idee der Unfehlbarkeit das Problem ist, sondern vielmehr die Abkoppelung der Gedanken von den Gegenständen, auf die sie sich richten. In den *Varieties* wird das in der Auseinandersetzung mit Russell deutlich. Russells Theorie erscheint insofern attraktiv als sie eine gute Erklärung dafür liefert, wie Gedanken auf Gegenstände gerichtet sein können. Der Preis dafür ist, dass Prädikate nach einem Zwei-Komponenten Modell analysiert werden müssen: Eine im strengen Sinne mentale Komponente, die unfehlbar ist, und nicht-mentale Bestandteile: »So, for Russell, the predicate ›ξ is thinking about Bismarck‹ would break down into the conjunction of some purely mental predicate ›ξ is thinking that the Φ is F‹ and the non-mental statement ›Bismarck is uniquely Φ‹.«[41] Für die nicht-mentale Komponente gilt, dass nicht das Denken selbst den Bezug auf das anvisierte Einzelding herstellt, sondern es entscheidet sich unabhängig davon in der Welt, ob etwas diese Bedingung erfüllt oder nicht. Die vom Denken unabhängigen Dinge müssen dem Denken, wie McDowell das später ausdrücken wird, gleichsam von außen zur Hilfe kommen.[42] Genau das entspricht dem cartesianischen Bild: »We arrive at the fully Cartesian picture with the idea that there are no facts about

---

[39] Vgl. Evans, Causal Theory, S. 4 ff.
[40] Ebd., S. 5 f.
[41] Evans, Varieties, S. 45.
[42] Vgl. Liptow, Externalismus, S. 71.

the inner realm besides what is infallibly accessible to the newly recognized capacity to acquire knowledge.«[43] Versteht man dagegen die These von der Gegenstandsabhängigkeit von Frege her, erscheint die Beziehung zwischen den Gedanken und den Dingen, von denen sie handeln, nicht mehr als etwas prinzipiell Mysteriöses.[44] Evans' und McDowells Behauptung ist nun, dass auch bestimmte Varianten des Externalismus an dieser Schwäche des cartesianischen Modells leiden.[45]

6. McDowells Alternative: Sinne *de re*

Wenn man sich an Russell orientiert, kann man sich auf zwei Intuitionen berufen, die sich auf den ersten Blick mit Frege nicht einfangen lassen. Die erste deckt sich mit derjenigen von Evans und McDowell zum Primat singulärer Gedanken und zur wesentlichen Gerichtetheit des Denkens auf die Welt. Neo-Russellianer und Neo-Fregeaner gehen hier von einer gemeinsamen Beschreibung der Problemlage aus, wählen aber unterschiedliche Lösungsstrategien. Wie bereits deutlich wurde, ist ein an Russell angelehntes Modell direkter Referenz nicht die einzige Option, wenn man den generalisierten Deskriptivismus aufgibt. Die Idee gegenstandsabhängiger Gedanken ist mit Freges Modell zumindest verträglich.

Eine zweite genuin Neo-Russell'sche Überlegung ist hingegen umstrittener und betrifft die Frage, was für die Beurteilung der Wahrheit eines Gedankens maßgeblich ist. Theoretiker der direkten Referenz folgen Russell darin, dass der Gegenstand selbst, nicht die Art, wie er gegeben ist oder gedacht wird, für die Beurteilung der Wahrheit oder Falschheit eines Gedankens entscheidend ist. Denn es ist die Funktion eines Bezug nehmenden Ausdrucks, einen *Gegenstand* in den Inhalt eines Satzes, also in eine Proposition einzuführen. Der Gegenstand ist dann Teil der Proposition. Das gilt nicht zuletzt auch für demonstrative Gedanken. Nach Frege sind Gedanken jedoch homogen strukturiert. Nur Sinne können Teile von Sinnen sein: »Ein Wahrheitswert kann nicht Teil eines Gedankens sein, so wenig wie etwa die Sonne, weil er kein Sinn, sondern ein Gegenstand ist.«[46] Es dürfte klar sein, warum Evans und McDowell dieses Homogenitätsprinzip nicht aufgeben. Es folgt unmittelbar aus Freges Forderung, dass die Individuierung von Sin-

---

[43] McDowell, Singular Thought, S. 241.
[44] Vgl. dazu Liptow, Externalismus, S 74. Er schreibt dort treffend, dass »gehaltvolles Denken und damit Subjektivität insgesamt eine Form von *Weltverhältnis* ist.« McDowell spricht von einem »mode of being in the world« (McDowell, Singular Thought, S. 242).
[45] Vgl. Evans, Varieties, S. 203.
[46] G. Frege, Sinn und Bedeutung, S. 49.

nen immer kognitive Unterschiede berücksichtigen muss.⁴⁷ Nach Frege ist daher der Gedanke sowohl Träger der Wahrheitswerte als auch des Gehalts unterschiedlicher propositionaler Einstellungen.⁴⁸

Wenn man das Homogenitätsprinzip dagegen nicht akzeptiert, kann man diese Einheit allerdings aufgeben und generell mit unterschiedlichen Kriterien für die Individuierung und Bewertung von Gedanken operieren. Mit Hilfe der Wahrheitsbedingungen lässt sich der objektive, weltliche oder auch nicht-begriffliche Bestandteil eines Gedankens individuieren, während der kognitive Gehalt als interne, subjektive Komponente individuiert werden kann. Dass hier überhaupt eine Divergenz denkbar ist, war einer der Gründe, eine derartige Unterscheidung einzuführen. Eine angemessene Analyse von Gedanken muss demnach geistige von weltlichen Faktoren trennen.⁴⁹ Neben dem von Frege her bekannten Fall, dass Gedanken mit denselben objektiven Wahrheitsbedingungen sich hinsichtlich ihres kognitiven Werts für zwei Sprecher unterscheiden können, kann es auch vorkommen, dass zwei Gedanken denselben kognitiven Wert, aber unterschiedliche Wahrheitsbedingungen haben.⁵⁰ Wenn jemand *diese* Tomate sieht und dabei denkt, dass sie reif ist, und ein Doppelgänger eine davon qualitativ ununterscheidbare Tomate sieht und ebenfalls denkt, dass sie reif ist, unterscheiden sich die Gedanken dieser Personen hinsichtlich ihrer Wahrheitsbedingungen (der eine Gedanke ist wahr gdw. die Tomate A reif ist, der andere Gedanke gdw. Tomate B reif ist), aber sie drücken denselben Gedanken aus, weil sie kausal durch dieselben sensorischen Reize hervorgerufen werden und dieselben kognitiven und verhaltensmäßigen Reaktionen hervorrufen.⁵¹ Solche Beispiele mit demonstrativ-perzeptuellen singulären Gedanken machen deutlich, dass die Unterscheidung zwischen einem wahrheitskonditionalen (oder auch »weiten«) und einem subjektiv-kognitiven (oder auch »engen«) Gehalt, insbesondere bei

---

⁴⁷ Freges Argument für das Homogenitätsprinzip beruht auf der Notwendigkeit der Transparenz der Identität von Gedanken. Sie ist nur dann gesichert, wenn man das Homogenitätsprinzip akzeptiert. Er argumentiert wie folgt: Wäre der Berg Ätna ein Bestandteil des Gedankens, dass Ätna ein Berg ist, wäre diese Transparenz nicht gesichert. Ich könnte dann nämlich, wenn ich bloß den Sinn erfasse, nicht wissen, ob meine heutige Äußerung dieses Gedankens identisch ist mit meiner gestrigen, da mir der Berg an verschiedenen Tagen unterschiedlich gegeben sein kann. Vgl. Frege, Brief an Jourdain, S. 111 f. und dazu Textor, Frege on Sense and Reference, S. 136 ff.
⁴⁸ So Recanati, Direct Reference, S. 195.
⁴⁹ Die Unterscheidung eines »engen« von einem »weiten« Gehalt soll diesen Unterschied einfangen. Siehe dazu den Überblick bei Brown, Narrow Mental Content.
⁵⁰ Das ist der Witz von Putnams Twin Earth-Gedankenexperimenten. Vgl. Putnam, Meaning of ›Meaning‹.
⁵¹ Vgl. Perry, Frege on Demonstratives, S. 494 und die Diskussion bei Recanati, Direct Reference, S. 194 f. Dagegen Evans, Varieties, S. 203.

der semantischen Analyse von kontextsensitiven Ausdrücken hilfreich ist. Um einen indexikalischen Ausdruck wie »hier« sinnvoll zu verwenden und zu verstehen, müssen Sprecherinnen über einen in den verschiedenen Äußerungssituationen konstant bleibenden Begriff (in diesem Fall der räumlichen Nähe) verfügen, der als Art des Gegebenseins des mit dem Ausdruck bezeichneten Gegenstandes fungiert. Nur so wird verständlich, wie Sprecherinnen unter derselben Art des Gegebenseins kontextrelativ auf verschiedene Dinge Bezug nehmen können.[52] Nach Perry kann diese Art des Gegebenseins aber kein Frege'scher Sinn sein. Denn, so unterstellt er, ein solcher Sinn müsste als eine den Gegenstand beschreibende Kennzeichnung verstanden werden. Genau das kann aber bei kontextsensitiven Ausdrücken nicht der Fall sein, denn dann würden die Sprecherinnen auf den Gegenstand nicht direkt Bezug nehmen. Es wurde bereits ausgeführt, warum man diese Voraussetzung nicht teilen muss. Das Neo-Russell'sche Modell erlaubt es aber trotzdem, zwei miteinander zusammenhängende Probleme zu lösen: Die Analyse direkt referierende Ausdrücke und die Zuschreibung von Wahrheitswerten bzw. kognitivem Gehalt für singuläre Gedanken.

Evans' und McDowells Kritik an diesem (und dem damit verwandten Modell von Kaplan) richtet sich gegen die Annahme, dass demonstrativperzeptuelle Gedanken sich derart in zwei Komponenten zerlegen lassen müssen. Warum sollte es nicht möglich sein, die vorauszusetzenden kontextinvarianten Begriffe, über die Sprecherinnen in ihren kontextsensitiven Gedanken verfügen müssen, einfach als *Arten* von Frege'schen Sinnen zu verstehen, nämlich als Sinne *de re*? So lautet McDowells über Evans' eigene Lösung hinausgehender Vorschlag:

> Particular *de re* senses, each specific to its *res*, can be grouped into sorts. Different *de re* senses (modes of presentation) can present their *res* in the same sort of way: for instance by exploiting their perceptual presence. And the univocity of a context-sensitive expression can be registered by associating it with a single sort of *de re* sense.[53]

Es könnte der Eindruck entstehen, dass es sich hier nur um eine Variante des Zwei-Komponenten-Modells handelt. Denn worin sollte der Unterschied zwischen einer eng individuierten Gegebenheitsweise und der Art (»sort«) einer Gegebenheitsweise in McDowells Sinn bestehen?[54] Was McDowell hier als »Sorte« bezeichnet ist jedoch kein enger Gehalt.[55] Um das zu verdeutli-

---

[52] Vgl. Evans, Varieties, S. 200f.
[53] McDowell, *De re* Senses, S. 220.
[54] So fragt Recanati, Direct Reference, S. 199: »What prevents us from analyzing a *de re* thought into two components: the type or sort of thought involved, and the truth-condition.«
[55] Enge Gehalte können auch zugeschrieben werden, wenn kein Gegenstand vorliegt, z. B. bei Halluzinationen.

chen, schlägt Recanati vor, McDowells Idee mit Hilfe der Unterscheidung von *type* und *token* zu erläutern: Ein Typ ist genau dann instantiiert, wenn ein Token dieses Typs vorkommt. Diese Bedingung ist bei engen Gehalten nicht erfüllt.[56] Nach McDowell wäre der Typ einer Gegebenheitsweise nämlich nur dann instantiiert, wenn eine gegenstandsabhängige Gegebenheitsweise dieses Typs vorkommt. Das ist aber nur dann der Fall, wenn es einen Gegenstand gibt. Sinne *de re* können daher nur zugeschrieben werden, wenn der durch sie repräsentierte Gegenstand tatsächlich existiert. Es ist in diesem Fall die Beziehung zum Gegenstand selbst, die es erlaubt, solche Gedanken zu fassen und als wahr oder falsch zu beurteilen, je nachdem, wie es sich mit diesen Gegenstand verhält.[57] Es handelt sich dabei um eine Relation der Bekanntschaft, die allerdings nicht den Russell'schen Einschränkungen unterliegt.[58] McDowell kann also durchaus verständlich machen, wie sich jemand in einer bestimmten Situation auf »diesen Mann« beziehen kann und dabei einen Frege'schen Gedanken über diesen Mann hat, einfach deshalb, weil er ihn sieht:

> [T]he idea is that such a demonstrative mode of presentation is not capturable in a specification that someone could understand without exploiting the perceived presence of the man himself. In answering the question how the man is presented in such thoughts, there is no substitute for saying »He is presented as *that* man«, exploiting his perceived presence to make oneself understood.[59]

So wie es nicht notwendig ist, Freges Unterscheidung zwischen Sinn und Bedeutung bei der Analyse von direkt bezugnehmenden Ausdrücken aufzugeben, so ist auch das Zwei-Komponenten-Modell nicht alternativlos. Der Neo-Fregeanische Ansatz hat sogar einen großen Vorteil: Er kann bei perzeptuell-demonstrativen Gedanken verständlich machen, wie jemand den Inhalt einer Wahrnehmung erfasst, indem er den Inhalt des Gedankens erfasst. Der Inhalt der Wahrnehmung bringt nicht nur den Gegenstand ins Spiel, sondern auch die Art und Weise, wie er wahrgenommen und vom Subjekt erkannt wird – die Art seines Gegebenseins.[60] Anders formuliert: Die Unterscheidung von Sinn und Bedeutung sichert, dass wahrnehmungsbasierte Gedanken gleichermaßen als notwendig relational und begrifflich gehaltvoll gedacht werden können. Deshalb bietet es sich an, diese Position als rationalen Externalis-

---

[56] Vgl. Recanati, Direct Reference, S. 199 f.
[57] Vgl. Evans, Understanding Demonstratives, S. 314: »There are ways of thinking about objects which require us to stand in a specific spatial, temporal or causal relation to the object.«
[58] Die Konsequenz ist dann z. B. auch, dass jemand sich darüber irren kann, ob er tatsächlich über etwas nachdenkt, oder zweimal hintereinander über denselben Gegenstand denkt.
[59] McDowell: Intentionality de re, S. 266 f.
[60] Rödl spricht von einer logischen Perspektive, die in so einem Fall jeweils auf den Gegenstand eingenommen wird. Vgl. Rödl, Selbstbewußtsein, S. 18 ff.

mus zu bezeichnen. McDowells Konzeption von Sinnen *de re* bietet eine Alternative zur Neo-Russellianischen Dichotomie von deskriptivem Sinn und direkter Referenz ohne Sinn.

7. Schlussbemerkung

Ich habe nicht immer genau zwischen McDowells und Evans' eigenen Überlegungen unterschieden. Das liegt einfach daran, dass McDowell sich die hier nachgezeichneten Neo-Fregeanischen Gedanken zu Eigen gemacht hat und mit seiner Konzeption von Sinnen *de re* sogar beansprucht, die Grundidee von Evans' Neo-Fregeanischem Modell der Gegenstandsabhängigkeit von singulären Gedanken kohärenter als Evans selbst ausgeführt zu haben. An diesem Punkt wird nun doch die Evans-Kritik aus *Mind and World* relevant. Evans betont die Bedeutung des Informationssystems als eine Bedingung für singuläre Gedanken. Beide stimmen zwar darin überein, dass kausale Beziehungen für die Spezifizierung solcher Gedanken nicht ausreichen.[61] Evans hält dennoch daran fest, dass so eine Beziehung notwendig ist, um Informationen über Objekte in unser kognitives System einzuspeisen. Für Evans sind viele Verwendungsweisen von Bezug nehmenden Ausdrücken in diesem Sinne informationsabhängig. Ihre Existenz hängt davon ab, dass eine Person die Informationen, die von einem Gegenstand ausgehen, tatsächlich besitzt. Solche Informationen sind notwendig für singuläre Gedanken und vor allem eine Bedingung für die Identifikation von Gegenständen. Informationen sind aber nicht-begrifflich. Insofern setzt Evans' Theorie an dieser Stelle eine nicht-begriffliche Komponente voraus.[62] Vor dem Hintergrund von McDowells Weiterführung des bei Evans angelegten Neo-Fregeanischen Grundkonzepts, die ich hier unter dem Titel des rationalen Externalismus präsentiert habe, sollte diese nicht-begriffliche Komponente allerdings nicht dazu veranlassen, die grundsätzlich rationale Beziehung, die Sprecherinnen mit ihren singulären Gedanken zur Welt einnehmen können, in Frage zu stellen. Es ist nämlich, wenn man McDowell folgt, gleichgültig, ob man den kausalen Input des Informationssystems für notwendig hält oder nicht.

---

[61] Das wird vor allem deutlich bei Evans' Kritik am so genannten Fotografie-Modell. Vgl. Evans, Varieties, S. 76 ff.
[62] Vgl. ebd., S. 122 ff. und dazu den Beitrag von Ulrike Ramming in diesem Band.

Literatur

Bell, D.: How ›Russellian‹ was Frege? In: *Mind* 99, 1990, S. 267–277.

Brown, C.: Narrow Mental Content. In: *Stanford Encyclopedia of Philosophy*, hg. von E. Zalta. [http://plato.stanford.edu/archives/fall2011/entries/content-narrow/]

Dummett, M.: Was ist eine Bedeutungstheorie? In: M. Dummett, *Wahrheit. Fünf philosophische Aufsätze*, Stuttgart 1982, S. 94–155.

Evans, G.: *The Varieties of Reference*, Oxford 1982.

Evans, G.: The Causal Theory of Names. In: G. Evans, *Collected Papers*, Oxford 1985, S. 1–24.

Evans, G.: Understanding Demonstratives. In: G. Evans, *Collected Papers*, Oxford 1985, S. 291–320.

Frege, G.: Brief an Jourdain [Januar 1914]. In: *Gottlob Frege. Briefwechsel. Mit D. Hilbert, E. Husserl, B. Russell sowie ausgewählte Einzelbriefe Freges*, hg. von G. Gabriel, F. Kambartel und C. Thiel. Hamburg 1980, S. 110–112.

Frege, G.: *Schriften zur Logik und Sprachphilosophie. Aus dem Nachlaß*, hg. von G. Gabriel. Hamburg 1990.

Frege, G.: Die Verneinung. Eine logische Untersuchung. In: *Logische Untersuchungen*, hg. von G. Patzig. Göttingen 1986, S. 54–71.

Frege, G.: Der Gedanke. In: *Logische Untersuchungen*, hg. von G. Patzig. Göttingen 1986, S. 30–53.

Frege, G.: Über Sinn und Bedeutung. In: *Gottlob Frege. Funktion, Begriff, Bedeutung. Fünf logische Studien*, hg. von G. Patzig. Göttingen 1986, S. 40–65.

Geirsson, H.: Frege and Object Dependent Propositions. In: *Dialectica* 56, 2002, S. 299–314.

Jeshion, R. (Hg.): *New Essays on Singular Thoughts*, Oxford 2010.

Kaplan, D.: Demonstratives. In: *Themes from Kaplan*, hg. von J. Almog, H. Wettstein, J. Perry. New York 1989, S. 481–563.

Liptow, J.: Externalismus. Die Auflösung des Dualismus von Begriff und Welt. In: *Die Philosophie John McDowells. Ein Handbuch*, hg. von C. Barth, D. Lauer. Münster 2014, S. 63–83.

McDowell, J.: *Mind and World*, Cambridge/Mass. 1996.

McDowell, J.: Evans's Frege. In: J. McDowell, *The Engaged Intellect. Philosophical Essays*. Cambridge/Mass. 2009, S. 163–185.

McDowell, J.: *Meaning, Knowledge and Reality*, Cambridge/Mass. 1998.

McDowell, J.: Singular Thought and the Extent of Inner Space. In: J. McDowell, *Meaning, Knowledge, and Reality*. Cambridge/Mass. 1998, S. 228–259.

McDowell, J.: De re Senses, In: J. McDowell, *Meaning, Knowledge, and Reality*. Cambridge/Mass. 1998, S. 214–227.

McDowell, J.: Intentionality de re. In: J. McDowell, *Meaning, Knowledge, and Reality*. Cambridge/Mass. 1998, S. 260–274.

Perry, J.: Frege on Demonstratives. In: *The Philosophical Review* 86, 1977, S. 474–497.

Pompe, U.: *Perception and Cognition. Analyzing Object Recognition*, Münster 2011.
Putnam, H.: The Meaning of ›Meaning‹. In: H. Putnam, *Mind, Language, and Reality*. Cambridge/Mass. 1975, S. 215–271.
Recanati, F.: *Direct Reference. From Language to Thought*, Oxford 1997.
Rödl, S.: *Selbstbewußtsein*, Berlin 2011.
Russell, B.: On Denoting. In: *Mind. New Series* 14, 1905, S. 479–493.
Sainsbury, R.: *Departing from Frege. Essays in the Philosophy of Language*, London 2002.
Textor, M.: *Frege on Sense and Reference*, London 2011.
Tugendhat, E.: *Vorlesungen zur Einführung in die sprachanalytische Philosophie*, Frankfurt/M. 1976.
van Riel, R.: McDowells Frege. In: *Die Philosophie John McDowells. Ein Handbuch*, hg. von C. Barth, D. Lauer. Münster 2014, S. 203–222.

Gianfranco Soldati

INTENTIONALITÄT UND SINGULARITÄT DEMONSTRATIVER GEDANKEN

1. Vorhaben

Gareth Evans hat einen bleibenden Einfluss auf die gegenwärtige Debatte über die Natur demonstrativer Gedanken ausgeübt. Bahnbrechend ist sein Beitrag zur Frage, wie solche Gedanken in eine von Frege ausgehende Semantik integriert werden können.[1] Wegweisend sind aber auch seine Gedanken zur Beziehung zwischen demonstrativen Gedanken und Wahrnehmung.[2] Überlegungen unterschiedlicher Art haben Evans zu der These geführt, dass demonstrative Gedanken von ihrem Gegenstand abhängen, besonders dann, wenn sie auf Wahrnehmung fußen.

Der vorliegende Beitrag beschäftigt sich mit dem Zusammenhang zwischen demonstrativen Gedanken und Wahrnehmung. Ich werde zuerst bestimmen, worin das Spezifische demonstrativer Gedanken liegt, die von Wahrnehmungen abhängen. Es wird sich herausstellen, dass die Partikularität solcher Gedanken in ihrer Singularität liegt. Ich werde erklären, wie die beiden Begriffe zueinander in Beziehung stehen und werde einige Ansätze untersuchen, die sich unterschiedlich zur Partikularität demonstrativer Gedanken verhalten. Die Idee, dass demonstrative Gedanken gegenstandsabhängig sind, muss in diesem Zusammenhang verstanden werden. Evans' Gedankengang wird an dieser Stelle dargestellt und besprochen. Es wird sich herausstellen, dass seine Argumente von der Annahme ausgehen, dass die kausale Beziehung zum Gegenstand bei der Bestimmung der Natur des demonstrativen Gedankens eine ausschlaggebende Rolle spielt. Die Idee, dass solche Gedanken intentionale Erlebnisse sind, wodurch ein Subjekt bewusst auf einen Gegenstand gerichtet ist, spielt dabei eine nebensächliche Rolle. Ich werde Argumente liefern, um den Vorrang der kausalen Beziehung über die intentionale Natur des Gedankens umzukehren. Entscheidend ist die intentionale Natur der Gedanken, nicht ihre kausale Beziehung zum Gegen-

---

[1] Vgl. Evans, Understanding.
[2] Dieser Zusammenhang wird besonders in Kap. 6 von Evans, Varieties, untersucht.

stand. Dies zeigt sich auch und besonders bei der Analyse jener perzeptuellen Erlebnisse, die den demonstrativen Gedanken zugrunde liegen. Evans' Standpunkt ist in dieser Hinsicht einer Form von wahrnehmungstheoretischen Disjunktivismus verpflichtet, der besonders in diesem Zusammenhang fraglich erscheint.

2. Fragestellung und terminologische Festlegungen

Demonstrative Gedanken werden typischerweise durch Verwendung demonstrativer Ausdrücke, wie ›dies‹, ›jenes‹ und ›dort‹ kundgegeben. Es gibt zahlreiche andere Ausdrücke, die demonstrativen Charakter besitzen, und demonstrative Ausdrücke teilen einige zentrale Eigenschaften mit indexikalischen Wörtern wie ›ich‹, ›hier‹ und ›jetzt‹.[3] Demonstrative Ausdrücke können unterschiedlich verwendet werden, um recht unterschiedliche Typen von Gedanken auszudrücken. Nicht all jene Gedanken sind demonstrative Gedanken.[4]

Mit ›Gedanken‹ meine ich mentale Vorkommnisse bzw. Denkakte. Denkakte beinhalten die Verwendung von Begriffen. Urteile, Wünsche, Annahmen und Erwartungen sind Denkakte, insofern sie die Verwendung von Begriffen involvieren. Um zu urteilen, zu wünschen oder zu bezweifeln, dass es regnet, muss jemand in der Lage sein, den Gedanken, dass es regnet, zu erfassen und zu bilden. Daraus folgt nicht, dass einen Gedanken zu erfassen oder zu bilden etwas anderes ist als zu urteilen, wünschen, bezweifeln usw. Jegliches mentale Vorkommnis, welches die Verwendung von Begriffen beinhaltet, ist ein Gedanke. Einen Gedanken zu bilden, heißt, ein bestimmtes Urteil, einen bestimmten Wunsch, eine bestimmte Vermutung, usw. zu bilden. Einen Gedanken zu erfassen oder zu verstehen, heißt, in der Lage zu sein, einen bestimmten Wunsch, ein bestimmtes Urteil usw. zu bilden.[5]

Manche demonstrativen Gedanken stehen in einer besonderen Beziehung zur Wahrnehmung. Sie können nur bei gleichzeitiger Wahrnehmung ihres Gegenstandes gebildet und vollständig verstanden werden. Fehlt eine solche Wahrnehmung, so können Aspekte des Gedankens erfasst werden, der

---

[3] Demonstrative Ausdrücke, und ihre Beziehung zu anderen Ausdrücken, wurden in zahlreichen Studien untersucht, angefangen von Kaplan, Demonstratives; Perry, Frege; Evans, Demonstratives. Zu den nennenswerten Vorgängern gehören Frege, Untersuchungen; Husserl, Untersuchungen; und Russell, Denoting.

[4] Vgl. Siegel, Role.

[5] Ich werde in diesem Beitrag spezifische Probleme der sprachlichen Vermittlung von Gedanken beiseitelassen. Sie spielen bei dem, worum es hier geht, keine entscheidende Rolle.

Gedanke kann teilweise gebildet werden, oder ein Gedanke wird gebildet, der mit dem ursprünglichen demonstrativen Gedanken verwandt ist. Der demonstrative Gedanke selbst kann aber nicht vollständig erfasst werden. Solche Gedanken sind *wahrnehmungsbasierte* demonstrative Gedanken.

In diesem Beitrag geht es um wahrnehmungsbasierte demonstrative Gedanken. Genauer gesagt geht es um die Frage nach der Rolle perzeptueller Erlebnisse in Bezug auf solche Gedanken. Es soll bestimmt werden, wie perzeptuelle und begriffliche Fähigkeiten bei der Bildung solcher Gedanken zusammenwirken. Derartige Gedanken betreffen einen partikulären Gegenstand, den Wahrnehmungsgegenstand. Unsere spezifische Ausgangsfrage lautet daher: welche Rolle spielt die Wahrnehmung bei der Bestimmung des partikulären Gegenstands eines wahrnehmungsbasierten demonstrativen Gedankens?[6]

Gedanken können allgemein oder singulär sein.[7] Allgemeine Gedanken können eine Menge von Gegenständen betreffen oder einen partikulären Gegenstand. Sie tun es, indem sie Bedingungen artikulieren, die etwas erfüllen muss, um als Gegenstand eines Gedankens gelten zu können.[8] Betreffen sie einen partikulären Gegenstand, so muss dieser von den artikulierten Bedingungen spezifisch ausgesondert werden. Singuläre Gedanken können einen partikulären Gegenstand betreffen, ohne eine auf den Gegenstand bezogene Bedingung zu artikulieren. Unsere Frage lautet nun: ist ein wahrnehmungsbasierter demonstrativer Gedanke ein allgemeiner Gedanke, der eine Bedingung artikuliert, die von einem bestimmten Gegenstand erfüllt wird, oder ist er ein singulärer Gedanke, der einen partikulären Gegenstand betrifft ohne eine ihn betreffende Bedingung zu artikulieren? Betrifft der wahrnehmungsbasierte Gedanke einen partikulären Gegenstand ohne singulär zu sein, so muss das Subjekt die Bedingungen, die den Gegenstand bestimmen, erfassen, um ihn vollständig zu verstehen. Falls der Gedanke dagegen singulär ist, untersteht das Verständnis keiner solchen Forderung.

Betreffen wahrnehmungsbasierte demonstrative Gedanken einen partikulären Gegenstand, so stellt sich die Frage, ob sie es kraft ihrer Singularität tun. Sind sie singulär, so müssen wir weiter ermitteln, wie sie ein partikuläres Objekt betreffen können. Einer einflussreichen Idee zufolge betreffen singuläre Gedanken kraft ihrer Gegenstandsabhängigkeit einen partikulären Gegen-

---

[6] Evans geht von einer etwas allgemeineren Version meiner Frage aus: »How does perception make a thought possible?« (Vgl. Evans, Varieties, S. 145).

[7] Vgl. Geach, Generality; Jeshion, New Essays.

[8] Ein Gedanke artikuliert die Bedingungen, die erfüllt sein müssen, damit er wahr ist, falls ein Subjekt die entsprechenden Begriffe gebrauchen muss, um den Gedanken zu verstehen. In vielen Fällen kommen die Bedingungen nur teilweise zum Ausdruck, z. B. bei Begriffen, die auf andere Begriffe verweisen, welche die Bedingungen vollständig artikulieren würden.

stand. Sie hängen so von ihrem Gegenstand ab, dass das Subjekt für das Bilden und Verstehen des Gedankens in einer direkten und unmittelbaren Beziehung zum Gegenstand stehen muss. Das Modell für diese Idee liefern Empfindungen. Der demonstrative Gedanke über den eigenen Schmerz scheint von der Empfindung desselben abzuhängen. Fühlt man keinen Schmerz (und hat man keinen anderen, externen Zugang dazu), so kann man keinen demonstrativen Gedanken über ihn bilden. Ähnliche Erwägungen sollen, *mutatis mutandis*, auf wahrnehmungsbasierte demonstrative Gedanken über gewöhnliche Gegenstände der externen Welt zutreffen.[9]

Falls also wahrnehmungsbasierte demonstrative Gedanken einen partikulären Gegenstand betreffen, und sie nur aufgrund ihrer Gegenstandsabhängigkeit singulär sein könnten, dann stehen wir vor einem Dilemma. Entweder sind solche Gedanken allgemein und artikulieren daher Bedingungen, die nur ein Objekt erfüllen kann, oder sie sind singulär und damit gegenstandsabhängig und setzen daher eine Relation zum Objekt voraus. Beide Optionen führen zu Schwierigkeiten, und ich werde einige davon im Folgenden darlegen. Mein Hauptanliegen besteht jedoch darin, das genannte Dilemma zu hinterfragen. Singularität, so wird sich zeigen, bringt nicht unbedingt Gegenstandsabhängigkeit mit sich.

In der phänomenologischen Tradition wird allgemein davon ausgegangen, dass Gedanken intentionale Erlebnisse sind. Intentionalität ist die Eigenschaft, etwas zum Gegenstand zu haben. Es geht dabei nicht lediglich um Repräsentationalität. Damit ein Erlebnis intentional auf etwas gerichtet sein kann, muss das Subjekt dieses Etwas' gewahr werden. In diesem Sinn bestimmt Intentionalität die phänomenale Beschaffenheit des Erlebnisses.[10] Durch einen wahrnehmungsbasierten demonstrativen Gedanken ist sich ein Subjekt eines partikulären Gegenstandes bewusst.

Wie sieht das oben dargestellte Dilemma im Lichte einer solchen phänomenologischen Konzeption der Intentionalität aus? Müssen wir uns auch da zwischen Allgemeinheit und Gegenstandsabhängigkeit entscheiden? Wie gestaltet sich ein phänomenologisches Verständnis des Unterschieds zwischen einem singulären Gedanken und einem allgemeinen Gedanken, der einen partikulären Gegenstand betrifft? Einem naheliegenden Vorschlag zufolge sollte man zwei Fälle unterscheiden: einerseits denjenigen, in dem ein Objekt *als* eine Bedingung erfüllend erscheint, andererseits denjenigen, in dem das Objekt *direkt* erscheint. Was bedarf es in phänomenologischer Hinsicht um ein Objekt als direkt gegeben zu erfahren? Hängt eine solche Erfahrung vom Objekt ab? Kann man ein Objekt, das nicht existiert, direkt erfahren?

---

[9] Wir werden uns im weiteren Verlauf dieses Beitrags ausführlicher mit verschiedenen Formen der Gegenstandabhängigkeit auseinandersetzen.
[10] Mehr dazu in Soldati, Qualia, S. 142–145. Vgl. auch Horgan und Tienson, Intentionality.

Diese Fragen wurden in der phänomenologischen Tradition von Brentano über Meinong bis zu Husserl ausführlich diskutiert. In Übereinstimmung mit Brentanos ursprünglicher Definition haben Phänomenologen oft den Gedanken akzeptiert, dass intentionale Erlebnisse nicht von einem real existierenden Objekt abhängen. Man würde daher erwarten, dass sie sich gegen die Idee wehrten, wahrnehmungsbasierte demonstrative Gedanken als gegenstandsabhängig zu betrachten. Es gibt tatsächlich Gründe, eine phänomenologische Konzeption der Singularität von wahrnehmungsbasierten demonstrativen Gedanken, die keine Gegenstandsabhängigkeit postuliert, in Betracht zu ziehen. Wie wir sehen werden, lassen sich zumindest die Grundlagen eines solchen Ansatzes in Husserls einschlägigen Schriften finden.

Im weiteren Verlauf dieses Aufsatzes werde ich zuerst die Beziehung zwischen Partikularität und Singularität genauer untersuchen. Ich werde die zentralen Argumente für die Singularität von wahrnehmungsbasierten demonstrativen Gedanken darstellen und deren Gegenstandsabhängigkeit in Betracht ziehen. Es gibt verschiedene Arten, die Gegenstandsabhängigkeit im Zusammenhang mit wahrnehmungsbasierten demonstrativen Gedanken fruchtbar zu machen. Ich werde mich auf Evans' Konzeption demonstrativer Gedanken konzentrieren, nicht zuletzt, weil der Ursprung der gegenwärtigen Debatte in seiner Auffassung liegt. Zum Schluss werde ich eine Alternative präsentieren, die von Husserls Schriften zum Thema ausgeht.

3. Die Partikularität demonstrativer Gedanken

Eine Konzeption demonstrativer Gedanken muss erklären, wie solche Gedanken ein bestimmtes Objekt betreffen können. In diesem Abschnitt werden die grundlegenden theoretischen Alternativen dargestellt und die wichtigsten Argumente für die Singularität von wahrnehmungsbasierten demonstrativen Gedanken zusammengefasst. Ich habe nicht vor, für die Singularität demonstrativer Gedanken zu argumentieren. Es geht eher darum, aus dem Kern der klassischen Argumente zugunsten der Singularität solcher Gedanken Bedingungen für die Adäquatheit einer Theorie demonstrativer Gedanken zu gewinnen.

Es liegt nahe, bei der Annahme zu beginnen, dass Gedanken einen repräsentationalen Charakter aufweisen, insofern sie die Welt als bestimmte Bedingungen erfüllend repräsentieren. Das Urteil, dass es eine Primzahl zwischen drei und sieben gibt, ist erfüllt, wenn es eine Primzahl zwischen drei und sieben gibt. Demonstrative Gedanken müssen, so mag man vermuten, ebenso ein partikuläres Objekt repräsentieren. Sie tun dies, indem sie Bedingungen artikulieren, die das Objekt des demonstrativen Gedankens erfüllen muss. Es ist zentral für diese Ansicht, dass man auch dann einen demonstrativen Gedanken haben kann, wenn das gemeinte Objekt nicht existiert. Diese erste Position wollen wir *einfachen Repräsentationalismus* nennen.

Der einfache Repräsentationalismus gerät aus mindestens drei zusammenhängenden Gründen in Schwierigkeiten. Erstens können Zweifel bezüglich des ontologischen Status des repräsentierten Objekts angemeldet werden. Man fragt sich, worauf der Gedanke gerichtet ist, wenn keine aktual existierende Entität die repräsentationalen Bedingungen erfüllt. Der ontologische Status eines solchen Objekts erscheint zweifelhaft. Vertreter des einfachen Repräsentationalismus würden jedoch bestreiten, dass es ein Objekt gibt, auf das sich die Gedanken beziehen, wenn deren Bedingungen nicht erfüllt sind. Die im Gedanken artikulierten Bedingungen bestimmen, von welchem Objekt der Gedanke handelt. Sie konstituieren die intentionale Ausrichtung des Gedankens. Der Gedanke hat ein Objekt, sofern die Bedingungen erfüllt sind. Ist dies nicht der Fall, so hat der Gedanke kein Objekt, wahrt jedoch seine intentionale Ausrichtung. Man kann dies in irreführender Weise so beschreiben, als wäre der Gedanke auf ein nicht-existierendes Objekt gerichtet. Angemessener, wenn auch etwas umständlicher, wäre es, zu sagen, dass der Gedanke zwar intentionale Ausrichtung aufweist, sich aber auf kein Objekt bezieht. Diese Antwort ist einfach und angemessen.

Aber, und darin besteht das zweite Problem des einfachen Repräsentationalismus, er versäumt es, einer bestimmten Eigenheit des Unterschieds zwischen singulären und allgemeinen Gedanken gerecht zu werden. Betrachten wir den Fall eines demonstrativen Urteils des Typs ›dies ist F‹. Gehen wir davon aus, δ sei der mit ›dies‹ gemeinte Gegenstand. Der gemeinte Unterschied lässt sich in zwei Hinsichten festmachen. Es geht erstens um den Unterschied zwischen dem Fall, in dem wir von δ sagen, dass ihm im Urteil etwas zugeschrieben wird, und dem Fall, in dem wir behaupten, dass im Urteil einem Gegenstand, der bestimmte Bedingungen erfüllt, etwas zugeschrieben wird. Es geht zweitens um den Unterschied zwischen der Absicht, δ etwas zuzuschreiben und der Absicht, einem Gegenstand, der bestimmte Bedingungen erfüllt, etwas zuzuschreiben. Der Unterschied lässt sich in beiden Hinsichten anhand möglicher Fehler veranschaulichen. Gibt es δ nicht, so lässt sich daraus nicht folgern, dass das Subjekt im demonstrativen Gedanken nicht diesem nicht-existierenden δ, sondern einem Gegenstand, der bestimmte Bedingungen erfüllt, etwas zugeschrieben hat. Und zweitens: selbst wenn der intendierte Gegenstand δ nicht existieren sollte, besteht die Absicht des Subjekts darin, über genau diesen Gegenstand ein Urteil zu fällen, und nicht über irgendeinen Gegenstand, der bestimmte Bedingungen erfüllt. Der einfache Repräsentationalismus versäumt es, diese Unterschiede angemessen darzustellen.

Das dritte Problem des einfachen Repräsentationalismus besteht darin, dass er dazu einlädt, die dem Objekt auferlegten Bedingungen so, wie Wahrheitsbedingungen eines Urteils zu behandeln. In einem Urteil werden nicht nur bestimmte Bedingungen artikuliert, sondern es wird darüber hinaus behauptet, dass sie erfüllt sind.[11] Wenn ein wahrnehmungsbasierter demonstrativer Gedanke einen Gegenstand dadurch repräsentiert, dass er ihn betreffende Bedingungen artikuliert, so muss gefragt werden, ob im Gedanken die Erfüllung jener Bedingungen behauptet wird. Man muss u. a. feststellen, ob ein solcher Gedanke die Behauptung der Existenz des Objekts beinhaltet. Das kann insofern als umstritten gelten, als unklar ist, ob demonstrative Referenz überhaupt die Behauptung der Erfüllung von Bedingungen beinhaltet. Im Fall von wahrnehmungsbasierten demonstrativen Gedanken stellt sich außerdem die Frage, ob der Gegenstand in der zugrundeliegenden Wahrnehmung in dieser Art und Weise gegeben ist.[12]

Der einfache Repräsentationalismus erkauft sich eine angemessene Antwort auf den ersten Einwand um den Preis von Schwierigkeiten mit den beiden anderen Einwänden. Die Frage ist nun, wie man die Möglichkeit von demonstrativen Gedanken über nicht-existierende Gegenstände gewährleisten kann, ohne deren Singularität Preis zu geben, und ohne demonstrative Referenz in eine Art von Behauptung umzuwandeln. Ein möglicher Ausweg besteht darin, den Begriff der Kontextabhängigkeit zu verwenden. Die Grundidee ist, dass demonstrative Gedanken aufgrund einer Relation zum Kontext ihres Vorkommens ein partikuläres Objekt betreffen. Der demonstrative Gedanke selbst stellt eine Funktion dar, die Eigenschaften des Kontexts auf ein partikuläres Objekt abbildet. Verschiedene Kontexte führen zu verschiedenen Objekten. Der demonstrative Gedanke selbst repräsentiert kein Objekt. Er handelt von einem Objekt, ohne es zu repräsentieren.

Es ist nicht klar, wie diese Ansicht den erwähnten Einwänden begegnen kann. Man kann eventuell auf dem Umstand beharren, dass eine Funktion, die Merkmale des Kontexts auf ein Objekt abbildet, nichts über das Objekt aussagt, nicht einmal über dessen Existenz. Sie mag Eigenschaften des Kontexts auf Objekte abbilden, die nicht existieren. Stimmt dies, so würde die Singularität demonstrativer Referenz nicht davon abhängen, dass ein partikulärer Gegenstand bestimmte Bedingungen erfüllt. Trotz all ihrer Vorteile, hat diese Lösung eine zentrale Schwierigkeit. Sie betrifft die Rolle jener kontextuellen Umstände, die der Bestimmung des Gegenstandes der Bezugnahme dienen. Es stellt sich die Frage, ob diese Umstände selbst zum Gedanken gehören

---

[11] Vgl. Velleman, The Guise.
[12] Mehr dazu in Abschnitt 5.

oder ob sie ihm gegenüber fremd bleiben. Um uns dieser Frage zuzuwenden, müssen wir zuerst klarstellen, was es heißt, Bestandteil eines Gedankens zu sein.

Etwas kann in unterschiedlichen Weisen Bestandteil eines Gedankens sein. Beschränken wir uns zuerst auf Urteile und Begriffe. Ein Begriff kann einmal Teil eines Urteils sein, indem er einen Beitrag zu dessen Wahrheitsbedingungen leistet. Er kann aber auch Teil eines Urteils sein, indem es eine bestimmte Fähigkeit verlangt, um verstanden zu werden. Die erste Art der Abhängigkeit ist semantisch, die zweite psychologisch. Psychologische Abhängigkeit kann verschiedene Formen annehmen, der Natur der verlangten Fähigkeit entsprechend. Empirische Begriffe, wie Farbbegriffe, verlangen die Fähigkeit, sie aufgrund von entsprechenden Erfahrungen anzuwenden. Logische Begriffe wie Konjunktion und Negation setzen die Fähigkeit voraus, bestimmte logische Operationen, wie Einführung und Elimination zu vollführen

Es gibt dementsprechend verschiedene Arten, wie demonstrative Gedanken auf Wahrnehmungen beruhen könnten. Ein wahrnehmungsbasierter demonstrativer Gedanke hängt semantisch von einer Wahrnehmung ab, wenn die Wahrnehmung einen Beitrag zur Bestimmung des Gegenstands leistet. Er hängt psychologisch von der Wahrnehmung ab, wenn man das demonstrative Urteil nicht vollständig verstehen kann, ohne den Gegenstand wahrzunehmen. Der Gedanke enthält dann einen empirischen Teil, der in ihm nicht vollständig konzeptualisiert wird.

In welchem Sinn soll nun der Gedanke vom Kontext abhängen? Offensichtlich liegt eine Form semantischer Abhängigkeit vor, wenn der Kontext einen Beitrag zur Bestimmung des Objekts leistet. Nehmen wir nun aber an, dass die Kontextfaktoren dem Subjekt gegenüber in dem Sinne äußerlich sind, als das Subjekt keinen bewussten Zugang zu ihnen haben muss. Das Subjekt könnte demnach einen demonstrativen Gedanken bilden, ohne die Kontextfaktoren zu erfahren und ohne einen Begriff auf sie anzuwenden. In diesem Fall wäre der Gedanke psychologisch unabhängig vom Kontext. Der Gedanke des Subjekts würde nicht nur Elemente aufweisen, die begrifflich unartikuliert bleiben, sondern auch durch Faktoren bestimmt werden, die im Gedanken gänzlich abwesend sind. Da nun aber genau diese Teile die Bestimmung des Objekts betreffen (semantische Abhängigkeit), läge ein Gedanke vor, dessen Objekt nicht nur begrifflich unartikuliert bleibt, sondern auch jenseits der zugrundeliegenden Erfahrung besteht.

Es geht hier nicht um die Frage, ob die kontextuellen Umstände dem Subjekt zugänglich sind. Die Frage ist vielmehr, ob ein solcher Zugang Bedingung für das Bilden des demonstrativen Gedankens ist. Ist dies nicht der Fall, so ist die in Betracht gezogene Ansicht von einem grundlegenden Einwand betroffen. Der Einwand besteht darin, dass ein so begriffener Gedanke weder im Denken noch in der Kommunikation angemessen verwendet werden kann.

Man sollte zum Beispiel erwarten, dass ein demonstrativer Gedanke ein Objekt weiteren Überlegungen zugänglich macht. Eine Bedingung dafür ist, dass das Subjekt eine Vorstellung vom Objekt hat, die es ihm erlaubt, das Objekt durch die Zeit hindurch zu verfolgen, wobei sowohl das Objekt wie der Kontext Veränderungen unterworfen sind. Eine solche Vorstellung ist aber nicht verfügbar, wenn das Objekt im Gedanken weder begrifflich artikuliert noch anschaulich gegeben ist. Die Bezugnahme auf das Objekt wäre auf einen starren Kontext beschränkt. Beinhaltet der Gedanke außerdem weder eine begriffliche Artikulation noch eine Anschauung des Objekts, so wäre Kommunikation nur unter der Bedingung möglich, dass Sprecher und Hörer ein und denselben Kontext teilen. Der Hörer müsste sich genauso wie der Sprecher auf die Art und Weise verlassen, in der die Funktion den Kontext auf das Objekt abbildet. Jeder Unterschied im Kontext würde die Kommunikation gefährden. Solch eine Bedingung ist für normale Kommunikation zu anspruchsvoll.

Es gibt wohlbekannte Versuche, die Situation weniger dramatisch auszugestalten, als ich sie gerade beschrieben habe. Diese bestehen beispielsweise darin, zu stipulieren, dass einige Teile des Kontexts im Gedanken gegeben sein müssen. Es kann etwa verlangt werden, dass sich das Subjekt seiner raum-zeitlichen Verortung bewusst sein sollte, wodurch der Gegenstand seines Gedankens in einer Raum-Zeit-Region verankert wäre. Solche Modifikationen gehen grundsätzlich in die richtige Richtung. Es muss allerdings geklärt werden, inwiefern die dadurch stipulierte Verankerung nicht wieder als Bedingung im Gedanken artikuliert werden muss, die vom Gegenstand zu erfüllen wäre.

Eine Alternative besteht nun darin, den demonstrativen Gedanken als von seinem Objekt psychologisch abhängig zu verstehen. Eine solche Abhängigkeit kann auf mindestens zwei Arten erreicht werden. Entweder indem ein Begriff ermittelt wird, der sowohl konstitutiver Bestandteil aller demonstrativen Gedanken als auch gegenstandsabhängig ist, oder indem man eine Erfahrung ausmacht, die sowohl konstitutiver Bestandteil demonstrativer Gedanken als auch gegenstandsabhängig ist. Die zweite Alternative ist gegenwärtig sehr beliebt. Die Idee besteht darin, dass demonstrative Gedanken auf Wahrnehmungen beruhen, und dass Wahrnehmungen von partikulären Objekten abhängen. Gerade in diesem Zusammenhang spielt Evans' Standpunkt eine zentrale Rolle und im nächsten Abschnitt werden die Grundzüge seiner Argumentation dargestellt.

Bevor wir dies tun, sollten wir das bisher Erreichte kurz zusammenfassen. Wahrnehmungsbasierte demonstrative Gedanken sind singuläre Gedanken. Sie betreffen einen Gegenstand, ohne ihn zu repräsentieren. Der Gegenstand darf ihnen gegenüber jedoch nicht so fremd bleiben, dass er weder begrifflich artikuliert noch anschaulich gegeben ist. Ein adäquates Verständnis wahrnehmungsbasierter demonstrativer Gedanken muss daher der Tatsache gerecht werden, dass in solchen Gedanken der Gegenstand präsent ist, obwohl seine Existenz weder behauptet noch repräsentiert wird.

4. Evans

In seiner Auseinandersetzung mit demonstrativen Gedanken kommt Evans zum Ergebnis, dass sie gegenstandsabhängig sind. Er schreibt: »If there is no one object with which the subject is in fact in informational ›contact‹ – if he is hallucinating, or if several different objects succeed each other without his noticing – then he has no Idea-of-a-particular-object, and hence no thought.«[13] . Diese Behauptung geht von einer Reihe von Annahmen aus, die es zunächst zu klären gilt. Der Kern der Argumentation wird danach untersucht.

Evans geht erstens von der Annahme aus, dass der Versuch, etwas zu denken, scheitern kann. Es ist nicht notwendig diese Behauptung so zu verstehen, als würde man dann einfach nicht denken.[14] Es reicht zu sagen, dass es einem nicht gelingt, einen bestimmten Gedanken zu denken. Man scheitert zum Beispiel dann, wenn es den vermeintlichen Gegenstand eines demonstrativen Gedankens nicht gibt. Einen Fehler dieser Art, der den Gegenstand des demonstrativen Gedankens betrifft, möchte ich vorübergehend als *Referenzschaden* bezeichnen. Demonstrative Gedanken verhalten sich hinsichtlich ihrer Beziehung zum Gegenstand anders als Gedanken im Allgemeinen in ihrer Beziehung zur Wahrheit. In Bezug auf Letztere ist es möglich einen falschen Gedanken zu bilden. Wir bilden dann genau den Gedanken, der wahr gewesen wäre, wenn die Umstände es zugelassen hätten. Spezifisch an Evans' Position ist nun die Behauptung, dass dies bei demonstrativen Gedanken, deren Beziehung zum Gegenstand beschädigt ist, nicht möglich sei. Ein Referenzschaden geht tiefer als ein Wahrheitsschaden.

Man wundert sich freilich, wie der gescheiterte Versuch, einen demonstrativen Gedanken zu bilden, zu charakterisieren wäre. Welcher Gedanke wird gedacht, wenn überhaupt gedacht wird? Im Rahmen unserer Überlegungen geht es aber hauptsächlich um die Beziehung zwischen Referenzschaden und Singularität. Inwiefern ist die Singularität eines demonstrativen Gedankens durch einen Referenzschaden betroffen? Da wir uns vorgenommen haben, uns mit demonstrativen Gedanken zu beschäftigen, die auf Wahrnehmung basieren, können wir unsere Frage zugespitzt wie folgt formulieren: welche

---

[13] Evans, Varieties, S. 173.
[14] Evans formuliert allerdings oft so, als wäre ein gescheiterter Gedanke gar kein Gedanke.

Auswirkung hat die Möglichkeit eines Referenzschadens auf die Rolle der Wahrnehmung in Bezug auf die Singularität eines Gedankens?

Die möglichen Antworten bewegen sich zwischen zwei Alternativen. Entweder besteht der Beitrag der Wahrnehmung hinsichtlich der Singularität des Gedankens lediglich darin, einen Gegenstand für den demonstrativen Gedanken zur Verfügung zu stellen. Oder aber der Beitrag der Wahrnehmung besteht darin, den Gedanken selbst so zu ergänzen, dass er dank seiner Singularität einen bestimmten Gegenstand betrifft – wenn es ihn denn gibt. Der ersten Auffassung zufolge ist der Beitrag der Wahrnehmung zur Bestimmung der Singularität von demonstrativen Gedanken instrumentell. Wird kein Gegenstand zur Verfügung gestellt, so ist die Singularität des Gedankens kompromittiert. Der zweiten Auffassung zufolge ist der Beitrag der Wahrnehmung konstitutiv. Die Wahrnehmung als intentionales Erlebnis ergänzt den Gedanken und konstituiert dadurch seine spezifische Singularität. Das perzeptuelle Erlebnis liefert diesen Beitrag selbst dann, wenn es keinen Gegenstand zur Verfügung stellt, und seine instrumentelle Funktion daher nicht erfüllt. Wie sich nun zeigen wird, ist Evans' Position vorwiegend instrumentell. Dagegen werde ich versuchen, für eine Position zu argumentieren, welche der Wahrnehmung eine konstitutive Rolle zuschreibt.

Zwei Thesen stehen im Zentrum von Evans' Auffassung demonstrativer Gedanken. Die erste ist, dass sie eine informationelle Verknüpfung zum Gegenstand besitzen. Die zweite ist, dass sie die Fähigkeit des Subjekts voraussetzen, Gegenstände im Raum zu lokalisieren. Die erste These ist für die Singularität des Gedankens verantwortlich, während die zweite für seine Objektivität aufkommt. Da es uns um Singularität geht, können wir uns auf die erste These konzentrieren.

Demonstrative Gedanken sind laut Evans ›Russellsche‹ Gedanken (Varieties, S. 173). Sie enthalten eine »fundamentale Idee« eines Gegenstandes, die es dem Subjekt ermöglicht, den Gegenstand von allen anderen in Frage kommenden Gegenständen zu unterscheiden (ibid., S. 107). Die fundamentale Idee des Gegenstandes ist die Idee, die man verwendet, um den Gegenstand zu identifizieren. Der demonstrative Gedanke ist aber auch »Mutter und Vater aller informationsbasierten Gedanken« (ibid., S. 145). Bei Gedanken, die auf Information basieren, spielt die kausale Beziehung zum Gegenstand die ausschlaggebende Rolle. Sie ist zwar nicht selbst Teil des Gehalts des Gedankens, doch ist die Art und Weise, wie das Subjekt den Gegenstand identifiziert, von dieser Beziehung abhängig. Bei demonstrativen Gedanken basiert die fundamentale Idee des Gegenstandes auf Information. Evans' zentrale Argumentation (aus Kap. 5 von Evans, Varieties) lässt sich wie folgt darstellen.

Demonstrative Gedanken beinhalten eine bestimmte Vorstellung (»conception«) ihres Gegenstandes. Diese Vorstellung leitet (»controls«) den Gedanken, wenn die Art und Weise, wie das Subjekt den Gedanken evaluiert, und welche Konsequenzen es geneigt ist, daraus zu ziehen, vom Inhalt jener Vorstellung abhängt. Bei demonstrativen Gedanken, die auf Wahrnehmung basieren, spielt die vom wahrgenommenen Gegenstand erzeugte Information eine entscheidende Rolle. Sie ist Bestandteil der leitenden Vorstellung. Evans legt fest, dass

> a bit of information (with the content *Fx)* is in the controlling conception of a thought involving a subject's Idea of a particular object if and only if the subject's disposition to appreciate and evaluate thoughts involving this Idea as being about an *F* thing is a causal consequence of the subject's acquisition and retention of this information (Varieties, S. 122).

Anders gesagt: die Tatsache, dass jemand so und so urteilt, hängt kausal von der erworbenen Information ab. Ein Beispiel mag hier helfen. Ich schaue auf einen runden braunen Holztisch. Ich erwerbe damit eine bestimmte Information, z. B. dass er braun und rund ist. Ich bilde den Gedanken ›dies ist ein Tisch‹. Nun, sagt Evans, ist dieser Gedanke nur dann demonstrativ, wenn meine Disposition über denselben Gegenstand zu urteilen ›dies ist braun‹, ›dies ist aus Holz‹ (usw.) durch die Tatsache kausal erklärt werden kann, dass ich die entsprechende Information perzeptuell erworben habe.

Evans selbst testet die These, dass demonstrative Gedanken auf Information basieren, an einigen Beispielen (ibid., S. 132–134). Er betrachtet zwei Aspekte eines demonstrativen Gedankens. Auf der einen Seite die Beziehung zum Gegenstand als Informationsquelle. Auf der anderen Seite die Beziehung zu dem im Gedanken identifizierten Gegenstand. Im Normalfall gelingt die Identifizierung der beiden Gegenstände. Der im Gedanken identifizierte Gegenstand ist genau der Gegenstand, von dem die verwendeten Informationen stammen. Evans betrachtet jedoch auch vier Fälle in denen dies nicht geschieht. Er meint zeigen zu können, dass es in solchen Fällen nicht gelingt, einen demonstrativen Gedanken zu bilden. Damit wäre bewiesen, dass die im demonstrativen Gedanken enthaltene fundamentale Idee des Gegenstandes auf den vom Gegenstand erzeugten Informationen basiert.

Im ersten Fall (1) gibt es zwar einen Gegenstand, von dem die verwendeten Informationen stammen, doch gelingt es dem Subjekt nicht, eine identifizierende Idee des Gegenstands zu bilden. Im zweiten Fall (2) gelingt es dem Subjekt zwar einen Gegenstand zu identifizieren, doch ist dieser nicht identisch mit dem Gegenstand, der als Informationsquelle dient. Im dritten Fall (3) gibt es keine Informationsquelle, obwohl das Subjekt in der Lage wäre, einen bestimmten Gegenstand zu identifizieren. Im vierten Fall (4) fehlt selbst dieses Identifikationsvermögen. Fälle des Typs (2) ergeben sich laut Evans bei Störungen in der Übertragung der Information. Evans nennt folgendes Beispiel für Fälle des Typs (3). Ein Lügner erzählt von einem vermeintlichen Gegenstand φ, den es seiner Meinung nach gar nicht gibt. Der Hörer bildet daraufhin den Gedanken ›jener φ ist F‹. Nun gibt es entgegen der Meinung des Lügners tatsächlich den Gegenstand φ. Gedanken des Typs (4) sind jene, die aufgrund von Halluzinationen gebildet werden. Solche Gedanken können unter Umständen auch von Typ (3) sein, wenn es zufälligerweise einen Gegenstand gibt, der durch den Gedanken identifiziert würde.

Evans meint, dass wir in Fällen des Typs (2) und (3) nicht sagen würden, dass es dem Subjekt gelungen ist, Wahres zu denken, selbst wenn der identifizierte Gegenstand die zugeschriebene Eigenschaft tatsächlich besäße. In Fällen des Typs (2) wissen wir seiner Meinung nach sehr wohl, welchen Gegenstand das Subjekt im Denken identifizieren »wollte«, nämlich den Gegenstand, von dem die Information ausgeht (Varieties, S. 134). Bei Fällen des Typs (1) und (4) wären wir »um die Bestimmung dessen, was gedacht wurde, äußerst verlegen« (ibid., S. 134). Bei keinem der vier Fälle gelingt es laut Evans dem Subjekt, einen demonstrativen Gedanken zu bilden.

Uns geht es nun hauptsächlich um die Frage, ob in allen vier Fällen die Singularität des demonstrativen Gedankens verloren geht, und zwar besonders unter Berücksichtigung der auf Wahrnehmung basierten Gedanken. Nehmen wir zuerst Fälle des Typs (2). Hier ist ein etwas anderes Beispiel. Ein Subjekt schaut in einen Spiegel, ohne dessen Anwesenheit zu bemerken. Im Spiegel erscheint ein roter Apfel. Der im Spiegel erscheinende Apfel liegt *de facto* neben dem Subjekt. Hinter dem Spiegel liegt auch ein roter Apfel, und zwar genau da, wo der gespiegelte Apfel zu liegen scheint. Das Subjekt urteilt aufgrund seiner Wahrnehmung: ›dieser Apfel ist rot‹. Ist es unter diesen Bedingungen klar, welchen Apfel das Subjekt identifizieren *wollte*? Evans' Diagnose folgend sollte es der im Spiegel erscheinende Apfel sein. Warum aber dürfen wir nicht sagen, dass das Subjekt, von seiner Wahrnehmung getäuscht, den Apfel hinter dem Spiegel identifizieren wollte? Dort, hinter dem Spiegel, würde das Subjekt jedenfalls nach dem Apfel zu greifen versuchen. Evans würde wohl zugestehen, dass der Apfel hinter dem Spiegel der im Gedanken identifizierte Gegenstand wäre – so sind ja Fälle des Typs (2) konzipiert – wenn der Gedanke überhaupt gebildet werden könnte. Aber gerade dies soll nicht gelingen. Evans' zentrales Argument dafür scheint zu sein, dass der Gedanke entweder in Bezug auf den einen oder auf den anderen Apfel wahr sein können sollte. Dies sei aber nicht möglich.

Welche Beziehung besteht dann zwischen Information, Wahrheit und demonstrativen Gedanken? Kann ein Gedanke nur dann wahr sein, wenn er Informationen enthält? Das Beispiel mit dem Lügner zeigt, worauf es ankommt. Evans' zufolge können wir nicht sagen, dass φ der Gegenstand des Gedankens ist. Die zugrundeliegende Intuition muss wohl sein, dass es jemanden nicht durch Zufall gelingen kann, einen Gedanken über einen bestimmten Gegenstand zu bilden. Ähnliches würde wohl auch in unserem Beispiel gelten sowie in Fällen von wahrheitsgetreuen Halluzinationen. Es soll dem Subjekt nicht durch Zufall gelingen, einen Gedanken über einen bestimmten Gegenstand zu bilden. Die Forderung nach einem informationellen Zusammenhang reicht, um derartige Glücksfälle auszuschließen. Wir würden nicht sagen, dass das Subjekt in den genannten Beispielen im informationellen Kontakt zu den Gegenständen steht. Der zentrale Grund dafür ist, dass das Subjekt den Gedanken gebildet hätte, selbst wenn es die Gegenstände nicht gegeben hätte.

Die Rolle des Zufalls wird gewöhnlich in Zusammenhang mit Wissen thematisiert. Wissen ist keine Glücksache.[15] Dies gilt selbst dann, wenn eine wahre Überzeugung vorliegt. Genauso verhält es sich in unseren Fällen. In keinem der genannten Fälle liegt Wissen vor, da die Wahrheit einem glücklichen Zufall zu verdanken wäre. Außerdem tragen die Gedanken keine Information über den vermeintlichen Gegenstand: weder über φ noch über den Apfel hinter dem Spiegel. Daraus folgt nicht, dass Wissen auf das Tragen von Information reduziert werden kann. Es reicht aber um zu zeigen, dass die Forderung nach einem informationellen Zusammenhang in den hier betrachteten Fällen den Glücksfall ausgeschlossen hätte und somit Wissen ermöglicht hätte.

Der Zusammenhang zwischen Information und Wahrheit ist nicht von derselben Art weil sich Wahrheit und Glück nicht immer ausschließen. Das zeigt sich an der Tatsache, dass es wohl kaum problematisch wäre, dem Subjekt in Evans' Beispiel eine allgemeine Überzeugung des Typs ›jemand ist F‹, oder in unserem Beispiel ›dort vorne ist ein roter Apfel‹, zuzuschreiben. Wahr können jene Überzeugungen sein, selbst wenn damit kein Anspruch auf Wissen erhoben werden darf. Wissen, aber nicht Wahrheit, hängt in diesen Fällen von einer informationellen Verbindung ab.

Wenn also etwas für Evans' These sprechen soll, dass die betrachteten demonstrativen Gedanken nicht wahr sein können, dann kann es nicht daran liegen, dass der Zufall eine Rolle spielt. Evans' Forderung, dass solche Gedanken in informationeller Beziehung zu ihrem Gegenstand stehen, kann nicht damit begründet werden, dass ihre Wahrheit keinem Glücksfall zu verdanken sein darf. Womit könnte sie dann aber begründet werden? Eine naheliegende Hypothese ist, dass die Forderung etwas mit der Rolle der Wahrnehmung zu tun hat. Die Überlegung wäre etwa die Folgende: Demonstrative Gedanken hängen von Wahrnehmungen in der Art und Weise ab, dass die ihnen zugrundeliegende Wahrnehmungen ihren Inhalt bestimmen. Liegt keine Wahrnehmung vor, so haben die Gedanken keinen Inhalt und daher keinen Wahrheitswert. In den genannten Fällen wird kein Gegenstand wahrgenommen. Also liegt keine Wahrnehmung vor. Aus diesem Grund haben die Gedanken keinen bestimmten Wahrheitswert.

---

[15] Zur Debatte dazu vgl. Pritchard, Luck.

Evans' Argumentation zugunsten der Gegenstandabhängigkeit demonstrativer Gedanken bleibt unvollständig, solange sie durch keine derartige Überlegung ergänzt wird. Die oben angeführte Argumentation ist allerdings nur dann zwingend, wenn die Natur und die Rolle der Wahrnehmung tatsächlich die behauptete Gegenstandabhängigkeit erzeugt. Wir müssen daher zwei Fragen voneinander unterscheiden. Die erste Frage ist, ob ein demonstrativer Gedanke wahr sein kann, wenn sein Gegenstand nicht existiert. Die zweite Frage ist, ob der Gedanke unter solchen Umständen inhaltslos ist und daher nicht wirklich gedacht werden kann. Den Zusammenhang zwischen den beiden Fragen stellt Evans mit der These her, dass keine Wahrnehmung vorliegt, wenn kein Gegenstand wahrgenommen wird. Diese Behauptung kann rein terminologisch verstanden werden: eine Halluzination ist keine Wahrnehmung. Uns geht es aber um eine inhaltliche, nicht um eine terminologische Frage. Es geht um die Frage, ob die Rolle des perzeptuellen Erlebnisses, auf dem der demonstrative Gedanke basiert, rein instrumentell oder konstitutiv ist. Verliert das perzeptuelle Erlebnis seine Funktion, dem singulären demonstrativen Gedanken eine intentionale Ausrichtung auf einen partikulären Gegenstand zu verleihen, lediglich dadurch, dass ein Referenzschaden vorliegt? In den nun folgenden Abschnitten wird gegen diese These argumentiert.

5. Husserl

Die Position, die ich vertreten möchte, fußt auf Behauptungen und Argumenten, die in Husserls Schriften zu finden sind. Bevor ich diese Position darstelle und mit den bisherigen Ergebnissen vergleiche, werde ich Husserls Argumentation kurz zusammenfassen.

Husserls eigene Auffassung der wahrnehmungsbasierten demonstrativen Gedanken wurde zuerst in den *Logischen Untersuchungen* präsentiert und in späteren Schriften teilweise übernommen und modifiziert.[16] Ich werde mich auf jene Aspekte konzentrieren, die für unsere Fragestellung relevant sind. Husserl verweist oft auf demonstrative Ausdrücke, die verwendet werden, um demonstrative Gedanken sprachlich zu artikulieren. Um meine Darstellung nicht zu umständlich zu gestalten, werde ich ihm diesbezüglich folgen. Mein Augenmerk gilt jedoch den demonstrativen Gedanken, und ich werde daher Fragen in Bezug auf sprachliche Kommunikation beiseitelassen.

---

[16] Vgl. Husserl, Untersuchungen, II, 1, erste logische Untersuchung, Kap. 3 & 4; Untersuchungen, II, 2, Kap1; Husserl, Texte, S. 343–353. Einiges von dem was nun folgt wird eingehender dargestellt in Soldati, Objektivität; Soldati, Rolle; und Soldati, Elements.

Husserl unterscheidet zwischen der Bedeutung von Demonstrativa und der Anschauung, typischerweise einer Wahrnehmung, die deren Gebrauch begleitet. Erstere entspricht gemäß Husserl der »allgemeinen Bedeutungsfunktion« der Demonstrativa. Sie lässt sich durch die Redewendung ›der wahrgenommene (angeschaute) Gegenstand‹ wiedergeben. Diese sprachliche Bedeutung bleibt bei allen Vorkommnissen des gleichen Ausdrucks gleich und jede Person, die den Ausdruck verwendet oder hört, ist fähig, ihn unabhängig vom spezifischen Kontext zu verstehen. Das zweite Merkmal, welches den Gegenstand eines demonstrativen Gedankens bestimmt, wird durch den Anschauungsakt – zum Beispiel eine Wahrnehmungserfahrung oder einen Vorstellungsakt – geliefert. In der Anschauung wird der Gegenstand auf eine bestimmte Art und Weise (z. B. perzeptuell) präsentiert.[17] Der Gegenstand wird als so-und-so erscheinend, aus dieser oder jener Perspektive präsentiert. Im Gegensatz zur sprachlichen Bedeutung, welche konstant und allen demonstrativen Gedanken gemeinsam ist, kann sich die perzeptuelle Art des Gegebenseins von einem demonstrativen Gedanken zum nächsten ändern – sogar dann, wenn es sich in beiden Fällen um denselben Gegenstand handelt.

Der Gegenstand, von dem der demonstrative Gedanken handelt, wird durch die sprachliche Bedeutung des Ausdrucks zusammen mit der Art der Anschauung determiniert. Sie determinieren den Gehalt des demonstrativen Gedankens in der folgenden Art und Weise: Wenn ein Gegenstand a einem Subjekt S ψ erscheint, dann lässt sich der Gehalt von S' demonstrativem Urteil ›dies ist F‹, welches sich auf a bezieht, anhand der Redewendung ⟨der Gegenstand, der ψ erscheint, ist F⟩ wiedergeben. Drei Merkmale sind für diesen Ansatz zentral.

Erstens ist die anschauliche (d. h. perzeptuelle) Art des Gegebenseins nicht-begrifflich. Wenn ein Subjekt ›dies ist F‹ über einen Gegenstand, der ihm ψ erscheint, urteilt, dann verwendet es keinen Begriff, der ψ entsprechen würde. Demonstrative Gedanken hängen somit in zweierlei Hinsichten von Anschauungen ab. Erstens ist der Gehalt eines demonstrativen Gedankens nicht vollständig begrifflich artikuliert. Es ist daher nicht möglich, einen vollständigen demonstrativen Gedanken zu erfassen, ohne dabei eine Anschauung zu haben.

Zweitens wird der Gedanke durch die Erfahrung partikularisiert und zwar in folgender Form: zwei demonstrative Gedanken mit dem gleichen begrifflichen Gehalt (der durch die Bedeutungsfunktion der Demonstrativa bestimmt ist) lassen sich kraft der Anschauungen, von denen sie abhängen, unterscheiden. Wie es Husserl formuliert: »Ich nehme, wenn ich *dies* sage, nicht bloß wahr; sondern auf Grund der Wahrnehmung baut sich ein neuer, sich nach ihr richtender, in seiner Differenz von ihr abhängiger Akt auf, der

---

[17] Genaueres dazu in den Abschnitten 6 und 7.

Akt des Dies-Meines«.[18] Die Beobachtung, dass die Erfahrung den Gedanken partikularisiert, genügt jedoch nicht für die Behauptung, dass die Erfahrung für die Singularität von demonstrativen Gedanken verantwortlich ist. Doch wir werden sehen, dass eine Verbindung zwischen diesen beiden Aspekten besteht.

Der dritte Punkt, den wir in Bezug auf Husserls Theorie demonstrativer Gedanken im Auge behalten müssen, ist, dass sie sich direkt – und nicht attributiv – auf ihren Gegenstand beziehen. Wir sollten uns also nicht zu der Ansicht verleiten lassen, dass ein Subjekt, dem ein Gegenstand ψ erscheint, im entsprechenden demonstrativen Urteil dem Gegenstand ψ (bzw. die Eigenschaft als ψ zu erscheinen) zuschreibt. Die Art und Weise des Erscheinens und die semantische Funktion werden verwendet, um den Gegenstand zu identifizieren, von dem der demonstrative Gedanken handelt. Es handelt sich nicht um Eigenschaften welche dem Gegenstand im demonstrativen Gedanken zugeschrieben werden.

Wir müssen für die Position, für die es hier zu argumentieren gilt, zwei Ideen zusammenbringen. Die erste bezieht sich auf die Art und Weise, wie Wahrnehmungserfahrungen demonstrative Gedanken partikularisieren. Die zweite betrifft die Art und Weise, wie Wahrnehmung direkt – nicht-repräsentational – sein kann, ohne dabei Gegenstandsabhängigkeit zu erzeugen.

Beginnen wir mit der nicht-repräsentationalen Theorie der direkten Wahrnehmung. Betrachten wir zuerst die folgenden einflussreichen Passagen aus den *Logischen Untersuchungen*:

> Gewiss kann man [...] sagen, »ich sehe, dass dieses Papier weiß ist«; aber die Meinung dieser Rede muss es nicht sein, dass die Bedeutung des ausgesprochenen Satzes einem *bloßen Sehen* Ausdruck gebe.[19]

> Die Farbe kann ich sehen, nicht das Farbig-*sein*. Die Glätte kann ich fühlen, nicht aber das Glatt-*sein*. .... [S]o, dass hiermit gleich gesagt und konstatiert ist, das *Sein* sei *schlechthin nichts Wahrnehmbares*.[20]

> Das ›Ein‹ und das ›Das‹, [...] das ›Etwas‹ und ›Nichts‹, die Quantitätsformen und die Anzahlbestimmungen usw. – all das sind bedeutende Satzelemente, aber ihre gegenständlichen Korrelate [...] suchen wir vergeblich in der Sphäre der *realen* Gegenstände, was ja nichts anderes heißt, als der *Gegenstände möglicher sinnlichen Wahrnehmung*.[21]

Wenn Husserl von *bloßem* oder *einfachem* Sehen spricht, meint er ein einfaches, sinnliches intentionales Erlebnis. Ein intentionales Erlebnis ist *sinnlich*,

---

[18] Untersuchungen, II, 2, S. 554.
[19] Ibid., S. 660.
[20] Ibid. S. 666.
[21] Ibid. S. 667.

wenn es Sinnesqualitäten besitzt. Das Erlebnis ist *einfach,* wenn es, als partikuläres Einzelding (Ereignis), nicht in anderen Akten fundiert ist – d. h. wenn es nicht von anderen Akten abhängig ist. Für Husserl ist diese Art der Einfachheit konstitutiv für den Bereich der Sinnlichkeit im Gegensatz zum Bereich des Verstandes. Um einen Gegenstand wahrzunehmen, bedarf es keiner grundlegenderen Erfahrung des Gegenstandes. Einfache Wahrnehmungen sind also Erlebnisse die in keinen anderen Akten fundiert sind.

Die Frage, die sich Husserl im zitierten Kontext stellt, ist die folgende: Sind alle Bestandteile des Sachverhalts, welcher in einem wahrnehmungsbasierten Urteil akzeptiert wird, Gegenstände – oder Bestandteile von Gegenständen – einer einfachen Wahrnehmung? Seine Antwort darauf ist ausdrücklich negativ. Zugegebenermaßen kann jemand behaupten, er sehe, dass etwas so-und-so sei. Doch kann jemand nicht *einfach sehen*, dass etwas so-und-so sei. In diesem Fall drückt die Behauptung, sofern sie angemessen ist, mehr als die Erfahrung des einfachen Sehens aus. Einfache Wahrnehmungen haben Einzeldinge als Gegenstände. Diese können unabhängig sein, so wie ein Blatt Papier, ein Ton oder die Stadt Köln. Oder sie können abhängig sein (als ›Momente‹, wie Husserl sie nennen würde), so wie eine bestimmte Farbe, die Glätte einer Oberfläche oder eine Tonhöhe. Sachverhalte, Universalien und logische Relationen können nicht Gegenstände einfachen Sehens sein. Sie benötigen stattdessen komplexere Akte – Akte, die auf anderen Akten basieren. Zu den charakteristischen Merkmalen, die durch einfache Wahrnehmung nicht erfasst werden können, gehören Existenz und Exemplifikation – Sein und so-Sein. Wir können einen Apfel einfach sehen, aber wir können die Existenz des Apfels nicht einfach sehen; wir können die spezifische Röte des Apfels einfach sehen, aber wir können nicht einfach sehen, dass der Apfel rot ist.

Husserl behauptet, dass einfache Wahrnehmung direkt und unvermittelt ist. Was er damit meint, ist klar: Ein materieller Gegenstand wird uns nicht kraft dessen perzeptuell bewusst, dass wir uns irgendeiner anderen Entität bewusst würden. Anders ausgedrückt: Wir brauchen keine andere intentionale Erfahrung zu haben, damit uns ein Gegenstand perzeptuell bewusst wird. So ausgedrückt ist die These eine Folge der Behauptung, nach der perzeptuelle Erlebnisse einfach sind. Solche Erlebnisse sind direkt kraft ihrer Unabhängigkeit von anderen Akten. Husserl will nachdrücklich verneinen, dass wir einen Gegenstand kraft dessen wahrnehmen, dass uns Sinnesdaten bewusst werden. Empfindungen – oder präziser die Sinnesqualitäten von perzeptuellen Erlebnissen – spielen nicht die Rolle von Bewusstseinsgegenständen. Husserl schreibt: »*Empfindungen* […] werden […] *erlebt*, aber sie *erscheinen nicht gegenständlich*«.[22]

---

[22] Untersuchungen, II, 1, S. 399.

Die Crux in Husserls Theorie ist die Behauptung, dass Wahrnehmung einfach und direkt sein kann, ohne relational zu sein, und daher ohne die Existenz eines Gegenstandes vorauszusetzen. Zur Veranschaulichung zitiere ich einige einschlägige Passagen:

> Es ist jedenfalls sehr bedenklich und oft genug irreführend, davon zu sprechen, dass die wahrgenommenen [...] Gegenstände [...] ›*ins Bewußtsein treten*‹, oder umgekehrt, dass ›*das Bewußtsein*‹ (oder ›*das Ich*‹) zu ihnen in dieser oder jener Weise ›*in Beziehung trete*‹, [...] dass die intentionalen Erlebnisse ›*etwas als Objekt in sich enthalten*‹ u. dgl.
>
> Ist [das] Erlebnis präsent, so ist eo ipso, [...] die intentionale ›Beziehung auf einen Gegenstand‹ vollzogen, *eo ipso* ist ein Gegenstand ›intentional gegenwärtig‹; denn das eine und andere besagt genau dasselbe. Und natürlich kann solch ein Erlebnis im Bewusstsein vorhanden sein mit dieser seiner Intention, ohne dass der Gegenstand überhaupt existiert und vielleicht gar existieren kann.[23]
>
> Ein Haus wahrnehmen, das heisst das Bewusstsein, das Phänomen haben von einem leibhaft dastehenden Haus.[24]

Obwohl die oben genannten Stellen eine ziemlich deutliche Sprache sprechen, lässt sich Husserls Position unterschiedlich interpretieren. Hier geht es nicht um die Frage, welches nun die korrekte Interpretation seiner Position wäre. Es geht um die Darstellung einer Position, die kohärent ist, eine Alternative zu Evans' Position darstellt und von den oben genannten Stellen aus Husserls Schriften inspiriert ist. Die Position versteht sich als eine phänomenologische Auffassung der Rolle der Wahrnehmung in wahrnehmungsbasierten demonstrativen Gedanken. Im nächsten Abschnitt wird nun dafür argumentiert.

6. Die Rolle der Wahrnehmung in wahrnehmungsbasierten demonstrativen Gedanken

Fünf Thesen stehen im Zentrum einer solchen Auffassung. Erstens hängt eine Wahrnehmungserfahrung nicht von ihrem Gegenstand ab: die intentionale Relation zum Gegenstand setzt die Existenz des Gegenstands nicht voraus. Zweitens lässt sich die intentionale Relation zum Gegenstand nicht auf eine ›wirkliche‹ Relation reduzieren. Zwar kann der Gegenstand im veridischen Fall eine kausale Rolle in der Erzeugung der Erfahrung spielen. Doch ist die-

---

[23] Ibid. S. 385–386.
[24] Husserl, Ding, S. 15.

ser Gegenstand nicht kraft dieser kausalen Rolle der intentionale Gegenstand der Erfahrung. Drittens ist im Falle einer Wahrnehmungserfahrung – im Gegensatz zu einer Vorstellung oder Erinnerung – der Gegenstand leibhaftig präsent. Der Gegenstand muss nicht existieren, um leibhaftig gegeben zu sein. Selbst der Gegenstand einer unbemerkten Halluzination ist leibhaftig gegeben. Im Unterschied zur Art und Weise, wie der Gegenstand in der Phantasie gegeben ist, zwingt er sich in der Wahrnehmungserfahrung dem Subjekt auf und entzieht sich daher der willentlichen Kontrolle. Viertens gibt es keinen Unterschied zwischen dem intentionalen Gegenstand auf der einen Seite und dem transzendenten, gegenwärtigen Gegenstand auf der anderen. ›Transzendent‹ bedeutet, dass der Gegenstand als von der Erfahrung unabhängig gegeben ist. ›Gegenwärtig‹ bedeutet, dass der Gegenstand als gleichzeitig mit der Erfahrung vorhanden erscheint (im Gegensatz zu seiner Erscheinung in der Erinnerung). Im veridischen Fall ist der intentionale Gegenstand mit dem wirklichen Gegenstand identisch. Fünftens, damit eine Erfahrung einen Gegenstand hat, muss sie den Gegenstand nicht repräsentieren, sondern präsentieren. Die Erfahrung artikuliert keine Bedingungen – weder begrifflicher noch nicht begrifflicher Art –, die erfüllt werden müssen, damit etwas als Gegenstand der Erfahrung gilt. Die Erfahrung beinhaltet nicht mehr als das Bewusstsein eines Gegenstandes.

Das schließt nicht aus, dass im Falle einfachen Sehens etwas in einer bestimmten Art und Weise gegeben ist. Wenn ich einen Punkt auf einer weißen Wand betrachte, dann erscheint der Punkt, als sei er vor mir. Daraus folgt nicht, dass die Wahrnehmungserfahrung die Behauptung beinhaltet, dass es einen Punkt vor mir gibt. Der Vergleich zwischen Wahrnehmung und Vorstellung kann helfen, das zu veranschaulichen. Wenn ich mir einen Punkt vor mir vorstelle, dann behaupte ich damit nicht, dass es einen Punkt vor mir gibt. Der vorgestellte Punkt ist mir als äußerlich (transzendent) und gegenwärtig gegeben. Doch es ist kein Teil meiner Vorstellung, dass der Punkt existiert. Wahrnehmung fügt, wie Husserl sagt, ›leibhaftige‹ Präsenz hinzu. Der Gegenstand zwingt sich mir auf. Das beinhaltet allerdings immer noch keine Existenzbehauptung.

Wir haben den Gehalt eines demonstrativen Urteils der Art ›dies ist F‹ durch die Redewendung ›der Gegenstand, der ψ erscheint, ist F‹ beschrieben. Wir haben ebenfalls festgestellt, dass dieses Urteil dem Gegenstand keineswegs die Eigenschaft ψ zuschreibt. Ähnliche Feststellungen sollten im Fall von Wahrnehmungserfahrungen gemacht werden. Betrachten wir als Beispiel die direkte Wahrnehmung eines roten Flecks. Wir nehmen die Röte des Flecks direkt wahr. Dies sollte uns nicht davon abhalten, zu sagen, dass uns der Farbfleck als rot gegeben ist, solange wir damit nicht meinen, dass wir in der Wahrnehmung einem Gegenstand Röte zuschreiben. Es bedeutet eher, dass der Gegenstand – eine spezifische Röte – uns im Bewusstsein in einer bestimmten Art und Weise gegeben ist, dass er auf eine bestimmte Weise erfahren wird. Um uns einer spezifischen Röte perzeptuell bewusst zu werden, müssen wir eine Erfahrung einer bestimmten Art haben. Wenn wir sagen, dass ein Gegenstand perzeptuell ψ erscheint, dann spezifizieren wir die Natur des perzeptuellen Bewusstseins. Wir greifen dabei nicht eine Eigenschaft heraus, welche wir in der Erfahrung dem Gegenstand zuschreiben würden.

Der zentrale Unterschied zwischen einer so gestalteten Auffassung und Evans' Theorie liegt in der Behauptung, dass die intentionale Ausrichtung auf einen Gegenstand von keiner kausalen Beziehung zum Gegenstand abhängt. Selbst wenn also eine kausale Beziehung zum Gegenstand als Bedingung für eine korrekte Wahrnehmungserfahrung gelten sollte, folgt daraus nicht, dass die intentionale Ausrichtung auf den Gegenstand bei einer Störung der kausalen Beziehung beschädigt wäre. Die intentionale Ausrichtung auf den Gegenstand bleibt dieselbe, ob der Gegenstand nun wirklich existiert oder nicht.

Man könnte den Verdacht äußern, dass die vertretene Position dazu verpflichtet ist, die für den Direkten Realismus zentrale Behauptung abzulehnen, dass sich Wahrnehmungserfahrungen auf geistunabhängige konkrete Einzeldinge beziehen können. Diese Art der Geistunabhängigkeit ist aber genau das, was mit ›Transzendenz‹ gemeint ist. Der in der Wahrnehmung intendierte Gegenstand ist geistunabhängig. Der Direkte Realismus muss allerdings scharf von Naivem Realismus unterschieden werden, welcher behauptet, dass externe Gegenstände Bestandteile der Wahrnehmungserfahrung sind.[25] Für die Position des Naiven Realismus ist die Behauptung zentral, dass die Beziehung zwischen der Erfahrung und deren Gegenstand im veridischen Fall einen essentiellen Bestandteil der Erfahrung darstellt. Aus der Vereinigung von Naivem und Direktem Realismus ergibt sich der Disjunktivismus, demzufolge veridische und nicht-veridische Wahrnehmungserfahrungen von unterschiedlicher Art sind. Sie sind es nicht bloß, weil die einen veridisch sind, und die anderen nicht. Veridische Erfahrungen haben etwas, abgesehen von ihrer Veridikalität, das sie qualitativ von nicht-veridischen Erfahrungen unterscheidet. Ein Disjunktivist beschreibt diese relationale phänomenale Eigenschaft typischerweise als einen Fall von Vertrautheit mit einem äußerlichen Gegenstand – oder als eine Form des direkten Bewusstseins eines äußerlichen Gegenstands.

Es ist fraglich, ob man einen solchen erstpersonalen phänomenalen Unterschied postulieren sollte, der durch die blosse Existenz des Gegenstandes entstehen würde. Der Punkt um den es geht, ist jedoch ein anderer. Intentionalität – ›über etwas sein‹ oder einen intentionalen Gegenstand haben – ist eine essentielle phänomenale Eigenschaft aller intentionalen Erfahrungen,

---

[25] Martin, Alienated, p. 357.

nicht bloss der veridischen. Wenn die Wahrnehmung eines Gegenstands ein Fall eines direkten und einfachen intentionalen Erlebnisses ist, dann ist es schwer einzusehen, warum der entsprechenden nicht-veridischen Erfahrung der Status der Einfachheit und Direktheit abgesprochen werden sollte. Was immer der Unterschied zwischen einer veridischen und einer nicht veridischen Wahrnehmungserfahrung sein mag, er scheint nicht diesen Zug der intentionalen Natur der Erlebnisse zu betreffen. Dieser gehörte aber genau zu den Merkmalen, welche für die Singularität der wahrnehmungsbasierten demonstrativen Gedanken ausschlaggebend sind.

Wir müssen nun noch die erarbeiteten Ergebnisse auf unser Verständnis der Beziehung zwischen der Wahrnehmungserfahrung und dem demonstrativen Gedanken anwenden. Wir stellen erstens fest, dass der demonstrative Gedanke durch seine Abhängigkeit von der Wahrnehmungserfahrung nicht selbst gegenstandsabhängig wird. Zweitens enthält der demonstrative Gedanke durch die Abhängigkeit von der Wahrnehmungserfahrung keine Behauptung in Bezug auf die Existenz des Bezugsgegenstands. Drittens bezieht sich der demonstrative Gedanke durch die Abhängigkeit von einer einfachen direkten Wahrnehmungserfahrung direkt – weder attributiv noch repräsentational – auf einen Gegenstand. All dies hindert uns nicht daran, zuzugeben, dass eine Wahrnehmungserfahrung ein Subjekt zu der Überzeugung berechtigt, dass der Gegenstand der Erfahrung existiert. Diese epistemische Berechtigung muss allerdings nicht verwendet werden, um einen demonstrativen Gedanken bilden zu können.

Wir hatten gesehen, dass sich demonstrative Gedanken dadurch voneinander unterscheiden lassen, dass sie von unterschiedlichen Wahrnehmungserfahrungen abhängen. Diese Behauptung ist wichtig, da wir davon ausgehen, dass der Gegenstand eines demonstrativen Gedankens von der zugrundeliegenden Wahrnehmungserfahrung festgelegt wird. Aber wie lassen sich Wahrnehmungserfahrungen individuieren?

Eine angemessene Antwort auf diese Frage lässt sich nur finden, indem wir Wahrnehmungserfahrungen nicht als punktuelle Ereignisse, sondern als dynamische Prozesse verstehen. Man kann die Idee anhand eines Beispiels veranschaulichen. Nehmen wir einen demonstrativen Gedanken bezüglich der Form einer Metallscheibe. Das Subjekt mag ⟨dies ist ein Kreis⟩ urteilen. Die Form der Scheibe ist dem Subjekt auf eine bestimmte Weise gegeben, als kreisförmig. Bewegt sich das Subjekt, oder wird die Scheibe gekippt, so ist die Kreisförmigkeit der Scheibe aus unterschiedlichen Perspektiven gegeben. Etwas ändert sich in der Erfahrung und dennoch erscheint die Scheibe weiterhin kreisförmig. Damit dies möglich ist, müssen die Unterschiede in der Erfahrung in eine konstante Weise des Erscheinens integriert werden. Dies geschieht im dynamischen Prozess der Wahrnehmung. Wir erhalten die gleiche Wahrnehmungserfahrung so lange aufrecht, wie uns der Gegenstand auf die gleiche Art und Weise erscheint. Ein demonstrativer Gedanke, indem er von der Wahrnehmung abhängt, bleibt solange derselbe Gedanke, wie er von der gleichen Wahrnehmungserfahrung abhängt. Solange die Scheibe kreisförmig erscheint – egal welche Perspektive zur Scheibe eingenommen wird – wird das Subjekt den gleichen demonstrativen Gedanken über die Form der Scheibe haben. In dieser Art und Weise werden demonstrative Gedanken durch Wahrnehmungen partikularisiert.[26]

Literatur

Evans, G.: Understanding Demonstratives. In: *Meaning and Understanding*, hg von J. Bouveresse H. Parrett, Berlin 1981, S. 280–303.
Evans, G.: *The Varieties of Reference*. Oxford 1982.
Frege, G.: *Logische Untersuchungen*. Göttingen 1966.
Geach, P. T.: *Reference and Generality*. Ithaka 1962.
Horgan, T., & Tienson, J. (2002). The Intentionality of Phenomenology and the phenomenology of Intentionality. In: *Philosophy of Mind: Classical and Contemporary Readings*, hg. D. Chalmers, Oxford 2002, S. pp. 520–533.
Husserl, E.: *Ding und Raum. Vorlesungen 1907, Husserliana XVI*. Den Haag 1973.
Husserl, E.: *Phantasie, Bildbewusstsein, Erinnerung. Texte aus dem Nachlass (1898–1925)*, Dordrecht 1980.
Husserl, E.: *Logische Untersuchungen. Zweiter Band. Erster Teil. Untersuchungen zur Phänomenologie und Theorie der Erkenntnis*. Den Haag 1984.
Husserl, E.: *Logische Untersuchungen. Zweiter Band. Zweiter Teil. Untersuchungen zur Phänomenologie und Theorie der Erkenntnis*. (U. Panzer, Ed.). Den Haag: 1984.
Husserl, E.: *Texte für die Neufassung der VI. Untersuchung. Zur Phänomenologie des Ausdrucks und der Erkenntnis*, Dordrecht 2005.
Jeshion, R.: *New Essays on Singular Thought*, Oxford 2010.
Kaplan, D.: Demonstratives. In: *Themes from Kaplan*, hg. J. Almog, J. Perry, & H. Wettstein, Oxford 1989, S. 481–563.
Martin, M. G. F.: On being Alienated. In: *Perceptual Experience*, hg. T. Szabo Gendler & J. Hawthorne, Oxford: 2006, S. pp. 354–410.
Perry, J.: Frege on Demonstratives. In: *The Philosophical Review, 1977*, S. 474–97.
Pritchard, D.: *Epistemic Luck*. Oxford: Oxford 2005.
Russell, B. (1905). On Denoting. In: *Mind, 2005*, S. 479–493.
Siegel, S.: The role of perception in demonstrative reference. In: *Philosophers' Imprint*, 2002, S. 1–21.

---

[26] Mario Schärli und Florian Wüstholz haben Teile dieses Aufsatzes aus dem Englischen ins Deutsche übersetzt. Sie haben mich dabei auf Probleme aufmerksam gemacht, die ich sonst übersehen hätte. Ihnen bin ich für beides dankbar.

Soldati, G.: Begriffliche Qualia. Zur Phänomenologie der Bedeutung. In: *Anatomie der Subjektivität. Bewusstsein, Selbstbewusstsein und Selbstgefühl* hg. Von T. Grundmann, F. Hofmann, C. Misselhorn, V. Waibel, & V. Zanetti, Frankfurt 2005, S. 140–168.

Soldati, G.: Die Objektivität der Bedeutung. In: *Edmund Husserl. Logische Untersuchungen,* hg. von V. Mayer, Berlin 2008, S. 61–76.

Soldati, G.: Die Rolle der Wahrnehmung in demonstrativen Gedanken. In: *Husserl und die Philosophie des Geistes*, hg. von M. Frank & N. Wiedtmann, Frankfurt 2010, S. 112–133.

Soldati, G.: Elements of a Phenomenological Theory of Perception. In: *Rivista di filosofia*, 2013, S. 461–484.

Velleman, J. D.: The Guise of the Good. In: *Noûs*, 1992, S. 3–26.

Pirmin Stekeler-Weithofer

KONSTITUTION DES GEGENSTANDSBEZUGS

Namen, Demonstrativ- und Personalpronomen bei Russell und Evans

1. Basale Namen und Kennzeichnungen

Gareth Evans meint, einige Gedanken – so genannte Einzelaussagen über Einzelgegenstände – hingen direkt ab vom Objekt, von dem die Aussage handelt. Das ist eine Spezialversion einer These, die bis heute unter dem Titel *Externalismus* diskutiert wird, aber auch unter der Überschrift einer *kausalen Theorie der Namen*. Hilary Putnams *The Meaning of »Meaning«* und Saul Kripkes *Naming and Necessity* stehen hierfür Pate. Die Einzelgegenstände spielen in den Aussagen in der Tat eine besondere Rolle, nämlich weil sie als *de-re-Bedeutungen* oder *de-re-Bezüge* auftreten. In ihnen konzeptualisieren wir die objektive Welt um uns herum und tun das praktisch auf scheinbar unmittelbare Weise. Evans nennt den entsprechenden Weltzugang über eine vermeintlich unmittelbare Bekanntschaft mit den Dingen »Russellsch«[1], in Erinnerung an Bertrand Russells Unterscheidung zwischen einer Kenntnis einer Sache *by acquaintance* und über eine Beschreibung.

Evans' gesamte Analyse beruht auf der logischen Unterscheidung Freges und Russells zwischen *Eigennamen (proper names, echten Namen)* wie z. B. »2« oder »Napoleon« und singulären Termen t, die (logisch komplexe) *Beschreibungen (definite descriptions, Kennzeichnungen)* sind, wie z. B. der Ausdruck »die größte natürliche Zahl, welche Fermats Gleichung $x^n + y^n = z^n$ löst«. Seit Kurzem wissen wir, dass diese Zahl die 2 ist.

Natürlich haben wir keinen Zugang zur Zahl 2 über eine *unmittelbare Bekanntschaft*. Und doch ist der Zugang zu ihr über den Ausdruck »2« verschieden von obiger Beschreibung. Ich schlage dazu vor, die Ziffer »2« und dann auch jeden Zahlausdruck in einem p-adischen System wie dem Dezimalsystem einen »*basalen Namen*« zu nennen. Weitere Beispiele basaler Namen sind Eigennamen wie »Karol Wojtyla« oder vielleicht auch »Papst Johannes

---

[1] Im Folgenden gebrauche ich einfache Anführungszeichen ›...‹ zur distanzierenden Vergegenständlichung üblicher Ausdrucksformen, auch im Vorbeigehen, echte Anführungszeichen »...« für wörtliche Zitate, auch zur Nennung der Ausdrücke.

Paul II«, obwohl der zweite Ausdruck auch schon mal als Kennzeichnung auftreten kann, nicht anders als etwa »der erste Papst, der die Bezeichnung »Johannes XXIII« trug«. Denn es gab – übrigens nicht aus Zufall – zwei solche Päpste. Der eine wurde auf dem Konstanzer Konzil im Jahr 1415 abgesetzt; das Programm des anderen war das II. Vatikanische Konzil.

Es gibt aber auch *lokale Basisnamen,* wie ich sie zu nennen vorschlage.[2] Es handelt sich um direkt vom Sprecher verwendete Personal- und Demonstrativpronomen wie »ich«, »du« oder »dies«, ggf. mit einer prädikativen Erläuterung der Gegenstandsart wie in »dieser Sessel da«. Um die Abhängigkeit lokaler basaler Name vom Sprechakt anzuzeigen, spreche ich auch von basalen *Benennungen.* Es wäre falsch, diese immer schon als Kennzeichnungen zu deuten – was mir auch eine der Grundeinsichten von Evans zu sein scheint. Es ist aber auch falsch, einfachhin mit Ludwig Wittgenstein und Elizabeth Anscombe zu versichern »ich«, »du« oder »dies« seien *gar keine Namen.* Allerdings ist es am Ende gleichgültig, wie wir in unserer logischen Kommentarsprache zu reden belieben, wenn wir nur zwischen basalen Namen und Kennzeichnungen einerseits, relativ rigiden bzw. relativ zeitallgemeinen oder besser perspektivenunabhängigen Eigennamen und lokalen Namen bzw. Benennungen in Sprechakten genau genug zu unterscheiden vermögen.

Die bloß halbdeutsche Rede über Designatoren, Denotate oder Entitäten brauchen wir nicht, wenn wir auf angemessene Weise über Namen, Kennzeichnungen und Gegenstände, bzw. Benennungen, Bezugnahmen und Bezügen sprechen und schon jetzt bemerken, dass Gottlob Frege das Wort »Bedeutung« auf idiosynkratische Weise im Sinn von »Bezug« bzw. »Bezugsgegenstand« verwendet. Wir werden zur Hervorhebung dieser Privatsprache mit einem Index auf Frege verweisen, auch im Fall von »Sinn« und »Funktion«.

Die Unterscheidung zwischen basalen Namen bzw. Benennungen und Kennzeichnungen entspricht der Differenz zwischen quantorenlogisch *elementaren* Sätzen (wie »2 < 3«) und quantorenlogisch zusammengesetzten oder *komplexen* Sätzen. Quantoren sind, wie Kennzeichnungsoperatoren, formal als *Variablenbinder* zu verstehen. Das wird augenfällig, wenn man den wahren arithmetischen Satz, dass die Fermatsche Gleichung für n größer als 2 keine Lösung hat, in seiner formallogischen Form notiert: »$\forall x \forall y \forall z \forall w \, (w>2 \rightarrow \neg x^w + y^w = z^w)$«. Logisch basale (oder auch elementare) Namen (in meinem Sinne) enthalten (in ihrer logischen Standardform oder Fregeschen Tiefenstruktur) gar keine Variablen, also auch keine Quantoren oder Kennzeichnungsoperatoren der Form »das x, das die Beschreibung $\varphi(x)$ erfüllt«. Das formallogische Kürzel für solche Kennzeichnungen ist: »$\iota x.\varphi(x)$.«

---

[2] Vgl. Stekeler-Weithofer, *Grundprobleme der Logik.* S. 339.

Die Unterscheidung zwischen elementaren Namen und Kennzeichnungen korrespondiert zwar Russells Unterscheidung zwischen einer Kenntnis (*knowledge*) von etwas durch (unmittelbare) Bekanntschaft und einem Zugang zu einem Gegenstand durch eine Beschreibung. Dies ist aber logisch, nicht epistemologisch zu verstehen. Als solche ist die Differenzierung von zentraler Bedeutung für eine Analyse der logischen Struktur der Sätze. Das gilt besonders im Blick auf die für die gesamte Quantorenlogik grundlegende Unterscheidung zwischen Elementarsätzen ohne logische Zeichen und logisch komplexen Sätzen ggf. mit Variablen, die durch die schematischen Oberflächenformen der Sprache häufig verdeckt sind und sich erst in Paraphrasen oder mit Hilfe so genannter Tiefenstrukturen zeigen. Dabei muss man aber auch noch den zugeordneten formallogischen Ausdruck richtig zu interpretieren lernen. Nur dann kann er uns zeigen, ob ein Oberflächenausdruck als basaler Name wie etwa »Napoleon« oder als Kennzeichnung wie etwa »der Erste Konsul von 1799« zu lesen ist. So kann z. B. in der Satzfolge »Ich sehe da drüben ein Kind. Schau, das Kind dort weint« der zweite Satz sowohl die logische Form $\psi(\iota x.\varphi(x).)$ haben als auch die Form $\psi(N)$ mit N als basalen Namen. In der ersten Lesart wird der Ausdruck »das« logisch als *Anapher* gedeutet und bezieht sich wie ein Relativpronomen zurück auf den Satzteil »ein Kind«. Der Ausdruck »das Kind dort« erhält so die *anaphorische* Bedeutung von »das Kind, das ich sehe«. In der zweiten Lesart ist der Ausdruck »das Kind dort« in der Äußerung als *lokale basale Benennung* zu lesen. Man appelliert dabei *demonstrativ* an die gemeinsame und direkte (ggf. visuelle) Bekanntschaft mit dem Bezugsgegenstand. Das geschieht, wie wir die Situation kommentarartig charakterisieren, in gemeinsamer *Deixis*, die ich mit Kants *Anschauung* und Hegels *Dasein* in Verbindung bringe: In deiktischer Anschauung wird ein gemeinsamer Bezugsgegenstand aufgewiesen, in seinem Dasein gezeigt. Er gilt dann als Bezug der Benennung, die durch einen Akt der Taufe je nach Bedarf und Möglichkeit in einen rigiden Eigennamen umgewandelt werden kann, wie wir noch etwas genauer sehen werden.

Wenn wir die vorgeschlagen Kommentarsprache richtig verstehen, sind manche Äußerungen der Form »dieses A da« als lokale Kennzeichnungen im Sinne von »das A, das ich sehe oder zu sehen meine« zu lesen, andere als basale Benennungen oder lokale Namen mit Bezügen in der Deixis, Anschauung oder unmittelbaren Bekanntschaft. Der logische Atomismus, Positivismus oder Empirismus bei Russell, Alfred Ayer oder Rudolf Carnap und damit die Philosophie des 20. Jahrhunderts fällt hinter Kant zurück, wo sie mit metaphysischen Spekulationen der Frühphase des Empirismus operiert. Das geschieht in Reden über Sinnesdaten (*sensations*), Impressionen (Locke, Hume) bzw. Reizbedeutungen, also den *stimulus meanings* von W. V. Quine, gerade weil man die vorausgesetzten Gemeinsamkeiten der Bezugnahmen in kooperativer Deixis, in Anschauung und Bekanntschaft übersieht oder unterschätzt.

Wenn der Gebrauch einer Äußerung von »dieses A« als ein lokaler Name zählen kann oder auch nur in der Sprecherabsicht als solcher intendiert ist, kann es in gewisser Weise falsch, jedenfalls unnötig werden, den Sprechaktteil als (lokale) Kennzeichnung zu lesen, etwa unter anaphorischem Rückbezug auf meine früheren Äußerungen. Ich muss dann als Hörer eine gemeinsame Bezugnahme mit dem Sprecher direkt und aktiv herstellen. Es ist daher eine falsche Haltung im Umgang mit Sprache und mit einander, vom Sprecher erst einmal eine zureichende argumentative Begründung zu verlangen, dass es genau einen Gegenstand gibt, auf den seine lokale Kennzeichnung als Gegenstandsbeschreibung zutrifft. Vielmehr ist vom Hörer der angemessene Redebereich und Bezug selbst aufzufinden, unter der Maxime der ›Nachsicht‹ (Quines charity), welche grundsätzlich voraussetzt, dass man die Äußerung des Sprechers bei geeigneter Lektüre wahr machen kann.

2. Bedeutung$_F$ und Sinn$_F$

Im Folgenden sei N syntaktische Variable für namenartige Ausdrücke (im Gebrauch), also für (basale, echte) Eigennamen oder Benennungen oder für Kennzeichnungen. Auf der Grundlage der hilfreichen Konvention der Bildung eines logisch beliebig komplexen Prädikatausdrucks $\lambda x.\varphi(x)$ als formelartiges Kürzel für einen entsprechenden Relativsatz aus einem Satz $\varphi(N)$ können wir auch noch Freges bloß scheinbar völlig neue Deutung der Satzkontexte $\varphi(x)$ als Wahrheitswertfunktionen zurückbinden an Platons allgemeine Satzformanalyse. Nach dieser kann jedem ›normalen‹ Satz (ggf. auf mehrfache Weise) eine Subjekt-Prädikatform ›N ist P‹ bzw. ›N ϵ P‹ gegeben werden, wie sie auch Evans verwendet, nämlich einfach durch die Doppelregel N ϵ $\lambda x.\varphi(x)$. ⇔ $\varphi(N)$. Diese korrespondiert ganz und gar der uns allen vertrauten Oberflächenregel, welche den Relativsatz »Sokrates ist der, welcher Platon die Kritik am sophistischen Missbrauch formaler Logik gelehrt hat« in einen einfachen Satz ohne Relativpronomen zurückverwandelt. Dabei weiß Platon auch schon, wie man durch so genannte Parameter oder gesetzte Vergleichsmaßstäbe Relationen wie ›x ist größer als y‹ in einstellige Prädikate oder Eigenschaften verwandeln kann, etwa in »x ist größer als Kebes«. Damit wird zugleich klar, dass Freges gesamte *Junktoren-* und *Quantorenlogik*, so wichtig die Erfindung einer konsequenten Notation für den Gebrauch von »nicht«, »falls« bzw. »und« und »für alle« war, im Grunde nur eine *Prädikaten*logik ist, also ein System zur Definition der inneren logischen Form logisch komplexer Prädikate P bzw. der durch diese bestimmten Eigenschaften und deren Extensionen (Werteverläufe, Mengen).

Die gnomischen Formeln der symbolischen Logik, die für Nichteingeweihte wie Orakel erscheinen, sind wie die Merksprüche eines Heraklit mehr als tausend Worte wert. Jetzt können wir nämlich extrem kurz zeigen und sagen, wie Kennzeichnungen im Satzkontext $\psi(t)$ auszuwerten sind. Denn der (formale!) Wahrheitswert in der (formalen!) Geltungsbedingung (einer Äußerung) eines Satzes der Form ›t ϵ P‹ mit t $\equiv$ $\iota x.\varphi(x)$. wird so festgelegt, wie es Frege implizit erläutert und Russell in dem berühmt gewordenen Referenztext *On Denoting* 1905 explizit ausführt. Russell sagt uns nämlich, dass der Wahrheitswert von $\psi(t)$ der gleiche sein soll wie von

(1) »$(\exists x).\psi(x) \& \varphi(x) \& \forall y.\varphi(y) \rightarrow y = x$.«

Mit anderen Worten, eine Aussage der Art »die größte Primzahl ist ungerade« erhält den gleichen Wahrheitswert wie die Aussage »es gibt genau eine größte Primzahl und diese ist ungerade«, nämlich das Falsche. Unglücklicherweise erhält der Satz »die größte Primzahl ist gerade« denselben Wahrheitswert. Für Kennzeichnungen t, die, wie Frege sagt, keine Bedeutung$_F$ haben, weil es keine basale Namen N im relevanten Gegenstandbereich G gibt, so dass t = N wahr wird, erhalten *sowohl* $\psi(t)$ *als auch non-*$\psi(t)$ in Russells Auswertung den Wert »das Falsche«. Man kann demnach nur für basale Namen davon ausgehen, dass $\psi(N)$ wahr ist genau dann, wenn $\neg\psi(N)$ falsch ist. Für Kennzeichnungsterme t gilt ein solches Prinzip nur dann, wenn die in der obigen Formel (1) ausgedrückte Existenz- und Eindeutigkeitsbedingung erfüllt ist.

Obwohl Evans wie viele andere auch von einer Satzverneinung oder *sentence negation* spricht, wird diese in der modernen Logik eigentlich immer als *definite Negation* und damit als gegenstandsbereichsinterne Prädikatnegation gelesen. Denn es wird stillschweigend angenommen, dass jedes durch die bloß so genannte Satznegation definierte Prädikat $\lambda x.\neg\varphi(x)$. koextensional ist mit der ›Differenzklasse‹ G-$\{x:\varphi(x)\}$, die wiederum als identisch mit $\{x \in G: \neg\varphi(x)\}$ angenommen wird. Die Identifikationen unterstellen einen Gegenstandsbereich G, auf den die Sätze φ als Variablenbereich bezogen sind. Dieses Genus G ist nicht etwa nur durch seine Elemente oder Gegenstände, sondern ganz wesentlich durch die auf G definierten (basalen) Prädikate und Relationen bestimmt oder explizit zu bestimmen. Die obige Regel, welche Satz- und Prädikatverneinung als äquivalent erklären, wird bei Parmenides, Plato, Aristoteles, Frege und Strawson als Grund für *Präsuppositionen* erkannt, nicht aber bei Russell und Evans.

Die so genannten unendlichen oder indefiniten Satz-Verneinungen wie etwa in »Ein Tisch ist kein Elephant« (Hegel), »Caesar ist keine Primzahl« (Carnap) oder »die größte Primzahl ist nicht gerade« halten sich nicht an das Genus. Sie werden in ihrer Brisanz, nämlich als Ausdruck kategorialer Fehler, seit Frege nur unzureichend diskutiert, obwohl die Tradition besonders von Leibniz über Kant zu Hegel auf diese *unendlichen Urteile* mit Recht hingewiesen hat. Man versteht Hegels Logik wohl nur deswegen nicht mehr, weil man die Bedeutung dieser indefinit-unendlichen Urteile nicht mehr versteht.

Das Problem kennt aber schon der *logische* Lehrer Platons, der ›Vater‹ Parmenides, der uns in seinem bis heute kaum als Anfang aller Logik begriffenen Lehrgedicht einschärft: »Sage nur was ist«, d. h. verwende nur Kennzeichnungen mit eindeutiger Bedeutung$_F$. Das gilt auch für nominalisierte Sätze oder Aussagen wie in den Ausdrücken »die Tatsache, dass φ« und sogar »der Sachverhalt φ«. Im ersten Fall muss φ wahr sein, wie ebenfalls schon Parmenides weiß. Im zweiten Fall muss φ Wittgensteins Kriterium der Sachhaltigkeit aus dem *Tractatus* erfüllen, das heißt, es muss prinzipiell möglich sein, dass φ wahr und dass φ falsch ist. Es darf φ also nicht rein formalanalytisch oder tautologisch als wahr bzw. falsch bewertet sein, da es sonst keine sinnvolle Möglichkeit, keinen möglichen Sachverhalt, beschreibt.

Es ist Teil seiner unbedingt bloß artikulationstechnisch zu verstehenden Kommentarsprache, wenn Frege den Bezug von Benennungen N, M, t etc. als deren Bedeutung$_F$ anspricht und die *Art und Weise*, wie diese bestimmt ist, und das heißt, wie die Wahrheitswerte der Gleichungen N = M oder N=t bestimmt sind, als deren *Sinn*$_F$. Es gilt offenbar das folgende *Prinzip des Parmenides*:

(2) M ist *bedeutungvoll*$_F$ genau dann, wenn M im unterstellten Bereich G einen Gegenstand benennt. Das wiederum gilt im Idealfall genau dann, wenn für alle G-Prädikate P gilt, dass M ein P ist genau dann, wenn die Aussage »M ist kein P« falsch ist.

Frege kennt das Prinzip und Peter F. Strawson formuliert es explizit als *Präsupposition* bedeutungsvoller Namen und Kennzeichnungen M, allerdings noch ohne die *Relativität* auf einen Gegenstandsbereich genauer zu analysieren[3], was auch Parmenides leider noch nicht tut und noch nicht einmal Wittgenstein im *Tractatus*. Was Evans *Generality Constraint* nennt[4], ist das holistische Substitutionsprinzip Freges für *sortale Gegenstandsbereiche* G, wie ich sie nennen will.[5] Die Sortalität besagt, dass diskrete Individuen in einer *Gattung* G von Gegenständen (wie etwa den natürlichen Zahlen) definiert ist mit festen Ungleichungen und Gleichungen. Vorausgesetzt ist also ein fixes System vieler möglicher Elementarnamen N, M,... und einiger festgelegter (relationaler) Elementarsätze ψ, φ.... Diese werden oft stillschweigend als gegeben angenommen, und zwar so dass ψ(M) in G als bedeutungsvoll$_F$ (also

---

[3] Erst Peter Geach und Paul Lorenzen erkennen die Bereichs- oder Gattungsabhängigkeit jeder Gleichheit und jeder Existenzaussage, und werden dabei bis heute kaum verstanden.

[4] Gareth Evans, *The Varieties of Reference*, Oxford 1982 (im Folgenden kurz Evans: *Varieties*), § 4.3.

[5] Cf. PSW, *Grundprobleme der Logik* (a.a.O) Kap. 8, S. 245 ff.

als wahr oder falsch) gelten kann genau dann, wenn $\psi(N)$ bedeutungsvoll$_F$ ist. Dabei soll nie $\psi(M)$ und non-$\psi(M)$ zugleich als falsch oder als wahr bewertet sein. Diese Regel ist für G gegenstandsbereichskonstitutiv, und zwar zusammen mit dem folgenden *Leibniz-Prinzip für die relevante G-Gleichheit:*

(3) N = M gilt in G genau dann, wenn für alle logisch einfachen oder komplexen G-Satzformen $\varphi(x)$ gilt, dass $\varphi(N)$ aus $\varphi(M)$ folgt *und* $\varphi(M)$ aus $\varphi(N)$.[6]

Auch wenn Evans in dem bekannten Disput zwischen Russell und Strawson, der in dem Text *On Referring* das Unzureichende der *bloß* synkategorematischen Deutung von Kennzeichnungstermen in *On Denoting* herausstellt, die Seite Russells einnehmen möchte, wird hier viel Lärm um nichts gemacht. Strawson mag manchmal etwas zu sorglos formulieren, etwa wo er sagt »someone who utters a sentence containing an empty description has said nothing (expressed no proposition)«[7]. Aber in einer nachsichtigen (also intelligenten) Lesart, betont Strawson völlig zurecht, dass wir in jedem Standardgebrauch von Kennzeichnungen t die Existenz- und Eindeutigkeitsbedingung(en) in (1) bzw. (2) und dann auch (3) kanonisch voraussetzen, präsupponieren. Die Präsuppositionen sichern, dass sich t inferentiell in geeigneten G-Kontexten formal genau wie ein elementarer Name benimmt.

Präsuppositionen spielen außerdem eine zentrale Rolle beim Aufruf vorausgesetzten Wissens über den allgemeinen Gegenstandsbereich und den besonderen Bezugsgegenstand. Evans spricht von »*antecedently existing information*«.[8] Russells Vorgehen wirft gewissermaßen alle Kennzeichnungen, nicht nur die bedeutungslosen$_F$, aus einer gemeinsamen Klasse von Namen (namenartigen Ausdrücken bzw. Benennungen) heraus – was für eine oberflächennahe Sprachanalyse ebenso ungünstig ist wie für eine schon reglementierte mathematische Formalsprache, selbst wenn man den Verzicht auf Kennzeichnungen grundsätzlich erzwingen könnte. Denn für Sätze φ mit Kennzeichnungen, von denen wir (noch) nicht wissen, ob sie bedeutungsvoll$_F$ sind, gilt das folgende kanonische Inferenzschema *nicht* mehr allgemein:

(4) φ ist wahr (genau dann) wenn non-φ (bzw. $\neg\varphi$) falsch ist.

Das Problem, das mit (4) und den unendlichen Urteilen der kategorial indefiniten Satzverneinungen verbunden ist, haben offenbar schon die Eleaten, allen voran Parmenides, erkannt. Das berühmteste Beispiel ist das Paradox des

---

[6] Man kann durch Induktion in Bezug auf die Anzahl der logischen Zeichen beweisen, dass das *Constraint Principle* ebenso wie das *Leibnizprinzip* immer gilt, wenn es für Elementarsätze gilt.
[7] *Evans, Varieties*, S. 43.
[8] *Evans, Varieties,* S. 312 (Fn. 10).

Lügners. Seit den Megarischen Logikern füllen die Debatten um Äußerungen der Art »ich lüge hiermit« inzwischen kleine Bibliotheken. Aber schon die eleatische Methode hatte im Prinzip das Paradox längst völlig aufgelöst. Denn in der Form »was ich sage, ist falsch« ist der nominale Ausdruck »was ich sage« mehrdeutig, da der Gegenstandsbereich G der Kennzeichnung nicht klar fixiert ist. Versteht man G als den Bereich von Aussagen oder Gedanken φ, für die präsuppositional *vorausgesetzt* wird, dass sie wahr oder falsch sind, dann referiert der Ausdruck »was ich sage« nicht im Sinn von »diese Aussage«. Sie hat in diesem Sinn keinen Bezug, kennzeichnet keine Aussage, hat keine Fregesche Bedeutung$_F$. Das ist so, unbeschadet der Tatsache, dass der geäußerte Ausdruck im Sinn von »diese Äußerung« sehr wohl einen klaren Bezug hat – was die Leute bis heute verwirrt. Wir sollten daher J. L. Austin folgen und zwischen phonetischen, phatischen und rhetischen Akten (*phonic, phatic, rhetic* acts) unterscheiden. Ein bloß erst rhetischer Akt als Äußerung eines bloß syntaktisch wohlgeformten Satzes artikuliert aber möglicherweise noch keinen (*a fortiori* klaren) Gedanken, keine Aussage. Das Lügnerparadox wird also ›eleatisch‹ dadurch aufgelöst, dass man die Äußerung des Satzes als bedeutungslose$_F$ Äußerung erkennt. Sie ist bedeutungslos$_F$, weil eine implizite Kennzeichnung klarerweise nicht auf eine schon definierte Aussage referiert.

Natürlich ist die Äußerung dennoch sinn- und bedeutungsvoll in einem *weiteren* Sinn als dem Freges, so wie dies auch für die Äußerung des Satzes »dieses Tier ist grün« gilt, die ebenfalls bedeutungslos$_F$ wird, wenn ich mit den Fingern herumfuchtle und entweder zu viele oder gar keine Tiere in gemeinsamer gegenwärtigen Anschauung auszumachen sind.

Unglücklicherweise sieht Evans diese Ambiguitäten gerade auch in Bezug auf die Wörter »falsch«, »nicht« und »Bedeutung« nicht – und folgt darin Russell. Die Dinge werden besonders konfus, wo Evans (wie übrigens auch Barwise und Perry)[9] sagt, dass der *Sinn* eines komplexen Ausdrucks eine *Funktion* des Sinnes seiner Teile sei. So zu reden ist klarerweise falsch, wenn man sich an *Freges* Vorschlag eines kanonischen Gebrauchs der Wörter »Funktion$_F$« und »Sinn$_F$« halten würde. Denn Argumente und Werte von Funktionen$_F$ müssen immer Bedeutungen$_F$, also Bezugsgegenstände, sein.

Freges Operator »der Sinn von X« ist logisch ähnlich schwierig wie »der Begriff Y« oder »die Funktion Z«. Denn das Ergebnis dieser Operationen ist für jedes X, Y, Z formal je ein Name, also ein *gesättigter* Ausdruck. Da aber Funktionen und Begriffe nach Frege ebenso *ungesättigt* sind wie ihre (kanonischen) Ausdrücke, welche *freie Variablen* wie in »f(x)« enthalten, gilt

---

[9] Barwise, Perry, *Situationen und Einstellungen*, S. 42.

die scheinbar paradoxe Sprachregel, »der Begriff$_F$ ›Pferd‹ ist kein Begriff$_F$« bzw. »die Funktion ›f(x) = x²‹ ist keine Funktion«.

Einfachere Operatoren sind »der Wertverlauf der Funktion ›f(x) = x²‹« oder »die Menge der Pferde«. Denn für die entsprechenden Extensionen sind klare Gleichheitsbedingungen als definiert präsupponiert, was für Begriffe und Funktionen gerade nicht gilt. Frege lässt es – übrigens klugerweise – offen, ob wir den deutschen Begriff der Mähre und den englischen, der dem Ausdruck »mare« entspricht, als gleich oder ungleich bewerten wollen. Mähren sind kolloquial alte Pferde, nicht unbedingt weibliche, *mares* sind Stuten. In ganz analoger Weise sind die nicht extensionalen Operatoren wie »der Begriff X«, besonders aber auch »der Sinn von X« noch ganz indefinit. Sie legen bloß erst ein Schema zur Namenbildung fest, das je konkret und lokal im Kontext durch Fixierung von Wahrheitswerten für Gleichungen bzw. Ungleichungen auszugestalten ist. Daher ist es keineswegs ein für allemal klar, ob der Sinn$_F$ des Ausdrucks »der Werteverlauf$_F$ der Funktion $(x + y)^2$« und der des Ausdrucks »der Werteverlauf$_F$ der Funktion $x^2 + 2xy + y^2$« (etwa in den reellen Zahlen) als gleich oder als ungleich zu werten sind, obwohl ihre Bedeutung$_F$ klarerweise identisch ist.

Es gibt indefinit viele mögliche und lokal nützliche Äquivalenzbeziehungen bzw. Gleichheiten zwischen Begriffen und Funktionen und damit indefinit viele Bestimmungen der Bedeutungen$_F$ der Ausdrucksform »der Sinn von X«. Daher ist es falsch, wenn Evans sagt, dass Frege Funktionen als Extensionen oder Wertverläufe behandle. Frege ist hier absolut klar, deutlich und korrekt. Er zeigt und sagt, dass und warum nur Bedeutungen$_F$ Argumente und Werte von *Funktionen$_F$* sein können.[10]

Carnap ist in gewisser Hinsicht verantwortlich für die Verwirrung, die daher rührt, dass man mit Freges indefiniten Operatorenschemata nicht zu-

---

[10] Je nach Bedarf wird man z. B auch den Sinn eines deutschen Wortes wie »Wissenschaft« und »Geist«, bzw. »Geselle« und »Meister« mit dem Sinn der englischen Wörter »*science*«, »*spirit*« bzw. »*master*« »*apprentice*« identifizieren, oder aber sagen, dass jede dieser Gleichsetzungen falsch ist, da man im Englischen die Geisteswissenschaften als narrative *Humanities* aus den *Sciences* ausgegliedert hat und damit keinen gemeinsamen Begriff der Wissenschaften mehr besitzt, schon gar nicht den des Geistes, seit man »*spirit*« kaum mehr ohne ontische Fehldeutung im Sinne von »Gespenst« oder von engel- oder götterartigen Geistern zu verstehen in der Lage ist. Weil es die Praxis der gestuften Ausbildung nicht gibt, unterscheidet die englische Gebrauchssprache auch nicht zwischen Lehrlingen und Gesellen, zumal »Herr« und »Herrschaft« die vorherrschenden Konnotationen des Wortes »*master*« sind, nicht die Meisterschaft in einem Metier. Frege sieht entsprechend, dass die Bewertung der Sinngleichheit bzw. Sinnverschiedenheit verschiedener definiter Namen mit gleicher Bedeutung$_F$ in ungerader oder obliquer, indirekter, Rede hochgradig von Kontext und Situation abhängen kann. So wird man z. B. in vielen Kontexten die Ersetzung von »1 + 1« durch »2« nicht als sinndifferent bewerten. Das ist aber sicher falsch, wenn wir uns in einem dyadischen System bewegen wollen oder sollen, in dem »10« für »2« steht.

rechtkommt und eine allgemeine Definition für ›den Sinn‹ eines Satzes in der Form einer Intension oder ›Abbildung‹ von Situationen oder möglichen Welten in zwei Wahrheitswerte geben möchte. Freges Rede vom Sinn diente einem ganz anderen Zweck. Schon Wittgenstein geht hier fehl. Seit Carnap ist eine ›Proposition‹ eine ›Teilmenge‹ aller möglichen Welten oder Situationen w, in welchen der Satz (wohl qua Äußerung in w mit Bezugnahmen in w) wahr wird. Das ist äquivalent dazu, dass die Proposition als *Intension*, d. h. als *Abbildung* aufgefasst wird, die als eine *mathematische* Funktion ein Fregescher *Werteverlauf* einer Funktion ist, mit möglichen Situationen oder Welten als bloß vermeintlich wohldefinierbaren Argumenten in einer (sortalen) Menge und mit dem Wahren (oder 1) und Falschen (oder 0) als zwei formalen (Wahrheits-)Werten.

Eine sinnvolle allgemeine Definition ›des‹ (einen und einzigen) Sinns eines Satzes oder Ausdrucks kann es nicht geben. Dasselbe gilt für die Rede von einem Gedanken. Gerade auch in der Rede von »ich-Gedanken« oder »Selbstaussagen« bzw. *here-thoughts* oder *self-thoughts* wie bei Evans müssen wir immer im lokalen Redekontext die relevanten Äquivalenzen und Gleichungen herausfinden. Sogar noch die zunächst immer bloß formalen Wahrheitsbewertungen sind inhaltlich je konkret auszudeuten. Das ist es, was wir von Frege lernen können und sollten. Dabei ist die Unterstellung eines *Gegenstandsbereiches* im Sinne einer relationalen Struktur alles andere als trivial. Vollsortale Bereiche gibt es nämlich nur in der höchst idealistischen, weil reinen und das heißt: formalen Mathematik. Nur in ihr sind die Identitäten und Verschiedenheiten der Gegenstände über die Gleichungen zwischen Namen und Termen ganz situationsallgemein definiert. Schon alle Bereiche von Menschen oder Tieren sind bloß semi-sortal, da in ihnen zwar wenigstens jedes Individuum in seiner Identität für die Zeitepoche klar bestimmt ist, in der es ›existiert‹, also lebt, aber eben auch nur in dieser Epoche. Ohne Zeitangabe sind die Bereiche (Mengen und ihre Anzahlen) also in der Regel gar nicht wohldefiniert.

3. Wertverläufe, Mengen und rigide Namen von Individuen

Die Unterscheidung zwischen basalen Namen und Kennzeichnungen wird grundlegend für das Verständnis der Probleme, die sich im Kontext der Konstitution abstrakter, gerade auch mathematischer Gegenstände, ergeben. So liest Saul Kripke Freges Wertverlaufsnamen, die wir als Mengenterme der Form $\{x : \varphi(x)\}$ notieren wollen, als Kennzeichnungen, während Frege sie als basale Namen lesen möchte, obwohl in ihnen Variablen vorkommen. Beide haben Unrecht. Kripkes Kritik an Frege trifft dessen Intention nicht. Frege möchte nämlich die Wahrheitswerte von Aussagen der Form »die Menge der φ ist ein Element der Menge der ψ«, in Formalsprache:

(5) $\{x : \varphi(x)\} \in \{x : \psi(x)\}$,

für die Elementrelation $\in$ unmittelbar wie für Elementarsätze festlegen. Er ist sich dabei klar darüber, dass das nur möglich ist, wenn die Wertverlaufsnamen resp. Mengenterme *nicht* als Kennzeichnungen gelesen werden, da sonst eine Existenz- und Eindeutigkeitsaussage bewiesen werden müsste. Kripke denkt sich dagegen die Wahrheitsbedingung von (5) im Wesentlichen auf folgende Weise definiert: »diejenige Menge, welche die Eigenschaft hat, mit der Menge $\{x : \varphi(x)\}$ koextensional zu sein, hat die Eigenschaft ψ«. Die logische Form dieser Lesart wäre

(6) $\psi(\iota y.\theta(y).)$ mit $\theta(y) \equiv y$ ist eine Menge und es ist $y = \{x : \varphi(x)\}$.

Frege möchte also Mengenterme (bzw. seine Wertverlaufsnamen) als *basale Namen* in meinem Sinn verstanden wissen, während Kripke sie als *Kennzeichnungen* liest. Frege scheitert, weil Freges vermeintlicher Beweis nicht zeigt, dass seine externe Erläuterung der Wahrheitswerte allen in seinem System bildbaren *Elementarsätzen* der Form (5) genau einen von zwei Wahrheitswerten zuordnet. Das Problem ist, dass Freges Zuordnungsregel in den *Grundgesetzen der Arithmetik* (vgl. dazu besonders §10 und §28) nicht fundiert ist. Sie enthält einen unendlichen Regress bzw. einen *circulus vitiosus*, nicht anders als jeder Versuch, dem Satz »ich lüge hiermit« genau einen von zwei Wahrheitswerten zuzuordnen – unter Erhaltung gewisser Inferenzregeln. In beiden Fällen kommen in den Mengentermen bzw. in der Tiefenstruktur von »diese Aussage ist falsch« Variablen vor, die sich in Freges Fall auf ein schon definiertes Gesamtsystem aller Mengen M, N beziehen, so dass alle Elementaussagen M $\in$ N schon als wahr oder falsch vorausgesetzt sind und nicht, wie Frege sich wünscht, über sein Axiom V neu definiert werden können. Im Fall des Lügners wird entsprechend vorausgesetzt, dass der Satzteil »diese Aussage« sich nicht bloß auf einen Satz oder eine Äußerung bezöge, sondern auf eine schon als wahr oder falsch bewertete Aussage, was aber gar nicht der Fall sein kann. »Ich lüge hiermit« ist, wie gesehen, semantisch *keine* wohlgebildete Aussage. Es ist wichtig zu sehen, dass in Gödels Beweis des Unvollständigkeitssatzes *kein* Satz gebildet wird, der ›von sich‹ sagte, er sei falsch. Denn dann wäre der Beweis falsch. Vielmehr wird ein wahrer arithmetischer Satz konstruiert, der besagt, dass die gleichlautende Formel nicht in dem unterstellten Deduktionssystem hergeleitet werden kann.

Es gibt eine große Nähe der Probleme der Präsuppositionen in Kennzeichnungen und bei der sinnvollen Festlegung von Wahrheitswerten für Sätze eines syntaktischen satzerzeugenden Systems. Daher sieht Kripke richtig, dass wegen des Rückbezugs der Variablen auf den Gesamtbereich Freges

Mengenterme am Ende doch wie Kennzeichnungen zu lesen sind. Denn sie setzen, wie gesehen, die Konstitution des gesamten Variablen- oder Gegenstandsbereichs *voraus*. Frege hätte also (6) wirklich beweisen müssen, was er nicht kann, wie Russells Paradox klar zeigt. Frege scheitert demnach gerade daran, dass er einerseits keine ›neuen‹ Gegenstände durch Festlegung von Wahrheitswerten für ›neue‹ Elementarsätze mit ›neuen‹ Elementarnamen, den Mengentermen, *schaffen will*, andererseits die Mengenabstraktion selbst als eine solche Schaffung deutet und darstellt.

Das Problem wird klarer, wenn man von der Vorstellung Abstand nimmt, die Bereiche der Variablen könnten je unmittelbar die Gegenstände sein. Ihre Belegungsbereiche sind immer gegeben über *basale Namen* oder *elementare Benennungen*. Bis heute meinen die meisten Analytischen Philosophen in der Nachfolge von Frege, unter Einschluss von Russell und Evans, auch Barwise oder Perry, Kripke oder Putnam, dass man Variablen unmittelbar durch Gegenstände ›belegen‹ könne. Dass wir die Gegenstände nicht selbst in die Satz- oder Aussageformen substituieren können, das sieht Russell allerdings durchaus: Wenn eine Variable x durch ein konkretes oder abstraktes Objekt o belegt oder ›interpretiert‹ werden soll, müssen wir x zunächst durch eine Belegung oder Zuordnung b(x) in einen Namen verwandeln, wie das ja auch Frege betont hat. Dieser Name muss am Ende basal sein, kann also nicht bloß ein Kennzeichnungsterm bleiben, da ja auch dessen Variablen (in den verdeckten Quantoren) bei der Auswertung selbst zu belegen ist. Wohl aber darf die Belegung eine bloß *lokal definierte Benennung* sein, also ein *demonstrativer* Basisname »b(x)«. Das ist der Gedanke Russells, den Wittgenstein im *Tractatus* und Evans in seinem *Opus Magnum* übernehmen.

b ist aber keine ›objektstufige‹ *Funktion*, sondern bloß eine für Ausdrücke definierte *Operation* mit Ausdrücken oder benennungsartigen Teilen von Sprechakten als Werten. Der entstehende Ausdruck oder die Benennung »b(x)« kann dann z. B. ein Eigenname sein wie »2« oder auch »Karol Wojtyla«, oder ein elementarer lokaler Verweis wie in einem passenden Gebrauch des demonstrativen Ausdrucks »das Kind dort drüben«. Ein solches Kind kann dann z. B. auch durch einen Pfarrer getauft werden. Eine solche Taufe ordnet dem Kind einen rigiden, an seine natürliche Individualität oder Unteilbarkeit geknüpften, *Eigennamen* zu. Das geschieht im Allgemeinen im Auftrag der Eltern und wird schriftlich in Taufbüchern festgehalten. Heute übernehmen staatliche Beamten die Rolle – und zwar so, dass es geschehen kann, dass sich Fehler einschleichen, die dennoch gesetzlich kodifiziert werden. So entstand z. B. mein Nachname aus einem Versehen eines Standesbeamten, der im Wort »Steckeler« das »c« vergessen hatte – was dann aber über die Familienurkunden festgeschrieben wurde.

Logisch bedeutsam ist hier, was Kripke in *Naming and Necessity* betont: Wenn das Kind formell als »Karol« getauft ist, heißt die Person Karol, so lange sie existiert oder lebt, selbst wenn sie ihren Namen in Johannes Paul verändert. Kripke nennt solche Eigennamen »rigide« – aber ohne wirklich ausreichend zu diskutieren, dass diese Rigidität relativ ist zu unserem allgemeinen Wissen, dass Menschen und höhere Tiere sich nicht in zwei Teile teilen lassen, ohne dass mindestens ein Teil stirbt, also zu existieren aufhört.[11]

Wenn wir Variablen abstrakte Gegenstände wie Zahlen oder Mengen zuordnen wollen, so sollte als absolut klar anerkannt werden, dass jede konkrete Belegung mit Zahlrepräsentanten bzw. Mengenbenennungen operieren muss. Unglücklicherweise sind sogar Frege, Russell, Wittgenstein und die ihnen folgenden Lehrbücher der formalen, mathematischen, Logik in diesen Punkten im gesamten 20. Jahrhundert bei Weitem nicht genau genug. Man spricht entweder zu schnell ›objektstufig‹ und ›inhaltlich‹, oder klammert die Variablenbelegungen und die Interpretationen der anderen Buchstaben in mathematischen Formeln ganz aus einer rein deduktiven, voll kalkülisierten, Axiomatik aus, als wären nicht gerade sie das Wesentliche. Die rein axiomatische ›Semantik‹ von Tarskis mengentheoretischer Modelltheorie hat dabei schon Carnap und seine Nachfolger wie Donald Davidson verwirrt. Denn man übersieht den großen Zirkel, dass die axiomatische Mengentheorie nur über das Standardmodell der Naiven Mengenlehre Cantors einen Sinn erhält, so wie die Peano-Arithmetik nur über das Standardmodell der natürlichen Zahlen. Tarskis Technik ist zwar formallogisch höchst bedeutungsvoll für interne Vergleiche von Axiomensystemen und die formale Definition eines Prädikats »x ist wahr« für nominalisierte Sätze einer gegebenen Formalsprache. Ihre metaphorischen Anwendungen auf die Normalsprache wie in Davidsons Sprachphilosophie sind aber weit dunkler und irreführender, als dass deren Lob etwa durch Richard Rorty berechtigt wäre. Das Problem kann hier allerdings nicht im Detail geschildert werden. Aber man muss um es wissen.

Wie schwierig die Unterscheidung zwischen basalen Namen und Kennzeichnungen gerade auch logiktechnisch sein kann, zeigt das folgende Beispiel: Man kann das Zeichen »Ø« für die reine leere Menge als einzigen nicht zusammengesetzten Basisnamen im System der so genannten hereditär

---

11 Es gibt paranormale Ausdrucksgebräuche, die nur wie Eigennamen aussehen, wie z. B. »Nicholas Bourbaki«, das Pseudonym für eine (berühmte) Gruppe französischer Mathematiker als anonymer kollektiver Autor einer Serie kanonischer Bücher. Homer könnte auch so ein kollektiver Autor gewesen sein. Evans nennt als Beispiel den britischen Erfinder des Reißverschlusses, den er, exempli gratia, »Julius« nennt. Diese Benennung würde niemanden nennen, gäbe es nicht genau einen Briten, der die Erfindung gemacht hat – wenn wir ausschließen, dass »Julius« ein Kollektiv nennen darf.

endlichen Mengen V_ω auffassen.[12] Der Ausdruck {x: $\forall$y.¬y $\in$ x.} ist zwar koextensional, hat also dieselbe Bedeutung$_F$, ist aber ein logisch komplexer Ausdruck, eine Kennzeichnung bzw. definite Beschreibung, da er ja zwei gebundene Variablen enthält.[13] Die hereditär-endlichen Mengen, die übrigens in gewisser Weise der größten konstruktiven Ordinalzahl ϵ_0 entsprechen, entstehen rein syntaktisch als System von basalen, weil variablenfreien Namen oder Ausdrücken der Form: $\emptyset$, {$\emptyset$}, {{$\emptyset$}}, {{$\emptyset$},$\emptyset$}, etc. Die Bildungsregel ist ersichtlich: Wenn a, b... als eine endliche Liste wohlgebildeter Ausdrücke gegeben ist, darf man eine Mengenklammer {...} um sie machen und es ist {a, b...} als Mengenausdruck wohlgebildet. Für die Elementrelation $\in$ setzt man fest, dass c ein Element der Menge ist genau dann, wenn es in der Liste der a, b ... vorkommt. Man schreibt c $\in$ {a, b...}. Der Nachteil der üblichen Schreibweise c $\in$ {x: x = a v x=b...} ist wieder, dass sie es so erscheinen lässt, als nehme die Variable x auf einen schon definierten Gegenstandsbereich Bezug. Tatsächlich aber wird der Bereich der reinen hereditär endlichen Mengen durch obige Ausdrucksbildungsregeln, die Definition der Elementbeziehung und die übliche Definition der Mengengleichheit allererst definiert, und das ganz offenbar zirkelfrei und wohlfundiert. Zwei Mengenterme M, N sind dabei extensionsgleich bzw. benennen die gleiche Menge genau dann, wenn jedes Element der einen Menge M Element der anderen N ist und umgekehrt. Gilt die zweite Bedingung, also die Umkehrung, nicht, heißt M echte Teilmenge von N.

Es würde viel zu weit führen, hier auch noch die Bildung der Mengen in der kumulativen Hierarchie V der Naiven Mengenlehre oberhalb von V_ω im Detail zu diskutieren. Interessant ist aber der erste Schritt, die Bildung der Potenzmenge von V_ω als Menge *aller* Teilmengen in V_ω. Man stellt sich diese Potenzmenge so vor, dass es keine Möglichkeit gibt, eine weitere Teilmenge zu bilden. Sie hat damit eine Eigenschaft, die durch die Totalitätsformel »*quod maius cogitari non potest*« zum Ausdruck gebracht wird, wie sie Anselm von Canterbury bekanntlich für seine Gottesdefinition in Anschlag bringt. Dass gerade in der heutigen Mathematik bzw. Mengenlehre solche spekulativen Totalitätsbegriffe benutzt werden, ist noch weitgehend unerkannt, auch dass diese Hauptthema von Hegels sinnkritischer *Wissenschaft der Logik* sind und was das für den Stand heutiger Philosophie der

---

[12] Man muss den Unterschied zwischen einer rein axiomatisch-deduktiven Theorie wie der von Zermelos und Cantors Standardmodell *aller* reinen (konsistenten) Mengen oberhalb der hereditär-endlichen Mengen (bzw. der natürlichen Zahlen) kennen, wenn man auch nur die Grundlagen von Logik und Mengenlehre sinnkritisch verstehen will.

[13] Zur Differenz zwischen *Gegenstandsvariablen* und *Eigenvariablen* im Sinne Paul Lorenzens vgl. auch meine *Formen der Anschauung. Eine Philosophie der Mathematik*. Berlin (de Gruyter) 2008.

Logik und Mathematik bedeutet. Für uns hier ist das Beispiel aus folgendem Grund wichtig: In jedem Fall müssten die Teilmengen einer Menge in einem methodisch korrekten Aufbau über eine Skizze dessen definiert werden, was alles als basale Benennung anerkannt werden soll. Man sieht erst dann, dass der problematische Schachzug in Cantors Skizze darin besteht, hochgradig kontext-, situations- und sprechzeitabhängige Benennungen zuzulassen, die sich nie und nimmer alle durch mengenäquivalente Namen in einem festen Ausdruckssystem benennen lassen, da jedes solche Ausdruckssystem nur zu abzählbar vielen Mengen führt. Dieses Problem wird übrigens gerade auch in Freges *Grundgesetze der Arithmetik* völlig unterschätzt. Die so genannte Überabzählbarkeit ›aller‹ Teilmengen von V_ω (bzw. der natürlichen Zahlen) ergibt sich nämlich gerade daraus, dass man das uralte Prinzip aufgibt, nach welchem mathematische Aussagen in ihren Wahrheitswerten nichtempirisch und zeitallgemein sein sollten. Ein Ausdruck wie »die Diagonalfolge dieser Liste von Folgen« bezieht sich nämlich anaphorisch auf eine konkrete empirische, Situation. Empirisch sind alle Bezugnahmen und Aussagen, die von einem Sprecher, also je von mir und meiner Sprechsituation, abhängen wie z. B. die Äußerung »dieses Kind dort«.

Die Überabzählbarkeit der Mengen bedeutet am Ende nur, dass es für Empirisches nie schon vorab definierte Eigennamen gibt, da man sich auf es immer nur a posteriori beziehen kann. Hier wirkt die gerade auch im modernen Denken implizite Vorstellung von einem allwissenden Gott als massiv irreführend. Man schreibt einem solchen die Kenntnis aller Tatsachen der Welt *sub specie aeterni* im Sinne von Wittgensteins *Tractatus* zu. Das heißt, man spricht kontrafaktisch von einem ›möglichen Wissen‹ um die Wahrheit aller empirischen Konstatierungen aus beliebigen Perspektiven möglicher Beobachter in Vergangenheit, Gegenwart und Zukunft. Entsprechend stellt man sich den Bereich aller reinen Mengen vor, nämlich von einer Gottesperspektive her, aus welcher alle situativen Mengenbenennungen sozusagen aufgesammelt und durch eine göttliche Bewertung der Extensions- oder Elementgleichheit ›verewigt‹ werden.

Das Problem der Cantorschen Mengenlehre ist also nicht etwa ihre Konsistenz, die über den kumulativen Aufbau gesichert ist.[14] Ihr Problem ist, dass es in ihr als dem Totalitätsbereich des mathematisch Möglichen allzu

---

[14] Trotz des Mangels an einem *finiten* Widerspruchsfreiheitbeweis darf man *absolut gewiss sein*, dass die kumulative Hierarchie ›aller‹ reinen ›konsistenten‹ Mengen oberhalb von V_ω trotz ihrer Vagheit ein Modell des Axiomensystems der Mengen ist, wie es Zermelo und Fraenkel aus den schon von Cantor formulierten Grundsätzen kanonisiert haben. Dessen formale Widerspruchsfreiheit ist daher, grob gesagt, ähnlich sicher wie das der Peano-Axiome, das in den natürlichen Zahlen ein Standardmodell hat, in dem für jeden syntaktisch wohlgebildeten arithmetischen Satz genau einer von zwei Wahrheitswerten festgelegt ist. Wer das (noch) nicht einsieht, muss im Grunde nur noch mehr üben und nachdenken. Es hat keinen Sinn, es zu bezweifeln, etwa

viele Strukturen bzw. strukturierten Mengen ›gibt‹. Damit ähnelt sie Borges Bibliothek von Babel in welcher es zu viele Romane gibt, nämlich alle, die man aus allen endlichen Buchstabenfolgen als ›konsistente Geschichte‹ einer Sprache aussondern könnte, wenn man ein Gott wäre, der alle menschlichen Sprachen spräche und sofort sähe, welche Buchstabenfolgen auch bei nachsichtigster Lesart sicher völlig sinnlos sind, welche nicht.

4. Präsentationen und Repräsentationen

Unsere Betrachtung der Objekt-Konstitution über basale Namen bzw. elementare Benennungen und entsprechende Gleichungen ist nicht nur relevant für abstrakte Gegenstände wie Zahlen und Mengen, sondern auch für die Bezugnahme auf konkrete Gegenstände wie Tiere und andere einigermaßen zeitstabile materielle bzw. dingliche Objekte wie Statuen, Steine, Berge, Planeten oder Sonnen. Von anderem Typ sind Massenterme wie »Wasser« oder »Luft« oder Termini für chemische Stoffe. Nicht in das Muster sortaler Individuenmengen passen aber auch Phänomene oder Erscheinungen, Empfindungen oder Qualia, Ereignisse, Situationen oder Möglichkeiten, Gestalten, Klänge und Formen. Sie alle erlauben höchst variable Festlegungen relevanter Äquivalenzen etwa der Gestalt-, Klang- oder Formgleichheit, die übrigens der Variabilität einer nie allgemein fixierbaren Sinngleichheit grob korrespondiert.

Wie dem auch sei, jede unmittelbare Bezugnahme auf einen Gegenstand kann nur darin bestehen, dass man eine basale Benennung in einen vorab umrissenen Bereich zulässiger Elementarbenennungen angibt. Das Problem betrifft z. B. die Deutungen der Variablen für Ereignisse, Situationen und Welten bei Donald Davidson, Jon Barwise, John Perry und vielen anderen. Man möchte (semi-)sortale Variablenbereiche annehmen, was aber ohne klare Konstitution der Benennungen, Gleichungen und basalen Relationen nicht möglich ist. Noch nicht einmal in der empirischen Deixis gibt es einen *unmittelbaren* Zugang zu einem Objekt durch direkte Bekanntschaft, der nicht schon eine gewisse Kenntnis des gesamten Gegenstandsbereichs, also der relevanten lokalen oder rigiden Basisnamen, Elementarsätze und ihrer Wahrheitsbedingungen voraussetzt.[15] Dennoch führen praktisch alle Eigennamen

---

indem man sich eine ganz bestimmte Beweisform wünscht. Ein rein schematisches Entscheidungsverfahren dafür, welche Zahl- oder Mengenbenennungen bedeutungsvoll$_F$ sind, welche nicht, gibt es ohnehin nicht.

[15] Das haltbare Ergebnis von Quines *Word and Object* und entsprechender weiterer Texte besteht in der Diskussion dieses Problems bei Russell, Ayer und Carnap. Die idiosynkratischen, weil von einem behavioristischen Rahmenmodell abhängigen ›Thesen‹ von einer ›Indeterminiertheit‹

zu basalen Demonstrationen wiedererkennbarer Sachen oder reproduzierbarer Formen zurück. Man denke an Personen oder Tiere, oder an eine Figur wie »1« und die entsprechende Lautform ›eins‹ oder dann auch »A« und ›A‹. Deren Identität wird entweder als praktisch bekannt unterstellt oder, wie im Fall aller von uns tätig reproduzierten oder sich selbst in der handlungsfreien Natur reproduzierenden Gestaltungen oder Formen in zeigender Praxis eingeübt.

5. Belegung der Variablen durch Namen oder Gegenstände?

Ein logisch zusammengesetzter bzw. komplexer Satz S oder Term t ist semantisch fundiert genau dann, wenn wir einen gemeinsamen Gegenstandsbereich G voraussetzen können, in dem die Objektvariablen definiert sind. Evans unterstellt entsprechend, dass klar sei, über welche Gegenstände und Bereiche er spricht. Das heißt, er reflektiert nicht explizit auf die Konstitution der Objekte in ihrem Genus, über welche wir sprechen, und das auf eine kanonische Weise, mit mehr oder weniger wohldefinierten differentiell bedingten Normalfallfolgerungen.

Jeder wohldefinierte Redebereich (*domain of discourse*) als Bereich von Gegenständen und Relationen unterstellt ein (gemeinsames) Vorwissen über die zu ihm gehörigen möglichen Präsentationen bzw. Repräsentanten und die relevanten Äquivalenzbeziehungen zwischen diesen, welche die Bedeutung$_F$ der Namen und Benennungen und damit deren gegenständlichen Objektbezug allererst definieren. Das gilt für jeden bestimmten Bereich für Objekt- oder Gegenstandsvariablen. Abstrakte Gegenstände sind dabei immer nur dadurch bestimmt, was mögliche *Elementarnamen* sind und welche von ihnen als Repräsentanten des gleichen abstrakten Gegenstandes zählen. Solche Gegenstände nennt Frege »objektiv, aber nicht wirklich«, da es für sie keine unmittelbar sinnlichen Präsentationen gibt. Personen, Tiere oder Tische, also physische Dinge, ordnet Frege dem Großbereich aller ›objektiven und wirklichen‹ Gegenstände zu. Vorstellungen, Empfindungen, Gefühle und das, was man heute als Qualia anspricht, zählt Frege zu einem Bereich des Wirklichen, das nicht objektiv, d. h. nicht gegenstandartig angesprochen werden kann, und zwar weil es hier keine transsubjektiv definierbaren Gleichungen gibt. Es ist hier nichts dazu allgemein festlegbar, wann eine meiner Empfindun-

---

eines ›radikalen‹ Übersetzens, und einer ›Unerforschlichkeit der Referenz‹ kann man weitgehend getrost vergessen. Es bleibt aber die Einsicht in den holistischen Rahmen allgemeiner Vorkenntnisse über den je relevanten Bereich der Bezugsgegenstände, wobei das Verstehen von (Un-)Gleichungen zwischen Benennungen zentral ist.

gen mit einer von dir identisch sein soll, noch nicht einmal, was es heißen könnte, von einer Einzelempfindungen bei sich selbst zu sprechen und diese irgendwie ›mit sich‹ identifizieren zu wollen. Dasselbe gilt allerdings auch für Situationen, Ereignisse oder für den Sinn$_F$ eines Ausdrucks oder einer Rede. Es gibt, heißt das, keine vorab und kontextfrei festgelegten Kriterien dafür, wie eine Situation als Einzelgegenstand von jeder anderen in einer sortalen Menge von Einzelsituationen zu unterscheiden sein soll. Dasselbe gilt für Ereignisse, mögliche Welten oder Freges Art und Weise der Gegebenheit eines Gegenstandes. Es ist daher logisch, ontologisch-metaphysisch und sprachphilosophisch naiv, auch nur semi-sortale *Mengen* solcher Bereiche als gegeben oder als allgemein definierbar zu unterstellen. Wir sollten stattdessen die Wörter »Situation«, »Ereignis«, »Empfindung« oder auch »Sinn« als *Operatoren* verstehen lernen, mit denen wir in absoluter Abhängigkeit von der konkreten, aber als solche nur holistisch in performativer Präsenz gegebenen und sich daher nur gegenwärtig zeigenden Redesituation sozusagen Minibereiche von Gegenständen rein lokal konstituieren bzw. skizzieren können. So kann man z. B. lokal zwischen Situationen des Wachens und des Schlafens unterscheiden, aber auch des Einatmens und Ausatmens. Oder man kann zwischen Schmerzempfindungen im Kopf oder an der großen Zeh unterscheiden – aber es gibt auch schwer lokalisierbare Schmerzen. Manchmal kann man stechende von ziehenden Schmerzen, akut gespürte von latenten Dauerschmerzempfindungen unterscheiden usf. Allgemeine Klassen von individuellen Empfindungen gibt es aber nicht.

Es gibt noch nicht einmal einen universalen Bereich aller physischen Dinge. Evans scheint dennoch, wie in der Analytischen Philosophie des 20. Jahrhunderts besonders im englischsprachlichen Bereich üblich, einen festen sortalen Bereich solcher *physikalischer Dinge* anzunehmen, die lokal durch demonstrative Pronomina d_o benennbar sein sollen. Dabei sollen wahre oder falsche *empirische Aussagen* $\varphi(d_o)$ schon definiert sein – so dass dann auch für (Existenz-)Quantoren und Kennzeichnungen die Wahrheitswerte oder Geltungsbedingungen von $\varphi(d_o)$ als schon gesetzt angenommen, also präsuppositionslogisch vorausgesetzt werden. Als einziges Problem erscheint in einer solchen bloß erkenntnistheoretischen und damit noch nicht logikkritischen Analyse die Frage, wie wir die Wahrheit wissen können. Die Frage bleibt ungestellt, was die Rede von der Wahrheit und Existenz hier überhaupt heißt. Daraus ergibt sich in der Philosophie ein bloß erst vorkantischer, in jedem Fall vorhegelianischer, Analysestandpunkt des 18. Jahrhunderts, über den das 20. in seinem Humeanismus oder formallogischen Empirismus noch nicht hinausgekommen ist. Sowohl der empiristische als auch der physikalistische Realismus des Aufklärungszeitalters und der Analytischen Philosophie des 20. Jahrhunderts überspringen *unsere* je lokale Konstitution der *Wahrheitsbedingungen*, wie sie als *begriffliche* Präsuppositionen jeder *argumentativen* Überprüfung ihrer Erfüllungen systematisch vorhergehen müssen. Daher sind auch Nachfragen nach zureichenden Begründungen von Wissensansprüchen oder Versicherungen sekundär zu gemeinsam eingeübten Sinnkriterien.

6. Demonstrative Pronomen

In Akten demonstrativer Bezugnahme benutzen wir allgemein kategorisierende Demonstrativ- und Relativpronomen wie »er« (»*he*«) oder »sie« (»*she*«) und »es« (»*it*«) als Abkürzungen für »dieser Mann«, »diese Frau« oder »dieses Ding«. Das sagt auch Quine in *Word and Object*, wobei im Deutschen aber das grammatische Geschlecht eines Vorgängerwortes beim Gebrauch als Relativpronomen vorherrscht, so dass man sich auf eine Person mit »sie« rückbezieht, auch wenn wir wissen, dass sie ein Mann ist. Im Rückbezug auf einen Eigennamen wie »Pirmin« muss man dann freilich wissen, dass es ein Männername ist.

Aristoteles gebraucht den vagen Ausdruck »*tode ti*« für »diesen Gegenstand«, »diese Sache«, auch »dieses Ding da«. Um den Bezug ausfindig zu machen, bedarf es aber nicht nur einer gemeinsamen *Anschauungssituation* im präsentischen *Dasein* (Hegel), sondern auch einer gemeinsamen *Apperzeption* bzw. apperzeptiven Wahrnehmung (Leibniz, Kant). Das bedeutet, dass die Gattung oder Art des Gegenstandes schon als gemeinsam bekannt vorausgesetzt, präsupponiert wird, da man sonst nicht wüsste, wie Quines Überlegungen zu den Übersetzungsmöglichkeiten seines Beispiels »*gavagai*« zeigen, ob man sich auf ein Kaninchen, eine Kaninchenfliege, ein Kaninchenteil, eine früher vorbeigehuschte Gestalt oder was auch immer von dieser Art bezieht. Das Wort »Apperzeption« bedeutet dabei gerade, dass man nicht bloß auf etwas zeigt, sondern auch laut sagt oder leise denkt, von welcher Art das Gezeigte ist. Zur (gemeinsamen) Perzeption muss also eine geeignete Bestimmung der Gegenstandsart, deren Begriff (Hegel) hinzukommen, wobei diesem Ansichsein des Gegenstandes (Hegel) Platons *eidos* entspricht, das ebenfalls durch Sprache (*logos*) und nicht rein empirisch (durch bloßes Zeigen) zu bestimmen ist.

Die Allerweltswörter »Gegenstand«, »Sache«, »Ding« und besonders das kolloquiale »Dingsbums« unterscheiden dabei gerade nicht zwischen den je konkret zu bestimmenden (semi-)sortalen Gattungen oder Arten als den in jeder vollen Apperzeption vorauszusetzenden Gegenstandsbereichen. Sie sind noch so allgemein wie nicht schon kategorisierte und damit noch völlig indefinite Variablen. Noch nicht einmal der Kontrast zu den ganz speziellen und selbst nie als definit zu präsupponierenden Redebereichen der Ereignisse, Prozesse, Sachverhalte, Möglichkeiten oder Tatsachen ist artikuliert. Weitere kategoriale Großbereiche sind Qualitäten und Eigenschaften, Quantitäten und Extensionen, dabei auch Räume, Zeiten.

Eine ›metaphysisch‹ höchst interessante Eigenschaft eines basalen Namens oder einer Elementarbenennung N in einem Genus G, also einem semisortalen Redebereich ist, wenn die zu G gehörigen möglichen Sätze $\varphi(N)$ wohldefiniert sind, dass N sozusagen automatisch referiert, also im Unterschied zu Kennzeichnungen *semantisch nicht leer sein kann*. Das gilt für »2« oder »5« genau so wie für »dieses Kind dort«, wenn der letztgenannte Ausdruck in gemeinsamer Anschauung referiert. Das muss noch nicht einmal heißen, dass er schon im Redebereich der lebenden Dinge referiert. Er könnte auch auf ein gemaltes Kind oder eine Putte Bezug nehmen. Dann täuschen wir uns nicht eigentlich im Gebrauch von »dieses Kind dort«, sondern in der Annahme, wir könnten die Äußerung demonstrativ-referentiell auf den Bereich der *lebenden* Kinder beziehen.

Im Blick auf den empirischen Bezug im Redebereich der physischen Objekte, der Berge, Tiere, leiblich gezählten Personen, sogar von so etwas ephemeren wie einem Regenbogen hat Russell vorgeschlagen, davon zu sprechen, dass gewisse *deiktische Demonstrationen* als logisch *elementare* lokale Namen (in meinem Sinn der Ausdrucksweise) zählen dürfen und sollen. Evans unterstützt diesen Vorschlag. Er bedeutet in unserem Beispiel, dass je nach den Umständen die Äußerung von »dieses Kind dort« als gemeinsamer lokaler Elementarname einer leiblichen Person zählt, also *nicht* als logisch komplexe Kennzeichnung der Art »dasjenige lebendige Wesen, das uns dort als ein Kind erscheint und das diese Erscheinung hervorruft«. Dieser Punkt ist wohl die wichtigste Einsicht in Evans' Buch. Die Basisnamen referieren also nicht etwa auf solipsistische Sinnesdaten, *sensations*, auch nicht auf phänomenale Qualia, innere Vorstellungen, die nur vermutungsweise über Eindrücke oder *impressions* verursacht wären, wie man immer noch zu reden beliebt, wobei noch Quine die Dinge der physischen ›Außenwelt‹ naiv als Ursachen ansieht und die Reizbedeutung als angelernten bedingten Sprachreflex deutet.

Das führt uns zur besonderen Rolle von Wörtern wie »hier«, »jetzt«, »dies X« und »ich«. Keines dieser Wörter ist im Normalfall als Kennzeichnung zu lesen, mit einer impliziten Variable, die vermeintlich über alle Orte oder Stellen im Raum oder alle Zeitpunkte, Momente oder Augenblicke in der Zeit laufen würden oder über alle gegenständliche Dinge und Lebewesen in der Welt oder auf und unter der Erde. Sie alle fungieren vielmehr als basale Benennungen in Äußerungen.

Der scheinbar erstaunliche Unterschied zwischen Kennzeichnungen und demonstrativen Basisnamen oder Elementarbenennungen liegt darin, das letztere in gewissem Sinn, wie Evans sagt, nie zu einer Fehlidentifizierung führen. Der Grund liegt aber nur darin, dass das korrekte Verständnis demonstrativer

Äußerungen der entsprechenden Form in gemeinsamer Anschauung im Sinn von Hegels Dasein eine gemeinsame Bezugnahme voraussetzt. Ob diese von der rechten Art oder unterstellten Sorte ist, muss dann aber unter Umständen noch geprüft werden, wie ggf. zu prüfen ist, ob dieses Kind dort lebt oder die gemeinsam gesehene Oase nicht doch nur eine Fata Morgana ist.

Es kann also immer geschehen, das wir uns auch gemeinsam darin täuschen, was wir aus einer gemeinsamen Bezugnahme so alles schließen dürfen und können. Es scheint sich zu ergeben, dass wir selbst dann nicht ›wirklich‹ wüssten, ob deine Aussage, es sei Milch im Kühlschrank, wahr gewesen ist, wenn wir die Milch herausgenommen, getrunken und die Erfüllung deiner Versicherung als wahr bewertet haben. Denn es könnte doch sein, so wird ein cartesischer methodischer Skeptiker einwerfen, dass wir sterben und ein Pathologe herausfindet, dass die Flüssigkeit in unseren Mägen keine harmlose Kuhmilch gewesen ist.

Verrückte Einzelausnahmen dieser Art sind zwar angesichts der grundsätzlichen Kontingenz der Welt und der holistischen Unendlichkeiten der inferentiellen Kraft von Begriffen für unsere Normalfallunterscheidung zwischen Wissen und bloßem Glauben immer irgendwie ›möglich‹. Sie sind aber kein Grund, nicht an der Rede von einem Wissen festzuhalten. Wir sollten vielmehr nur dort von einer bloßen Überzeugung sprechen, wo aufgrund allgemeinen Wissens ernsthaft Ausnahmen zu bedenken sind. Das ist keineswegs immer der Fall, im Gegenteil.

Um über Ereignisse oder Möglichkeiten, auch Dispositionen, Kräfte und Fähigkeiten zu sprechen, bedarf es allerdings einer besonderen logischen Form; man kann sie nicht als solche zeigen. Diese Trivialität voll anzuerkennen, wäre für eine moderne Logik und Sprachanalyse von ungeheurer Wichtigkeit und führte direkt zu Hegels Logik zurück. Dieses ist das einzige Werk, das den Stand der Debatte des 18. Jahrhunderts in diesen Dingen schon hinter sich lässt, was man von der Analytischen Philosophie des 20. Jahrhunderts leider noch nicht sagen kann. Dabei weiß schon Quine, dass völlig unklar bleibt, worauf sich ein Wort bezieht, wenn die relevante Kategorie, das Genus und eine generisches Normalfallwissen über den Gegenstandsbereich, seine möglichen Benennungen, Gleichungen und Relationen nicht schon gemeinsam bekannt und als relevant erkannt ist. Das gilt für basale Benennungen in deiktischen Demonstrationen ebenso wie für anaphorische Rückbezüge und Kennzeichnungen mit ihren impliziten und implizit längst schon kategorisierten Variablen. Trotz seines höchst problematischen behavioristischen Ansatzes und seiner völlig verqueren Vorstellung, der Spracherwerb geschehe durch Abrichtungen, die wie bei einem Pawlowschen Hund auf gewisse sensuelle Reize bedingte verbale Reaktionen hervorrufen, hat Quine in der folgenden Beobachtung völlig Recht. Für die Hörer oder Leser ist das Herausfinden der relevanten Gegenstands- oder Redebereiche, des kategorialen

Genus der Bezugnahmen und damit auch der Variablen (Pronomen), immer ein Hauptproblem des angemessenen Verstehens.

Quines Gedankenexperiment der radikalen Übersetzung aus einer Eingeborenensprache nach dem behavioristischer Verfahren eines Francis Skinner, das Quine fälschlicherweise für das einzig echt wissenschaftliche Vorgehen ausgibt, hilft zwar einer methodisch vorgehenden Sprachwissenschaft überhaupt nicht. Aber es hilft uns, dem Problem der impliziten Kategorien, der lokal als bekannt unterstellten semi-sortalen Gegenstandsbereiche als Bezugsbereichen von Benennungen und Pronomen einen Schritt näher zu kommen. Dabei erweist sich eine Beobachtung von Evans als richtig und wichtig, nämlich dass das Prädikat in der Regel wesentlich dazu beiträgt, Sinn und Bedeutung der Nominalphrase herauszufinden.[16] Wir betrachten dazu die Äußerung »das Ding dort hat sechs Beine«. Dann ist für den Kenner schon klar, dass (wohl) nicht auf ein Säugetier oder eine Spinne, sondern (eher) auf ein Insekt Bezug genommen werden soll, etwa auf eine Fliege.[17]

Evans bespricht dann auch noch, wie räumliche *Demonstrativpronomen* als basale Namen fungieren können und sich z. B. »hier« von einer Kennzeichnung »der Ort, an dem sich Pirmin Stekeler am Samstag den 7. Mai 2016 befindet« unterscheidet. Es ist entsprechend etwas ganz anderes, auf eine Landkarte zu zeigen und zu sagen »wir befinden uns hier«, als auf die Frage »wo seid ihr« mit dem Ruf »hier« zu antworten. Übrigens verweisen alle empirischen, zeitabhängigen Konstatierungen implizit auf einen Sprecher und seine Jetzt-Zeit, es gibt keine Zeitangabe ohne zeitliches Jetzt, trotz des Perspektivenwechsels auf die Jahreszählung nach Christi Geburt. Allerdings können wir auch die Raumperspektive verschieben und z. B. das Zentrum der Beobachtung in ein unbemanntes Unterseeboot oder einen Satelliten verlegen und durch die optischen Geräte hindurch davon sprechen, was es hier oder dort unter Wasser oder auf dem Mond zu sehen gibt, obwohl wir uns in einem Raum mit bloßen Monitoren befinden, also weit weg vom Bezug der Wörter »hier« und »dort«.[18]

Man mag zunächst denken, dass die Bezugnahme des Wortes »ich« als lokaler Basisname nicht von dieser Art ist. Doch auch hier ist sein Gebrauch als unmittelbare Elementarbenennung in Äußerungen höchst flexibel. Er ist zwar von kennzeichnenden Beschreibungen meiner Person zu unterscheiden. Aber ich kann ohne weiteres sagen »ich *bin* dieser Junge« oder »das *bin* ich«, wenn ich ein Foto aus meiner Kindheit zeige, obwohl wir manchmal auch sagen würden: »das *war* ich« oder »so habe ich ausgesehen«. Für die

---

[16] »Often the predicate does more to narrow down the range of possible interpretation of the referring expression than does the referring expression itself.« *Evans: Varieties*, 312, Fn. 9.
[17] Vgl. auch Brandom 1994 (Making It Explicit), 461 mit *Evans: Varieties*, 178.
[18] *Evans: Varieties*, § 6.3.

Personenidentität, sogar die legale Verantwortlichkeit, spielt es noch nicht einmal eine Rolle, ob ich mich heute noch an meine Tat erinnere. Wohl aber muss man nachweisen, dass ich damals wusste, was ich tat.

Auch der Ruf »ich« als Antwort auf die Frage »wer war das« ist der Form nach analog zum obigen Fall des »hier«, da auch jetzt nicht etwa ein Inhalt des Ausdrucks, sondern der Äußerungslaut selbst zur Identifizierung des Ortes bzw. der Person in der gemeinsamen Gegenwart präsentischer Anschauung führt. Kennzeichnungen funktionieren ganz anders.

7. Die Egozentrik des Daseins und das Problem des Selbstbezugs

In welchem Sinn weiß ich aber unmittelbar, dass ich gerade am Schreibtisch sitze und den Text aus dem Englischen übersetze? Mein Gedanke[19] bzw. meine Aussage ›ich bin hier‹ ist in einem gewissen Sinn auf die gleiche Weise *a priori* wahr wie das cartesische ›ich denke gerade‹. Nun wird zwar mancher verlangen, dass wir das Folgende zugeben: Ich kann auch bloß meinen zu denken. Mir könnten in Wahrheit nur halbautomatisch Sätze wie im Traum einfallen. Man kennt solche Fälle aus Selbstgesprächen geistig verwirrter Menschen, denen gewisse Dauertelefonierer in der Öffentlichkeit, ein Phänomen des smartphone-Zeitalters, durchaus nahe kommen. Hier gilt die schöne Formel G. C. Lichtenbergs: »es denkt«, die natürlich gegen Descartes gerichtet war. Allerdings ist Verrücktheit kein gutes Argument.

Der Satz »ich bin hier« ist, wenn er bewusst geäußert und verstanden wird, dann allerdings am Ende sicherer wahr als »ich denke«. Immerhin ist auch psychologische Sicherheit und Gewissheit kein relevantes Argument, da es nur Selbstgefühle sind und keinen essentiellen Beitrag zu Richtigkeit und Wahrheit zu leisten scheinen.

Was aber denke ich, wenn ich denke: »ich bin die Person, die ich bin – und das kann ich nicht bezweifeln«? Eine solche Aussage sagt nichts über die physische Außenwelt, da es in ihr nur Körper und Lebewesen gibt, aber keine Person im relevanten Sinn (der nicht der von Aufschriften in Aufzügen ist) und schon gar kein inhaltliches Denken. Die Natur denkt nicht. Aber es handelt sich auch nicht um eine Aussage über etwas in mir, eine denkende Seele etwa oder einen Geist. Die Äußerung *demonstriert* eher (etwa dir, wenn du zuhörst, und damit auch anderen), dass ich in der Welt als denkendes Wesen leiblich existiere. Descartes protestiert daher zunächst zu Unrecht

---

[19] Ein Gedanke kann der sinnvolle Inhalt eines leisen Denkens oder lauten Sprechens bzw. öffentlichen Schreibens sein, aber auch bloß der Vollzug als reproduzierbare Form, die als solche noch nicht unbedingt einen sinnvollen Inhalt haben muss.

gegen die Parallele zwischen ›*cogito*‹ und ›*ambulo*‹. Beide unterstützen das ›*ergo sum*‹ auf die gleiche Weise. Denn auch wenn ich bewusst, mit *conscientia*, spazieren gehe, darf ich mit allem Recht der Welt sagen »ich weiß, dass ich existiere« und sogar »ich denke« – so dass Descartes selbst am Ende das bewusste Handeln überhaupt als das praktische, das Sprechhandeln als das theoretische Denken versteht. Die tragende Differenz zum Verhalten der Tiere, auch ihr Signalverhalten, ist bei Descartes daher konsequenterweise das *Mit-Wissen*, die *con-scientia*, die dann aber keinesfalls bloß das Denken als leises Mit-sich-reden (das Brabbeln des ›es denkt‹) meint, und schon gar nicht auf bloße Vigilanz, Gewahrsein oder Aufmerksamkeit abgeschwächt oder ermäßigt werden darf. Die Rede von einem Bewusstsein der Tiere operiert ungediegen mit einer solchen metaphorischen Ermäßigung. Allerdings ist meine Bekanntschaft mit meinem Leib und seiner Umgebung in einem gewissen Sinn durchaus unmittelbar. Sie ist es am Ende aber auch nicht, wenn wir nämlich die Anforderungen an das Mit-Wissen entsprechend anspruchsvoll ausgestalten. Es ist dennoch zumeist nicht vermittelt durch eine beschreibende Kennzeichnung, die, wie wir inzwischen wissen, immer auch falsch sein kann.

Die Befriedigung, auf deren Grundlage ich selbst über die Aussagen »ich bin hier« oder »ich denke gerade (an …)« befinde und dann auch die Erfüllung von Intentionen verschiedenster Art, vom Wunsch zum Handeln, beurteile, etwa auch im Umgang mit Sachen um mich herum, ist in jedem Fall unmittelbarer als die scheinbar neutrale Wahrheit eines Satzes, der die Szene beschreibt. Allerdings ist mein Befriedigungsgefühl, samt meiner Selbstversicherung in Bezug auf die Erfüllung meiner eigenen Intentionen, nicht anders als eine präsumtive objektive Wahrheit einer Aussage über mich und mein wirkliches Sein und Tun immer auch *irrtumsanfällig*, jedenfalls im Blick auf die als erfüllt behaupteten Inhalte. Es ist noch nicht einmal absolut klar, ob ich auf der Meta-Ebene, in der wir über das Sprachvermögen sprechen, zu denen gehöre, welche wissen, wie man die egozentrischen Wörter »ich«, »bin« und »hier« gerade auch im Zusammenhang mit zugehörigen Verben wie »denken« differentiell und inferentiell zu verstehen hat.[20] Aber gerade diese Bemerkung zeigt, dass wir eben dieses Vermögen schon unterstellen müssen, bevor wir irgendetwas über die Welt oder uns selbst als wahr oder falsch annehmen, geschweige denn zureichend als wahr begründen können. An eben diese Präsupposition, dass ich *vera-loquens* bin, appelliert Descartes. Ich habe also *con-scientia* im Sinne von selbstbewussten Weltwissen und damit zugleich

---

[20] Es gibt eine umfangreiche Literatur zu Indikatorwörtern, beginnend mit Russells Untersuchung von »*egocentric particulars*« in *An Inquiry into Meaning and Truth*, Kap. VII, Nelson Goodmans *The Structure of Appearance* (290ff), Quines *Word and Object* (§ 21) bis zu den Arbeiten von H. N. Castaneda, K. S. Donnellan, D. Kaplan, Barwise und Perry.

weltbewussten Selbstwissen nur dann, wenn ich schon eine echte und wahre Sprache beherrsche, die sich vom Signalgebrauch von Tieren und deren Koordination präsentischen Verhaltens ganz wesentlich unterscheidet. Durch das »ich denke« drückt Descartes am Ende nur die Aktualisierung dieses wissenden Könnens oder könnenden Wissens aus. Die üblichen Lektüren erscheinen demgegenüber als reichlich einfach im Geist, besonders wenn man von Descartes als metaphysischem Bewusstseinsphilosoph schwadroniert.

Wenn ich begriffliche Formen gebrauche, dann ist mein performativer Akt, sogar schon der Habitus der aktualen, enaktiven und empraktischen Orientierung, die als solche keineswegs eine bloß von außen zugeschriebene Disposition ist, wie es Quine darstellt, in einem gewissen Sinn *absolut*. Auf eine bestimmte Art zu handeln, und zwar im Kontrast zu einer anderen Weise, macht einen realen Unterschied in der Welt. Das zu leugnen, ist nur verbal möglich. Das aber führt ins semantische Nichts eines sophistischen Skeptizisten, der wie Till Eulenspiegel nichts verstehen will oder kann, etwa weil er sich auf nur scheinbar allgemein gültige Schematismen vermeintlich wörtlicher Rede beruft. Für ein robustes Verstehen mit Urteilskraft brauchen wir robuste Normfalldifferenzierungen vor dem Hintergrund eines robusten Allgemeinwissens. Rein formal konsistente Denkmöglichkeiten und sogar ganz seltene Ausnahmen sind uns dabei so gleichgültig oder sollten uns so gleichgültig sein wie einem vernünftigen Menschen die Chance, im Lotto zu gewinnen. Es macht daher gar nichts aus, dass es Fälle geben mag, in denen ich selbst später meine heutigen Urteile oder Handlungen als falsch, irrational, vielleicht sogar als inkonsistent beurteile, etwa weil mir andere zeigen, was ich alles nicht wusste oder konnte oder worin ich mich täuschte. Dennoch kann ich heute nur so urteilen und schließen, wie es mir und uns heute als plausibel und zu einem anerkannten Kanon des Richtigen passend erscheint. Das sagt schon Platon im *Phaidon*.

Wenn wir jetzt noch das aktuale Auftreten des *Wortes* »ich« in einem Satz betrachten, der von einem Sprecher geäußert wird, dann sehen wir, dass keine Selbstbezugnahme je die ›Fichtesche‹ Form hat:

(7) »Ich = Ich«,

und auch nicht:

(8) »Ich = Nicht-Ich«.

Trotz der Unangemessenheit der Formeln war sich Fichte darüber im Klaren, dass mir das erste »ich« immer anders gegeben ist (zum Beispiel durch die Performation des Sprechakt selbst, in dem ich mit »ich...« anhebe zu sprechen) als das zweite, der Inhalt, den ich mir zuspreche, etwa wenn ich von mir sage »ich bin der, der das und das getan hat«. Es geht Fichte also gar nicht um eine triviale Identität wie im Satz »ich bin ich«, sondern um die logische

Form nicht-trivialer Selbstaussagen. Fichtes Stenologie ist daher gleichzeitig stenographisch, gnomisch, und ein logischer Vorschlag, um so etwas wie (9) auszudrücken:

(9) »Ich bin das x, das die Eigenschaft P hat«, bzw. »Ich = A«.

Dabei kann man jeden Satz der Form

(10) $\varphi(\text{ich})$,

mit dem ich über mich spreche, formal in eine *Gleichung* überführen, indem man schreibt:

(11) ich bin die Person x, für die $\varphi(x)$ und x = ich gilt.

In semi-formalen Symbolen:

(12) ich = $\iota x(\varphi(x \,\&\, x=\text{ich})$.

Ein Problem erzeugt hier die falsche Vorstellung, Gedanken über mich selbst (*self-thoughts*) seien immer voll durch *Sätze* ausdrückbar. Es gibt sie aber nur in ganzen *Sprechhandlungen*. Diese dürfen nicht einfach als bloße Sprechakttypen verstanden werden, sondern als deren konkrete Aktualisierungen je durch mich, in meinen konkreten Sprech- und Denkakten, in denen ich mich auf mich immer nur dadurch beziehe, dass ich mich auf Meiniges beziehe. Dieses Meine oder Meinige ist keineswegs bloß mein Körper oder Leib, sondern so komplex wie meine Welt. So ist m. E. Fichtes ursprüngliche Einsicht gegen alle Mängel der Ausdrucksweise zu lesen.

Am Ende ist sogar jeder Weltbezug ein Selbstbezug. Daher ist die Rede über das Ich als Gebrauch eines komplexen Reflexionsterminus zu lesen, mit dem wir den Gebrauch der Wörter »ich selbst«, »mich« und auch »mein« insgesamt thematisieren. Deswegen ist es auch nur eine warnende Erinnerung an diese Komplexität, wenn Hegel das Ich in seiner vollen Allgemeinheit mit der Welt und diese in leicht distanzierter Übernahme eines Gedankens des Spinoza mit dem Gott bzw. dem Inhalt des göttlichen Wissens identifiziert. Ansonsten aber ist jede konkrete sinnvolle Verwendung von »ich« die einer konkreten Person – so dass übrigens Computer und Papageien schon ausgeschlossen sind. Ein solcher Gebrauch durch mich geschieht je hier und jetzt. Die volle logische Form der Selbstbezugnahme ist daher

(13) $\vdash_{\text{ich}} \varphi(\text{ich})$,

wenn man Freges Urteilsstrich entsprechend zweckentfremden darf, um in der stenologischen Formel durch den Index »ich« symbolisch auf folgendes hinzuweisen: In *jeder* Sprechhandlung ist der Sprecher, also je ich, implizit oder empraktisch längst schon ›enthalten‹. Aber nur in manchen Sätzen, in reflexionsartigen Selbstaussagen, kommt das Wort »ich« explizit vor. In Fällen, in denen ich nicht explizit über mich spreche, sondern über irgendwelche Sachen in der Welt, hat die Aussage zunächst die einfachere Form

(14) $\vdash_{ich}\varphi$.

Indem ich dann aber darauf reflektiere, dass ich die Aussage mache, in ihr z. B. etwas versichere oder behaupte, spreche ich schon über mich. In jeder bewussten Rede und Handlung muss das in vielfältiger Weise so möglich sein, dass die Selbstaussage nicht bloß ehrliche Expression meines Glaubens über mich und wahrhafte Bemühung um ein wahres Selbsturteil ist, sondern auch einfachhin wahr ist, was nur heißt, dass das Innere unserer gemeinsamen Kontrastierungen getroffen ist. Denn wenn ich bewusst Fahrrad fahre, kann ich wahr sagen, dass ich Fahrrad fahre. Da wir, wie Descartes nur analytisch explizit macht, im Fall des Denkens voraussetzen, dass ich den Gedanken auf die eine oder andere Form explizit machen kann, sonst wäre er mir nicht bewusst, nicht mein Gedanke, weiß ich in gewissem Sinn, dass ich denke und was ich denke. In manchen Aspekten aber wird mir die Wahrheit über mich und mein Tun dennoch immer auch noch unbekannt sein.

Der Umfang dessen, was zu mir und dem Meinigen zu zählen ist, hängt hochgradig auch vom Kontext ab. Wenn ich sage, ich sei der Dozent dieses Kurses, spreche ich nicht über meinen Leib – obwohl dessen Identität von meiner Geburt bis zu meinem Tod die Grundlage legt für alle Wahrheit über mich als Person. Denn wenn nicht ich, sondern du den Kurs gibst, ist meine Aussage falsch, es sei denn, du hättest mich bloß auf tolerable Weise vertreten.

Ich spreche über mich manchmal so, dass mein (personaler) Status, meine (personalen) Rollen oder deren konkrete Performationen im Fokus stehen. Ich kann je nach Kontext als Vater, Ehemann, Bruder, Präsident, Lehrer, Senator zu andern und über mich sprechen, aber auch als Freund, Nachbar oder einfach als menschliche Person. Die im prädikativen Ausdruck präzisierte Rolle kann dabei eine ähnliche Funktion annehmen wie die Artangabe in einer demonstrativen Bezugnahme der Art »dieses Tier da«, etwa im Kontrast zu »dieses Geweih da« oder »dieses Braun da«. Die Rolle sagt, was ich tun muss, um diese oder jene personale Pflicht zu erfüllen, die man mir zuschreibt, etwa nachdem ich eine Selbstverpflichtung eingegangen bin. Mein Status sagt, was ich in einem kooperativen Geflecht tun kann und darf und was andere für mich normalerweise tun müssen, wenn ich aufgrund des Status eine Entscheidung im Blick auf die relevante Kooperationsform treffe.

Wenn wir über eine personale Rolle oder einen entsprechenden Status sprechen, sprechen wir nicht über den Leib. Solche Rollen können informelle, sozusagen moralische sein, oder auch schon institutionelle, damit oft schon rechtliche. Leibliche Prädikate spielen hier keine Rolle, sogar noch weit weniger als dialektale oder idiolektale Besonderheiten meines sprachlichen

Ausdrucks. Wenn ich mich daher verbal auf mich beziehe, ist der Gegenstand, über den ich spreche, die Person, zwar immer auch schon über die Regel bestimmt, dass die Leibidentität die Grundlage der Personenidentität ist. Aber es sind nur ganz bestimmte personale oder geistige Prädikate zugelassen. Der Fall ist durchaus analog dazu, dass für rationale Zahlen wie ¾ nur die (basalen) Relationen des geordneten Körpers zugelassen sind, nicht etwa die ganz unpassenden Prädikate »ist ein Bruch« oder »ist eine Proportion«, obwohl diese auf alle Repräsentanten rationaler Zahlen zutreffen.

Die Plastizität, Knetbarkeit, des Worts »ich« geht weit über die Perspektivität des Gebrauchs von »hier« und »dort«, »jetzt« und »damals« hinaus. Sie ist es, die dazu führt, dass wir das »ich« nicht als lokale Benennung eines Gegenstandes, nicht als ›Namen‹, lesen können. Denn ich kann je nach Kontext und Verb *alles* Meinige unter das Wort bringen, mein vergangenes Leben ebenso wie meine mögliche oder wirkliche Zukunft, mein Eigentum oder eben alles, was zu mir gehört. So sage ich vielleicht, man habe mich bestohlen. Dabei ist mir, also meinem Leib, unmittelbar gar nichts passiert. Oder ich sage, du hättest mich beleidigt, obwohl du vielleicht nur meine Tochter beleidigt oder auch bloß mir wichtige Sachen missachtet hast.

8. Vollzüge von Vollzugsformen

Als besonders bedeutsam hervorgehoben wurde in dieser Überlegung die besondere Rolle des bewussten Vollzugs, der *Performation* einer Sprechhandlung oder auch einer nicht bloß sprachlichen Handlung. Ich kenne keineswegs alle materialbegrifflichen Dispositionen oder bedingten Inferenzen der von mir verwendeten Begriffe und weiß daher nicht, was alles aus meinen Überzeugungen folgt, was also wahr sein müsste, wenn diese wahr sein sollten. Ich kenne aber nach entsprechender Bildung in verantwortlichem Sprachgebrauch die wesentlichsten und robustesten Momente des begrifflichen Inhalts meiner eigenen Rede und damit meines leisen Denkens, etwa im *verbal planning*. Als Folge davon erhält die Verbindung zwischen meinem unmittelbaren apperzeptiven Unterscheiden und inferentiellen Denken auf der eine Seite, der Außenwelt eines nicht bloß präsentischen Geschehens, sondern auch zukünftiger Erfahrungen über die jetzige Gegenwart und Vergangenheit eine neue, sozusagen nicht mehr cartesische und auch nicht mehr empiristische (humesche, russellsche) Form. Die Verbindung ist nämlich holistisch zu begreifen über die Totalität meiner Lage und Haltung zur Welt, und zwar in vielfältiger Teilnahme an einem gemeinsamen Wissen und kooperativen Können, samt dem Projekt von deren guter Entwicklung. Zeigen und Sagen sind zwei Weisen der Vertiefung gemeinsamer Kenntnis, gemeinsamen Wissens oder begrifflicher Fähigkeiten im Denken und Handeln, je nachdem, wie empirisch besonders oder generisch allgemein die jeweilige Erkenntnis ist. Diese ist dann aber auch im empirischen Fall längst schon etwas ganz anderes als eine bloß enaktive animalische Kognition, wie sie partiell über Instinkte und bedingte Reflexe erklärbar ist.

Begreifen wir Erkenntnis und Wissen in einem ausreichend robusten Sinn, dann werden wir uns auch von cartesischen Märchen von einem bösen Geist des Irrtums oder Putnams neu-cartesischem Gehirn im Tank ebenso wenig beeindrucken lassen wie von Mark Twains Reisen in die Vergangenheit, den sprechenden Eseln und Hunden des Lukian oder Cervantes und ähnlichen kontrafaktischen *science fiction stories*. Was in diesen ›gilt‹ oder ›gefolgert‹ wird, ist ungefähr so beliebig, wie wenn ich aus der Klugheit von Sherlock Holmes folgerte, dass sein Vater oder Großvater Arzt oder Lehrer gewesen sein ›muss‹. Es ist dazu einfach nichts festgelegt, so wenig wie dafür, was wir an kontrafaktischen Empfindungen einem Roboter oder toten Gehirn zuzuschreiben belieben oder dem Verhalten von Engeln auf Nadelspitzen.

Ernsthafter gehen wir nur mit Theorien um, die wir als Vorschläge zur allgemeinen Kanonisierung differentieller Inferenzen und deren expliziten Artikulationen verstehen (können). Evans' Theorie der Referenz ist ein Vorschlag einer solchen Kanonisierung des Vokabulars unserer reflexionslogischen Kommentarsprache.[21] Es geht um meta-stufige Kommentierungen unserer Sprachpraxis – besonders im Blick auf die Verwendung namenartiger Ausdrücke. Denn Kant hat ganz Recht zu sagen, dass die wesentlichen Bedingungen menschlicher Erfahrung mit den Bedingungen eines sinn- und bedeutungsvollen Bezugs auf Gegenstände unserer Erfahrungswelt zusammenfallen.

Allerdings gibt es viele verschiedene Interessen und Aspekte, die wir in einer Reflexionssprache hervorheben können. Manche wünschen sich ein formales System der Definition für viele meta-stufige Begriffe. Andere interessieren sich für schematische Prozeduren, die man für eine automatische Sprachverarbeitung nutzbar machen kann. Wieder andere möchten so genannte philosophische Probleme lösen oder sinnkritisch einige Ursachen für einen ungediegenen Umgang mit nominalen Ausdrücken und den zugehörigen Aberglauben aufheben, wie er zur Hypostasierung von Seele und Geist,

---

[21] Ich stimme mit Evans nicht darin überein, was eine Theorie des semantischen Metavokabulars sein soll. Evans überschätzt die Rolle von ›Argumenten‹, insbesondere, wenn sich diese auf einzelne, auch viele, Beobachtungen stützen. Die meisten Eicheln führen zu keiner Eiche. Viele Dinge *klingen* beim ersten Hören ungewohnt und sind doch richtig, wenn man sie mit der nötigen Nachsicht und Urteilskraft zu verstehen beliebt. Wir sollten uns insbesondere nicht an einer zu idealistischen, also formalistischen, Vorstellung von Wahrheit und Wissen, auch Klarheit und Deutlichkeit im Blick auf weltbezogene und nichtmathematische Begriffen orientieren, da das immer zu Sophistik oder zu Skeptizismus führt.

Verstand und Vernunft, aber auch des Gehirns als vermeintliche Instanz des Denkens oder des Leibes als vermeintlich identisch mit der Person führt.

Wie schon Quine, so schwankt auch Evans gelegentlich zwischen verschiedenen Aspekten und Interessen – was zur Folge hat, dass seine ›Thesen‹ gelegentlich ihre Grundlage verlieren. Denn es gibt in der Philosophie nur Vorschläge der Entwicklung kartographischer Übersichten. Das ist selbst keine These, sondern ein Vorschlag zur Bestimmung der Aufgabe der Philosophie.

Literatur

Barwise, Jon/Perry, John, *Situationen und Einstellungen. Grundlagen der Situationssemantik*. Berlin 1987; engl.: *Situation and Attitudes*, Cambridge/Mass. 1983.

Belnap, Nuel/Perloff, Michael/Xu, Ming, *Facing the Future*. Oxford 2001.

Brandom, R. B., *Making It Explicit. Reasoning, Representing and Discursive Commitment*. Cambridge/Mass. 1994.

Brandom, R. B., *Articulating Reason. An Introduction to Inferentialism*. Cambridge/Mass. 2000.

Burge, Tyler, *Origins of Objectivity*, Oxford 2010.

Carnap, R., *Der logische Aufbau der Welt*. 1928, Neuaufl., Hamburg 1998.

Carnap, R., »Psychologie in physikalischer Sprache«, *Erkenntnis 3*, 1932, S. 107–142.

Carnap, R., *Introduction to Semantics*. Cambridge/Mass 1942.

Carnap, R., *Meaning and Necessity*. Chicago 1947, ^{2}1956.

Carruthers, P., »Eternal Thoughts«, *Philosophical Quarterly 34*, Nr. 136, Special Issue: Frege (July 1984), S. 186–204.

Davidson, D., »Semantics for Natural Languages«, in: B. Visentini et. al., eds., *Linguaggi nella Società e nella Tecnica*. Milano 1970.

Davidson, D., *Inquiries into Truth and Interpretation*. Oxford 1984.

Davidson, D./Harman, G., eds., *Semantics of Natural Language*. Dordrecht 1972.

Donnellan, K., »Reference and Definite Descriptions«, *Philosophical Review 75*, 1966, S. 281–304.

Dummett, M. A. E., *The Seas of Language*. London und Cambridge/Mass. 1993.

Evans, G., »The Causal Theory of Names«, *Aristotelian Society Supplementary Volume 47*, 1973, S. 187–208.

Evans, G., *The Varieties of Reference*. Oxford 1982.

Evans, G./Mc Dowell, J., eds., *Truth and Meaning. Essays in Semantics*. Oxford 1976.

French, P./Uehling, T. and Wettstein, H., eds., *Contemporary Perspectives in the Philosophy of Language*. Minneapolis 1979.

Geach, P. T., »Names and Identity«, in: Guttenplan 1975, S. 139–158.

Goodman, Nelson, *The Structure of Appearance*. Dordrecht/Boston 1953.

Guttenplan, S., ed., *Mind and Language*. Wolfson College Lectures 1974, Oxford 1975.
Kripke S. A., *Naming and Necessity*. Cambridge/Mass 1972, Oxford 1980.
Kripke, S., »Speaker's Reference and Semantic Reference,« in: P. French, T. Uehling, and H. Wettstein, eds., *Contemporary Perspectives in the Philosophy of Language*. Minneapolis 1979.
Kripke, S. A., *Wittgenstein on Rules and Private Language: an Elementary Exposition*. Cambridge/Mass1982.
McDowell, J.; *Mind and World*. Cambridge/Mass., London 1994.
McDowell, J., *Meaning, Knowledge and Reality*. Cambridge/Mass. 1998.
Peregrin, J., *Doing Worlds with Words. Formal Semantics without Formal Metaphysics*. Dordrecht 1995.
Peregrin, J., *Meaning and Structure. Structuralism of Postanalytic Philosophers*. Aldershot, Burlington 2001.
Putnam, H., »The Meaning of »Meaning««, in: *Mind, Language and Reality: Philos. Papers, Vol. 1*, Cambridge 1975.
Quine, W. V. O., *From a Logical Point of View. Logico-philosophical Essays*. Cambridge, Mass. 1953; 2. rev. Ed. 1961.
Quine, W. V. O., *Word and Object*. Cambridge/Mass 1960.
Quine, W. V. O., *Ontological Relativity and Other Essays*. New York 1969.
Quine, W. V. O., *The Roots of Reference*. La Salle 1974.
Rorty, R., *Objectivity, Relativism, and Truth. Philosophical Papers I*. Cambridge 991.
Russell, B., *Our Knowledge of the External World*. La Salle1914.
Russell, B., *The Philosophy of Logical Atomism* (1918). La Salle1985.
Russell, B., *An Inquiry into Meaning and Truth*. London 1950.
von Savigny, E. *The Social Foundations of Meaning*. Berlin 1988.
Stalnaker, R., »Pragmatics«, *Synthese 22:* 1970, S. 272–89.
Stekeler Weithofer, P., *Grundprobleme der Logik. Eine Kritik der formalen Vernunft*, Berlin 1986.
Stekeler Weithofer, P., *Formen der Anschauung. Eine Philosophie der Mathematik*. Berlin 2006.
Tarski, A. »The Concept of Truth in: Formalized Languages«; in: J. H. Woodger, ed., *Logic, Semantics, Metamathematics*. Oxford 1956.
Wittgenstein, L., *Tractatus Logico-Philosophicus* (1921) & *Philosophical Investigations/Philosophische Untersuchungen* (1953). Oxford/London (Routledge).

II.
WAHRNEHMUNG ZWISCHEN BEGRIFFEN UND NICHT-BEGRIFFLICHKEIT

Ulrike Pompe-Alama

EVANS' KONZEPTION NICHTBEGRIFFLICHER WAHRNEHMUNGSGEHALTE

1. Einleitung

Evans' Konzeption nichtbegrifflicher Wahrnehmungsgehalte wird meist über McDowells rationalistische Kritik rekonstruiert. Die von McDowell befeuerte Debatte bezüglich der (nicht-)Existenz nichtbegrifflicher Wahrnehmungsgehalte vor dem Hintergrund des Anbindungs- und Rechtfertigungsproblems von Überzeugungen, die sich auf Wahrnehmungen stützen, hat hohe Wellen geschlagen, scheint aber zu keinem überzeugenden Endpunkt zu gelangen.[1] Eine Würdigung der Rolle nichtbegrifflicher Gehalte in Evans' Gesamtkonzeption des menschlichen Geistes findet hingegen kaum statt. Diesem Umstand soll hier entgegengewirkt werden.

Welches sind die strukturellen Unterschiede von Wahrnehmungen und Gedanken? Anders gefragt, befinden wir uns in dem Augenblick, in dem wir uns in einem konkreten sensorischen Zustand befinden, sagen wir mal, eine Tomate sehen, schon automatisch im kognitiven Zustand des »Tomatensehens«? Es handelt sich hierbei um die Frage, wie wir den *Gehalt* einer Wahrnehmung charakterisieren und klassifizieren können. Für Evans schien es eine gewisse Selbstverständlichkeit zu sein, dass man den Unterschied zwischen dem Gehalt von Gedanken und dem Gehalt von Wahrnehmungen durch das Moment der Begrifflichkeit ausbuchstabieren kann. So schreibt er in *The Varieties of Reference* [im Folgenden *VR*]:

> The informational states which a subject acquires through perception are *non-conceptual*, or *non-conceptualized*. Judgments based upon such states necessarily involve conceptualization: in moving from a perceptual experience to a judgment about the world (usually expressible in some verbal form), one will be exercising basic conceptual skills. (*VR* 227)

Dieses Diktum der Nichtbegrifflichkeit von Wahrnehmungsgehalten ist weitreichend rezipiert worden, hauptsächlich allerdings durch die Kritik, die es

---

[1] Vgl. auch Bermúdez, Debate; Crowther, Two Conceptions und Heck, Non-Conceptual Content.

durch McDowell erfahren hat und die Repliken, die contra McDowell nichtbegriffliche Gehalte verteidigen.[2] In dem was folgt wollen wir zunächst McDowells Replik auf Evans betrachten, bevor Evans' wenige Ausführungen zum nichtbegrifflichen Gehalt in den größeren Zusammenhang seiner Ansichten über die Architektur menschlicher Kognition eingeordnet werden. Im letzten Teil widme ich mich wieder McDowells Kritik an Evans; dabei wird sich herausstellen, dass McDowell eine entscheidende systematische Bestimmung, die Evans über den Gehalt der Wahrnehmung vorgenommen hat, nicht in Betracht zieht und ferner, dass er etwas zum Gegenstand der Auseinandersetzung macht, das Evans selbst so explizit nicht konzipiert hat, nämlich die Behauptung, dass der Gehalt bewusster perzeptueller Erfahrung nichtbegrifflich sei.

2. McDowells Kritik an nichtbegrifflichen Wahrnehmungsgehalten

In der unter dem Titel *Mind and World* [im Folgenden *MW*] erschienenen Vorlesungsreihe erläutert John McDowell seinen auf Kant gegründeten rationalistischen Gegenentwurf zu den geistesphilosophischen Ansichten von Davidson, Evans, u. a.[3] McDowell hadert mit einem seiner Ansicht nach schwerwiegenden erkenntnistheoretischen Dilemma. Die Kernfrage lautet, wie unsere Urteile in einer rationalen Beziehung zur Welt stehen können, wenn die Welt uns ausschließlich über ein System (die Wahrnehmung) gegeben wird, das sich außerhalb der Sphäre der Rationalität (der Vernunft) befindet.

Die Grundvoraussetzung, die McDowell voranstellt, ist, dass ein Gedanke nur dann einen Gehalt haben kann, wenn er wahr sein kann. Klassisch formuliert: ein Subjekt kann nur dann Wissen über *p* haben, wenn die Welt wirklich so ist, wie *p* verlangt (vgl. *MW* xii). Der Gedanke also, dass sich die

---

[2] Zu den Vertretern des Nicht-Konzeptualismus zählen außer Evans Ayers, Perceptual Content; Bermúdez, Non-Conceptual Content; Bermúdez, Debate; Campbell, Molyneux; Crane, Waterfall; Crane, Concepts; Crane, Non-Conceptual Content; Dretske, Knowledge; Dretske, Naturalizing; Hurley, Consciousness; Peacocke, Non-Conceptual Content; Peacocke, Non-Conceptual Content Defended; Peacocke, Phenomenology; Peacocke, Perception; Roskies, New Argument; Tye, Ten Problems und Tye, Consciousness Color. Ausgewiesene Konzeptualisten sind mit Brewer, Perception; Brewer, Perceptual Experience; McDowell, Mind und Sedivy, Perceptual Experience, in der Unterzahl.

[3] In diesem Aufsatz soll eine kritische Auseinandersetzung mit McDowells Kantinterpretation außen vorgelassen werden, da der wesentliche Punkt sich auf die Ablehnung des Evansschen Nichtbegrifflichkeitspostulats von Wahrnehmungszuständen (bzw. Informationszuständen) bezieht.

Dinge auf eine gewisse Art und Weise verhalten, ist nur dann wahr, wenn sich die Dinge wirklich auf diese gewisse Art und Weise verhalten. Der erkenntnistheoretische Anspruch lautet also, dass unser Denken durch unsere Wahrnehmung gerechtfertigt werden können muss. Nun sind aber in McDowells Augen die gängigen Charakterisierungen von Wahrnehmung, nämlich als bloße kausale Einwirkungen (*impingements, MW 34*) in seinem Sinne unbefriedigend, denn wenn Sinnesempfindungen »lediglich« das Ergebnis gewisser physiologischer Gesetzmäßigkeiten seien, die sich außerhalb des sogenannten rationalen Systems, dem Raum der Gründe (*space of reasons, MW 5*) abspielten, dann können diese Sinnesempfindungen nicht als Gründe im rationalen Sinne für Gedanken gelten; sie können keine übergeordnete Rolle bei der Rechtfertigung von Überzeugungen spielen. Sie werden daher von McDowell als bloße »Gegebenheiten« (*the Given*[4]) bezeichnet; dieses erste Horn des Dilemmas bezeichnet er als »Hereinfallen« auf den Mythos des Gegebenen. Das zweite Horn des Dilemmas besteht in der Feststellung, dass, wenn es keine »Erdung« oder »Begründung« der Gedanken in der Wahrnehmung geben kann, Gedanken sich immer nur auf Gedanken beziehen könnten, sodass wir eine stete zirkuläre interne Bezugnahme in unseren Gedanken vorfinden würden, die von der Welt außer uns abgeschnitten ist (*a self-contained game, MW 5*). Dies bezeichnet McDowell als Kohärentismus (*coherentism*). Das Dilemma läuft also auf folgendes hinaus: »On the one side a coherentism that threatens to disconnect thought from reality, and on the other side a vain appeal to the Given, in the sense of bare presences that are supposed to constitute the ultimate grounds of empirical judgment.« (*MW 24*).

Der Kern der McDowellschen Kritik an Evans »Bild«, wie es McDowell nennt (vgl. *MW* 51), liegt in der von ihm bemängelten Unzugänglichkeit der Wahrnehmung für rationale Kritik. In einer gründlichen Auseinandersetzung mit Evans (vgl. *MW* § 3.3.) beschreibt McDowell, worin seiner Ansicht nach die Probleme mit einem naturalistischen Ansatz *à la* Evans bestehen. Um den Mythos des Gegebenen zu umschiffen, darf man nach McDowell nicht den Fehler machen, ein System außerhalb des Raums der Gründe anzusiedeln, wenn dieses System die Letztbegründung für unsere Urteile über die Welt liefern soll. Genau dies jedoch tue Evans: »So the independent operations of the informational system figure in Evans's account as a separable contribution made by receptivity to its co-operation with spontaneity.« (*MW* 51). Evans Ansatz werde demnach von dem von Kant formulierten Problem blinder Anschauungen »zertrümmert« (*demolished, MW* 51). Zwar falle Evans nicht im üblichen Sinne dem Mythos des Gegebenen anheim, da er Sinneserfahrungen mit repräsentationalem Gehalt versehe (»Evans takes care to credit experi-

---

[4] Vgl. Sellars, Empiricism.

ences with representational content, even independently of the availability to spontaneity in virtue of which they count as experiences.«, *MW* 52), er mache sich also nicht der totalen Isolation der Rezeptivität schuldig, aber er sorge auch nicht dafür, dass, wie es McDowell für nötig hält, Sinneserfahrung im Reich der Spontaneität selbst angesiedelt wird.[5]

McDowell verlangt also kontra Evans, dass unser Denken auch über die Prozesse der Überführung von Informationszuständen zu Überzeugungszuständen Herr sein soll:

> If these relations [zwischen *experiences* und *judgments*, UPA] are to be genuinely recognizable as reason-constituting, we cannot confine spontaneity within a boundary across which the relations are supposed to hold. The relations themselves must be able to come under the self-scrutiny of active thinking. (*MW* 53)

McDowells Lösung für das von ihm entworfene Problem sieht also wie folgt aus: Um keinen Abstand zwischen Urteilen und Erfahrungen entstehen zu lassen, sollen Sinneseindrücke bereits über begriffliche Gehalte verfügen (vgl. *MW* 9 f., 34.). »The impressions on our senses [...] are already equipped with conceptual content.« (MW 34).

Es ist eine gewisse Herausforderung, McDowells Argumente für diese Position aus seinen Vorlesungen herauszufiltern. Häufig stellt er die bloße Notwendigkeit dieser Annahme in den Raum, um dem anfangs aufgezeigtem Dilemma zu entgehen und den Menschen als rationales Subjekt zu retten. An anderen Stellen setzt er sich mit konkreten Überlegungen auseinander, z. B. diskutiert er Evans' Position zur Nichtbegrifflichkeit, um dort gezielte Punkte in Zweifel zu ziehen und seine eigene Position zu plausibilisieren. Diese Punkte sind deshalb interessant, weil sie thematisch ziemlich genau das eingrenzen, woran sich die Kritikpunkte am Konzeptualismus entspinnen und an denen die Verteidigung von Evans' Konzeption ansetzt. Diese Kritikpunkte werden im vierten Abschnitt thematisiert. Zunächst ist es angebracht, Evans eigene Konzeption im Detail zu betrachten.

---

[5] Scheint es an dieser Stelle so, als würde McDowell Evans vom Vorwurf befreien, sich dem Mythos des Gegebenen anzuschließen, so unterstellt er ihm genau dies doch nur wenige Seiten später: »If one fails to see that conceptual capacities are operative in sensibility itself, one has two options: either, like Davidson, to insist that experience is only causally related to empirical thinking, not rationally; or else, like Evans, to fall into the Myth of the Given, and try to credit experience, conceived as extra-conceptual, with rational relations to empirical thinking.«(*MW* 62 f.) Allerdings handele es sich bei Evans um einen speziellen Fall (vgl. *MW* 56). Vgl. hierzu auch Heck, Non-Conceptual Content.

3. Evans zu nichtbegrifflichen Wahrnehmungsgehalten

Es sind nur wenige Passagen in *The Varieties of Reference*, in denen der Ausdruck *non-conceptual content* überhaupt vorkommt. Dies ist hauptsächlich dem Umstand geschuldet, dass Wahrnehmung kein zentrales Thema für Evans ist, sondern *thought* – Gedanken und deren Inhalte – und wie jene auf Gegenstände referieren. Evans schreibt jedoch ein Kapitel zu den psychologischen Grundlagen des Denksystems (*rationalizing system*), nämlich das fünfte Kapitel zu *Information, Belief, and Thought*.

Evans' Ausführungen sollen hier aus didaktischen Gründen in umgekehrter Reihenfolge betrachtet werden, also jene Stellen, die an späteren Stellen in den *VR* vorkommen, sollen zuerst besprochen werden, bevor wir uns den oben bezeichneten Grundlagen widmen. In diesem Teil werden wir zunächst genauer die entscheidenden Passagen betrachten, in denen der Ausdruck *non-conceptual content* vorkommt und auf den Kontext eingehen, in den diese Passagen eingebettet sind.

3.1 Selbstzuschreibungen

Im siebten Kapitel der *VR* befasst sich Evans mit Modellen der Selbstzuschreibung von mentalen Zuständen und zwar Überzeugungen einerseits und Sinneseindrücken andererseits. Bei beiden Formen der Selbstzuschreibung kommen dabei unterschiedliche Mechanismen zum Tragen.

Bei der Diskussion mentaler Selbstzuschreibungen will Evans zunächst betonen, dass wir bei der Selbstzuschreibung einer Überzeugung (»ich glaube, dass es morgen regnen wird«) den Blick *nicht*, wie es klassische Theorien der Introspektion veranschlagen, nach innen richten und den Gehalt unserer Überzeugung (»morgen wird es regnen«) zum Gegenstand unserer Wahrnehmung machen, und damit den Aspekt des »dies ist es, was ich glaube« herausstellen, sondern uns auf die Welt beziehen, wie sie ist.[6] Geht es nun um die Selbstzuschreibung von Sinnesempfindungen, bzw. Bewusstseinszuständen/Erfahrungen sinnlicher Art (*perceptual experiences*), so kommt ein anderes Modell zum Tragen. Evans analysiert in diesem Zusammenhang, wie es sich mit dem Zusammenhang zwischen der sinnlichen Wahrnehmung der Welt und einem daraufolgenden Urteil über die Welt verhält (Vgl. *VR* 226 f.): Sinnliche Wahrnehmungserlebnisse (*perceptual experiences*) charakterisiert Evans zunächst als Informationszustände (*informational states*) des Subjekts, also als Zustände, in denen das Subjekt die Signale und Reize, die auf das Subjekt einströmen, als Umweltinformation repräsentiert. Diese Zustände haben

---

[6] Vgl. die Aufsätze in diesem Band von Cassam, Michel, Müller und Szanto.

einen gewissen Gehalt – sie repräsentieren, wie die Welt auf eine gewisse Art und Weise ist. In dieser Eigenschaft, nämlich Gehalt zu haben, können diese Zustände – Wahrnehmungserlebnisse – als wahr oder falsch klassifiziert werden, wobei sich das jeweilige Prädikat auf den Gehalt bezieht. Das bedeutet, dass die Aussage: »der Apfel ist grün« als falsch erkannt werden kann, wenn ich einen roten Apfel sehe. In Evans Worten: »In general, we may regard a perceptual experience as an informational state of the subject: it has a certain content – the world is represented a certain way – and hence permits of a non-derivative classification as *true* or *false*.« (VR 226).

Nicht-derivativ, und das ist wichtig für das Verständnis von Wahrnehmungen und Wahrnehmungsgehalten, bedeutet, dass kein begriffliches Urteil zwischengeschaltet werden muss. Wahrnehmungserlebnisse sind in sich selbst repräsentierend und damit wahrheitswertfähig. Daher bedarf es (kontra McDowell) keiner »Rationalisierung« des Wahrnehmungsgehalts, um zu verstehen, ob der Gehalt einer Sinneswahrnehmung mit dem es bezeichnenden Urteil übereinstimmt oder nicht. Evans einzige Bedingung für die Anerkennung des Wahrnehmungszustands als repräsentierend (in diesem Sinne, als wahrheitswertfähig) ist – und hier finden wir einen ersten entscheidenden Punkt, der von McDowell nicht ausreichend beachtet worden zu sein scheint –, dass das Wahrnehmungssystem an ein *behaviorales System* angeschlossen ist, und der Gehalt der Wahrnehmung eine gewisse Motivationskraft (*motive force*[7], VR 226) in sich trägt, die die Handlungen des wahrnehmenden Subjekts leitet. Bei diesem Gedanken tritt Evans' evolutionstheoretischer Hintergrund hervor, denn er schreibt, dass diese handlungsleitende Eigenschaft von Wahrnehmungen bei höher entwickelten Organismen (*more sophisticated organisms*, VR 227), die über ein Begriffsvermögen verfügen und abwägen können (*concept-applying and reasoning organisms*, VR 227) durch andere kognitive Fähigkeiten, wie Urteile, abgeändert und überschrieben (*countermanded*, VR 226) werden können.

Der weitere Gedankengang ist sehr kurz, aber komplex:

> In the case of such organisms, the internal states which have a content by virtue of their phylogenetically more ancient connections to the motor system also serve as input to the concept-exercising and reasoning system. Judgments are then *based upon* (reliably caused by) these internal states; when this is the case, we can speak of the information being accessible to the subject, and, indeed, of the existence of conscious experience. (*VR* 227)

---

[7] Dies lässt sich vielleicht im Sinne Gibsonscher Affordanzen verstehen. Affordanzen sind Eigenschaften von Objekten oder Situationen, die eine bestimmte Umgangsweise mit oder in ihnen erlauben, verlangen oder ermöglichen. Ein Stuhl z. B. »affordiert« in diesem Sinne, dass man sich auf ihn setzt.

In diesem kurzen aber doch recht gehaltvollen Absatz findet sich eine Vielzahl von Annahmen, die Evans über die Architektur des menschlichen Geistes trifft.[8] Zunächst wird ersichtlich, dass sein Ansatz ein systemischer ist: er versteht das kognitive System als Ansammlung spezialisierter Module, die stufenartig aufeinander aufbauen und interdependieren. Evolutionär ältere Systeme bleiben in ihrer Funktionalität bestehen, z. B. das System, das Wahrnehmung mit Verhalten koppelt. Im Zuge der Weiterentwicklung des einfachen zu einem komplexeren System können dann dieselben Systeme mit anderen »Modulen« interagieren oder ihre spezifische Funktion anderen Systemen zur Verfügung stellen. In diesem Fall heißt das konkret, dass das Wahrnehmungssystem im Zusammenspiel mit dem behavioralen System (oder einem System, das für die motorische Kontrolle zuständig ist) den informationalen Gehalt liefert. Dieser wiederum fungiert als Basis und Eingabe für Urteile. Evans stellt also neben das Wahrnehmungssystem und das verhaltenssteuernde System ein höherstufiges Urteilssystem, das auf der Basis von begrifflichen Repräsentationen operiert. Der letzte Satz dieses Absatzes beinhaltet eine interessante aber schwer zu interpretierende Einschränkung: Wenn ein Urteil gefällt wird auf der Basis des informationalen Gehalts, dann dürfen wir davon ausgehen, dass dieser Gehalt der Person subjektiv zugänglich ist und dass diese subjektive Zugänglichkeit nichts anderes ist als bewusste Erfahrung, bzw. Bewusstsein. Es scheint sich hier um die Feststellung einer Notwendigkeit zu handeln. Das Gegenteil ist auch schwer denkbar: wir finden keine Gedanken über die Welt (die uns sensorisch zugänglich ist) in uns vor, ohne diesen Gedanken auf eine bewusst erlebte Sinneserfahrung zurückführen zu können.

Nun folgt jedoch die eigentlich für unsere Zwecke wichtige Passage zur Charakterisierung dieser Informationszustände:

> The informational states which a subject acquires through perception are *non-conceptual*, or *non-conceptualized*. Judgments based upon such states necessarily involve conceptualization: in moving from a perceptual experience to a judgment about the world (usually expressible in some verbal form), one will be exercising basic conceptual skills. (*VR* 227)

Die bereits beschriebenen »Module« im Evansschen Modell des menschlichen Geistes operieren demnach mit unterschiedlichen Repräsentationsformaten, wenn man so will. Das Wahrnehmungs- und das verhaltenssteuernde System *generieren* nichtbegriffliche Repräsentationen; das Urteilssystem *operiert mit* begrifflichen Operationen. Die *informational states*, die in der Wahrnehmung gewonnen werden und die als Basis von Urteilen fungieren sollen, müssen

---

[8] Diese Annahmen gelten bei Evans für sämtliche höher entwickelte Wesen, wobei er selbst keine konkrete Grenzziehung vornimmt.

also in das begriffliche Repräsentationsformat überführt werden. An dieser Stelle bleibt offen, wie genau dieser Mechanismus funktioniert; aber vielleicht handelt es sich hierbei entweder um ein rein empirisches Problem oder einfach um eine abstrakte Form der Vorstellung davon, wie jegliche Art von Information repräsentiert wird. Jedenfalls soll die Konzeptualisierung des Wahrnehmungsgehalts seiner sprachlichen Formulierung Vorschub geben.

Was hat es nun mit den *basic conceptual skills* auf sich? Um dies zu erläutern bedarf es eines Exkurses zu Evans' Begriffstheorie. Diese schlägt sich im sogenannten *Generality Constraint* nieder.[9] Kurz zusammengefasst beinhaltet dieser, dass ein Subjekt dann ein kompetenter Denker/Sprecher ist, wenn er in der Lage ist, Gegenstände mit Prädikaten zu versehen und diese zu rekombinieren. Ausgehend von der Beobachtung, dass unsere Gedanken irgendwie strukturiert sein müssen, stellt sich die Frage, wie diese Struktur abgebildet werden kann und worin sie besteht. Konkret stellt Evans fest, dass gewisse Gedanken einander ähnlich sind und miteinander in Beziehung stehen. Eine Person, die in der Lage ist zu denken, dass Peter glücklich ist und dass Johann traurig ist, ist auch in der Lage, Peter für traurig und Johann für glücklich zu halten (vgl. *VR* 101). Interessant ist, dass Evans den *Generality Constraint*, bzw. die Struktur unseres Denkens im Sinne von begrifflichen *Fähigkeiten* charakterisiert. Wir haben die Fähigkeit, Eigenschaften und Gegenstände zu kombinieren, bzw. zu rekombinieren. Begriffe sind die Brennpunkte derartiger Vorgänge, wobei der Akt des Kombinierens die Begriffe zueinander in Beziehung setzt und sie dadurch voneinander abgrenzt. Ein Gedanke ist demnach die Zusammenführung (*joint exercise*, *VR* 104) von zwei unterscheidbaren Fähigkeiten. Und über einen Begriff zu verfügen, bedeutet, seine Rekombinationsmöglichkeiten zu erkennen und zu beherrschen. Für Evans ist dies für das Referenzproblem deshalb wichtig, weil es ihm erlaubt zu charakterisieren, was es bedeutet, über ein Objekt nachzudenken, bzw. eine Vorstellung von einem Objekt zu haben: »An Idea of an object, then, is something which makes it possible for a subject to think of an object in a series of indefinitely many thoughts, in each of which he will be thinking of the object in the same way.« (*VR* 104).

Die wichtigen Elemente, die wir aus den Überlegungen dieses Kapitels herausfiltern können, sind folgende: zum ersten die Vorstellung von aufeinander aufbauenden und voneinander abhängigen Systemen. Zweitens, die Unterteilung in vorbewusste und bewusste Informationszustände; und drittens, die Veranschlagung von begrifflichen und nichtbegrifflichen Repräsentationsformen. Diese Elemente werden bereits in einer früheren Passage, nämlich im

---

[9] »Thus, if a subject can be credited with a thought that *a is F*, then he must have the conceptual resources for entertaining the thought that *a is G*, for every property of being G of which he has a conception. This is the condition that I call the »*Generality Constraint*«.« (*VR* 104)

sechsten Kapitel *Demonstrative Identification* unter anderen Gesichtspunkten diskutiert.

3.2 Demonstrative Identifizierung

In Kapitel 6, das sich mit Formen der demonstrativen Identifizierung befasst, schreibt Evans zunächst über die Voraussetzungen, die erfüllt sein müssen, damit wir einen Gegenstand demonstrativ identifizieren können. Der Ausdruck »dieser Mann« referiert nur dann, wenn es eine direkte *informierende Verbindung* zwischen dem Subjekt und dem Objekt gibt. Diese Verbindung kann durch Sinneswahrnehmung, Erinnerung oder auch das Zeugnis Dritter hergestellt werden und sie kann dann scheitern, wenn sich der Bezugsgegenstand z. B. der direkten Wahrnehmung entzieht.

In diesem Teil finden wir eine weitere wichtige Passage zum nichtbegrifflichen Gehalt (*nonconceptual content*). Es geht Evans hier um die Frage, wie der Ausdruck »hier« sinnvoll gebraucht wird. Er stellt fest, dass es für ein denkendes Subjekt, das diesen Ausdruck benutzt, eines egozentrischen Raums bedarf. Das Subjekt ist der Ausgangspunkt dieses so gearteten Koordinatensystems, das Zuweisungen wie »vorne«, »hinten«, »oben«, »unten«, etc. zu Orten des »vor-mir«, »über-mir« etc. macht (*VR* 153f.). Evans versteht nun den Gehalt eines Wahrnehmungszustands, in dem man ein Geräusch beispielsweise an einem bestimmten Ort lokalisiert oder aus einer bestimmten Richtung wahrnimmt, als nichtbegrifflichen Gehalt:

> Egocentric spatial terms are the terms in which the content of our spatial experiences would be formulated, and those in which our immediate behavioural plans would be expressed. [...] Let us begin by considering the spatial element on the non-conceptual content of perceptual information. (*VR* 154)

Der wichtige Punkt für Evans bei der Charakterisierung dieser Wahrnehmungsgehalte ist ihre Relevanz für das sogenannte behaviorale System (*behavioural system*), also jene Anteile der Kognition, die Handlungen oder Reaktionen auf den Reiz initiieren. Und diese Gehalte werden als nichtbegrifflich charakterisiert, insofern sie als direkte, ganz unmittelbare Initiatoren fungieren. Evans erläutert:

> When we hear a sound as coming from a certain direction, we do not have to think or calculate which way to turn our heads (say) in order to look for the source of the sound. [...] having spatially significant perceptual information consists at least partly in being disposed to do various things. (*VR* 155)

Das entscheidende Wort hier ist »significant«. Evans behauptet hier nicht, dass wir nur dann über jeglichen Gehalt verfügen, wenn dieser zu einer Verhaltensäußerung führt. Vielmehr geht es um die Bedeutsamkeit von perzeptuellen Gehalten: die Bedeutung erschließt sich erst im Zusammenhang mit einer möglichen Handlung, bzw. den Handlungsoptionen, die der Gehalt eröffnet.

> The subject hears the sound as coming from such-and-such a position, but how is the position to be specified? Presumably in *egocentric* terms ... These terms specify the position of the sound in relation to the observer's own body; and they derive their meaning in part from their complicated connections with the subject's *actions*. (VR 155)

Der Punkt, den Evans hier machen will, präzisiert er schließlich folgendermaßen:

> We can say, then, that auditory input – or rather that complex property of auditory input which encodes the direction of sound – acquires a (non-conceptual) spatial *content* for an organism by being linked with behavioural output in, presumably, an advantageous way. (VR 156)

Diese Gehalte sollen also nach Evans nichtbegrifflich sein. Darüber hinaus zeigt diese Stelle auf, wie Evans sein System verankert, nämlich in evolutionstheoretischen Überlegungen. Organismen profitieren nur von *sinnvollen* Vernetzungen von Verhalten und Wahrnehmung, also solchen, die zu erfolgreichen Interaktionen mit der Umwelt führen. Evans bezieht hier im Übrigen auch solche Organismen in seine Überlegungen ein, denen wir keine Sprache und (eventuell) damit einhergehend, keinen Begriffsbesitz zugestehen.

Eine zweite wichtige Komponente der obigen Passage besteht in den Überlegungen zum Bewusstsein (*conscious experience*). Die Informationszustände, die Evans zitiert, sind in seiner Konzeption noch keine personalen Zustände, also bewusst erlebte Gehalte:

> Such states (i. e. informational states, UPA) are not *ipso facto* perceptual *experiences* [...] it seems abundantly clear that evolution could throw up an organism in which such advantageous links were established, long before it had provided us with a conscious subject of experience. (VR 157f.)

Evans wird hier zur Frage geführt, wann wir unser intuitives Verständnis von bewusster Erfahrung in Anschlag bringen, bzw. was die Minimalbedingungen dafür sind, Bewusstsein zu haben. In unserem intuitiven Verständnis ist es bedeutsam, dass ein bewusst empfindendes Subjekt Gedanken hat (*have thoughts*), die sich aber nicht auf die Erfahrung, bzw. Empfindung *per se*, sondern auf die Welt beziehen sollen. Der Übergang vom subpersonalen Informationszustand zum personalen, bewussten Erlebniszustand kann sich nur dann vollziehen (oder vollzieht sich genau dann), wenn es einen weiteren Verbindungsschritt zwischen nicht nur, wie bisher, dem sensorischen und dem behavioralen System, sondern zwischen diesen beiden und dem urteilenden, räsonierenden System gibt. In Evans Worten:

> [W]e arrive at conscious perceptual experience when sensory input is not only connected to behavioral dispositions in the way I have been describing – perhaps on some phylogenetically more ancient part of the brain – but also serves as input to a *thinking, concept-applying, and reasoning system*; so that the subject's thoughts, plans, and deliberations are also systematically dependent on the informational properties of the input. When there is such a further link, we can say that the person, rather than just some part of his brain, receives and possesses the information. (*VR* 158)

Einige Dingen verbleiben hier im Unklaren: Werden Gehalte potentiell dann bewusst, wenn es dieses dritte System gibt? Oder wird ein Gehalt genau dann bewusst, wenn er (oder in dem Moment, in dem er) vom dritten System abgerufen wird? Und wie ist Information codiert? Wenn es einen prinzipiellen Unterschied in der Form von Gehalten gibt, nämlich z. B. bezüglich ihrer Begrifflichkeit, müsste dann eine Art Übersetzungsprozess eintreten, oder kann das eine System das andere auf seine Art »auslesen«? Fassen wir zusammen: Information im sensorischen System und im behavioralen System soll nichtbegrifflich sein (dürfen); Information im personalen, bewussten System (dem Urteilssystem) soll begrifflich sein (müssen), denn hier finden wir die Möglichkeit zur verbalen Verlautbarung vor, und Begriffe sind wesentlich an Sprachlichkeit gebunden oder sprachlich codiert. Noch nichts ist hier dazu gesagt, ob die Gehalte von Wahrnehmungserfahrungen (*perceptual experiences*) begrifflich oder nichtbegrifflich sind. Denn, zur Erinnerung: *perceptual experiences* erhalten wir dann, wenn es eine Vernetzung vom sensorisch-behavioralen System einerseits mit dem auf Begriffen basierenden Urteilssystem gibt. Bisher hat Evans nur die Gehalte des sensorisch-behavioralen Systems, die sogenannten Informationszustände, als nichtbegrifflich bezeichnet. Welche Rolle schreibt Evans nun Begriffen in der bewussten Wahrnehmungserfahrung zu?

Was Evans nicht behaupten will, ist, dass der Gehalt bewusster Wahrnehmungserfahrungen vollumfänglich begrifflich sei, und zwar um dem Problem zu entgehen, dass nur jene Gehalte des Informationssystems bewusst werden können, für die der Organismus über sie spezifizierende Begriffe verfügt. Er schreibt:

> I do not mean to suggest that only those information-bearing aspects of the sensory input for which the subject has concepts can figure in a report of his experience. [...] I am not requiring that the the content of conscious experience itself be conceptual content. All I am requiring for conscious experience is that the subject exercise some concepts – have some thoughts – and that the content of those thoughts should depend systematically upon the informational properties of the input. (*VR* 159)

Es scheint in dieser Passage durchzuklingen, dass Evans *Gedanken haben* mit *Begriffe verwenden* gleichsetzt. Bewusste Zustände können jedoch reichhaltiger sein, als es Gedanken vermögen. Gehalte der bewussten Erfahrung können durchaus begrifflich unterbestimmt sein, sodass das bewusste Erleben mehr einer sensorischen Matrix gleicht, die begriffliche Urteile erlaubt, damit aber nicht gleichgestellt ist. Darüber hinaus ist es von zentraler Bedeutung, dass diese Gehalte mit dem behavioralen System verknüpft sind und eine irgendwie geartete aber sinnvolle, d. h. dem Überleben des Organismus zuträgliche, Reaktion hervorrufen.

Diese kritische Passage ist noch nicht abgeschlossen, findet sich in ihr doch noch ein wichtiger Hinweis darauf, wie Evans Gedanken in seinem System verortet. Zunächst will er festgehalten wissen, dass Gedanken keine bloßen Epiphänomene sind, also Artefakte ohne funktionale Einbettung in die Gesamtarchitektur des kognitiven Systems. Handlungen sollen wesentlich von den ihnen antezedierenden Gedanken abhängen, sodass es eine weitere Schnittstelle zwischen dem Begriffe anwendenden System und Verhalten geben muss. Diese Schnittstelle ist so zentral, dass Evans in ihr den Grund verortet, warum wir überhaupt jemandem Gedanken zuschreiben können: »After all, it is only those links which enable us to ascribe content (conceptual content now) to the thoughts.« (*VR* 159). Denn nur durch die Beobachtung des Verhaltens eines Gegenübers können wir ihm Absichten und diesen zugehörige Gedankengänge und Urteile unterstellen. Peter geht in die Küche und öffnet den Kühlschrank, weil er dort Essen, gekühlte Getränke oder sonst etwas vermutet, dessen er gerade bedarf. Und dieser Bedarfsgedanke wird eine kausale Rolle für den Gang zum Kühlschrank spielen, so unsere Interpretation von Peters Verhalten als rationalem Agenten. Die bloße Möglichkeit, von Verhalten auf Gedanken zu schließen, bedarf natürlich der Zusatzbedingung, dass Gedanken und Verhalten in einem gewissen Sinne zueinander passen. Evans spricht hier von Harmonie zwischen Gedanken und Verhalten (vgl. *VR*, 159), und stellt fest, dass es sich nur dann um ein intelligibles System handelt, wenn diese Harmonie gegeben ist.

Wahrnehmen, Verhalten, Bewusstsein und Urteilen bzw. Denken sind für Evans also in ein Netz gegenseitiger Abhängigkeiten eingebettet. Dabei argumentiert Evans für sein System weniger auf der Basis konkreter empirischer Befunde als vielmehr auf Plausibilitätsannahmen. Evolutionstheoretische und introspektiv nachvollziehbare Überlegungen ergeben dabei eine Art *common-sense* System, das im Detail im fünften Kapitel der *Varieties of Reference* besprochen wird.

3.3 Information, Überzeugung, Denken

In einem kurzen Abschnitt (5.2) über das Informationssystem expliziert Evans einige sehr wichtige Voraussetzungen seiner Konzeption des Wahrnehmungs- und Urteilssystems. Zum einen wendet er sich von der philosophischen Tradition ab, mentale Gehalte in Empfindungen und Überzeugungen zu unterteilen. Stattdessen setzt er den Terminus *being in an informational state with such-and-such a content* (VR 123). Dies fußt auf der Grundfeststellung, dass eine Person durch Wahrnehmung nicht Überzeugungen über den Zustand der Welt gewinnt, sondern zuallererst Information über diesen Zustand: »When a person perceives something, he receives (or, better, gathers) information about the world.« (VR 122).[10] Weitere Elemente des Informationssystems neben der Wahrnehmungsfähigkeit sind das Erinnerungs- und das Kommunikationsvermögen, wie Evans in Anschluss an obigen Satz festhält: »By communicating, he may transmit this information to others. And any piece of information in his possession at a given time may be retained by him until some later time.« (VR 122). Diese Eigenschaften und Fähigkeiten definieren das Informationssystem und lassen Evans den Menschen als Sammler, Überträger und Speicher von Information charakterisieren (vgl. VR 122). Evans selbst bezeichnet diese Charakterisierungen als Plattitüden – ein etwas harsches aber vielleicht nicht unzutreffendes Selbsturteil, das er allerdings im nächsten Zug zum Angriffspunkt gegen die traditionelle Erkenntnistheorie wendet: hier seien selbige Plattitüden mit den Begriffen »Empfindungen« (*sensations*) und »Überzeugungen« (*beliefs*) eingefangen worden. Evans Kritik an dieser Charakterisierung ist kurz, lässt sich aber wie folgt rekonstruieren:

Überzeugungen und Empfindungen sind beides Akte der Informationsgewinnung; das Subjekt empfängt Daten (Sinnesdaten), die ihren objektiven Gehalt erst durch einen Inferenzprozess durch das denkende Subjekt gewinnen. Diese Konzeption jedoch »gets things impossibly the wrong way round« (VR 123). Stattdessen gelte, dass die einzigen Vorkommnisse, die als Daten für ein »conscious, reasoning subject« (VR 123) gelten können, Erscheinungen – »seemings« – sind (VR 123). Und bei diesen handelt es sich um mentale Gehalte die bereits objektiven Gehalt haben und die geeignet sind unsere Handlungen zu motivieren und zu beeinflussen.

Für Evans ist Wahrnehmung also nicht der Prozess, der uns mit neutralen, bedeutungslosen Eindrücken versorgt, die erst durch einen ordnenden Urteilsprozess interpretiert und mit Gehalt bedacht werden müssen. Stattdessen sind die Sinneseindrücke, die direkt durch den Wahrnehmungsprozess entstehen, mit Bedeutung behaftet, und zwar eben dadurch, dass sie in einer direkten Beziehung zum behavioralen System stehen: die Gehalte unserer Wahrnehmung – vorbegrifflich – erlauben uns, uns zur Welt zu verhalten, auf sie einzuwirken, uns zu ihr zu positionieren, mit Gegenständen zu interagieren und auf Gegebenheiten zu reagieren. Aus diesem Grund wendet sich Evans auch gegen den Gebrauch des Begriffs *Überzeugungen*: Informations-

---

[10] An dieser Stelle verweist Evans explizit auf Gibson, Senses.

zustände sind eben genau dadurch zu charakterisieren, dass sie unabhängig von jeglichen Überzeugungen sind und darüber hinaus auch diese Unabhängigkeit aufrecht erhalten können. Man könnte in diesem Zusammenhang von einer starken Modularisierung von nichtbegrifflichen Wahrnehmungsgehalten sprechen, bzw. einer Verkapsulierung. Betrachtet man z. B. das Phänomen der Müller-Lyer-Illusion, so muss hier festgehalten werden, dass selbst eine starke Überzeugung den Wahrnehmungseindruck nicht korrigieren kann. Evans schreibt:

> [T]he subject's being in an informational state is independent of whether or not he believes that the state is veridical. It is a well-known fact about perceptual illusions that it will continue to appear to us as though, say, one line is longer than the other (in the Müller-Lyer illusion) even when we are quite sure that it is not. (*VR*, 123)

Der Begriff »Überzeugungen« sollte daher nach Evans für etwas vorbehalten werden, das wesentlich komplexer ist als die Operationen des Informationssystems. Etwas, wie er schreibt, das mit Rechtfertigungen und Gründen zusammenhängt.

Hiermit sind alle wesentlichen Bausteine, die Evans zu seinem System menschlicher Kognition zusammengefügt hat, bedacht. Im Folgenden wollen wir uns noch einmal den Kritikpunkten, die McDowell gegen Evans hervorbringt, um seinen eigenen Ansatz zu plausibilisieren, daraufhin prüfen, inwieweit die vorgebrachten Einwände auf Evans zutreffen können.

4. Zur Verteidigung nichtbegrifflicher Gehalte

Wir haben oben festgehalten, dass McDowells Kritik an Evans thematisch eine Reihe von Debatten eingrenzt, die sich an der Verteidigung nichtbegrifflicher Gehalte entzünden und sich zumeist aus der starken Intuition speisen, dass Begriffe einer Art höherstufiger Kognition vorbehalten bleiben sollen.[11] Zwei Gruppen von Argumenten werden hier zumeist ins Feld geführt. Die erste Gruppe stützt sich auf phänomenologische Aspekte der Wahrnehmung. Hierunter fallen das sogenannte Argument der Reichhaltigkeit und das Argument der Feinkörnigkeit der Wahrnehmung. In beiden Fällen wird argumentiert, dass das, was im Wahrnehmungserlebnis gegeben ist, nicht mit begrifflichen Mitteln vollends abgebildet bzw. eingefangen werden kann. Der Gehalt unserer visuellen Erfahrung sei viel zu reichhaltig, um im Moment des Wahrnehmens in begrifflichen Urteilen erfasst zu werden; außerdem seien wir nicht in der Lage, der Mannigfaltigkeit visueller Differenzierungen be-

---

[11] Vgl. auch Crane, Waterfall; Crane, Concepts und Heck, nonconceptual content.

Evans' Konzeption nichtbegrifflicher Wahrnehmungsgehalte   169

grifflich Rechnung zu tragen.[12] Die zweite Gruppe von Argumenten bezieht sich auf die Frage, wie Kinder (vorsprachliche Wesen) und Tiere (nichtsprachliche Wesen) wahrnehmen und sich auf die Welt beziehen können. Dabei geht es zum einen um die Charakterisierung dessen, was wir als Wahrnehmung bezeichnen wollen und ob wir diese mit Tieren teilen; zum anderen geht es um die Frage, wie und zu welchem Zeitpunkt wir Begriffe überhaupt erwerben.[13] Darüber hinaus gibt es eine Reihe von zentralen Problemen, die sich zwischen den beiden Positionen aufspannen, so z. B. die Frage nach der Distinktion von personalen und subpersonalen Zuständen, die Frage nach dem Wesen von Begriffen und methodologische Schwierigkeiten in Bezug auf naturalistische Ansätze in der Erkenntnistheorie.

In diesem Teil wollen wir kurz McDowells Überlegungen zu obigen Fragen mit Evans' Konzeption kontrastieren; ich werde darüber hinaus auf ausgewählte Aufsätze, die den Debatten zugeordnet werden können, verweisen, aber aus Platzgründen auf eine vertiefte Diskussion verzichten.

4.1. Zur Unterscheidung von subpersonalen und personalen Zuständen

Da sich die Problematik gerade in Bezug auf Evans auf die Wahrnehmung fokussiert, wollen wir uns McDowells Ausführungen zum Problem des Gehalts perzeptueller Erfahrungen (*perceptual experiences*) ansehen. Er bezieht sich hier auf Evans' Feststellung, dass Gehalte der Wahrnehmung zunächst nichtbegrifflich seien und dann im Prozess der Urteilsbildung begrifflich gefasst werden. McDowell scheint dabei keine Unterscheidung zwischen bewussten Wahrnehmungserlebnissen und subpersonalen Informationszuständen zu machen.[14] McDowell schreibt: »Evans, then, identifies perceptual experience as states of the informational system, possessing content that is non-conceptual.« (*MW* 48). Es ist richtig, dass Evans die Zustände des Informationssystems als gehaltvolle, mit nichtbegrifflichen Gehalten versehene Zustände, charakterisiert. Was jedoch nicht richtig ist, ist dass Evans die Wahrnehmungserfahrungen mit Zuständen des Informationssystems identifiziert! Man beachte folgende Stellen bei Evans:

> Such states (i. e. informational states) are not *ipso facto* perceptual *experiences* [...] (*VR* 157f.)

---

[12] Vgl. hierzu u. a. Bermúdez, Debate; Chuard, Riches; Coliva, Finer-Grained Content und Conolly, Perception.
[13] Vgl. Carey & Spelke, Science; Spelke, Physical Knowledge; Spelke, Object Perception; Spelke, Initial Knowledge; Heck, Non-Conceptual Content; Peacocke, Non-Conceptual Content und besonders Roskies, New Argument.
[14] Vgl. Bermúdez, Non-Conceptual Content unjd Bermúdez, Thought.

> [W]e arrive at conscious perceptual experience when sensory input is not only connected to behavioral dispositions in the way I have been describing – perhaps on some phylogenetically more ancient part of the brain – but also serves as input to a *thinking, concept-applying, and reasoning system*; so that the subject's thoughts, plans, and deliberations are also systematically dependent on the informational properties of the input. When there is such a further link, we can say that the person, rather than just some part of his brain, receives and possesses the information. (*VR* 158)

Es stimmt also nicht ganz, was McDowell Evans hier nahelegt. Evans expliziert hier nicht, dass Wahrnehmungserfahrungen Zustände mit nichtbegrifflichem Gehalt sein sollen – er sagt eigentlich nichts darüber, wie der Gehalt eines bewussten Wahrnehmungserlebnisses in Bezug auf seine Begrifflichkeit zu charakterisieren sei. Er verortet bewusste Wahrnehmungserlebnisse lediglich an der *Schnittstelle* zweier Systeme, deren Status in Bezug auf Begrifflichkeit festlegbar ist: Informationszustände sind nichtbegrifflich, gedankliche Bezugnahmen darauf sind begrifflich.

Aus dieser Perspektive heraus fragt sich, wo genau in McDowells Konzeption die Differenz zu Evans ins Spiel kommt, weil Evans ja das, was McDowell als Wahrnehmungserfahrung bezeichnet, durchaus als bereits mit dem Urteilssystem verbundene Instanz betrachtet. Die systematischen Zusammenhänge, die Evans zwischen den verschiedenen Systemen, die er benennt, aufzeigt, sind McDowell offensichtlich entgangen. Dieser Punkt betrifft auch die Diskussion des »Mythos des Gegebenen«, dem Evans nach McDowells Ansicht, verfallen sei. Evans stellt ja gerade jene Prämisse, nämlich dass es sich bei Wahrnehmungen um bloße »sensations« handele, in Frage und führt mit der Feststellung einer systematischen Abhängigkeit zwischen Informationssystem und behavioralem System ein Element ein, das als Garant für die Begründung der Sinnhaltigkeit der informationalen Gehalte fungieren soll. Damit ist es fragwürdig, ob Evans' Ansatz überhaupt für McDowells Vorwurf anfällig ist.[15]

4.2. Begrifflichkeit

Evans vertritt einen naturalistisch positiven Ansatz, der mit konkreten Mechanismen und funktionalen Zusammenhängen aufwarten kann. McDowell bleibt ein solches empirisches Fundament schuldig. Betrachten wir seinen konkreten Gegenvorschlag:

> According to the picture I have been recommending, the content of a perceptual experience is already conceptual. A judgment of experience does not

---

[15] Vgl. auch Heck, Non-Conceptual Content.

introduce a new kind of content, but simply endorses the conceptual content, or some of it, that is already possessed by the experience on which it is grounded. (*MW* 48f.)

Was nun bedeutet es, wenn McDowell veranschlagt, dass der Gehalt der perzeptuellen Erfahrung bereits begrifflich sei? In welchem Sinne spricht McDowell hier von »Begrifflichkeit«? Er schreibt:

The way I am exploiting the Kantian idea of spontaneity commits me to a demanding interpretation for words like »concept« and »conceptual«. It is essential to conceptual capacities, in the demanding sense, that they can be exploited in active thinking, thinking that is open to reflection about its own rational credentials. When I say that the content of experience is conceptual, that is what I mean by »conceptual«. (*MW* 47).

Es gilt also nicht, McDowells Ansatz eine andere Art von »Begrifflichkeit« zuschreiben zu wollen, als jene Form von Begrifflichkeit, die im Denken zum Zuge kommt. Nun geht McDowells Erklärung, was genau er unter einem Begriff versteht, hier leider nicht weiter. Impliziert er eine starke Verknüpfung mit Sprache? Es verbleibt an dieser Stelle im Vagen, wie genau Begriffe in der Wahrnehmung operativ werden; nicht wenig Kritik erfahren Konzeptualisten deswegen auch gerade darin, dass sie eine Explikation dessen, was es bedeutet, ein begrifflicher Wahrnehmungsgehalt zu sein, schuldig bleiben.[16] Für Evans jedenfalls steht fest, dass es möglich sein muss, Wesen perzeptuelle Erfahrungs- und Bewusstseinszustände zuschreiben zu können, selbst wenn sie nicht über Sprache und nicht über Begriffe verfügen.

4.3 Begriffsgenese und Wahrnehmungserfahrungen bei nicht-sprachlichen und vorsprachlichen Wesen

McDowell will erreichen, dass wir unsere auf Wahrnehmungen basierenden Urteile im Prozess der Wahrnehmung bereits rechtfertigen können um so zu vermeiden, dass unsere »Anschauungen blind« sind. Aber wie, so fragt man sich aus der naturalistischen Perspektive, soll so ein System aufgebaut sein? Wenn begriffliche Fähigkeiten sich bis in die Peripherie des kognitiven Systems erstrecken, wo kommen sie dann her? Bleiben wir bei dem Bild der aufeinander aufbauenden Module, die sich phylogenetisch und ontogenetisch entwickeln: es müsste der Fall sein, wenn wir McDowells Bild folgen wollen, dass begriffliche Fähigkeiten sich gleichzeitig mit sensorischen Fähigkeiten entwickeln. Um dies mit einem Beispiel zuzuspitzen: Der Lichtsensor des Pantoffeltierchens müsste von einem Begriffsapparat begleitet sein, der dem Pantoffeltierchen erlaubt, die Wahrnehmung der Lichtquelle rational

---

[16] Vgl. Ayers, Sense Experience; Bermúdez, Debate und Heck, Non-Conceptual Knowledge.

zu begründen. Diese unangenehme Konsequenz ist in der kritischen Auseinandersetzung weitreichend und natürlich wesentlich fundierter diskutiert worden[17], McDowell selbst jedenfalls versucht diesem Problem aus dem Weg zu gehen, indem er behauptet, dass wir zwar sensorische Fähigkeiten mit Tieren gemein haben, aber dies bei uns in einer bestimmten Form vorliegt, nämlich in einer begrifflichen Form:

> We do not need to say that we have what mere animals have, non-conceptual content, and we have something else as well, since we can conceptualize that content and they cannot. Instead we can say that have what mere animals have, perceptual sensitivity to features of our environment, but we have it in a special form. Our perceptual sensitivity to our environment is taken up into the ambit of the faculty of spontaneity, which is what distinguishes us from them. (*MW* 64)

Es handelt sich hierbei um eine argumentative »Warum-nicht«- Strategie und es liegt bei diesem Punkt am Leser, ob er diesem Argument folgen möchte. Die philosophische Herausforderung besteht darin, darüber zu entscheiden, ob dieser Ansatz über genügend Plausibilität verfügt, eine naturalistisch konsistente Alternative zum Zweck der Lösung eines erkenntnistheoretischen Dilemmas zu übertrumpfen.[18]

4.4 Reichhaltigkeit und Feinkörnigkeit der Wahrnehmung

Interessant ist, dass Evans selbst die Möglichkeit, den Gehalt von Wahrnehmungserlebnissen (*perceptual experiences*) als begrifflich zu bezeichnen, in Erwägung zieht, aber zu dem Schluss kommt, dass dies zu einer Überfrachtung führen würde:

> [N]o account of what it is to be in a non-conceptual informational state can be given in terms of dispositions to exercise concepts unless those concepts are assumed to be endlessly fine-grained; and does this make sense? Do we really understand the proposal that we have as many colour concepts as there are shades of colour that we can sensibly discriminate? (*VR* 229)

McDowells Gegenargument stützt sich auf den Gebrauch von Demonstrativa, wie »dies«, anstelle eines Netzes ausdifferenzierender Begriffe:

> It is possible to acquire the concept of a shade of colour, and most of us have done so. Why not say that one is thereby equipped to embrace shades of colour within one's conceptual thinking with the very same determinateness with

---

[17] Vgl. Carey & Spelke, Science; Spelke, Physical Knowledge; Spelke, Object Perception; Spelke, Initial Knowledge; Heck, Non-Conceptual Content und Peacocke, Phenomenology.
[18] Für eine vertiefte Auseinandersetzung zu diesem Punkt vgl. Ayers, Sense Experience.

which they are presented in one's visual experience, so that one's concepts can capture colours no less sharply than one's experience presents them? (*MW* 56)

Hier scheint sich ein Henne-Ei Problem aufzutun[19]: Aus McDowells vorherigen Gedankengängen scheint zu folgen, dass wir Begriffe bereits im Moment der Rezeptivität (also der Wahrnehmung hier) in Anschlag bringen müssen. Daraus müsste folgen, dass wir die jeweiligen Begriffe, die einen Gehalt spezifizieren, bereits besitzen müssen, um überhaupt diesen Gehalt in unserer perzeptuellen Erfahrung vorzufinden. Wenn mir also kein besonders feinkörniges begriffliches Abbildungsschema zur Verfügung steht, kann ich auch nicht besonders feinkörnige perzeptuelle Differenzierungen erfahren. Nun will McDowell diesem Problem des »Was-kommt-zuerst« (Begriff oder Eindruck) mit der Möglichkeit demonstrativer Bezugnahme[20] (»diese Farbnuance«) entgehen. Aber ist das im vollen Sinne eine begriffliche Bezugnahme? Begriffe zeichnen sich durch ihre besondere Stabilität, ihrer Verankerung im Gedächtnis aus, während Demonstrativa (»dies«) nur solange referieren, wie der Referenzgegenstand perzeptuell zugänglich ist. Versuchen Sie, sich an einen bestimmten Farbton zu erinnern, in dem sie Ihr Wohnzimmer streichen möchten, und versuchen Sie dann, denselben Farbton (z. B. eine bestimmte Nuance von Sandbeige), im Baumarkt Ihrer Wahl wiederzufinden. Meine Vorhersage ist, Sie werden scheitern. McDowell erkennt dieses Problem, und schränkt seine Überlegungen auf vorhandene, d. h. perzeptuell zugängliche Beispiele (*samples*) ein, und versucht dann, den Begrifflichkeitsaspekt (im anspruchsvollen Sinne) dadurch zu retten, dass solche Bezugnahmen zumindest für kurze Zeit in der Erinnerung behalten werden können. Er schreibt:

> What is in play here is a recognitional capacity, possibly quite short-lived, that sets in with the experience. It is the conceptual content of such a recognitional capacity that can be made explicit with the help of the sample, something that is guaranteed to be available at the time of the experience with which the capacity sets in. (*MW* 57)

McDowell müsste an dieser Stelle eine elaborierte Theorie des Gedächtnisses haben, um schlüssig zu erläutern, wie sich Wiedererkennung zu Wahrnehmung und begrifflichen Urteilen verhält, bleibt diese aber schuldig. Darüber hinaus scheint sich ein Problem für seine Begriffstheorie zu ergeben: Für McDowell genügt es bei der Unterscheidung von Farbnuancen, den Begriff der Nuance zu haben, also einen Überbegriff zu den vielen möglichen Begriffen,

---

[19] Zum Zirkularitätsproblem siehe auch Peacocke, Non-Conceptual Content Defended.
[20] Gerade diese Thematik hat eine Fülle von Veröffentlichungen nach sich gezogen: Chuard, Demonstrative Concepts; Chuard, Riches; Coliva, Fine-Grained Content; Conolly, Perception; Dokic & Pachérie, Shades; Kelly, Demonstrative Concepts (siehe jedoch Peacocke, Phenomenology); Peacocke, Perception und Wright, McDowell.

mit deren Hilfe wir feine Nuancen unterscheiden würden. Es ist aber fraglich, dass dies das Problem lösen kann, denn wollen wir die Rolle von Begriffen im Akt der Wahrnehmung so verstehen, dass sämtliche diskriminatorischen Fähigkeiten dadurch begrifflich werden, dass wir einen Überbegriff für die jeweilige Kategorie[21] verwenden (Nuance, Tonhöhe, etc.)? In diesem Fall wäre noch lange nicht geklärt, wie diese Überbegriffe entstehen: benötigen wir nicht erst Kenntnis von einer Reihe von Instanzen, die diesen Begriff konstituieren, um ihn zu konstituieren?

4.5 Erkenntnistheorie und Naturalismus

Vielleicht hat McDowells Stoßrichtung etwas mit seiner generellen Abneigung gegen psychologische Beiträge zur Philosophie zu tun. Für ihn scheint es, dass der Begriff »Gehalt« in der kognitiven Psychologie einen ontologisch grundverschiedenen Anstrich hat als in der Philosophie, zumindest scheint dies in der folgenden Textpassage durch:

> I am not saying there is something wrong with just any notion of non-conceptual content. It would be dangerous to deny, from a philosophical armchair, that cognitive psychology is an intellectually respectable discipline, at least so long as it stays within its proper bounds. And it is hard to see how cognitive psychology could get along without attributing content to internal states and occurrences in a way that is not constrained by the conceptual capacities, if any, of the creatures whose lives it tries to make intelligible. But it is a recipe for trouble if we blur the distinction between the respectable theoretical role that non-conceptual content has in cognitive psychology, on the one hand, and, on the other, the notion of content that belongs with the capacities exercised in active, self-conscious thinking – as if the contentfulness of our thoughts and conscious experiences could be understood as a welling-up to the surface of some of the content that a good psychological theory would attribute to goings-on in our cognitive machinery. (*MW* 55)

McDowell hat also Schwierigkeiten damit, mentale Gehalte, die im Denken transparent werden, mit dem in Verbindung zu bringen, was auf einer subpersonalen Ebene als Gehalt klassifiziert werden kann. Ersteres ist Untersuchungsgegenstand der Philosophie, letzterer offensichtlich seiner Ansicht nach der kognitiven Psychologie, aber beide dürfen nicht vermischt werden. Es scheint ihm auch Schwierigkeiten zu bereiten, ein Verständnis dafür zu entwickeln, dass es eine kontinuierliche und kausale Abhängigkeit von Prozessen auf der subpersonalen Ebene zu Prozessen auf der personalen Ebene gibt, wie es der Gedanke eines plötzlichen »Erscheinens« oder »Auftauchens«, den er hier in den Raum stellt, nahelegt. Vielleicht will McDowell

---

[21] Vgl. Rosch et.al., Basic Objects.

nicht als Empiriker gelesen werden – allerdings sollte er zumindest erklären, wie genau die ontologische Grenze beschaffen ist, sodass eine strikte Trennung der Untersuchungsmethoden auf stabileren Füßen steht. Wie Putnam es ausdrückt: »Today ... philosophers of mind subscribe to some form of functionalism, and one misses so much as a reference to this position in Mind and World.«[22]

5. Fazit

Viele der vorgebrachten Argumente und ihre Plausibilisierungen speisen sich aus der Phänomenologie visueller Erfahrungen, dem wie-es-ist auf die Welt zu schauen und über sie nachzudenken. Und der Streit, der sich zwischen Konzeptualisten und Nicht-Konzeptualisten[23] entspinnt, setzt oft an der Frage an, ob wir im Moment der bewussten Wahrnehmungszustände bereits repräsentationale (begriffliche), oder lediglich informationale (nichtbegriffliche) Gehalte in uns vorfinden. Es stellt sich die Frage, ob es sinnvoll und gewinnbringend sein kann, eine holistische Erscheinung, wie es unser bewusstes Erleben ist, in einen systematischen Zusammenhang zu stellen, bzw. aus ihr ein System interdependierender Subsysteme ableiten zu wollen.[24] Es ist möglich, dass sich unser bewusstes Erleben aus einer ganzen Masse von subpersonalen Systemen generiert; und wenn wir die Phänomenologie unseres Erlebens »ernst nehmen«, dann müssen wir gestehen, dass ein »reiner« Wahrnehmungszustand nur schwer zum Gegenstand introspektiver Beobachtung gemacht werden kann, denn somatische, kognitive, sensomotorische (etc.) Zustände spielen stets mit im Gemenge.[25] Sinnvoller, und meines Erachtens hat Evans genau dies versucht, scheint es zu sein, das Moment perzeptueller Erfahrung weitestgehend auszuklammern und stattdessen seine Genese und seine Funktion im Gesamtsystem zu betrachten. Dieser systemische Ansatz kommt bei McDowells Kritik in zweierlei Hinsicht zu kurz: erstens wird er in seiner kritischen Auseinandersetzung mit Evans unterschlagen, da er z. B. die Abhängigkeit der Wahrnehmung vom behavioralen System nicht in Betracht zieht. Zweitens fehlt eine systematisch durchdachte Gegenposition. Die Überlegung, den Gehalt der Wahrnehmung bereits als begrifflich zu charakterisieren, verbleibt bei einer bloßen Behauptung ihrer Möglichkeit, da McDowell die Plausibilität der möglichen Gegenargumente in Zweifel

---

[22] Putnam, McDowell's Mind, S. 184.
[23] Für eine weitere Diskussion der Unvereinbarkeit der Standpunkte siehe Crowther, Two Conceptions.
[24] Für eine erweiterte Diskussion dieser grundlegenden Schwierigkeit vgl. Pompe, Perception.
[25] Vgl. Tye, Consciousness Persons und Siegel, Properties.

zieht. Die in diesem Aufsatz vorgenommene Gegenüberstellung zeigt auch, dass McDowell seinen eigenen Kritikansatz nicht wirklich konsequent verfolgt, denn Evans liefert eine naturalistisch fundierte Erkenntnistheorie, die man schwerlich durch eine rein erkenntnistheoretische Überlegung aushebeln kann, wenn man nicht eine ebenso ausdifferenzierte naturalistische Gegenposition entwickeln will. Evans wird in diesem Sinne von McDowell lediglich als Blaupause verwendet, vor deren Hintergrund er mit Kants Worten versucht, ein Problem zu lösen, das Evans gar nicht hat, nämlich wie Sinneseindrücke rationale Gründe für Überzeugungen sein können. Es geht Evans aber gar nicht um Rechtfertigungen oder Begründungen, sondern es geht ihm um die differenzierte Betrachtung unserer kognitiven Architektur. Und diese Betrachtungen stellt er an, um zu eruieren, wie wir auf die Welt auf die eine oder andere Weise Bezug nehmen können – es geht ihm eben um die *Varieties of Reference*.

Literatur

Ayers, M.: Is perceptual content ever conceptual? In: *Philosophical Books*, 43(1), 2002, S. 5–17.
– Sense experience, concepts, and content – objections to Davidson and McDowell. In: *Perception and Reality: From Descartes to the Present*, hg. von R. Schumacher. Paderborn 2004, S. 239–262.
Bermúdez, J. L.: Nonconceptual content: From perceptual experience to subpersonal computational states. In: *Mind & Language* 10(4), 1995, S. 333–369.
– What is at stake in the debate on nonconceptual content? In: *Philosophical Perspectives* 21, 2007, S. 55–72.
– (Hg.) *Thought, Reference, and Experience: Themes from the Philosophy of Gareth Evans*. Oxford 2005.
Brewer, B.: *Perception and Reason*. New York 1999.
– Perceptual experience has conceptual content. In: *Contemporary Debates in Epistemology*, hg. von E. Sosa und M. Steup. Oxford 2005, S. 217–230.
Campbell, J.: Information processing, phenomenal consciousness, and Molyneux's question. In: *Thought, Reference, and Experience: Themes from the Philosophy of Gareth Evans*, hg. von J. L. Bermúdez. Oxford 2005, S. 195–219.
Carey, S. & Spelke E. S.: Science and core knowledge. In: *Philosophy of Science* 63(4), 1996, S. 515–533.
Chuard, P.: Demonstrative concepts without reidentification. In: *Philosophical Studies* 130, 2006, S. 153–201.
– The Riches of Experience. In: *Journal of Consciousness Studies* 14 (9–10), 2007, S. 20–42.
Coliva, A.: The argument from the finer-grained content of colour experiences: A redefinition of its role within the debate between McDowell and non-conceptual theorists. In: *Dialectica: International Journal of Philosophy of Knowledge*, 57(1), 2003, S. 57–70.
Connolly, K.: Does perception outstrip our concepts in fineness of grain? In: *Ratio* 24, 2011 S. 243–258.
Crane, T.: The waterfall illusion. In: *Analysis* 48, 1988, S. 142–147.
– Concepts in perception. In: *Analysis* 48, 1988a, S. 150–153.
– The Nonconceptual Content of Experience. In: *The Contents of Experience: Essays on Perception*, hg. von T. Crane. New York 1992, S. 136–57.
Crowther, T.: Two conceptions of conceptualism and nonconceptualism. In: *Erkenntnis* 65, 2006, S. 245–276.
Dokic, J., & Pacherie, E.: Shades and concepts. In: *Analysis* 61, 2001, S. 193–202.
Dretske, F.: *Knowledge and the Flow of Information*. Cambridge 1981.
– *Naturalizing the Mind*. Cambridge 1995.
Evans, G.: *The Varieties of Reference*. Oxford 1982.
Gibson, J. J.: *The Senses Considered as Perceptual Systems*. London 1968.
Heck, R.: Nonconceptual content and the space of reasons. In: *The Philosophical Review* 109, 2000, S. 483–523.
Hurley, S.: *Consciousness in Action*. Cambridge 1998.

Kelly, S. D.: Demonstrative concepts and experience. In: *The Philosophical Review* 110, 2001, S. 397–420.
McDowell, J.: *Mind and World*. Cambridge MA 1994.
Peacocke, C.: Nonconceptual content: Kinds, rationales and relations. In: *Mind and Language* 9, 1994, S. 419–429.
- Nonconceptual content defended. In: *Philosophy and Phenomenological Research* 58, 1998, S. 381–388.
- Phenomenology and nonconceptual content. In: *Philosophy and Phenomenological Research* 62, 2001, S. 609–616.
- Does perception have a nonconceptual content? In: *Journal of Philosophy* 98, 2001a, S. 239–264.
Pompe, U.: *Perception and Cognition. The Analysis of Object Recognition*. Paderborn 2011.
Putnam, H.: McDowell's Mind and McDowell's World. In: *Reading McDowell. On Mind and World*, hg. von N. E. Smith. London 2002, S. 174–189.
Rosch, E., et. al.: Basic objects in natural categories. *Cognitive Psychology* 8, 1976, S. 382–439.
Roskies, A. L.: A new argument for nonconceptual content. In: *Philosophy and Phenomenological Research* 76, 2008, S. 633–659.
Sedivy, S.: Must Conceptually Informed Perceptual Experience Involve Non-Conceptual Content?. In: *Canadian Journal of Philosophy* xxvi, 1996, S. 413–31.
Sellars, W. S.: *Empiricism and the Philosophy of Mind*, hg. von R. Brandom. Cambridge, MA 1997.
Siegel, S.: Which properties are represented in perception? In: *Perceptual Experience*, hg. von T. S. Gendler, T. S. und J. Hawthorne. New York 2006, S. 481–503.
Spelke, E. S.: The origins of physical knowledge. In: *Thought without language*, hg. von L. Weiskrantz, Oxford 1988.
- Principles of object perception. *Cognitive Science* 14(1), 1990, S. 29–56.
- Initial knowledge: six suggestions. *Cognition* 50, 1994, S. 431–445.
Tye, M.: *Ten Problems of Consciousness*. Cambridge 1995.
- *Consciousness, Color, and Content*. Cambridge MA 2000.
- *Consciousness and Persons. Unity and Identity*. Cambridge MA 2003.
Wright, W.: McDowell, demonstrative concepts, and nonconceptual representational content. In: *Disputatio* 14, 2003, S. 39–54.

Catrin Misselhorn

WAHRNEHMUNGSREPRÄSENTATION UND OBJEKTIVITÄT

Zur Verteidigung von Evans' Neo-Kantianismus[1]

Gareth Evans gilt bis heute als ein zu wenig gewürdigtes Genie der Philosophie, das aufgrund seines tragischen frühen Todes das volle Potential seines philosophischen Ansatzes nicht mehr entfalten konnte. Hinter dem Bedauern steht die Auffassung, dass Evans' Ansatz auch heute noch einen wichtigen Beitrag zu verschiedenen philosophischen Debatten leisten könnte. Dieser Wertschätzung von Evans' Philosophie versetzt Tyler Burge in seinem Buch *The Origins of Objectivity* einen Dämpfer. Das Kapitel über den neo-kantischen individuellen Repräsentationalismus ist zu wesentlichen Teilen der Widerlegung von Evans gewidmet. Burges Urteil ist vernichtend: Evans' Ansatz beruhe letztlich auf grundlegenden begrifflichen Verwirrungen und schwachen Argumenten. Außerdem sei er empirisch offensichtlich inadäquat. Ich möchte in meinem Beitrag überprüfen, ob Burges Gründe für die Zurückweisung von Evans' Neo-Kantianismus stichhaltig sind, und ob es gerechtfertigt ist, Evans' Ansatz so grundsätzlich zu verwerfen, wie Burge meint.

Darüber hinaus hoffe ich, im Verlauf der Auseinandersetzung mit Burge Evans' grundlegenden Thesen und Argumenten schärfere Konturen zu verleihen. Dabei nehme ich mir gewisse interpretatorische Freiheiten und mache Modifikationen, wo es mir sachlich notwendig erscheint. Doch diese Veränderungen sind vom Prinzip des Wohlwollens geleitet, von dem jede philosophische Interpretation ausgehen sollte. Es besagt, dass eine Position so überzeugend wie möglich zu rekonstruieren ist. Der Punkt, auf den es mir ankommt, ist, dass die wesentlichen Züge von Evans' Neo-Kantianismus erhalten bleiben. Wie an meiner Rede- und Vorgehensweise ersichtlich werden dürfte, nähere ich mich Evans nicht als in der Wolle gefärbter Evansianer, sondern als jemand, der sowohl die Stärken von Burges Ansatz zu schätzen weiß, als auch Kant grundlegende Einsichten verdankt. »Mein« modifizierter Evans erlaubt es, diese beiden Perspektiven zur Deckung zu bringen.

---

[1] Für hilfreiche Kommentare und Diskussionen, die zur wesentlichen Verbesserung meiner Argumentation beigetragen haben, danke ich Angela Matthies und Ulrike Ramming sowie den Teilnehmern unserer beiden Workshops »The Varieties of Evans« im Januar und Mai 2013.

1. Evans' Neo-Kantianismus

Die Bezeichnung »Neo-Kantianismus« für Evans' Ansatz bezieht sich im vorliegenden Kontext v. a. auf drei Aspekte: *Erstens* kann man Evans' Projekt in kantischer Manier so beschreiben, dass es ihm darum geht, wie objektive Repräsentation möglich ist. Das heißt, Evans' Ziel besteht darin, eine Theorie objektiver Repräsentation zu entwickeln. *Zweitens* folgt Evans nicht nur Kants Argumentationsziel, sondern er teilt auch eine wichtige inhaltliche These mit Kant, und zwar die, dass objektive Repräsentation notwendigerweise bestimmte Begriffe oder begriffliche Fähigkeiten involviert. *Drittens* geht Evans ebenso wie Kant bei der Entwicklung seiner Theorie in einem noch näher zu bestimmenden Sinn a priori vor.

Nach Burge beinhaltet nun bereits die Formulierung des Argumentationsziels des neo-kantischen Projekts eine Ambiguität, die Evans von Strawson erbt:

> The slide in Strawson between a theory of our conception of objective representation and a theory of objective representation gained momentum in the work of his followers and strikingly in Evans's work.[2]

Es werde ein stillschweigender Übergang von einer *Theorie unserer Konzeption objektiver Repräsentation* hin zu einer *Theorie objektiver Repräsentation* vollzogen. So ähnlich diese beiden Formulierungen auch klingen mögen, laufen sie doch nicht auf dasselbe hinaus: In der ersten geht es darum, unsere *Konzeption* von Objektivität zu beleuchten. Die zweite hingegen hat das Ziel, objektive Repräsentation selbst zu erklären. Wie Burge weiterhin meint, ist die oberflächliche Plausibilität der inhaltlichen neo-kantischen These, dass objektive Repräsentation bestimmte Begriffe oder begriffliche Fähigkeiten erfordert, auf diese Ambiguität in der Formulierung des Argumentationsziels zurückzuführen.

Folgt man Burges Ambiguitätsannahme, so erlaubt Evans' neo-kantische Grundthese zwei unterschiedliche Lesarten:

(T1) Unsere Konzeption objektiver Repräsentation beinhaltet bestimmte Begriffe bzw. begriffliche Fähigkeiten.

(T2) Objektive Repräsentation beinhaltet bestimmte Begriffe bzw. begriffliche Fähigkeiten.

Während Burge anzunehmen scheint, dass (T1) wahr, aber trivial ist, hält er (T2) für schlichtweg falsch.

Es ist leicht zu verstehen, warum er (T1) für wenig interessant erachtet: Eine Konzeption von Objektivität ist ein Begriffsschema, welches den Begriff der Objektivität enthält. Dieser kann dann mit Hilfe anderer Begriffe,

---

[2] Burge, Origins, S. 181 f.

Wahrnehmungsrepräsentation und Objektivität 181

beispielsweise des Raumbegriffs, analysiert werden. Es handelt sich also einfach um eine klassische Analyse des Objektivitätsbegriffs. Der Haken an der Sache ist, dass eine solche Begriffsanalyse nichts über die Natur objektiver Repräsentation aussagt, sondern nur über unseren Begriff der Objektivität. Das deutlich anspruchsvollere Projekt besteht darin, im Sinn von (T2) zu zeigen, dass objektive Repräsentation Begriffe bzw. begriffliche Fähigkeiten erfordert. Im Unterschied zu (T1) geht es dabei um die perzeptuelle Repräsentation von Objekten und gerade nicht um eine begriffliche Objektivitätskonzeption. Interpretiert man Evans' Projekt auf diese Art und Weise, so ist es nach Burge zwar philosophisch interessant, aber offenkundig falsch, weil es zu einer empirisch völlig inadäquaten Sichtweise objektiver Repräsentation führe.

Ich stimme Burge zu, dass sich für Evans tatsächlich das Dilemma zwischen einer trivialen und einer falschen Lesart ergäbe, wenn (T1) und (T2) die einzigen Möglichkeiten wären, Evans' Projekt zu verstehen. Doch dies ist meiner Ansicht nach nicht der Fall. Es gibt eine dritte Lesart, die Evans' Projekt weder uninteressant noch offensichtlich empirisch inadäquat macht:

(T3) Wahrnehmungsrepräsentation *als objektiv* beinhaltet bestimmte Begriffe bzw. begriffliche Fähigkeiten.

Alles hängt nun davon ab, wie der Ausdruck »als objektiv« zu verstehen ist. Wann wird ein perzeptueller Gehalt als objektiv präsentiert? In einer ersten Annäherung ist die Formulierung »als objektiv« im Sinn einer *Gegebenheitsweise* zu verstehen als die Art und Weise, wie der repräsentierte Gegenstand dem Subjekt erscheint. Dies setzt die Neo-Fregeanische Sichtweise voraus, wonach der Gehalt von Wahrnehmungen und Wahrnehmungsmeinungen nicht in den wahrgenommenen Gegenständen und Eigenschaften selbst besteht, sondern in Gegebenheitsweisen dieser Gegenstände und Eigenschaften.

Auf die Frage, wann etwas als objektiv erscheint, gibt es nun zwei plausible und aufeinander bezogene Antworten.[3] Die erste besteht darin, dass ein perzeptueller Gehalt als objektiv präsentiert wird, wenn er einzelne Objekte als in Raum und Zeit befindlich darstellt. Die zweite Antwort besagt, dass diese Objekte uns als geistunabhängig (d. h. unabhängig von unserer Wahrnehmung existierend) präsentiert werden. Da es um perzeptuelle Repräsentation von Einzelgegenständen geht, dürfen beide Antworten zusammen genommen werden.[4] Denn die Geistunabhängigkeit konkreter Einzelgegenstände

---

[3] Vgl. Evans, things.
[4] Cassam, Space, kritisiert Evans' Argumentation für einen Zusammenhang zwischen dem Begriff der Objektivität und dem Begriff des Raums in »Things without the Mind«. Doch diese Kritik können wir an dieser Stelle beiseitelassen, da es um die Wahrnehmung konkreter Einzeldinge geht, für die ein solcher Zusammenhang plausibel ist.

zeigt sich in der Wahrnehmung dadurch, dass sie unabhängig von uns in Raum und Zeit bestehen. Das heißt, perzeptuelle Repräsentation als objektiv präsentiert uns Einzelgegenstände als unabhängig von unserer Wahrnehmung in Raum und Zeit existierend. Evans vertritt nun die These, dass diese beiden Aspekte sich in den strukturellen Eigenschaften von Repräsentationen manifestieren, und dass diese strukturellen Eigenschaften bestimmte Begriffe bzw. begriffliche Fähigkeiten erfordern. Wie ich im Folgenden in Auseinandersetzung mit Burges Kritikpunkten an Evans zeigen werde, ist diese These weder trivial noch empirisch inadäquat.

Um Evans' Argumentation richtig zu verstehen, ist es wichtig, sich darüber im Klaren zu sein, dass für Evans perzeptuelle Repräsentationen nicht nur die Sinneswahrnehmung umfassen, sondern auch Wahrnehmungsgedanken. (T3) beinhaltet somit eigentlich zwei Behauptungen:

(T3.1) Die sinnliche Wahrnehmung von etwas als objektiv beinhaltet bestimmte Begriffe bzw. begriffliche Fähigkeiten.
(T3.2) Wahrnehmungsgedanken von etwas als objektiv beinhalten bestimmte Begriffe bzw. begriffliche Fähigkeiten.

Wenn man Evans' Argumenten gerecht werden will, ist es wichtig, die Unterscheidung dieser beiden Thesen im Hinterkopf zu behalten. Denn einige haben die Aufgabe, (T3.1) zu stützen, während andere der Begründung von (T3.2) dienen. Das Ziel der ersten Reihe von Argumenten, die wir betrachten werden, besteht darin, zu zeigen, dass die Sinneswahrnehmung von etwas als objektiv bestimmte Begriffe bzw. begriffliche Fähigkeiten erfordert. Die zweite Gruppe von Argumenten soll darlegen, dass man über bestimmte begriffliche Fähigkeiten verfügen muss, um Wahrnehmungsgedanken von etwas als objektiv fassen zu können.

In der Diskussion zwischen Evans und Burge stehen dabei eigentlich zwei Fragen auf dem Spiel. Die eine ist, ob für perzeptuelle Repräsentationen überhaupt irgendwelche Begriffe oder begriffliche Fähigkeiten erforderlich sind. Umstritten ist dies hauptsächlich für die sinnliche Wahrnehmung von etwas als objektiv, also (T3.1). Die andere Frage ist, ob Evans die relevanten Begriffe oder begrifflichen Fähigkeiten richtig identifiziert. Das betrifft v. a. die Argumente, die die Begriffe oder begrifflichen Fähigkeiten bestimmen, welche dafür erforderlich sind, um Wahrnehmungsgedanken von etwas als objektiv zu fassen. Kaum jemand würde bestreiten, dass Begriffe oder begriffliche Fähigkeiten dafür notwendig sind, um etwas als objektiv zu denken. Der strittige Punkt ist also eigentlich nicht (T3.2) als solches, sondern ob Evans die notwendigen Begriffe oder begrifflichen Fähigkeiten korrekt erfasst.

Ich möchte Evans' Argumente zugunsten von (T3.1) und (T3.2) und Burges Kritik daran nun einer näheren Betrachtung unterziehen. Auch wenn Burge die von mir getroffene Unterscheidung von Thesen und Lesarten nicht vollzieht, lassen sich seine Argumente diesen doch gut zuordnen. Daher kann ich im Wesentlichen seiner Exposition von Evans' Argumenten folgen. Das macht es einfacher, zu überprüfen, ob seine Rekonstruktion und Kritik zutreffend ist. Ich werde schließlich noch eine These (T4) einführen, die sich als ein Korollar von (T3.2) erweist.

(T4) Um Gedanken über die räumliche Welt (als objektiv) verstehen zu können, muss ein Subjekt ein Verständnis des allozentrischen Raums haben sowie in der Lage sein, egozentrischen und allozentrischen Raum in Beziehung zueinander zu setzen.

Da diese These in Evans' Denken eine besonders prominente Rolle spielt, werde ich ihr einen separaten Abschnitt widmen. Ich möchte jedoch nicht nur Burges Kritikpunkte im Einzelnen zurückweisen, sondern auch eine Diagnose versuchen, warum seine Kritik fehlgeht. Zum Abschluss werde ich zeigen, dass Evans' neo-kantischer Ansatz nicht nur Burges Kritik widersteht, sondern auch im Kontext der gegenwärtigen Wahrnehmungstheorie originelle Einsichten bereithält, insbesondere im Hinblick auf das Zusammenspiel von phänomenalem und intentionalem Gehalt in der Wahrnehmung.

2. Evans' Argumente zugunsten von (T3.1) und Burges Kritik

Aus Burges Sicht finden sich bei Evans zwei rudimentär ausgearbeitete Argumente für die Behauptung, dass die Sinneswahrnehmung propositionale Gedanken erfordert. Das eine Argument bezieht sich auf das Bewusstsein, im anderen geht es um die Unterscheidung zwischen dem, was ein Individuum tut im Gegensatz zu dem, was sein Gehirn vollzieht (vgl. Burge, Origins, S. 188). Das erste Argument lautet nach Burge wie folgt:

Argument 1[5]

(1) Bewusstsein ist notwendig für objektive perzeptuelle Repräsentation.
(2) Gedanken (propositionale Einstellungen) sind notwendig für Bewusstsein.
(3) Deshalb sind Gedanken (propositionale Einstellungen) notwendig für objektive perzeptuelle Repräsentation.

---

[5] Dieses Argument findet sich nach Burges Angaben in *The Varieties of Reference* auf S. 157–158. Die Anordnung der Prämissen habe ich verändert, da es sich für die nachfolgende Diskussion als günstiger erwies, auf Einwände mit ansteigendem Schwierigkeitsgrad nacheinander einzugehen.

Burge weist dieses Argument mit dem schlichten Hinweis auf einfache Tierarten wie Honigbienen oder Springspinnen zurück, die nicht über Gedanken (propositionale Einstellungen) verfügen und trotzdem objektive Wahrnehmungsrepräsentationen haben. Burge hält bereits die erste Prämisse für falsch, denn wie die genannten Beispiele zeigen, besitzen sogar Tiere ohne Bewusstsein objektive perzeptuelle Repräsentationen. Außerdem sind Menschen, die unter sog. Rindenblindheit leiden, in der Lage, visuell bestimmte Einzelobjekte herauszugreifen, ohne einer bewussten Wahrnehmungserfahrung zu unterliegen. Auch die zweite Prämisse trifft aus Burges Sicht nicht zu. Es ist nicht notwendig, über Gedanken (propositionale Einstellungen) zu verfügen, um Bewusstsein zu haben. So gibt es Tiere, die Bewusstsein haben und beispielsweise Schmerz empfinden können, ohne die Fähigkeit zum Denken zu besitzen.

Allerdings setzen Burges Einwände voraus, dass Evans' neo-kantische Grundthese ein Ausdruck von (T2) ist.

(T2) Objektive Repräsentation beinhaltet bestimmte Begriffe bzw. begriffliche Fähigkeiten.

Doch anstelle dieser Lesart habe ich oben ein anderes Verständnis von Evans' Projekt vorgeschlagen, wie es (T3) formuliert:

(T3) Wahrnehmungsrepräsentation *als objektiv* beinhaltet bestimmte Begriffe bzw. begriffliche Fähigkeiten.

Überprüfen wir also, ob Burges Einwände im Licht von (T3) überzeugen können. Um dem Unterschied zwischen (T2) und (T3) gerecht zu werden, müssen wir das Argument zunächst leicht modifizieren:

Argument 1'

(1') Bewusstsein ist notwendig, um etwas als objektiv wahrzunehmen.
(2') Gedanken (propositionale Einstellungen) sind notwendig für Bewusstsein.
(3') Deshalb sind Gedanken (propositionale Einstellungen) notwendig, um etwas als objektiv wahrzunehmen.

Die erste Frage ist, ob Honigbienen und Springspinnen nicht nur objektive Wahrnehmungsrepräsentationen haben, sondern etwas *als objektiv* wahrnehmen können. Burge bejaht diese Frage. Für ihn gibt es keinen Unterschied zwischen einer Repräsentation von etwas und einer Repräsentation von etwas als etwas: »All representation is representation-*as*.«[6] Aus diesem Grund fallen für ihn (T2) und (T3) auch letztlich zusammen. Dieser Gleichsetzung würde

---

[6] Burge, Origins, S. 45.

Evans freilich nicht zustimmen. Für ihn ist die perzeptuelle Repräsentation von etwas als objektiv im Unterschied zu einem wahrnehmungsartigen Informationszustand bewusst. Der entscheidende Punkt ist also, was Bewusstsein in diesem Fall ausmacht.

Wie bereits erwähnt, interpretiert Burge Bewusstsein als phänomenales Bewusstsein und weist diese Option mit dem Hinweis auf Tiere zurück, die zwar phänomenales Bewusstsein haben und beispielsweise Schmerz empfinden können, ohne die Fähigkeit zum Denken zu besitzen. Für Evans erschöpft sich Bewusstsein von etwas als objektiv jedoch nicht in phänomenalem Bewusstsein. An der von Burge als Referenz angegebenen Stelle von *The Varieties of Reference* bestimmt Evans näher, was er unter bewusster Wahrnehmungserfahrung versteht:

> [...] we arrive at conscious perceptual experience when sensory input is not only connected to behavioral dispositions (...) but also serves as the input to a *thinking, concept-applying, and reasoning system*.[7]

Bewusste Wahrnehmungserfahrung (i.S. von Wahrnehmung von etwas als objektiv) entsteht somit erst dann, wenn die Sinnesempfindung nicht nur unmittelbar zu einem bestimmten Verhalten führt, wie im Fall der Honigbiene oder Springspinne, sondern als Input für das Denken fungiert, wobei Denken durch die Anwendung von Begriffen und rationale Inferenzen definiert wird.

In der Terminologie Ned Blocks geht es Evans zunächst einmal nicht um phänomenales Bewusstsein, sondern um Zugangsbewusstsein (*access consciousness*).[8] Während das phänomenale Bewusstsein den qualitativen Aspekt der Sinneserfahrung in den Vordergrund stellt, also wie sich etwas anfühlt, beispielsweise Schmerz, geht es beim Zugangsbewusstsein um den Zugang zu mentalen Zuständen mit einem repräsentationalen Gehalt, die zum Input rationaler Inferenzen werden und der rationalen Handlungskontrolle dienen können. Zusätzlich sind sie häufig auch sprachlich formulierbar (das ist jedoch keine notwendige Bedingung):

> A state is access-conscious (A-conscious) if, in virtue of one's having that state, a representation of its content is (1) inferentially promiscuous (Stich, 1978), i. e. poised to be used as a premise in reasoning, and (2) poised for rational control of action and (3) poised for rational control of speech.[9]

Für Evans ist Zugangsbewusstsein, welches inferentielle Fähigkeiten (und somit Begriffe) erfordert, notwendig für die Wahrnehmung von etwas als objektiv.

---

[7] Evans, Varieties, S. 158.
[8] Block, On a Confusion.
[9] Block, On a Confusion, S. 231.

Entgegen Burges Absichten unterstützt gerade sein Beispiel der unter Rindenblindheit leidenden Subjekte, die in der Lage sind, Gegenstände visuell herauszugreifen, obwohl sie keine bewusste Wahrnehmung haben, Evans' These. Burge ist zwar darin zuzustimmen, dass sie (unbewusst) Gegenstände wahrnehmen, aber sie nehmen sie nicht *als objektiv* wahr. Denn die meisten der unter Rindenblindheit leidenden Subjekte bestehen darauf, dass sie nichts wahrnehmen, sondern lediglich raten. Die Informationen über die raum-zeitliche Lokalisierung der Gegenstände ist zwar in ihrem Informationsverarbeitungssystem vorhanden, aber eben gerade nicht in Form von Wahrnehmungen der Gegenstände als objektiv. Dies zeigt sich daran, dass sie auf der Ebene des rationalen Denkens und Handelns keine Rolle spielen.

Was nun unterscheidet diese Informationsverarbeitungsprozesse genau vom rationalen Denken? Für Evans findet das Denken und Schlussfolgern auf einer personalen Ebene statt, die sich in dreierlei Hinsichten von sub-personalen Informationsverarbeitungsprozessen unterscheidet: *Erstens* geht es um Gründe, die in propositionalen Einstellungen wie Meinungen und Wünschen bestehen. Diese Gründe sind, *zweitens*, aus der Perspektive der ersten Person zugänglich, und *drittens* unterliegen Personen normativen Rationalitätsansprüchen. Aufgrund dieser Charakteristika involviert das Denken auf der personalen Ebene – im Unterschied zu sub-personalen Informationsverarbeitungsprozessen – Begriffe oder begriffliche Fähigkeiten.

Diese Thematik führt uns zum zweiten Argument, das Burge bei Evans für die Behauptung identifiziert, dass objektive Wahrnehmungsrepräsentationen bestimmte Begriffe oder begriffliche Fähigkeiten beinhalten müssen.[10]

Argument 2[11]

   (1) Informationszustände, die wahrnehmungsartig sind, aber nicht dem Denken dienen, dürfen nur dem Gehirn zugeschrieben werden, aber nicht dem Wahrnehmenden als Individuum.

   (2) Genuine Wahrnehmungsrepräsentationen zeichnen sich dadurch aus, dass sie dem Wahrnehmenden als Individuum zugeschrieben werden können.

   (3) Wahrnehmungsartige Informationszustände können nur dann dem Wahrnehmenden als Individuum zugeschrieben werden, wenn sie mit dem propositionalen Denken auf individualpsychologischer Ebene verknüpft sind.

---

[10] Burge, Origins, S. 189.
[11] Dieses Argument findet sich nach Burges Angaben in *The Varieties of Reference* auf den Seiten 158 und 227.

(4) Deshalb müssen genuine Wahrnehmungsrepräsentationen mit dem propositionalen Denken auf individualpsychologischer Ebene verknüpft sein.

Burge ist bereit, Prämisse (2) in leicht modifizierter Form zu akzeptieren, aber er weist die erste und dritte Prämisse des Arguments zurück. Wiederum führt er als empirische Gegenbeispiele einfache Tierarten an, deren Wahrnehmungszustände ihr Verhalten (beispielsweise Nahrungsaufnahme oder Partnersuche) beeinflussen, welches wiederum dem ganzen Tier und nicht nur seinem Gehirn zuzuschreiben ist. Gleichwohl besitzen diese Tierarten nicht die Fähigkeit zum propositionalen Denken.

Dieser Punkt ist Burge zuzugestehen, aber seine Rekonstruktion gibt die Pointe von Evans' Argument nicht richtig wieder. Die Formulierung der ersten Prämissen ist irreführend. Es geht Evans nämlich nicht um den Kontrast zwischen Individuum und Gehirn, sondern um die personale Ebene der Rationalität. Sein Punkt bliebe daher auch dann bestehen, wenn man den gesamten physiologischen Apparat eines Organismus miteinbezöge, solange sich die Prozesse auf sub-personaler Ebene abspielen. Die Prämissen müssen daher wiederum der Lesart von Evans' These als (T3) entsprechend reformuliert werden.

Argument 2'

(1') Informationszustände, die wahrnehmungsartig sind, aber nicht dem Denken dienen, dürfen nicht dem Wahrnehmenden als Person zugeschrieben werden.

(2') Genuine Wahrnehmungsrepräsentationen von etwas als objektiv zeichnen sich dadurch aus, dass sie dem Wahrnehmenden als Person zugeschrieben werden können.

(3') Wahrnehmungsartige Informationszustände können nur dann dem Wahrnehmenden als Person zugeschrieben werden, wenn sie mit dem propositionalen Denken auf individualpsychologischer Ebene verknüpft sind.

(4') Deshalb müssen genuine Wahrnehmungsrepräsentationen von etwas als objektiv mit dem propositionalen Denken auf individualpsychologischer Ebene verknüpft sein.

Worin unterscheidet sich eine Person von einem individuellen Organismus? Burge selbst gibt einen Hinweis auf die richtige Antwort, nämlich Bewusstsein. Er verwirft diese Möglichkeit jedoch mit dem Argument, dass er bereits gezeigt habe, dass propositionales Denken nicht notwendig ist für bewusste Wahrnehmung (was ja die zweite Prämisse des ersten Arguments war). Allerdings haben wir Burges Einwände gegen diese These zurückgewiesen. Einfache Tierarten und Menschen, die unter Rindenblindheit leiden, können zwar wahrnehmungsartige Zustände haben. Diese tragen Informationen über die raum-zeitliche Lokalisierung von Gegenständen und können Einfluss auf das Verhalten des Organismus ausüben. Aber es handelt sich gerade nicht um Wahrnehmungen der Gegenstände als objektiv.

Was aber macht Wahrnehmungen der Gegenstände als objektiv aus? Eine Möglichkeit bestünde darin, dass der Begriff der Objektivität im Gehalt der Wahrnehmung auftaucht. Wahrnehmungsrepräsentationen von etwas als objektiv hätten dann einen disjunktiven Gehalt der Form: »a ist F und das ist objektiv der Fall.« Doch diese Option ist wenig einleuchtend. Vielmehr scheint Evans' Lösung dieses Problems darin zu bestehen, dass diese Zustände Input für das rationale Denken und Handeln in Form von propositionalen Einstellungen darstellen, die aus der Perspektive der ersten Person zugänglich sind. Anders als die wahrnehmungsartigen Zustände des Informationssystems müssen Wahrnehmungen der Gegenstände als objektiv dem Subjekt aus diesem Grund auf der Ebene personaler Rationalität zuschreibbar sein, wie Argument 2 es fordert.

Das ist auch der Grund, warum Evans' These (T3.1) keineswegs trivial ist. Man könnte zunächst meinen, dass die Behauptung, dass Wahrnehmungsrepräsentationen von etwas als objektiv Begriffe bzw. begriffliche Fähigkeiten erfordern, philosophisch nicht besonders interessant ist. Denn der Wahrnehmungsgehalt von »sehen als« wird im Anschluss an Wittgenstein häufig so analysiert, dass er Begriffe involviert.[12] Wie sich nun zeigt, ist das jedoch nicht der Fall. Denn nach Evans beinhaltet der Wahrnehmungsgehalt als solcher nicht unbedingt Begriffe und schon gar nicht den Begriff der Objektivität, um den es beim Wahrnehmen von etwas als objektiv ja gehen müsste.[13] Vielmehr erfordern Wahrnehmungen von etwas als objektiv deshalb Begriffe, weil sie notwendigerweise als Input für das Denken auf der personalen Ebene der Rationalität dienen können. Und diese personale Ebene der Rationalität erfordert begriffliche Fähigkeiten. Um die Welt als objektiv wahrzunehmen, muss das Subjekt allerdings nicht bloß über irgendwelche Begriffe verfügen, sondern es muss in der Lage sein, ganz spezifische Schlussfolgerungen zu ziehen. Dieser Gedanke untermauert erneut, wie stark Evans in der Tradition Kants steht. Denn die bestimmten inferentiellen Fähigkeiten, über die das Subjekt verfügen muss, spielen eine ähnliche Rolle wie die Kategorien im Rahmen der

---

[12] Diese Auffassung vertreten z. B. Fodor, Revenge, Noe, Action, und Prinz, Beyond Appearances. Entgegen der Standardinterpretation von Wittgenstein (vgl. z. B. O'Shaughnessy, Seeing an Aspect) meint Voltolini, Content, jedoch, dass Wittgenstein einen differenzierteren Standpunkt einnimmt.

[13] Es ist nicht ganz eindeutig, ob Evans wahrnehmungsartige Zustände mit nicht-begrifflichem Gehalt nur auf der sub-personalen Ebene annimmt (vgl. z. B. Campbell, Information Processing), oder ob für ihn auch Wahrnehmungen auf der personalen Ebene nicht-begrifflichen Gehalt haben können. Meine Rekonstruktion ist mit beiden Möglichkeiten vereinbar.

kantischen Philosophie. Auf die Natur dieser Schlussfolgerungen werde ich im nächsten Abschnitt näher eingehen, der sich mit Wahrnehmungsgedanken befasst.

Es lassen sich somit theoretisch drei Ebenen der Wahrnehmung unterscheiden: Unbewusste wahrnehmungsartige Informationszustände, bewusste Wahrnehmung sowie bewusste Wahrnehmung von etwas als objektiv. Während bewusste Wahrnehmungen als Input für irgendwelche Inferenzen dienen können müssen, erfordert bewusste Wahrnehmung von etwas als objektiv, dass das Subjekt ganz bestimmte Schlussfolgerungen ziehen kann. Diese Konzeption wirft jedoch zwei wichtige Fragen auf. Die erste Frage ist, ob es denn auch bewusste Wahrnehmung von etwas geben kann, die keine Wahrnehmung von etwas als objektiv ist. Evans unterscheidet diese beiden Fälle nicht eindeutig voneinander. Der Sache nach setzen die meisten unserer Gegenstandskategorien wie z. B. Blumen, Bäume, Häuser, Tiere, Schiffe etc. die Vorstellung der Objektivität wohl schon voraus. Die Wahrnehmung von etwas als Blume, Baum, Haus etc. wäre demnach bereits durchdrungen von Objektivität. Sollte es bewusste Wahrnehmungen geben, die keine Wahrnehmungen von etwas als objektiv sind, dann würden sich diese stark von der bewussten Weltwahrnehmung voll entwickelter Menschen unterscheiden. Die involvierten inferentiellen Fähigkeiten dürften keinen Rekurs auf Gegenstandskategorien machen, die die Vorstellung von Objektivität erfordern. Es würde sich daher mutmaßlich um ein stark ausgedünntes, lokales Inferenzsystem handeln.

Eine solche Vorstellung steht allerdings in einem gewissen Spannungsverhältnis zu einer zentralen Anforderung, die Evans an das propositionale Denken stellt: Es muss der Allgemeinheitsbedingung (*Generality Constraint*) genügen. Diese Bedingung besagt, dass die begrifflichen Bestandteile von Gedanken miteinander auf systematische Art und Weise verknüpft sein müssen: So erfordert das Verständnis des Gedankens, dass a F ist, sowohl ein Verständnis der Gedanken, dass b F ist, dass c F ist, dass d F ist etc. als auch ein Verständnis der Gedanken, dass a G ist, dass a H ist, dass a E ist etc.[14] Es erscheint mir zweifelhaft, ob ein stark ausgedünntes, lokales Inferenzsystem, wie es bewusste Wahrnehmungen involvieren müssten, die keine Wahrnehmungen von etwas als objektiv sind, diese Bedingung erfüllen würde. Insofern wäre es folgerichtig von Evans, dass er diese Unterscheidung nicht macht, denn bewusste Wahrnehmungen würden für ihn mit Wahrnehmungen von etwas als objektiv zusammenfallen.

Die zweite Frage, die sich stellt, ist, wie Wahrnehmungen (bzw. bei Evans wahrnehmungsartige Informationszustände) strukturiert sein müssen, damit sie als Input des inferentiellen Systems fungieren können. Eine Möglichkeit

---

[14] Evans, Varieties, S. 104, Fn. 21.

besteht darin, die Wahrnehmung bereits als begrifflich strukturiert zu begreifen.[15] Dadurch scheint der Übergang von Wahrnehmung zu Wahrnehmungsmeinung auf natürliche Art und Weise gegeben zu sein. Allerdings ist diese Konzeption äußerst umstritten. Die Wahrnehmung weist einige Charakteristika auf, die gegen ihre Begrifflichkeit sprechen. So wirkt sie phänomenal reicher und übersteigt unsere begrifflichen Differenzierungsmöglichkeiten.[16] Außerdem ist argumentiert worden, die Wahrnehmung sei im Unterschied zu Begriffen nicht digital, sondern analog codiert.[17] Man vergibt durch diese Lesart daher den Vorteil, dass Evans' Neo-Kantianismus, wie ich zu zeigen versucht habe, gerade nicht zwangsläufig dazu führt, der Wahrnehmung selbst einen begrifflichen Gehalt zuzuschreiben. Burge hingegen ist ein Vertreter der Auffassung, nach der Wahrnehmungen einen repräsentationalen Gehalt haben, der zwar nicht begrifflich ist, aber eine analoge Struktur wie Propositionen aufweist. Wieder andere Ansätze versuchen, die Verknüpfung zwischen Wahrnehmungen und Wahrnehmungsmeinung kausal herzustellen.

Auch Evans hat sich zu der Frage geäußert, wie der Gehalt von Informationszuständen strukturiert ist. Seiner Ansicht nach besitzt der Gehalt von Informationszuständen die Form einer Konjunktion offener Sätze der Art »Rot(x) und Ball(x) und Gelb(y) und Quadratisch(y) & LiegtAuf (x,y)« bzw. einer existentiellen Quantifikation über eine solche Konjunktion.[18] Auch wenn es sich bei Informationszuständen nicht um Wahrnehmungsmeinungen handelt, ist doch klar ersichtlich, dass diese Struktur erklären kann, wie Informationszustände Input für das inferentielle System darstellen können. Allerdings handelt es sich aus meiner Sicht bei dieser Konzeption um eines der am schwierigsten zu verstehenden und problematischsten Theoriestücke von Evans.[19] Ich bin jedoch der Ansicht, dass Evans' Auffassung der Wahrnehmung von etwas als objektiv weitgehend unabhängig von seiner Analyse der Struktur von Informationszuständen ist. Denn den Übergang zwischen Wahrnehmungen und Wahrnehmungsmeinungen muss im Grunde jede Wahrnehmungstheorie erklären, die der epistemischen Funktion der Wahrnehmung gerecht werden will. Zumindest auf den ersten Blick, scheint mir Evans Konzeption der Wahrnehmung von etwas als objektiv keine der oben angeführten Analysen dieses Übergangs grundsätzlich auszuschließen.

---

[15] Diese Option macht McDowell, Mind and World, stark.
[16] Klassische Stellen bei Evans, die diese Auffassung untermauern, sind Varieties, S. 229 sowie S. 125, Fn. 9.
[17] Dretske, Knowledge, Kap. 6.
[18] Zur Formulierung der Konjunktion vgl. Evans, Varities, 124; zur existentiellen Quantifikation vgl. Evans, Varities, 127.
[19] Zu Burges in diesem Fall durchaus nachvollziehbarer Kritik vgl. Burge, Origins, 184f.

3. Evans' Argumente zugunsten von (T3.2) und Burges Kritik

Wie ich bereits angekündigt habe, möchte ich nun zu der Frage kommen, welche inferentiellen Fähigkeiten die Wahrnehmung von etwas als objektiv denn nun genau voraussetzt. Das führt uns von den sinnlichen Wahrnehmungen zu den Wahrnehmungsgedanken, die Gegenstand der nächsten zu untersuchenden These sind:

(T3.2) Wahrnehmungsgedanken von etwas als objektiv beinhalten bestimmte Begriffe bzw. begriffliche Fähigkeiten.

Das erste Argument, welches Burge rekonstruiert, das sich der Begründung dieser These zuordnen lässt, greift eine fundamentale Anforderung an objektive Gedanken auf, die Evans aufgestellt hat: »To think about a physical object, the individual must ›know what it is‹ to be that particular object, or know which object the thought is about.«[20] Diese Anforderung gilt sowohl für allgemeine Gedanken über Körper als auch für singuläre Wahrnehmungsdemonstrativa, die sich auf Körper beziehen. Das Wissen, das erforderlich ist, um solche Gedanken zu fassen, ist recht anspruchsvoll: Es beinhaltet ein Wissen um die Individuationsprinzipien für physikalische Objekte. Bekannt sein muss sowohl die Art des Objekts als auch seine raum-zeitliche Verortung. Burge zufolge kann man Evans daher folgenden Gedankengang zuschreiben:[21]

Argument 3[22]

(1) Um einen Gedanken über etwas *als einen Körper* [meine Hervorhebung, C. M.] zu fassen, muss man wissen, was ein Körper ist.

(2) Um zu wissen, was ein Körper ist, muss man wissen, dass Körper sich von Objekten anderer Art dadurch unterscheiden, dass sie Körper sind und eine bestimmte raum-zeitliche Position einnehmen.

(3) Um an einen Gedanken über einen bestimmten Körper zu fassen, beispielsweise die Wahrnehmungsmeinung, <u>diese sich bewegende runde Form ist grün</u>, muss ein Individuum wissen, was es heißt, dass diese sich bewegende runde Form mit einem bestimmten Körper identisch ist.[23]

---

[20] Burge, Origins, S. 192.
[21] Burge, Origins, S. 195.
[22] Burge gibt keine eindeutige Referenzstelle für dieses Argument an, bezieht sich aber im Umkreis dieser Passage vorwiegend auf S. 106–112 von *The Varieties of Reference*.
[23] Ich übernehme Burges Unterstreichung zur Markierung des Gehalts der Wahrnehmungsmeinung.

(4) Dieses Wissen erfordert allgemeines propositionale Wissen, dass Körper sich von anderen Objekten dadurch unterscheiden, dass sie Körper sind und eine bestimmte raum-zeitliche Position einnehmen.

Aus Burges Sicht ist diese Konzeption jedoch viel zu intellektualistisch. Stellt man so hohe kognitive Anforderungen wie Evans, so seien Tiere, Kinder und auch viele Erwachsene nicht in der Lage, Gedanken über physikalische Objekte zu fassen. Seiner Ansicht nach benötigt die Bildung von Wahrnehmungsgedanken nur eine minimale Befähigung zum Begriffsgebrauch, die auch bei höheren Tierarten und Kindern vorliegt. Nicht erforderlich ist hingegen das von Evans spezifizierte propositionale Wissen.

Die Individuen müssen lediglich über Wiedererkennungsfähigkeiten verfügen, die es ihnen ermöglichen, angemessen auf die in der Umwelt gegebenen Objektarten zu reagieren. Diese Wiedererkennungsfähigkeiten beinhalten die Fähigkeit, Objekte in Raum und Zeit zu verfolgen und ihnen allgemeine Arteigenschaften zuzuschreiben. Dabei handelt es sich um ein nicht-propositionales *Knowing how* und nicht um ein propositionales *Knowing that*.[24] Diese Formulierung mag zunächst irritieren, denn Begriffe werden ja gemeinhin mit propositionalem Wissen in Verbindung gebracht. Gemeint ist jedoch, dass der Besitz von Begriffen kein propositionales Wissen der Prinzipien voraussetzt, die der Begriffsverwendung zugrunde liegen, auch nicht stillschweigend oder implizit. In diesem Fall lehnt Burge also nicht Evans' Behauptung ab, dass Wahrnehmungsgedanken begriffliche Fähigkeiten involvieren, ist aber der Auffassung, dass Evans diese Fähigkeiten nicht richtig individuiert.

Die entscheidende Frage ist nun, ob die von Burge angeführten Wiedererkennungsfähigkeiten ausreichen, um einen Gedanken über etwas als Körper zu fassen oder um über einen bestimmten Körper nachzudenken. Die Antwort auf diese Frage hängt davon ab, welche Funktion Begriffe haben und welche Struktur sie haben müssen, um diese Funktion erfüllen zu können.

Es gibt vier grundlegende Theorien der Struktur von Begriffen.[25] Nach der klassischen Begriffskonzeption haben Begriffe die Struktur von Definitionen. Sie sind aus einfacheren Begriffen aufgebaut, die individuell notwendige und zusammen hinreichende Bedingungen dafür darstellen, dass etwas unter den Begriff fällt. Eine Reaktion auf bestimmte Unzulänglichkeiten der klassischen Konzeption war die Prototypentheorie. Diese betrachtet Begriffe nicht als Definitionen, sondern als Listen von Merkmalen. Etwas fällt unter einen Begriff, wenn es hinreichend viele Merkmale dieser Liste erfüllt. Eine dritte Konzeption ist die Theorie-Theorie von Begriffen. Nach dieser Auffas-

---

[24] Burge, Origins, S. 198.
[25] Margolis und Laurence, Concepts.

sung stehen Begriffe untereinander in derselben Beziehung wie die Termini einer wissenschaftlichen Theorie. Die Kategorisierung von Gegenständen wäre dann ein Prozess, der wissenschaftlichen Schlussfolgerungen ähnelt. Die vierte Theorie der Struktur von Begriffen ist der Begriffsatomismus. Dieser schreibt Begriffen keine semantische Struktur zu. Ihr Gehalt wird nicht durch die Beziehung zu anderen Begriffen bestimmt, sondern durch die Beziehung zur Welt.

In *Things without the Mind* entwickelt Evans eine Theorie-Theorie von Begriffen. Er argumentiert, dass der Begriff des Körpers ein theoretischer Begriff ist. Körper sind materielle Objekte, die einen gewissen Raum einnehmen und nicht nur sekundäre Qualitäten besitzen, sondern auch primäre Eigenschaften. Primäre Eigenschaften sind solche, die konstitutiv für die Idee einer materiellen Substanz sind, welche einen gewissen Raum einnimmt. Sie umfassen Eigenschaften, die dem Körper unmittelbar als Folge seiner räumlichen Eigenschaften zukommen (z. B. Position, Gestalt und Größe), Eigenschaften, die ihm aufgrund der primären Eigenschaften seiner räumlichen Teile zukommen, sowie solche, die aus dem Zusammenspiel dieser Eigenschaften mit der Idee der Kraft entstehen, (z. B. Masse, Gewicht und Härte).

Anders als im Fall sekundärer Qualitäten erfordert das Erfassen dieser Eigenschaften ein Verständnis ihrer Einbettung in eine Theorie:

> To grasp these primary properties, one must master a set of interconnected principles which make up an elementary theory – of primitive mechanics – into which these properties fit, and which alone gives them sense.[26]

Man muss für Evans beispielsweise die Idee eines einheitlichen räumlichen Bezugsrahmens verstehen, in dem man selbst sowie die Gegenstände der Erfahrung situiert sind und sich kontinuierlich bewegen. Man muss begreifen, dass sich Materie in unterschiedlichen Gestalten erhält, dass sie von unterschiedlichen Standpunkten und mit Hilfe verschiedener Sinnesmodalitäten wahrnehmbar ist und auch fortbesteht, wenn sie nicht beobachtet wird. Erforderlich ist ferner ein Verständnis davon, dass Körper miteinander um Positionen im Raum konkurrieren, und dass ein Körper der Bewegung eines anderen Körpers Widerstand leisten kann. Im Unterschied zu genuin theoretischen Termini erfordert das Verständnis des Begriffs eines Körpers allerdings nur implizites Wissen der entsprechenden Prinzipien. Das Verständnis eines genuin theoretischen Begriffs wie »elektrischer Ladung« beinhaltet hingegen explizites Wissen in Form einer wissenschaftlichen Theorie.[27]

---

[26] Evans, Things, S. 269.
[27] Evans, Things, S. 269.

Der Besitz von Begriffen erfordert für Evans somit deutlich mehr als die von Burge geforderten Wiedererkennungsfähigkeiten. Aber ist es auch plausibel, dass das Erfassen von Wahrnehmungsgedanken Begriffe in diesem anspruchsvollen Sinn erfordert? Kehren wir zurück zu Argument 3. Die erste Antwort auf Burges Kritik geht von Burges eigener Formulierung der ersten Prämisse von Evans' Argument aus:

(1) Um einen Gedanken über etwas *als einen Körper* [meine Hervorhebung, C. M.] zu fassen, muss man wissen, was ein Körper ist.

Entscheidend ist erneut die Sentenz »über etwas als einen Körper.« Ähnlich wie im Fall einer Sinneswahrnehmung von etwas als objektiv, die sich dadurch auszeichnete, dass sie zum Input entsprechender Inferenzen werden kann, muss man auch im Fall eines Gedankens über etwas als einen Körper in der Lage sein, entsprechende theoretische Schlussfolgerungen zu ziehen, die nach Evans konstitutiv für den Begriff eines Körpers sind. Aus diesem Grund können wir den Begriff eines Körpers und korrespondierende Begriffe, wie denjenigen des Gewichts oder der Härte, auch nicht allein auf der Basis von taktilen Sinnesempfindungen erwerben:

> The point is [...] that it is not possible to distil the concept of hardness solely out of the experiences produced by deformation of the skin which is brought into contact with a hard object, for it is not possible to distil out of such an experience the theory into which the concept fits.[28]

Doch welche Gründe hat Evans für die Annahme, dass wir den Begriff eines Körpers nicht aus der Erfahrung gewinnen können? Für Burge dürfte diese Behauptung angesichts seines Anti-Individualismus nur schwer nachvollziehbar sein. Denn er geht davon aus, dass die Natur mentaler Zustände, welche Objekte repräsentieren, durch die Beziehung zwischen Subjekt und Umwelt bestimmt wird, insbesondere durch Kausalbeziehungen:

(A') The natures of mental states that empirically represent the physical environment depend constitutively on relations between specific aspects of the environment and the individual, including causal relations, which are not in themselves representational.[29]

Legt man diese Auffassung zugrunde, so wäre eine entsprechende Kausalbeziehung zwischen dem Subjekt und Körpern bzw. korrespondierenden primären Eigenschaften wie Härte und Gewicht ausschlaggebend dafür, dass ein Subjekt diese Begriffe erwerben könnte. Eine Theorie wäre hingegen nicht notwendig. Was Evans jedoch meint, ist, dass wir einen Begriff wie Körper,

---

[28] Evans, Things, S. 270.
[29] Burge, Origins, S. 61.

Härte oder Gewicht nicht allein auf der Grundlage der Erfahrung *verstehen* können.

Verstehen stellt dabei nicht etwa ein mysteriösen Erlebnis dar, sondern es besteht in der Integration in die Weltsicht eines Subjekts, welches die physikalischen Gegenstände sowohl in der Wahrnehmung als auch im Denken bewusst als objektiv betrachtet, d. h. als geistunabhängig in Raum und Zeit existierend. Dies ist ein wesentlicher Vergleichspunkt mit Kant, den McDowell auf den Punkt gebracht hat.

> It is the claim that that content is available to spontaneity: that it is a candidate for being integrated into the conceptually organised world-view of a self-conscious thinker.[30]

Was ist nun laut Evans erforderlich für das Verstehen eines Gedankens? Die entscheidende Bedingung formuliert ein Prinzip, das der Sache nach auf Russell zurückgehen soll. Dieses Russellsche Prinzip besagt, dass das Verstehen einer Proposition diskriminatives Wissen ihrer Gegenstände erfordert:

> I shall suppose that the knowledge which it requires is what might be called discriminating knowledge: the subject must have a capacity to distinguish the object of his judgment from all other things.[31]

Im Fall von Körpern besteht dieses Wissen darin, dass Körper sich von anderen Objekten dadurch unterscheiden, dass sie Körper sind und eine bestimmte raum-zeitliche Position einnehmen, wie es Prämisse (2) von Argument 3 formuliert. Um ein konkretes Beispiel von Evans aufzugreifen: Um eine Proposition über eine Statue zu verstehen, muss ich wissen, dass es sich um eine Statue handelt und welche raum-zeitliche Position sie einnimmt.[32]

Evans benutzt dieses Prinzip, um eine Theorie anzugreifen, die er das photographische Modell nennt, und die mit Burges Anti-Individualismus die Annahme teilt, dass eine Kausalbeziehung hinreichend ist, um zu bestimmen, auf welchen Gegenstand sich eine mentale Repräsentation bezieht.[33] Den Unterschied zwischen den beiden Konzeptionen verdeutlicht Evans an einem berühmt gewordenen Beispiel.[34] Nehmen wir an, ich sehe zum Zeitpunkt t_1 an einem bestimmten Ort einen glänzenden Ball aus Stahl b_1. Nehmen wir ferner an, dass ich zum Zeitpunkt t_2 am selben Ort einen weiteren, von b_1 ununterscheidbaren Ball b_2 wahrnehme. Aus irgendeinem Grund habe ich jedoch keine Erinnerung an die Wahrnehmung von b_1, sondern nur an die

---

[30] McDowell, Mind and World, S. 55.
[31] Evans, Varieties, S. 89.
[32] Vgl. Evans, Varieties, S. 107.
[33] Vgl. Evans, Varieties, S. 78.
[34] Dieses Beispiel ist eine vereinfachte Version von Evans' Stahlbällebeispiele (vgl. Evans, Varieties, S. 90).

Wahrnehmung von b_2. Wenn ich nun später zu der Meinung gelange, »Dieser Ball war glänzend«, so ist diese Meinung von b_2 verursacht. Für Burge wäre das hinreichend, um zu sagen, dass ich an b_2 denke. Nach Evans hingegen führt die Tatsache, dass ich nicht zwischen b_1 und b_2 unterscheiden kann dazu, dass ich keinen referentiellen Gedanken fasse.

Die Diskussionen die sich um dieses Beispiel ranken, sind zu komplex, um hier detailliert auf sie eingehen zu können.[35] Aus meiner Sicht ist die von Evans gewählte Alternative äußerst kontra-intuitiv und auch die theoretischen Gründe, auf die er sich beruft, bleiben mir undurchsichtig.[36] Warum sollte ich im beschriebenen Fall nicht in der Lage sein, einen Gedanken über b_2 zu fassen, nur weil ich b_2 nicht von b_1 unterscheiden kann? Zu den Gründen meines Unbehagens gehört, dass Evans' Lösung grundlegende Rationalitätsanforderungen in Frage stellt, die wir im Umgang mit mentalen Zuständen aufstellen. So gibt Evans zu, dass ich mich zwar an b_2 erinnern kann, aber nicht, dass ich einen Gedanken fassen kann, der auf b_2 referiert. Es besteht aber ein Rechtfertigungszusammenhang zwischen der Erinnerung und dem demonstrativen Gedanken, und es ist eine völlig angemessene Antwort auf die Frage: »Woher weißt Du, dass Du Dich auf b_2 beziehst?« zu antworten, »weil ich mich an b_2 erinnere.« Diesen epistemischen Zusammenhang von Meinung und Erinnerung scheint Evans' Umgang mit dem Stahlbällebeispiel jedoch zu kappen.

Ich schließe mich dem Verdacht an, dass Evans an dieser Stelle eine Ebenenverwechslung unterläuft. Er unterscheidet nicht zwischen der Fähigkeit, einen Gedanken zu fassen und dem *Wissen*, welchen Gedanken man gefasst hat.[37] Während das Subjekt aufgrund seiner Kausalbeziehung zu b_2 ohne Schwierigkeiten auf b_2 Bezug nehmen kann, kann es sein, dass das Subjekt nicht entscheiden kann, auf welchen Ball es Bezug nimmt. In diesem Fall würde ich daher Burges Vorwurf der Hyperintellektualisierung gegen Evans zustimmen.

Meine Beweggründe brächten einen hartgesottenen Evansianer wohl kaum dazu, von seiner Analyse abzulassen. Aber da ich – wie ich eingangs bereits zugegeben habe – keiner bin, stellt sich mir eher die Frage, ob der Neo-Kantianismus im Geiste Evans' fällt, wenn wir Burge an dieser Stelle eine Konzession machen. Dies ist nicht der Fall. Um einen Gedanken über etwas *als Körper* zu fassen, muss ich wissen, dass Körper sich von anderen Objekten dadurch unterscheiden, dass sie Körper sind und eine bestimmte raumzeitliche Position einnehmen. Dazu muss ich in der Lage sein, entsprechende theoretische Schlussfolgerungen zu ziehen, die nach Evans konstitutiv für den

---

[35] Vgl. z. B. Peacocke, Sense and Content, Rozemond, Evans, und Sainsbury, Critical Notice.
[36] Vgl. Evans, Varieties, S. 91.
[37] Vgl. Sainsbury, Critical Notice, S. 133.

Begriff eines Körpers sind. Darin gebe ich Evans recht. Um einen Gedanken über einen bestimmten Körper zu fassen, muss ich wissen, dass es sich um einen Körper handelt und an welcher raum-zeitlichen Position er sich befindet. Dafür ist es jedoch nicht erforderlich, diesen Körper von allen anderen Körpern unterscheiden zu können. Letztlich bin ich sogar der Auffassung, dass Evans' Theorie in diesem Fall mit dem photographischen Modell kompatibel ist,[38] ja, mehr noch, dass seine Konzeption des Informationssystems sich in diese Richtung ausbauen lässt. Der Kern des Neo-Kantiansmus im Geiste Evans' wird daher von dem Zugeständnis an Burge nicht berührt.

4. Evans' Argument für (T4) und Burges Kritik

Das Wissen, um welches es in Argument 3 geht, blieb allerdings in einer wichtigen Hinsicht noch unterbestimmt. Die zweite Prämisse von Argument 3 fordert, dass man, um zu wissen, was ein Körper ist, wissen muss, dass Körper eine bestimmte raum-zeitliche Position einnehmen. Doch worin besteht dieses Wissen genau? Geht man dieser Frage nach, so stößt man auf eine These, für die Evans berühmt geworden ist: Diese These besagt, dass das Verstehen von Gedanken über die räumliche Welt (als objektiv) nicht nur die Fähigkeit erfordert, Körper im egozentrischen Raum zu lokalisieren, sondern ein Verständnis des allozentrischen Raums und die Fähigkeit, egozentrischen und allozentrischen Raum miteinander zu verknüpfen. Dies bringt (T4) zum Ausdruck:

(T4) Um Gedanken über die räumliche Welt (als objektiv) verstehen zu können, muss ein Subjekt ein Verständnis des allozentrischen Raums haben sowie in der Lage sein, egozentrischen und allozentrischen Raum in Beziehung zueinander zu setzen.

Egozentrischer und allozentrischer Raum bilden dabei nicht etwa zwei unterschiedliche Räume im wörtlichen Sinn, sondern es handelt sich um zwei unterschiedliche Arten und Weisen, Objekte in ein und demselben Raum zu individuieren. Beim egozentrischen Raum bildet das Subjekt den Ursprung des Koordinatensystems und die Gegenstände werden in Bezug auf seinen Standort lokalisiert. Der allozentrische Raum ist hingegen unabhängig vom Subjekt und kann auch Gegenstände enthalten, die vom Standpunkt des Subjekts nicht sichtbar sind. Die Gegenstände werden in Bezug zueinander lokalisiert, aber nicht in Bezug zum Wahrnehmungssubjekt.

Burge macht sich in diesem Fall nicht die Mühe, Evans' Begründungen für (T4) in eigenen Worten zu formulieren, sondern zitiert die beiden aus seiner

---

[38] Vgl. Sainsbury, Critical Notice, S. 134.

Sicht einschlägigen Passagen aus *The Varieties of Reference*, um diese dann direkt zu kritisieren. Ich werde daher zunächst versuchen, Evans Überlegungen in die Form von Argumenten zu bringen.

Argument 4[39]

> (1) Um Gedanken über die räumliche Welt (als objektiv) zu verstehen, muss ein Subjekt in der Lage sein, gewisse Schlussfolgerungen zu ziehen.
>
> (2) Dazu muss es eine kognitive Landkarte allozentrisch repräsentieren können.
>
> (3) Einem Subjekt kann nur dann eine Repräsentation einer solchen kognitiven Landkarte zugeschrieben werden, wenn es versteht, dass es selbst auf dieser Karte lokalisierbar ist.
>
> (4) Dazu muss es im Allgemeinen die Fähigkeit besitzen, seinen egozentrischen Raum mit der kognitiven Landkarte in Beziehung zu setzen.

Aus (1) bis (4) folgt (T4). Burge hält dieser Argumentation jedoch entgegen, dass man einem Tier bereits einen egozentrischen Raum zusprechen kann, wenn es Gegenstände im Raum verfolgen kann. Dazu sei es weder notwendig, dass das Tier eine allozentrische Repräsentation des Raums besitzt noch, dass es sich selbst im Raum repräsentieren kann.[40] Erforderlich sei lediglich, dass es in der Lage ist, im Raum zu navigieren und eine Verbindung zwischen verschiedenen egozentrischen Raumrepräsentationen herzustellen. Obwohl dieser Punkt zunächst einmal nur die Raumwahrnehmung zu betreffen scheint, sieht Burge keinen Grund, ihn nicht auf Wahrnehmungsgedanken über den Raum zu übertragen: »There is no evident reason why what holds for perception cannot hold for perceptual belief.«[41]

Dieser Übertragung würde Evans freilich widersprechen. Er beschreibt Situationen, die Burges Beispiel sehr ähnlich sind, in der Passage über das räumliche Element im nicht-begrifflichen Gehalt der Wahrnehmungsinformation.[42] Argument 4 setzt demgegenüber die inferentielle Konzeption des

---

[39] Dieses Argument bezieht sich auf die von Burge zitierte Stelle: »nothing that the subject can do, or can imagine, will entitle us to attribute such a representation to him if he cannot make sense of the idea that he might be at one of the points representable within this map. We can say that the subject thinks of himself as located in space (in an objective world that exists independently of him, and through which he moves); only if this is so can the subject's egocentric space be space at all. But what does this thinking of himself as located mean except that the subject can in general regard his situation ›from the objective point of view‹? And this means that in general he has the ability to locate his egocentric space in the framework of a cognitive map.« (Evans, Varieties, S. 163)

[40] Vgl. Burge, Origins, S. 202.

[41] Burge, Origins, S. 202.

[42] Vgl. Evans, Varieties, S. 154f.

Verstehens von Gedanken voraus, die bereits im vorangegangenen Abschnitt thematisiert wurde. Dies wird in dem Absatz vor der von Burge zitierten Stelle deutlich, die ich aus diesem Grund mit in die Formulierung von Argument 4 einbezogen habe.

Die Schlussfolgerungen, um die es sich in Prämisse 1 handelt, erläutert Evans in dieser Passage am Beispiel der Lage der Oxford Colleges:

> If I am between Balliol and Blackwell's (if here = between Balliol and Blackwell's), then that must be Trinity; and if I went on a bit in this direction, then I would be able to see the High.[43]

Um solche Schlussfolgerungen ziehen zu können, muss ich diese Orte in einer allozentrischen kognitiven Landkarte repräsentieren können. Dies ist letztlich in Evans' Auffassung begründet, dass man den Raum adäquat nur als objektiv verstehen kann. Aus diesem Grund ist der Zusatz »(als objektiv)« in Prämisse 1 eigentlich ein Pleonasmus. In diesem Punkt unterscheidet sich die egozentrische nicht von der allozentrischen Raumkonzeption. Für beide gilt, dass das Subjekt sie als objektiv, als unabhängig von seiner Wahrnehmung, verstehen muss.

Einem Subjekt kann aber eine solche kognitive Landkarte nur dann zugeschrieben werden, wenn es begreift, dass es selbst in dieser Landkarte lokalisierbar ist. Das hat seinen Grund darin, dass es für das Verstehen von Gedanken über den Raum nach Evans auch notwendig ist, dass man die Relevanz von Wahrnehmungen in inferentiellen Zusammenhängen und ihre Implikationen für das Handeln begreift. Daher reicht es nicht aus, nur eine kognitive Landkarte der Objekte zu bilden, ohne sich selbst darin als lokalisierbar zu verstehen. Dazu muss das Subjekt im Allgemeinen in der Lage sein, seinen egozentrischen Raum mit der kognitiven Landkarte in Beziehung zu setzen. Das heißt nicht, dass das Subjekt egozentrische und allozentrische Raumrepräsentation tatsächlich aufeinander abbilden muss. Es genügt, wenn es begreift, dass eine solche Abbildung möglich ist.[44] Auch in diesem Fall greift Burges Argumentation daher zu kurz.

Kommen wir zu der zweiten Evans-Passage, die Burge als Begründung für (T4) anführt. Ich werde wiederum zunächst versuchen, das darin enthaltene Argument zu formulieren:

---

[43] Evans, Varieties, S. 162f.

[44] Kontrovers diskutiert wird die Frage, ob das Subjekt die aktuelle Position eines Objekts im egozentrischen Raum immer richtig bestimmen muss, um einen demonstrativen Wahrnehmungsgedanken zu verstehen (vgl. McDowell, Peacocke and Evans, contra Peacocke, Sense und Demonstrative Content). Da m. E. beide Antworten mit Neo-Kantianismus vereinbar sind, wie er hier eingeführt wurde, werde ich diese Diskussion jedoch beiseitelassen.

Argument 5:[45]

    (1) In- und Outputbeziehungen, wie sie dem egozentrischen Raum zugrunde liegen, sind nicht hinreichend dafür, um eine Repräsentation des Raums (als objektiv) zu stützen.
    (2) Um eine Repräsentation des Raums (als objektiv) zu stützen, muss das Subjekt den egozentrischen Raum in Beziehung zu einer allozentrischen kognitive Landkarte setzen können.
    (3) Um dies zu tun muss das Subjekt in der Lage sein, eine Vorstellung von sich selbst als ein Objekt unter andern zu haben, und es muss die Beziehung zwischen sich und anderen Objekten analog verstehen, wie diejenige zwischen anderen Objekten untereinander.
    (4) Das heißt, das Subjekt muss in der Lage sein, das objektive Verständnis des Raums auf den egozentrischen Raum anzuwenden.

Burge ist mit keinem der Schritte von Evans' Argument einverstanden.[46] Er argumentiert, dass die Verwendung jedes hinreichend komplexen egozentrischen Raumrepräsentationssystems zwar voraussetzt, dass räumliche Relationen sowohl zwischen Objekten untereinander als auch in Beziehung zum Subjekt berechnet werden können. Dies kann jedoch rein egozentrisch geschehen. Es ist weder erforderlich, die Objekte noch sich selbst in einem allozentrischen Raum zu repräsentieren. Das Subjekt muss sich nicht einmal im egozentrischen Raum selbst lokalisieren können. Es genügt, wenn das Wahrnehmungssystem entsprechende geometrische Berechnungen vollzieht.

Mit Evans ist dagegen zu sagen, dass Burges Beispiele sich auf die Verwendung von egozentrischen Raumrepräsentationen auf der Ebene des Informationssystems beziehen, aber nicht auf die Ebene von Gedanken über den Raum als objektiv. Um solche Gedanken zu verstehen bedarf es, wie bereits dargelegt, gewisser inferentieller Fähigkeiten. Doch räumliche Repräsentationen auf der Ebene des Informationssystems sind für Evans nicht hinreichend, um die entsprechenden Inferenzen zu stützen. Was ist hier mit

---

[45] Die von Burge zitierte Passage, die diesem Argument zugrundeliegt, lautet: »the network of input-output connections which underlie the idea of an egocentric space could never be regarded as supporting a way of representing space (even egocentric space) if it could not be brought by the subject into coincidence with some such larger spatial representation of the world as is constituted by cognitive map. For instance, the subject must be able to think of the relation in which he stands to a tree that he can see as an instance of the relation in which (say) the Albert Hall stands to the Albert Memorial. That is, he must have the idea of himself as one object among others; and he must think of the relations between himself and objects he can see and act upon as relations of exactly the same kind as those he can see between pairs of objects he observes. This means that he must be able to impose the objective way of thinking upon egocentric space.« (Evans, Varieties, S. 163)
[46] Vgl. Burge, Origins, S. 203 ff.

»stützen« gemeint? Ich gehe davon aus, dass Evans eine epistemische und keine rein kausale Beziehung im Sinn hat.[47] Dies ist ein weiterer wichtiger Unterschied zwischen Burge und Evans. Während es Burge an dieser Stelle um die kausale Hervorbringung unserer räumlichen Welt durch das Wahrnehmungssystem zu gehen scheint, geht es Evans um die epistemischen Konstitutionsbedingungen unseres Verständnisses des Raums als objektiv. Dieses Raumverständnis wird durch die Fähigkeit zu bestimmten Inferenzen definiert. Um diese Schlussfolgerungen ziehen zu können, muss das Subjekt ein Verständnis des allozentrischen Raums haben sowie in der Lage sein, egozentrischen und allozentrischen Raum in Beziehung zueinander zu setzen, wie es (T4) fordert.

Festzuhalten ist freilich, dass (T4) eine deutlich stärkere These ist als (T3) und ihre beiden Instanzen (T3.1) und (T3.2). Es ist möglich, Evans Argumente für (T3) respektive (T3.1) und (T3.2) überzeugend zu finden, ohne sich zur Annahme von (T4) zu verpflichten. In diesem Fall stimmt man Evans darin zu, dass Wahrnehmungsrepräsentationen von etwas als objektiv begriffliche Fähigkeiten beinhalten, ohne seiner Spezifikation dieser Fähigkeiten durch (T4) zu folgen. Zudem wirft diese Analyse erneut die Frage auf, ob Evans' Auffassung des Verständnisses von Gedanken letztlich nicht doch mit einer Analyse des Begriffs der Objektivität zusammenfällt. Um den Begriff einer objektiven räumlichen Welt zu haben, muss man die von Evans benannten inferentiellen Fähigkeiten besitzen, aber dies ist nicht notwendig, um die objektive räumliche Welt zu repräsentieren. Entgegen meiner eingangs aufgestellten Hypothese würde Evans sich somit doch des von Burge monierten stillschweigenden Übergangs von einer Theorie objektiver Repräsentation zu einer Theorie unserer Konzeption objektiver Repräsentation schuldig machen. Im nun folgenden letzten Abschnitt möchte ich diesem Eindruck entgegentreten und eine Diagnose versuchen, warum Burges Kritik fehlgeht.

5. Diagnose von Burges Kritik

Kommen wir noch einmal zurück zu unserer Ausgangsformulierung des neokantischen Projekts. Wir hatten gesagt, dass es Evans darum geht, zu erklären, wie perzeptuelle Repräsentation *als objektiv* möglich ist. Diese Fragestellung umfasste sowohl Wahrnehmungserfahrungen als auch Wahrnehmungsmei-

---

[47] Damit soll nicht gesagt sein, dass die epistemische Stützungsrelation ohne eine kausale Komponente analysiert werden kann (zur Kritik dieser Position vgl. Grundmann, Analytische Einführung, S. 233). Gemeint ist lediglich, dass eine kausale Beziehung in diesem Fall nicht hinreichend für eine epistemische ist.

nungen. Die Formulierung »als objektiv« war im Neo-Fregeanischen Sinn als eine *Gegebenheitsweise* zu verstehen, d. h. als die Art und Weise, wie der repräsentierte Gegenstand dem Subjekt erscheint. Diese Sichtweise teilt Burge mit Evans, wobei nicht zu vergessen ist, dass Gegebenheitsweisen für Evans – im Gegensatz zu Burge – bewusst sind:

> (...) the representational content that helps type-individuate perceptual states is not the particulars perceived. Nor is it the repeatable types that are attributed. It consists in modes of presentation as of particulars, and modes of presentation as of attributes that are perceptually attributed.[48]

Allerdings – und das ist der entscheidende Punkt – muss Evans m. E. so interpretiert werden, dass die Gegebenheitsweise von etwas *als objektiv* nicht auf derselben Ebene anzusiedeln ist wie beispielsweise die Gegebenheitsweise von etwas *als rot* oder *als glänzend*. Dies möchte ich mit Hilfe einer auf Mark Rowlands zurückgehenden Unterscheidung zwischen empirischen und transzendentalen Gegebenheitsweisen erläutern.[49] Um auf Evans anwendbar zu sein, muss Rowlands' Unterscheidung allerdings etwas modifiziert werden. Die empirischen Gegebenheitsweisen beziehen sich auf die Aspekte des Gegenstands, also beispielsweise auf die Röte und den Glanz einer Tomate. Bei den transzendentalen Gegebenheitsweisen handelt es sich nach Rowlands hingegen um Ermöglichungsbedingungen empirischer Gegebenheitsweisen, beispielsweise dafür, dass mir die Tomate als rot und glänzend erscheint.

Für das Verständnis von Evans lässt sich nun die Idee fruchtbar machen, dass empirische und transzendentale Gegebenheitsweisen nicht auf derselben Ebene anzusiedeln sind. Allerdings ist Evans' Punkt nicht, dass transzendentale Gegebenheitsweisen Ermöglichungsbedingungen empirischer Gegebenheitsweisen in Rowlands' Sinn sind, also beispielsweise dafür, dass die Tomate mir als rot oder glänzend erscheint. Evans geht es vielmehr um Bedingungen der Möglichkeit objektiver Repräsentation. Damit ist, wie eingangs erläutert, die Repräsentation von etwas *als objektiv* gemeint. Diese bewegt sich nicht auf derselben Ebene wie die empirische Repräsentation von etwas als glänzend oder rot, weil es sich bei Objektivität für Evans nicht um einen Aspekt von Gegenständen in demselben Sinn handelt.

Die geistunabhängige raum-zeitliche Existenz ist kein Aspekt der Gegenstände, wie Röte oder Glanz es sind, weil sie nicht in derselben Art und Weise wahrnehmbar ist. Wie wir gesehen haben, besteht die Gegebenheitsweise der geistunabhängigen raum-zeitlichen Existenz nach Evans vielmehr in gewissen inferentiellen Fähigkeiten. In einem modifizierten Sinn könnte Evans daher Rowlands' Formulierung durchaus zustimmen, dass transzen-

---

[48] Burge, Origins, S.385.
[49] Vgl. Rowlands, New Science, S.185.

dentale Gegebenheitsweisen Ermöglichungsbedingungen von empirischen Gegebenheitsweisen sind: sie ermöglichen es, Aspekte wie Röte oder Glanz *als Eigenschaften von objektiv existierenden Gegenständen* zu verstehen, auch wenn solche Aspekte grundsätzlich unabhängig von transzendentalen Gegebenheitsweisen vorliegen könnten.

Burges Kritik geht fehl, weil er die Ebenen nicht unterscheidet, auf denen normale Gegebenheitsweisen und die Gegebenheitsweise von etwas als objektiv angesiedelt sind. Aus diesem Grund ist seinem Vorwurf auch nicht zuzustimmen, Evans versuche, Fragen a priori zu beantworten, die letztlich nur der empirischen Untersuchung zugänglich sind.[50] Die Frage nach den Bedingungen der Möglichkeit bewusster Wahrnehmungsrepräsentationen der Welt als objektiv kann aufgrund ihres transzendentalen Charakters nicht rein empirisch beantwortet werden. Letztlich kann keine empirische Untersuchung den Ausschlag dafür geben, einem Wesen einen solchen Blick auf die Welt zuzuschreiben. Das bedeutet nicht, dass man empirische Evidenzen ignorieren sollte. Ebenso wie Kant halte ich auch Evans für einen gemäßigten Naturalisten, der durchaus eine empirisch anschlussfähige Theoriebildung anstrebt, ohne reduktiv zu sein.[51]

6. Konklusion: Zur Aktualität von Evans' Neo-Kantianismus

Es steht außer Frage, dass Evans Impulsgeber für wichtige philosophische Debatten war, so hat seine Konzeption des nicht-begrifflichen Gehalts der Wahrnehmung die Diskussion allererst angestoßen. Nun möchte ich zeigen, dass sein neo-kantischer Ansatz, die Bedingungen der Möglichkeit objektiver Wahrnehmungsrepräsentation zu erläutern, in meiner Interpretation nicht nur Burges Grundsatzkritik standhält, sondern auch originelle Einsichten für die gegenwärtige Wahrnehmungstheorie beinhaltet, insbesondere für das Zusammenspiel von phänomenalem und intentionalem Gehalt in der Wahrnehmung.

Aus seinen Überlegungen ergibt sich, dass bestimmte inferentielle Fähigkeiten einen Einfluss darauf ausüben, wie die Welt erlebt wird. Die Wahrnehmungsrepräsentationen eines Wesens, das über diese Fähigkeiten verfügt, unterscheiden sich phänomenal von denjenigen einer Kreatur, die diese inferentiellen Fähigkeiten nicht besitzt. Honigbiene und Springspinne mögen zwar dieselbe Welt repräsentieren, aber nicht auf dieselbe Art und Weise, wie vollentwickelte Menschen dies tun. Evans könnte Burge sogar zugeben,

---

[50] Vgl. Burge, Origins, S. 190 und S. 205.
[51] Für Kant habe ich diese Position in Misselhorn, Wirkliche Möglichkeiten, S. 18f. dargelegt.

dass diese Tiere perzeptuelle Repräsentationen haben, die sich auf dieselben Objekte beziehen, wie vollentwickelte menschliche Wahrnehmungen. Die entscheidende Kluft besteht zwischen dem repräsentationalen Gehalt der Wahrnehmungsrepräsentation einerseits und dem Bewusstsein der Objektivität dieses Gehalts andererseits.

Die perzeptuellen Repräsentationen der Springspinnen und Honigbienen bleiben »blind« – um Kants berühmte Metapher aufzugreifen – weil sie nicht verstehen, dass es sich um Repräsentationen von Einzelgegenständen handelt, die unabhängig von der Wahrnehmung in Raum und Zeit existieren, obwohl ihre Wahrnehmungen sich de facto auf genau solche Gegenstände beziehen. Das bedeutet jedoch – anders als Burge suggeriert – nicht, dass Evans nur unsere Konzeption von Objektivität expliziert. Vielmehr ist unsere Konzeption von Objektivität untrennbar in unsere bewusste Wahrnehmungsrepräsentation der Welt als objektiv eingelassen. Trotzdem führt dies nicht dazu, dass der Gehalt der Wahrnehmung selbst zwangsläufig begrifflich sein muss, sondern es heißt, dass Wahrnehmungen von etwas als objektiv von inferentiellen Fähigkeiten begrifflicher Natur abhängig sind.[52]

Daraus lässt sich eine originelle Position in der aktuellen Debatte um den Zusammenhang von phänomenaler Qualität und repräsentationalem Gehalt im Fall von Wahrnehmungsrepräsentationen von etwas als objektiv ableiten. In dieser Debatte geht es darum, ob die phänomenalen Unterschiede beim »Sehen als« – also beispielsweise bei der Wahrnehmung von Kippbildern – auf einen unterschiedlichen repräsentationalen Gehalt zurückzuführen sind oder nicht. Dabei steht die Frage im Vordergrund, ob der repräsentationale Gehalt der einzelnen Wahrnehmungsrepräsentation für die phänomenalen Unterschiede aufkommt oder nicht.[53] Der neue Gedanke, den man im Anschluss an meine Evans-Interpretation in diese Debatte einbringen kann, ist, dass die phänomenale Qualität von Wahrnehmungsrepräsentationen von etwas als objektiv nicht auf dem repräsentationalen Gehalt der einzelnen Wahrnehmung superveniert, sondern auf dem Wahrnehmungsgehalt zusammen mit gewissen inferentiellen Fähigkeiten.[54]

---

[52] Es geht daher in diesem Zusammenhang nicht um die Bedingungen, die jemand erfüllen muss, um einen Begriff der Wahrnehmung zu besitzen, wie sie Peacocke, ›Another I‹, ausgehend von Evans expliziert.

[53] Für unterschiedliche Varianten des Repräsentationalismus bzw. Intentionalismus argumentieren z. B. Dretske, Naturalizing, Harman, Intrinsic Quality, Shoemaker, Phenomenal Character, und Tye, Ten Problems. Den Anti-Intentionalismus vertreten u. a. Peacocke, Sense, Macpherson, Ambiguous Figures, und Nickel, Against Intentionalism.

[54] Der genaueren Überprüfung wert wäre die Frage, ob Evans' Idee über den Fall von Wahrnehmungsrepräsentationen von etwas als objektiv hinaus auch auf andere Formen von »Sehen als« übertragen werden kann.

Ob Evans' Ansatz in letzter Instanz überzeugend ist, soll hier nicht bewertet werden. Es gibt eine intensive Debatte darüber, wie Geistunabhängigkeit und objektiver Raum in der Wahrnehmung repräsentiert werden, innerhalb derer Evans' Konzeption sich behaupten müsste.[55] Worauf es mir ankommt, ist, dass Evans' neo-kantischer Ansatz nicht so offenkundig falsch und empirisch unzutreffend ist, wie Burge meint, und dass er eine originelle Position in der gegenwärtigen wahrnehmungstheoretischen Debatte um den Zusammenhang von intentionalem und phänomenalem Gehalt der Wahrnehmung formuliert. Im Gegensatz zu Burge, der einen scharfen Gegensatz zwischen seiner Konzeption und Evans' Theorie aufzubauen versucht, bin ich sogar der Auffassung, dass beide in schönster Harmonie koexistieren können. Während es Burge primär um objektive Wahrnehmungsrepräsentation von Tieren unterhalb der Ebene des Bewusstseins geht, steht die bewusste Wahrnehmungsrepräsentation der Welt als objektiv im Zentrum von Evans' neo-kantischem Ansatz. Diese beiden Perspektiven schließen sich nicht aus, sondern können einander ergänzen.

Literatur

Block, N.: On a Confusion about the Function of Consciousness. In: *Behavioral and Brain Sciences* 18, 1995, S. 227–47.

Burge, T.: *Origins of Objectivity*. Oxford 2010.

Campbell, J.: Information Processing, Phenomenal Consciousness, and Molyneux's Question. In: *Thought, Reference, and Experience*, hg. von J. L. Bermúdez, Oxford 2005, S. 195–219.

Cassam, Q.: Space and Objective Experience. In: *Thought, Reference, and Experience*, hg. von J. L. Bermúdez, Oxford 2005, S. 258–89.

Clark, A.: *Being There: Putting, Brain, Body and World Together Again*. Cambridge 1997

Cussins, A.: Content, Embodiment and Objectivity – The Theory of Cognitive Trails. In: *Mind* 101, 1992, S. 651–688.

Dretske, F.: *Knowledge and the Flow of Information*, Cambridge 1981.

– *Naturalizing the Mind*. Cambridge 1995.

---

[55] Evans' Ansatz, so wie ich ihn rekonstruiert habe, weist der Sache nach eine gewisse Ähnlichkeit zu Husserl auf, für den die Wahrnehmung der Geistunabhängigkeit ebenfalls auf inferentiellen Fähigkeiten basiert (Husserl, Untersuchungen). In diese Richtung gehen auch Smith, Problem, und Siegel, Subject and Object. Embodiment-Ansätze, die nicht auf inferentielle Fähigkeiten zurückgreifen, vertreten demgegenüber im Anschluss an Merleau-Ponty, beispielsweise Clark, Being There, Hurley, Consciousness, sowie Noë und O'Regan, What it is Like. Cussins, Content, versucht, eine Embodiment-Konzeption der Objektivität ausgehend von Evans zu entwickeln.

Evans, G.: Things without the Mind. In: *Philosophical Subjects: Essays Presented to P. F. Strawson*, hg. von Z. van Straaten, Oxford 1980, S. 76–116. Wiederabdruck in: *Collected Papers* von G. Evans, Oxford 1985, S. 249–290.
- *The Varieties of Reference*, Oxford 1982.
Fodor, J.: The Revenge of the Given. In: *Contemporary Debates in Philosophy of Mind*, hg. von B. P. McLaughlin and J. Cohn, Oxford 2007, S. 105–16.
Grundmann, Th.: *Analytische Einführung in die Erkenntnistheorie*, Berlin/New York 2008.
Harman, G.: The Intrinsic Quality of Experience. In: *Philosophical Perspectives* 4, 1990, S. 31–52.
Hurley, S.: Consciousness in Action. In: *European Journal of Philoso*phy 8(1), 2000, S. 106–110.
Husserl, E.: *Logische Untersuchungen*, 7. Aufl. 1993, Tübingen 1900.
Margolis, E./Laurence, S.: Concepts, *The Stanford Encyclopedia of Philosophy* (Spring 2014 Edition), hg. von E. N. Zalta, URL =http://plato.stanford.edu/archives/spr2014/entries/concepts/>.
Macpherson, F.: Ambiguous Figures and the Content of Experience. In: *Noûs* 40, 2006, S. 82–117.
McDowell, J.: Peacocke and Evans on Demonstrative Content, in: *Mind* 99, 1990, S. 255–66.
- *Mind and World*. Cambridge 1994.
Merleau-Ponty, M.: *Phénoménologie de la Perception*, Paris 1945.
Misselhorn, C.: *Wirkliche Möglichkeiten – Mögliche Wirklichkeiten. Grundriss einer Theorie modaler Rechtfertigung*, Paderborn 2005.
Noë, A.: *Action in Perception*, Cambridge 2004.
- O'Regan, K.: What it is Like to See: a Sensorimotor Theory of Perceptual Experience. In: *Synthese* 129, 2001, S. 79–103.
Nickel, B.: Against Intentionalism, in: *Philosophical Studies* 136, 2007, S. 279–304.
O'Shaughnessy, B.: Seeing an Aspect and Seeing Under an Aspect. In: *Wittgenstein and the Philosophy of Mind*, hg. von J. Ellis and D. Guevara. Oxford 2012, S. 37–60.
Peacocke, C.: *Sense and Content*. Oxford 1983.
- Demonstrative Content: A Reply to McDowell. In: Mind 100 (1), 1991, S. 123–33.
- ›Another I‹: Representing Conscious States, Perception, and Others. In: *Thought, Reference, and Experience*, hg. von J. L. Bermúdez, Oxford 2005, S. 220–257.
Prinz, J.: Beyond Appearances: The Content of Sensation and Perception. In: *Perceptual Experience*, hg. von T. Gendler and J. Hawthorne, Oxford 2006, S. 434–60.
Rowlands, M.: *The New Science of the Mind: From Extended Mind to Embodied Phenomenology*, Cambridge 2010.
Rozemond, M.: Evans on de re Thought, in: *Philosophia* 22, 1993, S. 275–298.
Sainsbury, R. M.: Critical notice: The Varieties of Reference by Gareth Evans. In: *Mind* 94, 1985, S. 120–42.

Shoemaker, S.: Phenomenal Character. In: *Noûs* 28(1), 1994, S. 21–38.
Siegel, S.: Subject and Object in the Contents of Visual Experience. In: *Philosophical Review* 115, 2006, S. 355–88.
Smith, A. D.: *The Problem of Perception*, Cambridge 2002.
Tye, M.: *Ten Problems of Consciousness*. Cambridge 1995.
Voltolini, A.: The Content of a Seeing-As Experience. In: *Aisthesis. Pratiche, linguaggi e saperi dell'estetico*, 2013, S. 215–237.

III.
SELBSTREFERENZ UND SELBSTERKENNTNIS

Quassim Cassam

EVANS ÜBER SELBSTWISSEN*

1

In einem berühmten Absatz diskutiert Gareth Evans Weisen, wie wir wissen können was wir glauben und wovon wir überzeugt sind. Dies ist der Absatz, er stammt aus Kapitel 7 von *The Varieties of Reference*:

> If someone asks me »Do you think there is going to be a third world war?«, I must attend, in answering him, to precisely the same outward phenomena as I would attend to if I were answering the question »Will there be a third world war?«. I get myself in a position to answer the question whether I believe that *p* by putting into operation whatever procedure I have for answering the question whether *p*. [...] If a judging subject applies the procedure, then necessarily he will gain knowledge of one of his own mental states: even the most determined sceptic cannot find here a gap in which to insert his knife. We can encapsulate this procedure for answering questions about what one believes in the following simple rule: whenever you are in a position to assert that *p*, you are *ipso facto* in a position to assert »I believe that *p*«.[1]

Evans fügt hinzu, dass die Beherrschung dieser Vorgehensweise kein volles Verständnis des Inhaltes des Urteils »Ich glaube, dass *p*« konstituieren könne. Das Subjekt müsse auch in der Lage sein, begreifen zu können, dass andere Subjekte glauben, dass *p*.

Evans' Vorschlag hat in der umfassenden Sekundärliteratur, die er angeregt hat, viele Fragen aufgeworfen. Wie er selbst zugibt, ist seine Diskussion extrem unvollständig[2], und einige der aufgeworfenen Fragen spiegeln dies wieder. Dennoch schien es den meisten Kommentatoren, dass Evans etwas Wahres und Wichtiges über das Wissen über unseren eigenen Überzeugungen sagt. Die Herausforderung besteht darin herauszufinden, worin diese wichtige Wahrheit besteht. Dies involviert unter anderem zu bestimmen, wovon

---

* Für die fachkundige und so freundliche Übersetzung danken wir Angela Matthies.
[1] Evans, *The Varieties of Reference*, S. 225 f.
[2] Evans, *The Varieties of Reference*, S. 224.

Evans' Theorie handelt: ist sie eine Beschreibung der Art und Weise, wie wir Wissen über unsere eigenen Überzeugungen gewinnen, oder gewinnen *können*, oder gewinnen *müssen*?

Ich werde hier für zwei Thesen argumentieren:

(A) Obwohl Evans einen *möglichen* Weg aufzeigt, wie wir Wissen über unsere eigenen Überzeugungen gewinnen können, steht nicht fest, ob wir Wissen über unsere eigenen Überzeugungen gewinnen *müssen*, indem wir die von Evans beschriebene Vorgehensweise anwenden, oder ob wir üblicherweise auf diese Weise Wissen über unsere eigenen Überzeugungen *gewinnen*.

(B) Bei dem von Evans beschriebenen Selbstwissen handelt es sich um ein *indirektes*. Er beschreibt eine Vorgehensweise, mit der man Fragen bezüglich der eigenen Überzeugungen beantworten kann, und es ist schwierig, dieser Vorgehensweise einen Sinn abzugewinnen, außer man nimmt an, dass es sich bei dem Wissen, das sie hervorbringt, weder um epistemisch noch psychologisch unmittelbares Wissen handeln kann.

(A) legt nahe, dass Evans' Theorie einen viel eingeschränkteren Geltungsbereich besitzt als manchmal angenommen wird. Eine Einschränkung besteht darin, dass Evans' Theorie als eine Theorie darüber, wie man wissen kann, ob man *p* glaubt, für solche Fälle gilt, in denen es explizit in Frage steht, ob man glaubt, dass *p*.[3] Nehmen wir an, wir nennen diese Fälle »in-Frage« (IF)-Fälle. Es sollte beachtet werden, dass es auch möglich ist, zu wissen oder zu realisieren, dass man eine bestimmte Überzeugung hat, wenn die Frage, ob man diese Überzeugung hat, nicht explizit aufgeworfen wurde. Sogar wenn es nicht in Frage steht, ob man glaubt, dass *p*, kann man plötzlich bemerken, dass man in der Tat glaubt, dass *p*, vielleicht weil man eine überzeugende Formulierung von *p* gehört oder gelesen hat. Es ist in solchen Fällen nicht immer klar, ob die Überzeugung neu gebildet worden ist, ob man bereits darüber verfügte oder etwas dazwischen. Evans richtet seine Aufmerksamkeit nicht auf solche Fälle. Wie wir sehen werden, gibt es auch Fragen bezüglich seiner Theorie von Selbstwissen in IF-Fällen.

Die Bedeutung von (B) liegt darin, dass Philosophen, die sich mit Selbstwissen beschäftigen, oft die Diskussion mit Bemerkungen darüber beginnen, was Selbstwissen epistemologisch von Wissen über andere abgrenzt. Es gibt eine Standardintuition, nach der Selbstwissen normalerweise sowohl psychologisch als auch epistemisch direkt ist, wohingegen Wissen über andere normalerweise indirekt ist. Die psychologische Behauptung in Bezug auf

---

[3] Dies ist auch ein Handicap von Richard Morans von Evans inspirierter Theorie des Selbstwissens. Moran betont immer wieder, dass er erklärt, wie man die Frage, was ich über etwas glaube, beantworten kann, »*when* the question arises« (Moran, Replies, S. 467).

Selbstwissen lautet, dass man normalerweise seine eigenen Überzeugungen kennt, ohne bewusst zu urteilen oder Schlussfolgerungen zu ziehen. Normalerweise kennt man seine eigenen Überzeugungen *unmittelbar*: man muss nichts *tun*, um zu wissen, was man glaubt, man weiß es einfach. Nach der epistemischen Behauptung ist das Wissen über das, was man selbst glaubt, normalerweise kein inferentielles Wissen, und basiert nicht auf Evidenz, sei es behaviorale oder andere. Wenn man weiß, dass man glaubt, dass *p*, muss man gerechtfertigt sein zu glauben, dass man *p* weiß. Die Idee hierbei ist, dass die Rechtfertigung dafür zu glauben, dass p, nicht von der Rechtfertigung für andere Propositionen stammt.[4]

Überraschenderweise wurde Evans' Theorie des Selbstwissens von solchen Philosophen übernommen, für die die Direktheit von gewöhnlichem Selbstwissen ein Faktum ist.[5] Solche Philosophen haben versucht, Evans' Vorgehensweise so aufzufassen, als lieferte sie direktes, nicht-inferentielles Selbstwissen, aber (B) impliziert, dass dies ein Fehler ist. Man kann nicht beides haben: wenn Selbstwissen normalerweise direkt ist, dann kann Evans' Vorgehensweise nicht die normale Weise zur Gewinnung von Selbstwissen sein. Ich behaupte nicht, dass Evans dies so gesehen hat. Seine Diskussion ist nicht um einen Unterschied zwischen direktem und indirektem Wissen herum organisiert, und inwieweit er seine Theorie als inferentiell betrachtete, lässt sich schwer feststellen. (B) ist eine Behauptung darüber, was der Fall ist, und nicht so sehr über Evans' Auffassung von seiner eigenen Theorie. Da ich, anders als viele Philosophen, die sich mit Selbstwissen beschäftigen, die Direktheit von Selbstwissen nicht als Bezugspunkt erachte, macht es mir nichts aus, dass Evans Geschichte eine inferentielle ist.[6] Meine Vorbehalte sind anders begründet und konzentrieren sich nicht so sehr auf (B), sondern auf (A).

2

Beschäftigen wir uns zunächst damit, wie wir Wissen über unsere Überzeugungen in IF-Fällen gewinnen. Es ist aufschlussreich, wie oft Evans seine Theorie als Darstellung einer »Vorgehensweise« charakterisiert. Die Wörter-

---

[4] Vergleiche die Theorie »unmittelbarer« Rechtfertigung in Pryor, Immediate Justification, einer Diskussion, der ich viel verdanke.
[5] Nach Richard Morans Terminologie ist die Frage, ob p, nach außen gerichtet (»outward-directed«), während die Frage, ob ich glaube, dass p, nach innen gerichtet ist (»inward-directed«), vgl. Moran, Replies, S. 457.
[6] Für eine Verteidigung des Inferentialismus hinsichtlich Selbstwissens siehe Lawlor, Knowing; Carruthers, Opacity und Cassam, Self-Knowledge.

buchdefinition einer Vorgehensweise ist eine Art des Vorgehens, eine Weise einen Auftrag auszuführen oder eine Reihe von Handlungen, die in einer bestimmten Reihenfolge oder Weise ausgeführt werden. Wenn man die Frage beantwortet, ob man glaubt, dass es einen dritten Weltkrieg geben werde, indem man eine Vorgehensweise im letzteren Sinne in die Tat umsetzt, dann ist das resultierende Selbstwissen (falls es das gibt) psychologisch indirekt. Es ist nach Evans' Theorie sicher nicht der Fall, dass man nichts tun muss, um die Frage zu beantworten, oder dass man auf Anhieb weiß, was man glaubt. Hinzu kommt, dass die Vorgehensweise, die man angeblich in die Tat umsetzen muss, um die Frage, ob man p glaubt, zu beantworten, diejenige Vorgehensweise ist, mit der man eine scheinbar *verschiedene* Frage beantworten kann, die Frage, ob p.[7] Wie kann man Selbstwissen erwerben, indem man eine Vorgehensweise zur Beantwortung einer verschiedenen Frage in die Tat umsetzt, außer es handelt sich dabei um eine indirekte Vorgehensweise? Es muss irgendeine Art von Übergang geben von der Beantwortung der Frage, ob p, zur Beantwortung der Frage, ob man glaubt, dass p, aber wirklich direktes Wissen würde nicht einen solchen mentalen Übergang involvieren.

Ein Grund, warum dies problematisch erscheint, ist, dass Fälle, in denen man sich schon entschieden hat (vielleicht durch Nachdenken), ob p der Fall ist, oder solche, in denen die Frage, ob man p glaubt, so gehört wird, dass man *bereits* glaubt, dass p,[8] nicht gut dazu passen. In solchen Fällen muss man nicht diejenige Verfahrensweise anwenden, die man zur Beantwortung der Frage, ob p, benutzt.[9] Da man sich bereits entschieden hat, muss man lediglich eine bereits existierende Überzeugung abrufen. Normalerweise besteht dies einfach darin, sich, vielleicht unverzüglich, an seine Meinung zu erinnern, und nicht so sehr eine Reihe von Handlungen in einer bestimmten Reihenfolge oder Weise auszuüben.

Dies wirft die Frage nach dem Status von Evans' Theorie auf. Wie wir gesehen haben, besteht seine Ansicht darin, dass ich, wenn jemand mich fragt, ob ich glaube, dass p, genau die gleichen äußeren Phänomene beachten *muss*, als ob ich die Frage, ob p, beantworten würde. Aber warum muss ich diese

---

[7] Siehe Moran, Authority, S. 61 über die Bedeutung der Tatsache, dass die beiden Fragen verschieden sind.

[8] Shah und Velleman stellen fest, dass die Frage »Glaube ich, dass p« entweder »Glaube ich bereits, dass p (d. h. bevor ich die Frage erwäge)?« bedeutet oder »Glaube ich jetzt, dass p (d. h. jetzt, wo ich die Frage beantworte)?« (vgl. Shah und Velleman, Deliberation, S. 506).

[9] Wie es Baron Reed feststellt. Vgl. sein Beispiel von Penny, der Ökonomin, die vor der Frage steht, ob sie p glaubt. Reed bemerkt: »Penny ought to defer to her earlier judgement whether p« (Reed, Self-Knowledge, S. 176 f.). Dass sie bemerkt, dass sie p bereits glaubt »may count for Penny, not merely as a *reason* to believe that p, but as the *answer* to the question *does she believe that p?*« (ebd., S. 177).

äußeren Phänomene beachten, wenn ich mich schon entschieden habe? Eine Weise, wie man dies formulieren könnte, ist, dass man zwischen zwei IF-Fällen unterscheidet, und zwar Fälle von bereits existierender Überzeugung (ich werde diese BEÜ-Fälle nennen) und »Sich Entscheiden«-Fälle (ich werde diese SE-Fälle nennen). In einem SE-Fall glaubt man nicht bereits, dass *p*. Die Frage »glaubst du, dass *p*?« wird vielmehr als Einladung verstanden sich zu entscheiden, ob *p*, d. h. eine Überzeugung im Hinblick auf *p* zu bilden. In einem BEÜ-Fall muss man sich nicht entscheiden, weil man sich bereits entschieden hat. In dieser Hinsicht könnte man denken, dass Evans' Theorie allerhöchstens davon handelt, wie die Frage »glaubst du, dass *p*?« in SE-Fällen beantwortet wird, oder beantwortet werden muss. Es ist keine Theorie darüber, wie wir in BEÜ-Fällen oder nicht-IF-Fällen zu Wissen über unsere eigenen Überzeugungen gelangen oder gelangen müssen.

Wenn man Evans auf diese Weise liest, wirft dies zwei Fragen auf:

1. Ist es wahr, dass Evans' Theorie nicht für BEÜ-Fälle funktioniert?
2. Funktioniert Evans' Theorie selbst für SE-Fälle?

In Bezug auf die erste Frage bemerkt Richard Moran, dass ich zwar die Frage danach stellen könne, was eine *andere* Person über p glaubt, ohne dass diese Person die Frage nach der Wahrheit von *p* selbst beachtet[10], dass dies aber nicht möglich sei, wenn lediglich eine Person zur Stelle ist: »I cannot pose to myself the question whether I believe that *p* without raising the question of the truth of *p*, for there is only one mind under consideration here, inquiring about itself«.[11] Meine Überzeugungen zählen nur dann als genuine *Überzeugungen*, wenn ich sie für wahr halte, und dies gilt in gleicher Weise für bereits existierende, gespeicherte Überzeugungen. Daher gilt: »If I relate to my »stored« belief as something I take to be true, it will be hard to see how I can see my relation to it, however spontaneous, as insulated from the engagement of my rational capacities for determining what is true or false«.[12]

Obwohl Morans Beobachtung etwas Richtiges enthält, ist ihre epistemologische Bedeutung unklar. Die eigenen Überzeugungen können nicht von den eigenen rationalen Fähigkeiten in dem Sinne isoliert werden, dass eine Person, die eine bestimmte Proposition glaubt, gefragt werden kann, warum sie diese glaubt. Bei dieser Frage handelt es sich um eine Frage nach ihren *Gründen*, und sie reflektiert die folgende Tatsache: »the asking and giving of reasons belongs to the nature of belief itself«.[13]

---

[10] Vgl. Moran, Self-Knowledge, S. 223.
[11] Ebd.
[12] Moran, Self-Knowledge, S. 222.
[13] Moran, Self-Knowledge, S. 216.

Dennoch folgt daraus nicht, dass man *Wissen* über die eigenen aufbewahrten Überzeugungen erwirbt, indem man seine Gründe reflektiert, oder dass wir in BEÜ-Fällen Wissen über unsere Überzeugungen in der gleichen Weise gewinnen, wie wir das in SE-Fällen tun. Es fehlen uns Zeit und mentale Ressourcen, um die Frage, ob p, jedes Mal zu überdenken, wenn wir gefragt werden, ob wir glauben, dass p. In Fällen, wo wir bereits existierende Überzeugungen haben, muss es sicherlich eine *Bereitschaft* geben, seine Überzeugungen zu überdenken, wenn neue Evidenz ans Licht kommt. Aber bereit zu sein, die Frage nach der Wahrheit von p zu stellen ist nicht dasselbe wie tatsächlich diese Frage zu stellen. Manchmal gibt es eine solche Frage nicht (zumindest in den eigenen Gedanken), und man ist einfach in der Lage, eine bereits existierende Überzeugung wiederzugeben ohne Evans' Vorgehensweise auszuführen.

Es ist eine Sache zu sagen, dass Evans' Theorie BEÜ-Fälle nicht berücksichtigt; Gibt er aber vielleicht dennoch eine plausible Theorie über Selbstwissen in SE-Fällen? Die Schwierigkeit liegt hierin: angenommen, man hat nicht bereits entschieden, ob p, und die Frage kommt auf, ob man glaubt, dass p. Man befolgt also Evans' Rat und führt seine Verfahrensweise aus, um die Frage, ob p, zu beantworten. Infolgedessen urteilt man, dass p. Wie kommt man von da zu dem Wissen, dass man glaubt, dass p? Die Verfahrensweise dafür, die Frage, ob p, zu beantworten, mag einen dazu bringen zu urteilen, dass p, aber was ist die Verbindung zwischen *urteilen*, dass p, *glauben*, dass p, und *wissen*, dass man glaubt, dass p? Evans sagt hierzu nichts, und dies macht es schwierig zu wissen, worauf seine Auffassung von Selbstwissen hinausläuft.

An diesem Punkt können wir auf zwei Weisen fortschreiten. Nach der einen Herangehensweise bestehen wir darauf, dass es eine Lücke zwischen urteilen, dass p, und wissen, dass man glaubt, dass p, gibt, und dass diese Lücke nur durch eine Art von Inferenz überbrückt werden kann. Nach der anderen Herangehensweise verneinen wir die Existenz einer solchen Lücke und argumentieren, dass, wenn man Evans' Vorgehensweise in einem SE-Fall anwendet, man *ohne Inferenz* zu dem Wissen gelangt, dass man glaubt, dass p. Es gibt viele verschiedene Versionen jeder dieser Herangehensweisen, und ich möchte für eine Version der ersten Herangehensweise argumentieren. Mein Vorschlag impliziert, dass es in SE-Fällen möglich ist, Selbstwissen auf annähernd die Art und Weise zu gewinnen, wie Evans sie beschreibt. Ob wir sogar in solchen Fällen auf diese Weise vorgehen oder vorgehen müssen, ist eine weitere Frage. Was nicht in Frage stehen sollte, ist meiner Ansicht nach, dass, wenn man Evans' Vorgehensweise in einem SE-Fall in die Tat umsetzt, das resultierende Selbstwissen inferentielles Selbstwissen ist.

Um auf eine vertretbare Theorie von Selbstwissen in SE-Fällen hinzuarbeiten, betrachten wir kurz Alex Byrnes Version des Inferentialismus. Ich glaube, dass die Schwierigkeiten von Byrnes Vorschlag den Weg zu einer besseren, inferentialistischen Theorie weisen. Byrne antwortet auf Evans, indem er schreibt:

> Suppose that I examine the evidence and conclude that there will be a third world war. Now what? Evans does not explicitly address this question, but the natural answer is that the next step involves an *inference from world to mind*: I infer that I believe that there will be a third world war from the single premiss that there will be one.[14]

Byrne nennt die Inferenz von Welt zu Geist eine »Transparenz-Inferenz«. Die Frage »glaube ich, dass p?« ist »transparent« für die Frage, ob p, in dem Sinne, dass die erstere Frage beantwortet wird oder beantwortbar ist, indem man letztere Frage beantwortet. Byrne stellt die Transparenz-Inferenz als etwas dar, was die Lücke in Evans' Theorie schließt, aber sein Vorschlag begegnet einem schwerwiegenden Einwand: Transparenz-Inferenzen im Sinne Byrnes sind offenkundig ungültig.[15] Die bloße Tatsache, dass p wahr ist, enthält nicht, dass ich es glaube, wie kann es also legitim sein, aus der Tatsache, dass p, zu folgern »Ich glaube, dass p«?

Byrne argumentiert dafür, dass diese Schwierigkeit nicht unüberwindbar ist und dass Transparenz-Inferenzen nicht ohne epistemischen Wert sind. Wenn man aus der einen Prämisse p folgert, dass man glaubt, dass p, dann ist nach Byrne Folgendes der Fall: »one's second-order belief is *true*, because inference from a premiss entails belief in that premiss«.[16] Hinzu kommt, dass Transparenz-Schließen typischerweise zu Überzeugungen führt, die sicher in dem Sinne sind, dass sie nicht leicht hätten falsch sein können.[17] Wenn man beides zusammennimmt, suggerieren diese Überlegungen, dass Transparenz-Schließen zu Wissen beiträgt. Dennoch irrt Byrne in der Annahme, dass eine Inferenz aus einer Prämisse den Glauben an diese Prämisse enthält. Logiklehrer durchlaufen Tausende von Beispielinferenzen aus Prämissen, die weder sie noch irgendjemand, der bei Sinnen ist, tatsächlich glaubt. In einem Widerspruchsbeweis nimmt man an, dass p, leitet q aus p ab und leitet dann die Falschheit von p aus der Falschheit oder Absurdität von q ab. Es ist offensichtlich nicht zu bezweifeln, dass es zwischen der Prämisse und dem Glauben an die Prämisse keine Inferenzbeziehung gibt. In Byrnes Szenario ist die Inferenz von »p« zu »Ich glaube, dass p« also nur dann legitim, wenn bekannt ist, dass die Prämisse einer *Überzeugung* Ausdruck verleiht und keiner Annahme oder Vermutung. Aber jetzt scheint es, als

---

[14] Byrne, Transparency, S. 203.
[15] Matthew Boyle wendet Folgendes ein: »only a madman could draw such an inference« (Boyle, Self-Knowledge, S. 227).
[16] Byrne, Transparency, S. 206.
[17] Vgl. ebd., S. 206 f.

ob Wissen darüber, was man glaubt, vorausgesetzt wird anstatt erklärt zu werden.[18]

Diese Überlegungen zeigen nicht, dass etwas mit dem Inferentialismus *per se* nicht stimmt, sondern nur, dass mit Byrnes Version des Inferentialismus etwas nicht stimmt. Da er Transparenz-Inferenzen als unvermittelt ansieht, als solche, die direkt von »*p*« zu »Ich glaube, dass *p*« führen, bestünde eine Alternative darin, solche Inferenzen als *vermittelte* aufzufassen. Nehmen wir zur Illustration wiederum an, dass man als Antwort auf die Frage »Glaubst du, dass es einen dritten Weltkrieg geben wird« die Evidenz untersucht und schließt, dass es einen dritten Weltkrieg geben wird. »Schließen«, dass es einen dritten Weltkrieg geben wird, heißt *urteilen*, dass es einen geben wird. Welcher Art ist dann die Beziehung zwischen urteilen und glauben? Es wird oft gesagt, dass urteilen darin besteht, eine Überzeugung zu bilden, aber ist es möglich, zu urteilen, dass *p*, ohne zu glauben, dass *p*? Betrachten wir das folgende Beispiel:

> Someone may judge that undergraduate degrees from countries other than their own are of an equal standard to her own, and excellent reasons may be operative in her assertions to that effect. All the same, it may be quite clear, in decisions she makes on hiring, or in making recommendations, that she does not really have this belief at all.[19]

Wie ist es möglich, dass eine Person urteilt, dass *p*, ohne zu glauben, dass *p*? Angenommen, wir halten urteilen für einen kognitiven mentalen *Akt*, den Akt, eine Proposition in seinem Geist gegenwärtig als wahr zu behaupten, und wir halten überzeugt sein für einen mentalen *Zustand* oder eine kognitive Einstellung.[20] In einem vorgegebenen Fall kann das Urteil, dass *p*, nicht zu dem Glauben, dass *p*, führen, weil das Bilden von Überzeugungen durch nicht-rationale Faktoren wie Selbsttäuschung, Vorurteile und Phobien beeinflusst wird.[21] Ich könnte aus guten Gründen urteilen, dass ein erster akademischer Abschluss von anderen Ländern als dem eigenen den gleichen Standard aufweist wie mein eigener und mich dennoch dabei ertappen, dass

---

[18] Ich nehme an, dass Boyle eine ähnliche Befürchtung plagt, wenn er über Byrnes Ansatz schreibt, dass dieser eine von zwei Möglichkeiten wählen muss: »either represent the subject as drawing a mad inference, or else must admit that her real basis for judging herself to believe *P* is not the sheer fact that *P*, but her tacit knowledge that she *believes P*« (Boyle, Self-Knowledge, S. 231).

[19] Peacocke, Conscious Attitudes, S. 90.

[20] Hier schließe ich mich der Theorie von Urteil und Überzeugung von Shah und Velleman an. Diese schreiben: »a judgement is a cognitive mental act of affirming a proposition .... It is an act because it involves occurrently presenting a proposition, or putting it forward in the mind; and it is cognitive because it involves presenting the proposition *as true*, or, as we have said, affirming it. A belief, by contrast, is a mental state of representing a proposition as true, a cognitive attitude rather than a cognitive act« (Shah und Velleman, Deliberation, S. 503).

[21] Vgl. Shah and Velleman, Deliberation, S. 508 und Cassam, Judging.

ich dies nicht beherzige als Folge von Vorurteilen, die ich einfach nicht abschütteln kann. Mental *bestätige* ich, dass ein erster akademischer Abschluss von anderen Ländern den gleichen Standard aufweist, und dennoch ist meine Haltung zu dieser Proposition nicht die Haltung des Glaubens, wie es meine Entscheidungen darüber, wen ich einstelle, und meine Empfehlungsschreiben zeigen.[22]

Selbst wenn urteilen, dass *p*, nicht immer zu der Überzeugung, dass *p*, führt, ist es dennoch plausibel, dass urteilen, dass *p*, normalerweise dazu führt, dass man glaubt, dass *p*. Die Bildung der Überzeugung kann durch Vorurteile oder Phobien gehemmt werden, aber dies kann kaum der Normalfall sein. Es ist schwer, sich ein Subjekt vorzustellen, das urteilt, dass *p*, aber als Folge daraus kaum jemals zu der Überzeugung gelangt, dass *p*. *Ceteris paribus* würde man erwarten, dass jemand, der wirklich urteilt, dass p, der in seinem Geist eine Proposition als wahr behauptet, zu der Überzeugung gelangt, dass die Proposition wahr ist, wenn er sie nicht bereits glaubt. Es gibt Fälle, wo dies nicht eintritt, deshalb führt urteilen nicht immer zu den entsprechenden Überzeugungen. Aber falls jemand, der als Folge seines angeblichen Urteils oder seiner Bekräftigung, dass *p*, nie oder kaum jemals glaubt, dass *p*, dann wäre es angemessen, sich zu fragen, ob die Bestätigung wirklich ein Urteil ist und nicht zum Beispiel eher eine Annahme.

Kehren wir nun zu Evans' Beispiel zurück, indem wir all diese Gesichtspunkte berücksichtigen. Es tritt die Frage auf, ob man glaubt, dass es einen dritten Weltkrieg geben wird, und so betrachtet man die Evidenz und gelangt zu dem Urteil, dass es einen geben wird. Nehmen wir zusätzlich an, dass man *weiß*, dass man dieses Urteil fällt. Dann kann man schließen, dass man glaubt, dass es einen dritten Weltkrieg geben wird, solange man berechtigt in der

---

[22] Hieronymi hat eine andere Sichtweise auf diese Art von Beispiel: »you might deliberate and come to a conclusion that is at odds with the attitudes you continue to hold«. Angenommen aber, man hat die Frage, ob *p*, entschieden, indem man zum Schluss gekommen ist, dass *p*. Für diesen Fall argumentiert Hieronymi: »you will, at least for the moment, incur the commitments associated with believing that *p*, and, therefore, that you do, at least for the moment, believe *p* – perhaps despite the fact that you also continue to believe not *p*« (Hieronymi, Agency, S. 143). Ich nehme an, dass die Überzeugung, dass p, ein bestehender dispositionaler Zustand und kein momentanes Vorkommnis ist. Die Dispositionen, die für Überzeugungen relevant sind, sind sowohl verhaltensbezogen als auch kognitiv (vgl. Schwitzgebel, Knowing, S. 43f.). In dem Maße, in dem das Subjekt in Peacockes Beispiel keine Disposition hat, Abschlüsse von anderen Ländern als gleichwertig zu betrachten, haben sie auch keine Überzeugung, noch nicht mal eine vorübergehende, dass sie gleichwertig sind. Aber das hindert sie nicht daran, mental zu bejahen, dass Abschlüsse anderer Länder gleichwertig sind. Die Diskrepanz besteht zwischen ihrem fortdauernden, beständigen Zustand (der ein dispositionaler ist) und ihren mentalen Bejahungen (die dies nicht sind). Für mich liegt kein Wert darin, die Sache dadurch verworrener zu machen, dass ich darüber spreche, was sie »im Moment« glauben oder schlimmer noch, was sie »zeitgleich« glauben.

Annahme ist, dass, *ceteris paribus*, man urteilt was man glaubt.[23] Auf diese Weise kann man erkennen, dass man glaubt, dass es einen dritten Weltkrieg geben wird, aber bei diesem Wissen handelt es sich um inferentielles Wissen im folgenden Sinne: Es wird durch das Wissen darüber, was man urteilt, vermittelt, sowie durch eine Annahme darüber, wie Urteile und Überzeugungen zusammenhängen. Tatsächlich dient die mentale Bekräftigung von *p* als Evidenz dafür, dass man glaubt, dass *p*. Die Evidenz ist nicht unfehlbar, denn solche Bekräftigungen sind keine unfehlbare Richtschnur zum unterliegenden mentalen Zustand der Überzeugung.[24] In Peacockes Beispiel gibt es eine Diskrepanz zwischen dem, was man urteilt, und dem, was man glaubt, aber solche Diskrepanzen sind ausreichend außergewöhnlich, dass man berechtigt ist, aus seinem Urteil, dass es einen dritten Weltkrieg geben wird, zu schließen, dass man davon auch überzeugt ist. Es handelt sich hierbei um Selbstwissen durch Inferenz, aber nicht im Sinne Byrnes. Man folgert nicht »Ich glaube, dass *p*« aus der bloßen Tatsache, dass *p*, sondern aus dem Wissen heraus, dass man urteilt, dass *p*.

Hier sind fünf einschlägige Fragen zu diesem Modell des Selbstwissens, das ich das Vermittelte-Inferenz-Modell (VIM) nennen möchte, zusammen mit Hinweisen, wie diese Fragen meiner Meinung nach beantwortet werden sollten.

i. Ist das VIM eine akkurate Beschreibung der Sichtweise Evans'? Antwort: Es ist schwer, auf Basis seiner sehr kurzen Diskussion zu wissen, was Evans vorgeschwebt ist oder wie er die scheinbare Lücke in seiner Theorie überwunden hätte. Der Vorschlag besteht nicht darin, dass Evans tatsächlich an vermittelte Inferenz als Basis gedacht hat, auf Grundlage derer man in SE-Fällen wissen kann, was man glaubt; aber dies ist es was er hätte denken sollen.

ii. Man kann *auf der Basis* eines Urteils, dass *p*, wissen dass man *p* glaubt, ohne zu *wissen*, dass man urteilt, dass *p*, oder ohne aus der Prämisse, dass man geurteilt hat, dass *p*, zu *schließen*, dass man *p* glaubt.[25] In welchem Sinn ist dann Wissen, dass man *p* glaubt, in diesem Fall wirklich inferentiell? *Antwort*: Die Tatsache, dass man urteilt, dass *p*, kann nicht durch

---

[23] Moran drückt dies wie folgt aus: »if the person were entitled to assume, or in some way even obligated to assume, that his considerations for or against believing P (the outward-directed question) actually determined in this case what his belief concerning P actually is (the inward-directed question) then he would be entitled to answer the question concerning his believing P or not by considerations of the reasons in favor of P« (Moran, Replies, S. 457). Vgl. auch Moran, Responses.

[24] Dies ist also der Ort, wo der entschlossene Skeptiker einen Spielraum vorfindet, in den er sein Messer treiben kann.

[25] Dies ist Peacockes Einwand gegen das inferentialistische Modell. Vgl. Peacocke, Conscious Attitudes, S. 71 f.

sich selbst die Überzeugung rechtfertigen, dass man *p* glaubt, es sei denn, man *stellt fest* oder *weiß* (und ist also gerechtfertigt zu glauben), dass man urteilt, dass *p*, und dass, *ceteris paribus*, das, was man urteilt, das ist, was man glaubt. Dies macht das Wissen, dass man *p* glaubt in einem epistemologischen Sinne inferentiell: die Rechtfertigung dafür zu glauben, dass man glaubt, dass *p*, stammt von der Rechtfertigung, die man dafür hat, andere, unterstützende Propositionen zu glauben.[26] Vielleicht ist einem nicht bewusst, dass man seine Überzeugungen von seinen Urteilen herleitet, aber dies lässt die epistemologischen Fragen offen, und in jedem Fall müssen Inferenzen nicht bewusst ablaufen.

iii. VIM setzt voraus, dass man seine eigenen Urteile kennt, aber wie ist *dieses* Selbstwissen möglich? Ohne eine Antwort auf diese Frage sieht die vorgeschlagene Erklärung, wie man Wissen über seine Überzeugungen in SE-Fällen gewinnt, gravierend unvollständig aus. *Antwort*: ja, eine Theorie darüber, wie man seine eigenen Urteile kennt, ist vonnöten. Eine Möglichkeit besteht darin, dass Wissen über die eigenen Urteile unvermitteltes, direktes Wissen ist. Man kennt seine eigenen Urteile ohne sie herleiten zu müssen. Dies ist völlig kompatibel mit VIM, das lediglich besagt, dass Wissen über seine eigenen *Überzeugungen* inferentiell ist. Eine andere Option besteht darin zu argumentieren, dass Wissen über seine eigenen Urteile ebenfalls inferentiell ist. Dies geht so: angenommen, man betrachtet die Evidenz, die für *p* spricht und sagt selbst »*p*«.[27] Hat man geurteilt, dass *p*? Es kann passieren, dass man ein Gefühl kognitiven Unbehagens spürt, während man »p« sagt, ein Gefühl, dass es nicht glaubhaft klingt, dass *p*. Man fühlt, dass die Frage nicht entschieden ist, und dass man noch einmal überlegen muss. In diesem Fall ist einem *in den Sinn gekommen*, dass *p*, aber man hat nicht mental *bekräftigt* – d. h., geurteilt –, dass *p*. Mann hat nur dann geurteilt, dass *p*, falls man ein Gefühl

---

[26] Indem ich mich Pryor, Immediate Justification, anschließe, nehme ich an, dass alles, was es bedeutet, eine Rechtfertigung dafür zu haben, eine Proposition zu glauben, ist, dass es epistemisch angemessen wäre, sie zu glauben.

[27] Dies könnte etwas sein, das man zu sich selbst in einem inneren Monolog sagt. Ich stimme mit Carruthers im Folgenden überein: »our conscious occurrent judgements may mostly consist in deployments of imaged sentences, generally the very same sentences that one would use to express those judgements aloud« (Carruthers, Simulation, S. 28). Ebenso damit: »it may be that the first metacognitive access subjects have to the fact that they have a particular belief is via its verbal expression (whether overtly or in inner speech)« und mit: »such speech, like all speech, will need to be interpreted to extract its significance« (Carruthers, How we know our own minds, S. 5). Wenn interpretativer Zugang inferentieller Zugang ist, dann bildet dies einen weiteren Grund, Wissen über unsere eigenen Urteile (Wissen darüber, *was* wir urteilen und nicht Wissen, *dass* wir urteilen), als inferentielles Wissen anzusehen. Für eine weiterführende Diskussion vgl. Cassam, Self-Knowledge, Kapitel 12.

kognitiver Erleichterung oder Entschiedenheit empfindet, wenn einem in den Sinn kommt, dass p, ein Gefühl, dass die Frage im eigenen Geiste beantwortet wurde, und wenn man keinen drängenden Wunsch empfindet, die Frage noch einmal zu überdenken. Und es geschieht auf Basis einer solchen »inneren Stimme«, dass man weiß, dass man tatsächlich *urteilt*, dass p.[28] Es mag sein, dass man nicht bewusst von solch einer Stimme darauf schließt, dass man urteilt, dass p, aber die Überzeugung, dass man urteilt, dass p, ist gerechtfertigt durch solch eine Stimme, und das Wissen, dem die Überzeugung Ausdruck verleiht, ist in diesem Maß epistemisch indirekt.

iv. Was berechtigt einen, im VIM anzunehmen, dass, *ceteris paribus*, das, was man urteilt, das ist, was man glaubt? *Antwort:* das Verständnis der relevanten Begriffe. Man kann nicht denken, dass man p glaubt, ohne den Begriff der Überzeugung zu haben. Wenn man diesen Begriff hat, dann versteht man, vielleicht nur implizit, wie das, was man glaubt, sich zu dem verhält, was man urteilt. Wie das Wissen über die Überzeugungen anderer Leute gründet sich das Wissen über die eigenen Überzeugungen in einem impliziten Verständnis einer einfachen Theorie der Überzeugung, einer Theorie dessen, was es heißt, überzeugt zu sein.

v. Steht VIM nicht offenkundig in Konflikt mit der Annahme, das Selbstwissen normalerweise direkt ist? *Antwort*: ja, das tut es, aber dies ist nicht notwendigerweise ein Grund, VIM abzulehnen. Vielmehr ist es ein Grund, die Annahme zu hinterfragen, dass Selbstwissen normalerweise direkt ist. Schließlich ist es möglich zu denken, dass *manches* Selbstwissen normalerweise direkt ist (vielleicht das Wissen über die eigenen Empfindungen), ohne zu denken, dass Wissen über die eigenen Überzeugungen und über andere beständige Einstellungen normalerweise direkt ist. Zu glauben, dass p, bedeutet unter anderem die Disposition zu haben zu denken, dass p, wenn die Frage auftaucht, zu handeln, als ob p, und sich auf p als Prämisse bei Überlegungen zu verlassen.[29] Der Gedanke, dass das Wissen über die eigenen Überzeugungen normalerweise direkt ist, kommt

---

[28] Krista Lawlors Theorie darüber, wie man Wissen über seine eigenen Wünsche erhalten kann, ist die Inspiration für diese Theorie darüber, wie man weiß, dass man urteilt, dass p. Vgl. Lawlor, Knowing. Wenn sie über »innere Antriebe« spricht, meint sie solche Dinge wie einfache Empfindungen, Gedanken, Vorstellungen, Fantasien und bildlich vorgestellte, natursprachliche Sätze. Ihr Vorschlag besteht darin, dass Schlussfolgerungen aus inneren Antrieben die Basis sein können, auf Grundlage derer man Wissen über seine eigenen Wünsche erlangen kann. Dem stimme ich zu. Ein radikalerer inferentialistischer Vorschlag, den ich jetzt betrachte, ist, dass Schlussfolgerungen aus internen Antrieben sogar eine Rolle bei der Bildung von Wissen über seine eigene *Urteile* spielen können. Vgl. Carruthers, How we know, und Carruthers, Opacity, für einen ähnlichen Vorschlag.

[29] Hier schließe ich mich Scanlon, What We Owe, S. 21 und Schwitzgebel, Knowing, S. 43 f. an.

dem Gedanken gleich, dass es möglich ist, direkt, ohne Evidenz oder Inferenz zu wissen, dass man über die einschlägigen Dispositionen verfügt. Es ist überhaupt nicht klar, wie dies möglich sein soll. Die Behauptung, dass Wissen über die eigenen Überzeugungen normalerweise direkt ist, ist weit entfernt davon, ein Faktum zu sein. Vielmehr ist es eine substantielle philosophische These, die durch VIM in Frage gestellt wird, zumindest wenn man annimmt, dass VIM eine plausible Theorie darüber liefert, wie wir normalerweise Wissen über unsere eigenen Überzeugungen in SE-Fällen erwerben.[30]

3

Bislang habe ich mich auf inferentialistische Lesarten von Evans konzentriert. Ich habe argumentiert, dass Evans' Theorie darüber, wie wir Wissen über unsere eigenen Überzeugungen erlangen, für eine inferentialistische Lesart zugänglich ist, dass es keinen prinzipiellen Einwand gegen den Inferentialismus gibt und dass der Inferentialismus in Bezug auf Selbstwissen und Dispositionalismus in Bezug auf Überzeugungen natürliche Verbündete sind. Bevor wir jedoch auf diesem Pfad voranschreiten, lohnt es sich, eine Pause einzulegen um zu bedenken, ob es entweder notwendig oder wünschenswert ist, Evans' Einsicht in Richtung des Inferentialismus zu entwickeln. Ich habe über eine Lücke zwischen urteilen oder glauben, dass *p*, und wissen, dass man glaubt, dass *p*, gesprochen, aber es gibt Argumente dafür, dass es keine solche Lücke gibt und daher keinen Grund, eine implizite oder explizite Inferenz anzunehmen, um die Lücke zu schließen. Nach einer solchen Ansicht ist es *wahr*, dass das Wissen über seine eigenen Überzeugungen normalerweise nicht inferentiell ist, ob es nun philosophisch *gegeben* ist, dass das Wissen über seine eigenen Überzeugungen normalerweise nicht inferentiell ist, oder nicht.

Etwas in dieser Richtung schlägt Matthew Boyle mit seiner »reflektivistischen« Alternative zum Inferentialismus vor. Boyle pflichtet Evans und anderen bei, dass der Reflektivist Folgendem zustimmen muss: »he must recognize *something* right in the idea that our knowledge of what we believe is grounded in our capacity to consider how things stand in the world in large«.[31] Ein Philosoph, der dieser Idee gerecht werden und den Inferentialismus vermeiden will, hat einige Optionen:

---

[30] Ich sage mehr über all dies in Cassam, Asymmetry.
[31] Boyle, Transparent Self-Knowledge, S. 227.

> Instead of thinking of the subject as making an inference from *p* to *I believe p*, he can think of the subject as taking a different sort of step, from *believing p* to *reflectively judging* (i. e. consciously thinking to himself): I believe *p*. The step, in other words, will not be an inferential transition between *contents*, but a coming to know of a *condition* of which one is already tacitly aware. The traditional philosophical term for this sort of cognitive step is ›reflection‹, so I will call this a *reflective* approach to explaining transparency.[32]

Ein Reflektivist gibt eher eine metaphysische als eine epistemologische Erklärung für Selbstwissen:

> He denies that [...] being in a given mental state M and believing oneself to be in M are two distinct psychological conditions, and consequently denies that the task of a theory of self-knowledge is to explain how these conditions come to stand in a relation that makes the latter knowledge of the former.[33]

Folglich gilt:

> The reflective approach thus does not seek to explain *how we acquire* doxastic self-knowledge. It explains this knowledge, not by appeal to some mechanism or method that allows the subject to know an otherwise unknown fact about himself, but in terms of the nature of belief itself. It treats the following as a basic, irreducible fact about believing as it occurs in a creature capable of reflection: a subject in this condition is such as to be tacitly cognizant of being in this condition. Hence, in the normal case and basic case, believing *p* and knowing oneself to believe *p* are not two cognitive states; they are two aspects of *one* cognitive state – the state, as we might put it, of knowingly believing *p*.[34]

Der Reflektivist arbeitet nicht so sehr mit einer dispositionalistischen Auffassung von Überzeugung, sondern eher mit einer »aktivistischen«.[35] *p* zu glauben besteht darin, *p* aktiv für wahr zu halten. Anders ausgedrückt ist meine Überzeugung, dass *p*, meine wissende Bewertung von *p* als wahr, und deswegen kann ich die Frage, ob ich glaube, dass *p*, so auffassen, dass sie auf die Frage, ob *p*, hinausläuft: Meine Antwort auf die Frage, ob *p*, drückt meine wissende Bewertung von *p* als wahr aus. Und: »unless I am in an alienated condition, my knowingly evaluating *p* as true just is my believing it«.[36]

---

[32] ebd.
[33] Boyle, Transparent Self-Knowledge, S. 235.
[34] Boyle, Transparent Self-Knowledge, S. 228.
[35] Dies ist meine Bezeichnung, nicht Boyles.
[36] Boyle, Transparent Self-Knowledge, S. 236. Hierbei handelt es sich nicht um die ganze Geschichte. Selbst wenn ich wissend akzeptiere, dass *p*, ist dies nicht hinreichend dafür, dass ich weiß, dass ich glaube, dass *p*, wenn ich nicht verstehe, dass das, was ich als wahr akzeptiere, das ist, was ich glaube (vgl. Boyle, Transparent Self-Knowledge, S. 237). Nun sieht Boyles Theorie gar nicht so verschieden von meiner inferentialistischen Theorie aus, nach der einem das

Ist die Annahme plausibel, dass p glauben und wissen, dass man p glaubt, nicht zwei kognitive Zustände sind? Boyle bemerkt, dass ein Hauptproblem seines Vorschlages das Folgende ist: »Many will worry, however, that this proposal attributes to subjects an implausible omniscience about their own beliefs (implying that whenever one does believe p, one knows oneself to believe p«.[37] Angenommen, man glaubt, dass p, aber aus irgendeinem Grund ist einem diese Überzeugung nicht bewusst zugänglich. Handelt es sich hierbei nicht um einen Fall, in dem man eine Überzeugung hat, von der man selbst nicht weiß, dass man sie hat? Boyle stimmt dem nicht zu: »when a belief is present but not consciously accessible to you, *so too is the knowledge of that belief*«.[38] Mit anderen Worten: es handelt sich hier nicht um einen Fall, in dem man glaubt, dass p, ohne zu wissen, dass man glaubt, dass p. Man weiß vielmehr, dass man glaubt, dass p, ohne dass einem bewusst ist, dass man glaubt, dass p.

In einer verbleibenden Hinsicht *sind* Subjekte allwissend, was ihre eigenen Überzeugungen anbelangt, selbst wenn diese Allwissenheit durch das Zugeständnis genießbarer gemacht wird, dass ihr Wissen unter Umständen nicht bewusst zugänglich ist. Unabhängig davon, ob Selbstwissen bewusst zugänglich ist, bleibt es für Boyle der Fall, dass man von sich weiß, dass man glaubt, dass p, wenn man glaubt, dass p. Aber betrachten wir nun das folgende Szenario: Man glaubt, dass p, und diese Überzeugung ist einem bewusst zugänglich (was auch immer das am Ende heißt). Eine Drittpartei (vielleicht der Partner oder ein Therapeut), der von einem als Autorität bezüglich solcher Angelegenheiten angesehen wird, versucht einen zu überzeugen, dass man in der Tat nicht glaubt, dass p.[39] Daraufhin glaubt man nicht länger, dass man glaubt, dass p, oder die Rechtfertigung dafür zu glauben, dass man glaubt, dass p, ist aufgehoben. So oder so glaubt man, dass p, aber man weiß nicht, dass man glaubt, dass p.[40]

---

wissende Urteil, dass p, das Wissen ermöglicht, dass man p glaubt, solange man die Beziehung zwischen dem, was man urteilt, und dem, was man glaubt, versteht. Es gibt einen wichtigen Unterschied. Nach VIM bringt das Urteil, dass p, normalerweise die Überzeugung, dass p, hervor, aber diese beiden (das Urteil und die Überzeugung) sind nicht identisch. Im Gegensatz dazu ist für Boyle die Bewertung einer Proposition als wahr (das Urteil, in meinen Worten) nicht eine Tat, die dazu dient, eine Überzeugung in sich hervorzubringen: »This evaluation is not an act one performs to *produce* a belief in oneself; it is one's belief itself« (Boyle, Transparent Self-Knowledge, S. 236). Trotz dieses Unterschiedes können Versionen meiner fünf Fragen über VIM auch über Boyles Theorie gestellt werden.

[37] Boyle, Transparent Self-Knowledge, S. 229.
[38] ebd.
[39] Dies ist eine Variation von M. G. F. Martins Beispiel. Vgl. Martin, An Eye, S. 107.
[40] Man könnte einwenden, dass eine dritte Partei, wenn sie wirklich herbeiführt, dass man nicht glaubt, dass man glaubt, dass p, es daher auch herbeiführt, dass man nicht glaubt, dass p. Denn

Aus diesen Beispielen folgt, dass glauben, dass *p*, und wissen, dass man *p* glaubt *zwei* kognitive Zustände sind. Wenn sie Aspekte eines einzigen kognitiven Zustandes wären, wäre es schwer zu erklären, wie man *p* glauben könnte, ohne dass man, noch nicht einmal stillschweigend, weiß, dass man glaubt, dass *p*. Selbst wenn einem seine Überzeugungen erster Ordnung bewusst sind, kann es sein, dass man nicht weiß, das man sie hat. Kontroverser ist, dass man auch daran scheitern kann zu *glauben*, dass man sie hat. In diesem Fall sind glauben, dass *p*, und von sich selbst glauben, dass *p*, zwei unterschiedliche psychologische Zustände, und es ist in der Tat angemessen zu vermuten, dass es eine Aufgabe einer Theorie des Selbstwissens ist, zu erklären, wie diese Zustände in Beziehung zueinander zu stehen kommen, so dass Letzterer Wissen über Ersteren darstellt. Was Überzeugungen anbelangt, ist es keine irreduzible Tatsache, dass man, wenn man glaubt, dass *p*, wenigstens stillschweigend weiß, dass man glaubt, dass *p*. Insoweit *muss* erklärt werden, wie wir doxastisches Selbstwissen erwerben können. VIM gibt eine Erklärung, die zumindest in SE-Fällen zu funktionieren scheint, und es handelt sich dabei um eine bessere Erklärung als diejenige, die der Reflektivismus anbietet. Ob es die beste Erklärung ist, wird sich herausstellen.

4

Bis hierher habe ich mich auf IF-Fälle konzentriert, bei denen es explizit in Frage steht, ob man eine gegebene Überzeugung hat. Ich habe zwischen zwei Arten von IF-Fällen unterschieden (BEÜ und SE) und vorgeschlagen, dass Evans' Vorgehensweise, die ich in einem inferentialistischen Sinne interpretiert habe, viel besser dazu geeignet ist, die Frage »Glaubst du, dass *p*?« in SE-Fällen zu beantworten als in BEÜ-Fällen. Es gibt jedoch die Möglichkeit, die eigenen Überzeugungen zu kennen, oder dahin zu kommen, sie

---

wenn man glaubt, dass *p*, muss man die Disposition haben, sich diese Überzeugung selbst zuzuschreiben, aber *ex hypothesi* hat man diese Disposition nicht länger, wenn man von einer dritten Partei überzeugt wird. Auf der anderen Seite ist es möglich, dass man immer noch die Disposition hat zu handeln als ob *p* und es als Prämisse in weiteren Gedankengängen zu verwenden. Insoweit ist es möglich zu sagen, dass man die Überzeugung erster Ordnung beibehält, obwohl man die Überzeugung zweiter Ordnung verliert. Schauen wir uns nun die folgende Variation an: dieses Mal beachtet man die dritte Partei nicht und fährt fort zu glauben, dass man glaubt, dass *p*. Die Überzeugung zweiter Ordnung, die man in diesem Fall hat, ist in der Tat korrekt, aber die *Rechtfertigung* dafür wird durch die Aussagen von Experten vereitelt, welche man dieses Mal ignoriert. Die Überzeugung, dass *p*, ist einem bewusst zugänglich, aber das Vorhandensein von etwas, das die Rechtfertigung vereitelt, bedeutet, dass man nicht weiß, dass man sie hat. Man weiß nicht – noch nicht einmal stillschweigend – dass man sie hat, weil die Überzeugung, die man hat, keine gerechtfertigte ist.

zu kennen, wenn es nicht in Frage steht, was man glaubt. Kann VIM eine Theorie des Wissens in nicht-IF-Fällen liefern? Ich möchte vorschlagen, dass dies möglich ist, obgleich die Version von VIM, die eine Theorie über unser Selbstwissen liefern kann, in diesem Fall nicht Evans' Version ist.

Wenn man solche Angelegenheiten diskutiert, ist es hilfreich, sich ein konkretes Beispiel vorzustellen, hier ist also eins: stellen wir uns vor, dass ich *Capital in the Twenty-First Century* von Thomas Piketty lese. Ich habe viel über dieses Buch gehört und bin neugierig zu wissen, was es besagt, obwohl ich es nicht lese, um irgendwelche spezifischen Fragen beantworten zu können außer »Was denkt Piketty?«. Nachdem ich ein paar Seiten gelesen habe, stoße ich auf diesen Satz: »Economists are all too often preoccupied with petty mathematical problems of interest only to themselves«.[41]

Als ich diesen Satz lese, erkenne ich, dass das, was Piketty hier sagt, exakt dasselbe ist, was *ich* denke und vielleicht seit meiner Zeit an der Universität als Wirtschaftsstudent gedacht habe. Das ist Selbstwissen. Es handelt sich um Wissen darüber, was ich tue oder wovon ich überzeugt bin, aber es ist kein Selbstwissen, dass ich durch Anwendung der Vorgehensweise zum Beantworten der Frage »*Sind* Ökonomen zu oft mit belanglosen mathematischen Problemen befasst sind, die nur sie selbst interessieren?« erworben habe. Ebenso wenig handelt es sich um Selbstwissen, das als Reaktion auf die Frage »*Denkst* du, dass Ökonomen zu oft mit belanglosen mathematischen Problemen befasst sind, die nur sie selbst interessieren?« auftritt. Niemand hat diese Frage gestellt, und daher handelt es sich nicht um einen IF-Fall. Meine Realisierung, dass ich das denke, was Piketty denkt, ist spontan und wird dadurch ausgelöst, dass ich etwas lese, was ich überzeugend finde, und eben nicht dadurch, dass ich über meine eigenen Überzeugungen reflektiere. Jemand mag Piketty lesen, um herauszufinden, was sie über Ökonomen denkt, aber das ist nicht der Grund, warum ich ihn lese.

Ich habe davon gesprochen, dass ich »realisiere«, dass ich denke, was Piketty denkt, und ich nehme an, dass zu realisieren, dass ich denke, dass *p*, eine Art von Wissen darstellt, dass ich denke, dass *p*. Die offensichtliche nächste Frage lautet also: *wie* realisiere ich, dass ich denke, dass Ökonomen zu oft mit belanglosen mathematischen Problemen befasst sind, die nur sie selbst interessieren? Möglicherweise wird meine Realisierung durch mein Lektüre von Piketty »getriggert«, aber dies ist kaum eine *Erklärung* meines Selbstwissens. Falls wir nach einer Erklärung suchen, ist es hilfreich, drei Szenarien zu unterscheiden. Wenn ich diese Szenarien beschreibe, werde ich »*p*« als Abkürzung für »Ökonomen sind zu oft mit belanglosen mathematischen Problemen befasst, die nur sie selbst interessieren« verwenden. Ich möchte

---

[41] Piketty, Capital, S. 32.

vorschlagen, dass in all diesen drei Szenarien die beste Erklärung meines Selbstwissens VIM entspricht.

Hier sind meine drei Szenarien:

Szenario 1: wenn ich auf Pikettys Meinung über Ökonomen in *Capital in the Twenty-First Century* stoße, stelle ich fest, dass ich mit ihm völlig einer Meinung bin. Es ist mir nicht nur völlig bewusst, dass ich mit Piketty übereinstimme, dass p, sondern es ist mir auch bewusst, dass ich bereits gedacht habe, dass p. Bewusst mit Piketty darin übereinzustimmen, dass p, stellt gute Evidenz dafür dar, dass ich glaube, dass p, und ich realisiere auf Grundlage dieser Evidenz, dass ich glaube, dass p. Obwohl bewusst mit jemandem darin übereinzustimmen, dass p, gute Evidenz dafür ist, dass ich glaube, dass p, ist es nicht dasselbe wie zu glauben, dass p, und es impliziert nicht, dass ich glaube, dass p: wenn ich einem besonders charismatischen Sprecher zuhöre, kann es sein, dass ich das Gefühl bekomme, dass ich mit ihm übereinstimme, auch wenn ich im kalten Licht des Tages seine Überzeugungen nicht teile. Gleichermaßen kann es sein, dass es mir bewusst ist, dass ich den Gedanken habe, dass p, sogar wenn p nicht das ist, was ich immer gedacht habe. Dennoch ist das, was ich bewusst geglaubt habe, oder womit ich jetzt bewusst übereinstimme ein mehr oder weniger verlässlicher Leitfaden zu meinen gegenwärtigen und vergangenen Überzeugungen, falls es nicht der Fall ist, dass etwas mit mir nicht stimmt. Solange ich die Verbindung zwischen mit jemanden übereinstimmen, dass p, und glauben, dass p verstehe, kann ich auf der Grundlage meines Gewahrseins, dass ich mit Piketty übereinstimme, dass p, gerechtfertigterweise glauben und wissen, dass ich glaube, dass p.

Szenario 2: In diesem Szenario habe ich niemals zuvor darüber nachgedacht, ob p. Bis jetzt habe ich mir die Frage, ob p, nie gestellt, aber in dem Moment, in dem ich Piketty lese, bin ich überzeugt. Seine Aussage, dass Ökonomen zu sehr mit belanglosen mathematischen Problemen beschäftigt sind, die nur sie selber faszinieren, schafft in mir ein Gefühl der Überzeugung, die Überzeugung, dass p. Vielleicht sage ich mir »natürlich«, während ich Piketty lese, aber meine Zustimmung wird von mir nicht als Bejahung von etwas empfunden, dass ich immer schon geglaubt habe. Es fühlt sich wie ein Hinweis auf eine neue Überzeugung an. Hinzu kommt, dass in dem Moment, wo mir bewusst ist, dass ich von p *überzeugt* bin, ich weiß oder wissen kann, dass ich p *glaube*. Mein Gefühl der Überzeugung impliziert nicht, dass ich glaube, dass p, aber es stellt gute Evidenz dafür dar, dass ich glaube, dass p.[42] Auf

---

[42] In diesem Fall gilt nach Martin: »the guidance that one has as to whether one believes something‹ goes ›via some subjective feeling of conviction‹« (Martin, An Eye, S. 116).

Grundlage dieser Evidenz kann ich wissen, dass ich glaube, dass p, solange ich die Beziehung zwischen sich überzeugt fühlen, dass p, und glauben, dass p, verstehe.

Szenario 3: In diesem Szenario habe ich bis jetzt nie explizit gedacht, dass p, aber ich habe schon immer seitdem ich Ökonomie an der Universität studiert habe auf irgendeiner Ebene *gefühlt, dass p*. Eine Weise, in der man dies beschreiben könnte, wäre zu sagen, dass ich p *unvollständig* geglaubt habe, und dass Piketty zu lesen meine rudimentäre Überzeugung ans Licht bringt. Es ermöglicht mir, eine bis jetzt nicht artikulierte Überzeugung oder »Proto-Überzeugung« zu erkennen, und es tut dies, indem es mir eine triftige Formulierung dafür an die Hand gibt, was ich immer schon gefühlt habe. Mein Wiedererkennen ist auf Gefühlen basiert, die durch Pikettys Text in mir ausgelöst werden, ein Gefühl der Überzeugung und Vertrautheit. Mein Übereinstimmen mit Piketty wird von mir nicht so erfahren, dass es eine neue Überzeugung anzeigt *oder* eine existierende Überzeugung bestätigt. Es handelt sich um etwas dazwischen.

VIM gibt in jedem dieser Szenarien eine einfache und überzeugende Theorie meines Selbstwissens. Ich habe (psychologische) Evidenz, dass ich glaube, dass p, und solange ich verstehe, *wofür* diese Evidenz Evidenz ist, kann ich auf dieser Grundlage wissen, dass ich glaube, dass p. In jedem dieser Fälle handelt es sich bei der psychologischen Evidenz (bewusst damit übereinstimmen, dass p, sich überzeugt fühlen, dass p) um auftretende, bewusste propositionale Einstellungen, und das resultierende Wissen, dass ich glaube, dass p, ist ein bewusst begründetes Selbstwissen.[43] Unabhängig davon, ob ich zu diesem Wissen über meine Überzeugung *gelange*, indem ich Rückschlüsse aus meiner Evidenz ziehe, stammt meine *Rechtfertigung* dafür zu glauben, dass ich glaube, dass p, teilweise von meiner Rechtfertigung dafür, andere Propositionen zu glauben – Propositionen über meine Bewusstseinszustände und was diese über meine Überzeugungen enthüllen. Ich weiß, dass ich p glaube, weil ich Evidenz dafür habe, dass ich es glaube, und meine Evidenz ist in jedem Fall ein Bewusstseinszustand. Bei Überzeugungen handelt es sich um beständige Einstellungen und nicht um Bewusstseinszustände, aber meine Bewusstseinszustände können enthüllen, was ich glaube.[44]

---

[43] Peacocke merkt an, dass auftretende bewusste propositionale Einstellungen mit Empfindungen die folgende Eigenschaft teilen: »They both contribute to what, subjectively, it is like for the person who enjoys them« (Peacocke, Conscious Attitudes, S. 64). Es gibt so etwas, wie es sich anfühlt, von p überzeugt zu sein, aber es gibt nicht so etwas, wie es sich anfühlt, zu glauben, dass p.

[44] Es ist zu beachten, dass ich nicht nur psychologische Evidenz dafür *habe*, dass ich glaube, dass p. Ich *weiß* auch, das ich diese Evidenz habe, und mein Wissen, dass ich glaube, dass p,

Wie verhält sich diese Theorie des Selbstwissens in nicht-IF Fällen zu dem, was Evans über Selbstwissen in IF-Fällen sagt? Wenn man es auf eine Weise betrachtet, sind es sehr verschiedene Theorien. Ich weiß nicht, dass ich mit Piketty übereinstimme, indem ich mich frage, ob ich mit ihm übereinstimme: es ist *offenkundig* für mich, dass ich mit ihm übereinstimme, ohne dass ich Evans' Verfahrensweise anwenden muss, und was dies offenkundig für mich macht, ist die Art und Weise, wie mir meine Reaktionen auf Piketty bewusst sind, während ich ihn lese. Auf der anderen Seite ist es wohl so, dass meine Theorie des Selbstwissens in nicht-IF-Fällen, wenn man sie auf andere Weise betrachtet, nicht so fundamental verschieden von Evans' Theorie des Selbstwissens in IF-Fällen ist. Vorsichtiger ausgedrückt unterscheiden sich beide Theorien nicht fundamental, wenn man die Annahme macht, dass Evans' Theorie eine Version von VIM ist. Die grundlegende Idee ist dieselbe: unabhängig davon, ob ich oder jemand anderes die Frage gestellt hat, ob ich glaube, dass p, ist mein Wissen, dass ich es glaube, vermittelt durch mein Wissen über andere mentale Akte oder Vorkommnisse (Urteile, Gefühle der Überzeugung) und durch ein implizites Verständnis der Beziehung zwischen diesen vermittelnden Akten oder Vorkommnissen und meinen Überzeugungen. Was es weder in Evans' ursprünglichem Beispiel noch in meinen drei Szenarien gibt, ist epistemologisch unvermitteltes Selbstwissen.

5

Zu Beginn sagte ich, dass ich für die folgenden Behauptungen argumentieren werde:

(A) Obwohl Evans einen möglichen Weg zum Wissen über unsere eigenen Überzeugungen aufzeigt, ist es nicht klar, dass wir Wissen über unsere eigenen Überzeugungen gewinnen müssen, in dem wir die Verfahrensweise anwenden, die er beschreibt, oder dass wir im Allgemeinen auf diesem Wege zu Wissen über unsere eigenen Überzeugungen gelangen.

(B) Bei dem Selbstwissen, dass Evans beschreibt, handelt es sich um indirektes Selbstwissen. Er beschreibt eine Verfahrensweise, mit der man Fragen darüber beantworten kann, was man glaubt, und es ist schwer, diese Verfahrensweise zu verstehen, außer man macht die Annahme, dass das von ihr produzierte Wissen weder epistemologisch noch psychologisch direkt ist.

---

wird durch dieses Wissen vermittelt. Warum muss ich Wissen über meine eigene Evidenz haben? Um welche Art von Wissen handelt es sich dabei? Ist Wissen über meine eigenen Bewusstseinszustände oder »innere Antriebe« direkt? Für weiterführende Diskussion dieser schwierigen Fragen vgl. Cassam, Self-Knowledge, Kapitel 12.

Ich habe viel zur Verteidigung von (B) gesagt, aber was ist mit (A)? Mein Plädoyer für (A) ist implizit in der Diskussion der letzten beiden Abschnitte enthalten, aber es schadet nicht, dies explizit zu machen. In der Tat gibt es drei Weisen, wie man Evans' Theorie lesen kann: als Theorie darüber, wie wir zu Wissen über unsere eigenen Überzeugungen *kommen*, kommen *können* oder kommen *müssen*. Evans identifiziert einen möglichen Weg zu Selbstwissen in dem Sinne, dass es in der Tat für mich möglich ist zu wissen, ob ich denke, dass es einen dritten Weltkrieg geben wird, indem ich seine Verfahrensweise anwende. Die Frage ist nicht, *ob* dies möglich ist, sondern *wie* dies möglich ist. Ich habe vorgeschlagen, dass Evans' Theorie unvollständig ist und dass die zentrale Erklärungslücke mit Verweis auf VIM gefüllt werden kann. VIM steht der Vorstellung, man könne die Frage, ob man p glaubt, dadurch beantworten, dass man fragt, ob p, nicht entgegen. Es besagt, dass das, was man als Reaktion auf letztere Frage *urteilt*, einem sagt, ob man p glaubt.

Das Problem, zu behaupten, dass es *notwendig* ist, Evans' Verfahrensweise anzuwenden, um zu Wissen über seine Überzeugungen zu gelangen, ist, dass ich in nicht-IF-Fällen wissen kann, dass ich p glaube, ohne mich zu fragen oder ohne gefragt zu werden, ob ich glaube, dass p. In einigen IF-Fällen kann ich auch wissen, ob ich glaube, dass p, ohne die Frage, ob p, zu stellen. Dies sind Fälle bereits existierender Überzeugung. Nur in einem beschränkten Bereich von IF-Fällen scheint Evans' Verfahrensweise angemessen, nämlich in Fällen, in denen die Frage »Glaubst du, dass p?« als Einladung verstanden wird, sich zu entscheiden, ob p. Aber sogar in diesem beschränkten Bereich habe ich nicht wirklich untersucht, ob es Alternativen zu Evans' Verfahrensweise gibt. Wir sollten vorsichtig sein mit der Behauptung, es gebe keine Alternativen, da dieses Zugeständnis lediglich das Fehlen philosophischer Imagination reflektieren könnte oder das Fehlen von Informationen über das Ausmaß an Vorgehensweisen, wie Menschen tatsächlich zu Selbstwissen in SE-Fällen gelangen.

Dies bringt uns zu der Frage, ob Evans' Theorie als Theorie darüber funktioniert, wie wir tatsächlich zu Wissen über unsere eigenen Überzeugungen gelangen. In einem Sinn ist die Antwort auf diese Frage klar »nein«, denn Evans versucht nicht, eine Theorie über das Wissen unserer eigenen Überzeugungen in nicht-IF-Fällen zu geben. Seine Theorie hat einen eingeschränkten Geltungsbereich, und es ist leicht, sich Szenarien vorzustellen, in denen man auf andere Weise zu Selbstwissen gelangt. Selbst wenn wir nicht-IF-Fälle und BEÜ-Fälle ignorieren, lohnt es sich herauszustellen, dass Evans keine empirische Evidenz dafür gibt, dass wir, wenn wir mit der Frage »Glaubst du, dass p?« in SE-Fällen konfrontiert sind, tatsächlich seine Verfahrensweise anwenden. Ich habe eigentlich auch keine empirische Evidenz gegeben, die VIM stützen würde. Alles, was ich getan habe, ist, VIM zu präsentieren und vorzuschlagen, dass es eine plausible Geschichte darüber erzählt, wie wir

Wissen über unsere eigenen Überzeugungen in einer großen Anzahl von Fällen gewinnen können.

Der nächste offensichtliche Schritt scheint darin zu bestehen, in der empirischen Psychologie nach Evidenz als Unterstützung für VIM zu suchen, Evidenz, die den Vorschlag, dass VIM eine akkurate Beschreibung davon gibt, wie Menschen Wissen über ihre eigenen mentalen Vorgänge gewinnen, bekräftigt. Aber dies ist der nächste offensichtliche Schritt nur in dem Maße, in dem VIM als psychologische Theorie des Selbstwissens aufgefasst wird, als eine Theorie mentaler Vorgänge, mit denen wir Wissen über unsere eigenen Überzeugungen erlangen. VIM soll jedoch auch einen Beitrag zur Epistemologie leisten, als Theorie von der rechtfertigenden Struktur unserer Überzeugungen über unsere eigenen Überzeugungen.[45] Das Auftreten von Urteilen, Gefühlen der Überzeugung und der Erfahrung, mit jemand anderem übereinzustimmen, kann dadurch begründet werden, dass wir das Augenmerk auf unser eigenes mentales Leben richten. Die philosophische Frage betrifft die epistemologische Bedeutung solcher Vorkommnisse, und ich behaupte, dass VIM eine vielversprechende Antwort auf diese Frage bereitstellt. Die Botschaft, die wir mit nach Hause nehmen können, lautet: im Gegensatz zu dem, was viele Philosophen denken, gründet Wissen über unsere eigenen Überzeugungen nicht auf gar keiner Evidenz. Wir haben oft Wissen über unsere eigenen Überzeugungen, weil uns andere mentale Vorkommnisse bewusst sind, die uns enthüllen, was wir glauben.

Literatur

Boyle, M.: Transparent Self-Knowledge. In: *Aristotelian Society*, supplementary volume 85, 2011, S. 223–241.

Byrne, A.: Transparency, Belief, Intention. In: *Aristotelian Society*, supplementary volume 85, 2011, S. 201–221.

Carruthers, P.: Simulation and self-knowledge: a defence of theory-theory. In: *Theories of theories of mind*, hg. von P. Carruthers and P. K. Smith. Cambridge 1996, S. 22–38.

– How we know our own minds: The relationship between mindreading and metacognition. In: *Behavioral and Brain Sciences* 32, 2009, S. 1–18.

– *The Opacity of Mind: An Integrative Theory of Self-Knowledge*, Oxford 2011.

Cassam, Q.: Judging, Believing and Thinking. In: *Philosophical Issues* 20, 2010, S. 80–95.

– *Self-Knowledge for Humans*, Oxford 2014.

---

[45] Wenn man die Angelegenheit auf diese Weise formuliert, wirft dies tiefgehende Fragen über das Verhältnis von Epistemologie zu Psychologie auf, für deren Diskussion hier kein Raum ist.

- What Asymmetry? Knowledge of Self, Knowledge of Others, and the Inferentialist Challenge, In: *Synthese*, 2015, S. 1–19.
Evans, G.: *The Varieties of Reference*, hg. von J. McDowell. Oxford 1982.
Hieronymi, P.: Two Kinds of Agency. In: *Mental Actions*, hg. von L. O'Brien und M. Soteriou. Oxford 2009, S. 138–162.
Lawlor, K.: Knowing What One Wants. In: *Philosophy and Phenomenological Research* 79, 2009, S. 47–75.
Martin, M. G. F.: An Eye Directed Outward. In: *Knowing Our Own Minds*, hg. von C. Wright, B. Smith und C. Macdonald. Oxford 1998, S. 99–121.
Moran, R.: *Authority and Estrangement*, Princeton 2001.
- Responses to O'Brien and Shoemaker. In: *European Journal of Philosophy* 11, 2003, S. 402–419.
- Replies to Heal, Reginster, Wilson, and Lear. In: *Philosophy and Phenomenological Research* 69, 2004, S. 455–472.
- Self-Knowledge, »Transparency«, and the Forms of Activity. In: *Introspection and Consciousness*, hg. von D. Smithies und D. Stoljar. Oxford 2012, S. 211–236.
Peacocke, C.: Conscious Attitudes, Attention, and Self-Knowledge. In: *Knowing Our Own Minds*, hg. von C. Wright, B. Smith und C. Macdonald. Oxford 1998, S. 63–98.
Piketty, T.: *Capital in the Twenty-First Century*, übers. Arthur Goldhammer, Cambridge Mass. 2014.
Pryor, J.: There is Immediate Justification. In: *Contemporary Debates in Epistemology*, hg. von M. Steup und E. Sosa. Oxford 2005, S. 181–202.
Reed, B.: Self-Knowledge and Rationality. In: *Philosophy and Phenomenological Research* 80, 2010, S. 164–181.
Scanlon, T.: *What We Owe to Each Other*, Cambridge 1998.
Schwitzgebel, E.: Knowing Your Own Beliefs. In: *Canadian Journal of Philosophy*, supplementary volume 35, 2011, S. 41–62.
Shah, N., und Velleman, J.: Doxastic Deliberation. In: *Philosophical Review*, 114, 2005, S. 497–534.

Christoph Michel

DAS TRANSPARENZVERFAHREN DER SELBSTZUSCHREIBUNG VON ÜBERZEUGUNGEN[1]

Im siebten Kapitel *Self-Reference* in den *Varieties of Reference* widmet Gareth Evans u. a. einige Bemerkungen dem Problem der Selbstzuschreibung von Glaubenszuständen. Er betont eingangs des Kapitels ihren andeutungshaften Charakter. Eine Passage gehört zu seinen meistzitierten und innerhalb der Diskussion um die Quellen unserer Kenntnis von unseren eigenen mentalen Zustände dürfte kaum eine Überlegung öfter zitiert worden sein. Evans skizziert darin eine intuitiv bestechende und simpel wirkende Grundüberlegung, die den Gordischen Knoten der Problematik der Selbstzuschreibung von Überzeugungen elegant zu durchschlagen scheint. Die Debatte beweist, dass Evans Bemerkungen sich als philosophisch fruchtbar erwiesen haben. Seine Überlegung zur Transparenz von Glaubenszuständen besagt im Kern, dass unsere auf die äußere Welt gerichteten Erkenntnisvermögen uns Aufschluss über unsere Glaubenszustände verschaffen. Die Idee propagiert explizit den Verzicht auf ein spezifisches, auf mentale Zustände ausgerichtetes Vermögen der Introspektion (Evans, *The Varieties of Reference* 225 ff.). Kann das mehr sein als ein eleganter Trick? Der vorliegende Aufsatz versucht, die grundlegenden Probleme eines solchen Verfahrens aufzuzeigen. Um eine substantielle Antwort auf die Selbstwissensfrage zu liefern, muss die transparenzbasierte Strategie epistemologisch ausbuchstabiert werden. Ich stelle verschiedene Möglichkeiten dar, das von Evans angedeutete Verfahren aufzufassen. Wenn eine starke repräsentationale Transparenz von Überzeugungen akzeptiert werden kann, ist es grundsätzlich möglich, mit Hilfe eines korrekten und transparenzbasierten epistemischen Verfahrens auf erstpersonaler Basis eine verlässliche Kenntnis solcher Zustände zu erlangen.

---

[1] Ich möchte den Herausgeberinnen dieses Bandes Catrin Misselhorn, Ulrike Pompe-Alama und Ulrike Ramming für die Einladung zu einem Beitrag danken, Anja Berninger, Tom Poljanšek, Ulrike Pompe-Alama und Tobias Störzinger für hilfreiche Kommentare und Diskussionen zum Manuskript.

1. Die epistemologische Anomalie psychologischer Fragen vom Standpunkt der ersten Person und die Evanssche Grundidee

Der Begriff der Transparenz wird lieber benutzt als geklärt. Ich beginne mit einer verbreiteten indirekten Charakterisierung der Transparenz von Überzeugungen, die sehr wenig Spezifisches vorwegnimmt. Sie wird als Beantwortung einer bestimmten (Art von) Frage mittels der Beantwortung einer anderen (Art von) Frage gefasst. Moran fängt den Evansschen Grundgedanken, den ich unten im Detail interpretieren werde, folgendermaßen ein:

> When asked whether one believes Oswald acted alone [when killing Kennedy], one normally responds by attending to facts about *Oswald* etc., and does not scan the interior of one's own consciousness. This feature is sometimes called the ›transparency‹ of one's own thinking, in that, for me, a question about my belief is ›transparent‹ to a question which is not about me but about the world, and is answered in the same way. Thus I can answer a question about my belief by directing my attention to what is independently the case, and not by considering evidence, behavioural or otherwise, about anyone's state of mind. (Moran 1997, S. 146)

Demnach könnten wir eine Frage danach, was wir selbst glauben, durch die Beantwortung der Frage nach dem Bestehen der Sachverhalte beantworten, die den Inhalt unserer Glaubenszustände konstituieren. Ich klassifiziere nun zunächst verschiedene Typen von Fragen, um die Selbstwissensproblematik und das von Evans angestrebte Verfahren zu verdeutlichen und die terminologischen Festlegungen für die weitere Untersuchung zu schaffen.

Verhältnismäßig wenig aufsehenerregend sind bei oberflächlicher Betrachtung (nicht-psychologische) *Tatsachenfragen* über unsere Umwelt, wie

(1) »Ist es der Fall, dass *p*?«

und ihre Beantwortung im Alltag. Wir beantworten diesen Typ Frage z. B. mit »ja«, »nein«, »gut möglich«. Oft fällt uns eine Antwort leicht, oft bedarf sie der Überlegung, oft haben wir keine, und oft liegen wir falsch. Manchmal können wir diese Antworten epistemologisch innerhalb eines bestimmten Rahmens begründen, dabei wissen wir mal genauer, mal weniger genau, unter welchen Bedingungen welche Antwort angezeigt wäre. Die folgende Frage ist ebenfalls Bestandteil gewöhnlicher Kommunikation:

(2) »Glaubst du, dass *p*?«[2]

---

[2] Das Personalpronomen »du« verstehe ich hier als perspektivisch neutral, d. h. es kann in beiden Lesarten aufgefasst werden: Eine Person fragt eine andere oder sich selbst (d. h. »Glaube *ich*, dass *p*?«).

Ich nenne (2) eine *Standpunktfrage*. Wer sie beantwortet, markiert z. B. seinen Standpunkt in einer Konversation. (2) hat, obwohl gelegentlich pragmatisch äquivalent zu (1) gestellt und beantwortet[3], andere Wahrheitsbedingungen, nämlich den Standpunkt des Antwortenden. Seiner Form nach zielt (2) im Gegensatz zu (1) auf den Adressaten. Es besteht überdies eine intuitive Asymmetrie. Es scheint, wir können (2) generell leichter und gleichzeitig sicherer beantworten, als (1); es ist nicht wenigen unklar, ob und wie wir mit einer aufrichtigen Antwort auf (2) jemals falsch liegen können. Selbst wenn sich z. B. aufrichtige affirmative Antworten auf Typ-(1)-Fragen als falsch herausstellen, scheinen demgegenüber aufrichtige affirmative Antworten auf die entsprechenden Standpunktfragen stets akzeptabel. Dieser Unterschied ist zu erklären. Es gibt nun eine Art, Frage (2) so zu verstehen, dass sie explizit nach einer psychologischen Tatsache fragt. Dann wäre (2) äquivalent zu einer Frage der Form

(3) »Befindest du dich in einem Zustand der Überzeugung, dass p?«.

Nennen wir sie *psychologische Frage*. Dass die Wahrheitsbedingungen der korrekten Antworten auf (2) und (3) immer gleich sind, ist nicht offensichtlich. Die Bedeutung der Unterscheidung soll im Fortgang klar werden. Einerseits, als Frage über eine psychologische Tatsache scheint (3) stärker als (2) dem Typ (1) analog. Andererseits scheint ebenso, dass wir (3), wie (2) und ganz anders als (1) einfach und sicher beantworten können. Auch dies, wenn dem so ist, gilt es zu erklären. Philosophen haben sich oft gefragt, wie wir (3) eigentlich beantworten und ob die Kenntnis eigenpsychischer von der Kenntnis anderer Tatsachen vielleicht grundverschieden ist.

(4) »Woher weißt du, dass du dich selbst in einem Zustand der Überzeugung befindest, dass p?«

Nennen wir (4) *Selbstwissensfrage*. Sie ist eine epistemologische Frage, aber eher nicht alltäglich.[4] Sie zielt auf die Angabe von Kriterien oder Gründen für

---

[3] Siehe z. B. Kauppinen, The pragmatics of transparent belief reports, S. 438 ff. Umgekehrt scheint auch zu gelten, dass wir die Tatsachenfrage wie eine implizite Standpunktfrage behandeln können.

[4] Als klassisches Beispiel sei angeführt, dass Wittgenstein diesen Typ Frage für unsinnig erklärt (Wittgenstein *PU* (1984), PU II, S. 565). Putnam in *Minds and Machines* (1960) sprach davon, dass die psychologische Frage für die erste Person von Philosophen des Geistes oft als »abweichenden Frage« aufgefasst werde.

Dass es sich überhaupt um eine echte epistemologische Frage handelt, wird zentral und am einflussreichsten von Moran in *Authority and Estrangement* bestritten. Seiner Auffassung nach sind solche Zuschreibungen deshalb akzeptabel, weil uns die Autorität zukommt, uns in einem doxastischen Akt festzulegen. Doch dieser Intuition könnte gerade eine Verwechslung der psychologischen Frage als echter Tatsachenfrage mit einer konversationalen Standpunktfrage

Selbstzuschreibungen und wird als schwierige und bedeutende philosophische Frage empfunden. Die existierende Debatte beweist, dass ein grundlegender Konsens darüber, wie die Selbstwissensfrage zu beantworten sei oder typischerweise beantwortet wird, von einer evidenten Antwort weit entfernt ist. Vielleicht haben wir also eine besondere epistemische Beziehung zu unserem eigenen Geist? Vielleicht können wir (3) einfach leicht beantworten, obwohl unsere Antwort auf (4) dunkel bleibt. Es scheint jedenfalls, dass nicht einmal ein grundlegender Konsens darüber besteht, wie (4) zu beantworten ist. »Normale« epistemologische Fragen wie

(5) »Woher weißt du, dass p?«

mit Blick auf »externe« Tatsachen verhalten sich irgendwie anders. Es besteht hier also der Verdacht auf eine echte epistemologische Anomalie. Evans skizziert nun ein Verfahren, nennen wir es *extrospektives Verfahren*, das klärt, wie psychologische Fragen von der Person, an die sie gerichtet sind, zu beantworten sind: Durch das Beantworten von korrespondierenden nichtpsychologischen Tatsachenfragen. Dabei gilt, dass ich selbst die psychologische Frage beantworten kann, »indem« ich die Tatsachfrage beantworte (Für »Glaubt Gareth, dass p?« ist das Verfahren schlecht) und dass diese Methode der Selbstkenntnis epistemologisch immun sei (Evans, *The Varieties of Reference*, S. 225). Doch die wahrheitskonditionale Verschiedenheit der korrekten Antworten auf (1) und (3) sät unmittelbar Zweifel. Es tut sich aus Sicht Morans und anderer Autoren ein »Rätsel der Transparenz« auf: Wie kann ich eine Frage über meinen psychologischen Zustand (z. B. dass ich glaube, dass es schneit) dadurch beantworten, dass ich eine ganz andere Frage (ob es schneit) beantworte?[5] Die Simplizität des Verfahrens ist in der Tat trügerisch. Es ist zu zeigen, wie genau die eine Frage »durch« die Beantwortung einer anderen beantwortet wird. Zuerst erläutere ich die Transparenzbeziehung anhand von Standpunktzuschreibungen und versuche dann, Evans' Vorschlag zur Beantwortung der psychologischen Frage zu interpretieren. Ich erläutere die Schwierigkeiten eines transparenzbasierten epistemischen Verfahrens zur Beantwortung der psychologischen Frage und ihr Verhältnis zur Beantwortung der Standpunktfrage.

---

zugundeliegen. Als Sprecher besitzen wir zweifelsohne die Autorität, unsere Standpunkte in Konversationen festzusetzen, nicht aber die Autorität, Antworten auf psychologische Tatsachenfragen per Dekret festzulegen, auch dann nicht, wenn wir unsere eigenen Überzeugungen aktiv beeinflussen können.

[5] Siehe z. B. Moran, Responses to O'Brien and Shoemaker, S. 453, Byrne, Introspection, S. 95.

2. Transparenz als Festlegungsbeziehung und die Beantwortung der Standpunktfrage

Was ist Transparenz und was könnte sie epistemologisch bedeutsam machen? Unter Transparenz soll allgemein eine *Festlegungsbeziehung* zu verstehen sein. Wenden wir uns zunächst den Standpunktfragen zu. Trotz ihrer offenkundigen semantischen Verschiedenheit herrscht für den pragmatischen Normalfall eine strikte Koordination von Antworten auf Tatsachen- und Antworten auf Standpunktfragen (bzw. den ihnen entsprechenden Behauptungen). Beantworte ich eine Tatsachenfrage, ist meine Antwort auf die Standpunktfrage damit festgelegt. Wenn meine Antwort auf (1) »ja« bzw. »nein« lautet muss meine Antwort auf (2) ebenfalls »ja« bzw. »nein« lauten. Nennen wir das *Prinzip der schwachen TB > SB-Festlegung* (Festlegung in der Richtung »Tatsachenbehauptung > Standpunktbehauptung«). Umgekehrt wird auch die zu gebende Antwort auf die Tatsachenfrage durch die zu gebende Antwort auf die Standpunktfrage festgelegt. Nennen wir dies das *Prinzip der schwachen SB > TB-Festlegung*.

Schwache Transparenz

TB < > SB

Schwache Transparenz ist bidirektional und legt nur die aus *Kohärenzgründen* zu gebenden Antworten auf (1) und (2) bzw. ihre Behauptungsäquivalente (z. B. ⊢(Es schneit) und ⊢(Ich glaube, es schneit) in Abhängigkeit voneinander fest.[6] Abweichungen von diesem Prinzip führen in sog. *Moore-Paradoxe Behauptungen*. Das Transparenzprinzip impliziert die pragmatische Inkohärenz folgender Antwortkombinationen:

Divergente Antworten[7]

(i) ⊢((1): ja ∧ (2): nein)
(ii) ⊢((1): nein ∧ (2): ja)

Die Inkohärenz von (i) und (ii) entsteht, wie bereits J. L. Austin feststellte, auf der Ebene der Behauptung, nicht auf der Ebene der Propositionen, welche

---

[6] Hierbei sei klargestellt, dass Behauptungen einerseits und Antworten auf Fragen andererseits nicht als vollständig äquivalent angesehen werden können. Für den speziellen Fall der Beantwortung der Standpunkt- und der psychologischen Frage aus der Perspektive der ersten Person scheint mir die Differenz vernachlässigbar.

[7] Pragmatisch inkohärente Behauptungsäquivalente sind:

Ext. Negation: (i)*   ⊢ (p ∧ ¬(Ich glaube, dass p))
                (ii)* ⊢ (¬p ∧ ¬(Ich glaube, dass ¬p))
Int. Negation: (i)** ⊢ (p ∧ (Ich glaube, dass ¬p))
                (ii)** ⊢ (¬p ∧ (Ich glaube, dass p))

unabhängig voneinander wahr oder falsch sein können (Austin 1961, p. 235). Wenn wir die o. g. Behauptungen als inkohärent ansehen, akzeptieren wir Transparenz als symmetrisches Koordinationsprinzip für Tatsachenbehauptungen und Selbstzuschreibungen von Standpunkten. Diese Koordination ist pragmatisch begründet.

Was, abgesehen von der erklärungsbedürftigen Inkohärenz Moorescher Behauptungen selbst, könnte an Transparenz interessant sein? Wenn (1) und (2) verschieden sind, heißt das, dass ihre koordinierten Antworten oder deren Behauptungsäquivalente trotz der Festlegungsbeziehung *verschiedene Wahrheitsbedingungen* haben. Das verleiht der Transparenzbeziehung u. U. epistemisches Potential. Das wäre willkommen, denn wir wissen bisher nicht, wie es uns eigentlich gelingt, Mooresche Behauptungen zu vermeiden und Standpunktfragen korrekt zu beantworten. Für dieses epistemische Interesse geht allerdings die Bidirektionalität verloren, da wir die bloße Kohärenzanforderung verlassen und das Augenmerk auf die Wahrheit des Behaupteten legen. In diesem Sinne besteht immer noch eine *TB > SB-Festlegung*, d. h., sowohl eine richtige als eine falsche Beantwortung der Tatsachenfrage legt die *richtige* Antwort auf die Standpunktfrage fest. Unabhängig von der Wahrheit meiner Antwort auf (1) ist die durch sie festgelegte Antwort auf (2) wahr. Die Tatsachenfrage ist nicht in diesem Sinne transparent, denn meine Standpunkte bzw. Standpunkt-Selbstzuschreibungen legen eben nicht automatisch Tatsachen bzw. richtige Tatsachenbehauptungen fest, selbst wenn sie meine aus Konsistenzgründen zu gebende Antwort auf (1) nach wie vor bestimmen. Da wir nicht infallibel bzw. unsere Standpunkte typischerweise keine besonderen Wahrheitsindikatoren sind, besteht keine generelle starke SB > TB-Festlegung, nach der richtige Antworten auf Standpunktfragen richtige Antworten auf äußere Tatsachenfragen festlegen könnten. Das starke Transparenzprinzip ist im epistemologischen Normalfall nur eine asymmetrische Festlegungsbeziehung.

Starke Transparenz

TB > SB

Wodurch erfolgt die Festlegung der zutreffenden Antwort auf die Standpunktfrage und wie lässt sich ggf. epistemisches Kapital daraus schlagen? Die erste Frage ist leicht zu beantworten. Die Festlegung erfolgt dadurch, dass eine aufrichtige Beantwortung von (1) als Bezug eines Standpunktes gilt. Der Zusammenhang ist also analytisch. Die Beantwortung von (1) macht in diesem Sinne die Zuschreibung des betreffenden Standpunktes immer wahr, da sich derselbe in der Beantwortung von (1) konstituiert. Die starke Transparenz oder TB > SB Festlegung ist also einfach eine *Festlegung durch Konstitution*. Ein Bejahen oder Verneinen von (1) konstituiert den Standpunkt, erfüllt die Wahrheitsbedingung der Standpunktzuschreibung und legt so die richtige Antwort auf (2) strikt und erschöpfend fest. Die zweite Frage danach, wie starke Transparenz epistemisch auszuschöpfen ist, ist ungleich schwerer zu beantworten. Sie steht im Mittelpunkt dieses Aufsatzes. Es geht um die *epistemische Zugänglichkeit* eines eigenen Standpunktes und nicht nur um sein bloßes Bestehen. Da (2) eine andere Frage ist – sie fragt nicht nach der externen Tatsache, sondern nach dem eigenen Standpunkt – ist zwar die richtige Antwort auf (2) festgelegt, doch (2) fragt nach einem anderen Sachverhalt.[8] Ungeachtet der geforderten Koordinierung der Antworten haben wir es mit verschiedenen Fragen zu tun – die Antwort auf (1) kann falsch sein und die Antwort auf (2) wahr – und (2) habe ich nicht automatisch schon durch meine Beantwortung von (1) beantwortet. (2) muss eigens gestellt und ihre Beantwortung epistemologisch transparent gemacht werden. Behauptet, wer *p* behauptet, implizit auch, dass er einen Standpunkt hat? Nicht zwingend. Glaubt er es wenigstens? In einem Sinne ja. Wir sind offenkundig zu korrekten Standpunktbehauptungen disponiert und müssen es als echte Konversationsteilnehmer wohl auch sein. Es schein,t dass wenn wir Standpunktfragen verstehen und stellen können, wir sie auch beantworten können. Doch das erklärt nicht die epistemische Struktur ihrer Beantwortung.

Wenn es sich bei (1) und (2) um verschiedene Fragen handelt und Transparenz eine echte epistemische Funktion für die Beantwortung der Standpunktfrage zukommt, dann ist diese zu erläutern. In welchem epistemischen Verhältnis steht dann die Beantwortung der Tatsachenfrage zur Beantwortung der Standpunktfrage? Diese müsste durch die Beantwortung der Tatsachenfrage vermittelt sein. Kann vielleicht das Transparenzprinzip selbst diese

---

[8] Die Verschiedenheit ist nicht notwendig oder stabil. Es herrscht oft eine *pragmatische Identität* vor. Hier sei zunächst an Wittgensteins Überlegungen in den *Philosophischen Untersuchungen* erinnert, in denen er Selbstzuschreibungen als modifizierte Behauptungen auffasst (siehe Wittgenstein PU II, S. 513). Eine generell reduktive Sichtweise scheint aber nicht durchhaltbar (siehe z. B. Heal, Moore's Paradox, S. 7). Verschiedene Kontexte sind denkbar, in welchen die Verschiedenheit der Wahrheitsbedingungen der Äußerungen keine Rolle spielt. *Beide* Fragen, (1) und (2), und die entsprechenden Antworten können als standpunkt- oder als tatsachenorientiert aufgefasst werden. Dass (1) und (2) kontextuell als identisch aufzufassen sind, erklärt, weshalb beiden oft zufriedenstellend sowohl mittels Selbstzuschreibungen von Standpunkten als auch mittels Tatsachenfeststellungen begegnet werden kann. Ich kann »Glaubst Du dass es regnet?« mit »Es regnet!« sowie »Regnet es?« mit »Ja, ich glaube.« meistens zufriedenstellend beantworten. Was eher angemessen ist, scheint durch den epistemologischen Kontext festgelegt. Explizite Standpunktfragen und Selbstzuschreibungen von Standpunkten führen eine explizite epistemologische Dimension ein, sie zielen gleichwohl oft auf außerpsychologische Tatsachen. »Blanke Tatsachenrede« hingegen klammert Fallibilität oder Unsicherheit pragmatisch aus, obwohl auch klar bleibt, dass letztlich Überzeugungen kundgetan werden. Trotz kontextueller Austauschbarkeit bleibt die Verschiedenheit der Wahrheitsbedingungen der Antworten erhalten.

Funktion übernehmen? Aus der o. g. Konstitutionsbeziehung ergibt sich eine Norm:

Selbstzuschreibungsnorm

Beantworte die Standpunktfrage positiv/negativ *gdw.* du die Tatsachenfrage positiv/negativ beantwortest!

Die Konformität mit dieser analytischen Norm vermeidet Mooresche Äußerungen. Wie können wir uns an sie halten? Sind wir vollwertige Konversationsteilnehmer, müssen wir Standpunktfragen substantiell und ernsthaft beantworten können, d. h. damit eine Standpunktzuschreibung i.e.S. wahr sein kann, muss zunächst die Tatsachenfrage ernsthaft und aufrichtig beantwortet werden. Die Tatsachenbehauptung verlangt dann zweierlei. Erstens handelt der Behauptende nach eigenen illokutionären und kommunikativen Absichten, die ihm zugänglich sind. Zweitens muss ihm zugänglich sein (auch für Fälle, in denen keine aufrichtige Mitteilung beabsichtigt ist) ob er das, was er behauptet, für zutreffend oder für falsch hält. Die Behauptung erfordert also den Zugang zu einer kognitiven bzw. »Urteilsdimension« der Behauptung. Es motiviert assertorische Absichten von Personen, dass sie das zu Behauptende für zutreffend (oder bei Täuschung für nicht zutreffend) halten. Können wir die o. g. Zuschreibungsnorm nun als epistemisches Prinzip für die Selbstzuschreibung eines Standpunktes anwenden? Damit die Beantwortung einer Standpunktfrage im vollen Sinne zutreffen kann (und es sich nicht nur um eine Äußerung handelt, die eine behauptungsähnliche Rolle in einer Konversation spielt), müsste man wissen, dass man selbst die Tatsachenfrage *in der relevanten Weise* beantwortet hat, d. h. in der Weise, dass einem klar ist, dass man selbst die Tatsachenfrage ernsthaft beantwortet hat (und man nicht etwas nur denkt, vermutet, wünscht, hofft etc.), d. h., dass man seine Antwort für zutreffend hält. Doch diese Voraussetzung für eine korrekte Anwendung der Selbstzuschreibungsnorm ist zu reichhaltig. Sie beinhaltet bereits alles, was für die Kenntnis des eigenen Standpunktes entscheidend ist.

Treffen die gemachten Beobachtungen zu, gibt es Zwischenergebnisse. (1) und (2) sind verschiedene Fragen. Transparenz beinhaltet eine wahrheitsgarantierende TB > SB-Festlegungsbeziehung doch (2) kann nicht schon durch die Beantwortung von (1) als beantwortet gelten. Welche Rolle spielt die Beantwortung der Tatsachenfrage für die Beantwortung der Selbstwissensfrage? Unsere Fähigkeit zur Koordination von Tatsachenbehauptungen und Selbstzuschreibungen von Standpunkten erklärt nicht unsere substantielle Standpunktkenntnis, sie setzt sie voraus. Transparenz als Selbstzuschreibungsnorm ist nicht der Schlüssel. Introspektiver Zugang könnte ein Ausweg sein, doch das stünde der Position von Gareth Evans und allen transparenzbasierten Lösungen der Selbstwissensproblematik radikal entgegen. Transparenz soll selbst der Schlüssel zur Beantwortung psychologischer Fragen sein. Ich werde unten eine gemeinsame Lösung für Standpunkt und psychologische Fragen skizzieren, in der Transparenz eine tragende Rolle zukommt.

3. Die psychologische Frage und das »extrospektive Verfahren«: unvollständig oder defizitär?

Kommen wir zum extrospektiven Verfahren von Evans und der Bewertung seines Potentials zur Beantwortung psychologischer Fragen vom Typ (3). Gareth Evans proklamiert in *Varieties of Reference* eine berühmt gewordene Vorgehensweise zur Gewinnung unbezweifelbarer Selbstzuschreibungen. Wir gelangen, so die Idee, an solches Wissen, indem wir unseren Blick oder unsere Aufmerksamkeit, statt nach »innen«, nach »außen« richten, d. h. Typ-(1)-Fragen beantworten. Über unsere kognitiven Vermögen zur Feststellung äußerer Tatsachen hinaus benötigen wir dann weiter kein spezialisiertes Vermögen, um Kenntnis über eigenen Überzeugungen zu erlangen. Ein »Blick auf die Welt« erschließt auch den eigenen Geist.

> The crucial point is the one I have italicized: *In making a self-ascription of belief, one's eyes are, so to speak, or occasionally literally, directed outward – upon the world*. If someone asks me ›Do you think there is going to be a third world war?‹ I must attend, in answering him, to precisely the same outward phenomena as I would attend to if I were answering the question ›Will there be a third world war?‹. I get myself in a position to answer the question whether I believe that *p* by putting into operation whatever procedure I have for answering the question whether *p*. [...] If a judging subject applies this procedure, then necessarily he will gain knowledge of one of his own mental states: even the most determined sceptic cannot find here a gap in which to insert his knife. (Evans, *The Varieties of Reference*, 225)

Die Vorgehensweise liefere uns also Antworten auf psychologische Fragen. Und *nur* sie (»I must attend«). Voraussetzung für die anvisierte normative sowie epistemisch hieb- und stichfeste Transparenzstrategie zur Beantwortung der psychologischen Frage ist erstens, dass psychologische Fragen, genau wie Standpunktfragen, *stark transparent* sind, d. h. die Beantwortung der Tatsachenfrage muss die zu gebende und richtige Antwort auf die psychologische Frage wirklich bedingen und erschöpfend festlegen, was eine konstitutive Beziehung zwischen dem »(Tatsachen-)Urteil«[9] und der Überzeugung als

---

[9] Ich verwende »Urteil« hier als Bezeichnung des kognitiven Vorganges, wie er typischerweise einer aufrichtigen Behauptung zugrunde liegt. Evans trennt die Behauptungs- und die mentale Zustandsdimension nicht scharf. Ist die Beziehung zwischen assertorischem Akt und dem

Zustand verlangt. Nur dann tut sich auch keine Lücke für das »Messer des Skeptikers« auf. Für den Zweck brauchen wir wenigstens die folgende Hypothese:

Schwache Konstitutionshypothese
S urteilt, dass $p \rightarrow$ S glaubt, dass p.

Ob schwache Konstitution eine gute Hypothese ist, ist eine Frage unseres besten Modells umfassender Verhaltenserklärung. Wir können nicht *per se* erwarten oder *a priori* festlegen, dass sie angemessen ist oder dass der Gebrauch des Überzeugungsprädikates in diesem Sinne einheitlich oder konsistent wäre. Es entspricht zunächst der allgemeinen Zuschreibungspraxis, dass mein Urteil auch festlegt, welche Überzeugung ich mir selbst zuzuschreiben habe. Das reicht aber zur Begründung einer starken Transparenz psychologischer Fragen nicht aus. Vielleicht konstituieren einzelne Urteilsakte nicht in derselben Weise Überzeugungen, wie ernstgemeinte Antworten auf Tatsachenfragen Standpunkte konstituieren und die Antwort auf die psychologische Frage wird durch die Beantwortung der Tatsachenfrage vielleicht keineswegs so streng und erschöpfend festgelegt, wie dies für die Standpunktfrage noch zutraf.[10] Auch wenn die schwache Konstitutionshypothese oft zu richtigen Antworten führen mag, kann die Beantwortung der psychologischen Frage nicht korrekt oder nicht erschöpfend sein. Die Hypothese wäre dann zu stark. Das Verfahren wäre nicht immun, sondern standardmäßig kritisierbar bzw. von eingeschränkter Verlässlichkeit. Doch gleichzeitig ist die Hypothese für ein Prinzip privilegierten psychologischen Selbstwissens immer noch zu schwach, wenn nicht auch umgekehrt Überzeugungen sich in entsprechenden Urteilen manifestieren müssen. Nötig hierfür wäre eine

Starke Konstitutionshypothese
S urteilt, dass $p \leftrightarrow$ S glaubt, dass p.

Träfe dies zu, wäre das Verfahren von Evans immun. Doch diese Variante ist noch weitaus begründungsbedürftiger und für die Abbildung einer Manifestationsdisposition von Überzeugungszuständen in Urteilsakten deutlich zu stark. Für dispositionalistische bzw. funktionalistische Einstellungstheorien genügt, wenn $P(\text{Überzeugung}|\text{Urteil})$ sowie $P(\text{Urteil}|\text{Überzeugung})$

Standpunkt konstitutiv, bleibt die Beziehung zwischen Urteil und Überzeugungszustand unklarer.

[10] Daran zeigt sich, in welchem Sinne Shoemakers einflussreiches Argument gegen die Möglichkeit von »Selbstblindheit« in *Self-Knowledge and »Inner Sense«* vorschnell ist, wenn es unsere Fähigkeit, die assertorische Kohärenz von Selbstzuschreibungen und Behauptungen zu wahren als Evidenz für psychologisches Selbstwissen über propositionale Einstellungen einstuft.

hoch sind. Wir können festhalten: Transparenzhypothesen für psychologische Selbstzuschreibungen beruhen allgemein auf in hohem Maße begründungsbedürftigen Annahmen zur Natur von Überzeugungen und deren Verhältnis zu Urteilsakten und stehen keineswegs als metaphysische oder begriffliche Wahrheit auf der Haben-Seite. Wir können nicht unmittelbar von einer sprachpragmatisch fundierten Zuschreibungsnorm zu einer substantiellen These über psychologische Zustände und deren korrekte Zuschreibungen übergehen. Hier offenbart sich ein Kontrast zu den Typ-(2)-Fragen, denn Standpunkte konstituieren sich vollständig in der Beantwortung von Typ-(1)-Fragen und deren Beantwortung ist auch eine notwendige Voraussetzung für eine korrekte Standpunktzuschreibung. Die Einschränkungen sprechen dagegen, die Fragen (2) und (3) als äquivalent zu behandeln.

Soviel zur ungesicherten Grundlage, die die Beantwortung von Typ-(1)-Fragen für psychologische Zuschreibungen bietet. Ich werde im Weiteren von dieser Problematik absehen. Ob die Idee vom »Sehen auf die Welt« (*Extrospektion*) eine substantielle Alternative zum »Sehen auf den Geist« (*Introspektion*) in der Beantwortung der Selbstwissensfrage (4) liefert, hängt unmittelbar davon ab, ob mit der Beantwortung der Tatsachenfrage die Schäfchen vollends ins Trockene gebracht sind. Ist das Verfahren der Extrospektion in grundlegender Weise epistemisch unvollständig, unkorrekt oder anderweitig unbefriedigend, kann die Evans-Strategie ihr Versprechen, die Selbstwissensfrage zu beantworten und die Introspektionshypothese zu streichen, nicht einlösen. Für eine schwerwiegende epistemologische Unvollständigkeit gibt es ein unübersehbares Indiz: Die psychologische Frage ist – wie auch die Standpunktfrage – eine *andere Frage* als die Tatsachenfrage. Erstens gilt, dass unsere mentalen Zustände einfach nicht unmittelbar »draußen« in der Welt aufzufinden sind. Darum kann auch Gareth nicht Sir Peters Überzeugungen dadurch erkennen, dass er sich fragt, wie die Dinge der Welt beschaffen sind. Epistemologisch kann mein eigener »Blick« nach außen mir bestenfalls *indirekte Evidenz* für meine Beantwortung der mich betreffenden psychologischen Frage liefern. Zweitens gilt, dass externe Tatsachen nicht die Existenz sie betreffender Überzeugungen implizieren (und umgekehrt), bzw. eine dem Betrachter externe Tatsache befördert nicht mit signifikanter Wahrscheinlichkeit die Existenz einer diese betreffenden Überzeugung (und umgekehrt).[11] In diesem Sinne besteht *gar keine evidentielle Beziehung* zwischen externer und interner Tatsache. Sie sind unabhängig. (1) und (3) sind Fragen nach Verschiedenem und ihre Antworten haben verschiedene Wahrheitsbedingun-

---

[11] Gegenteiliges könnte allenfalls unter besonders eingeschränkten Bedingung und mit abgeschwächter Implikation gelten, wenn z. B. innerhalb eines epistemisch abgedeckten Ausschnittes der Welt gilt, dass wenn Gegenstände, Tatsachen oder Ereignisse dieser Art in diesem Bereich bestehen, sie auch reliabel detektiert werden.

gen. Ergo, (3) habe ich durch meine Beantwortung von (1) ebenso wenig beantwortet, wie (2). Zwar nehmen wir in der Konstitutionshypothese an, dass mit der Beantwortung von (1) festgelegt ist, wie die korrekte Antwort auf (3) lautet, doch mehr nicht. Es bleibt nur, dem extrospektiven Verfahren und der Beantwortung der Tatsachenfrage eine epistemische Funktion für die Beantwortung der psychologischen Frage zuzuweisen. Damit verschwände auch das Transparenzrätsel, denn nun gibt es nicht ein Verfahren, das zwei grundverschiedene Fragen beantwortet, sondern die Beantwortung der Tatsachenfrage könnte allenfalls ein konstitutiver Bestandteil des Verfahrens zur Beantwortung der psychologischen Frage sein.

Wie kommen wir weiter? Evans selbst deutet an, dass die Beantwortung der Tatsachenfrage uns in eine »Lage« versetze, die Frage über die eigene Überzeugung zu beantworten. Er formuliert ein Prinzip:

Evans' Prinzip

Whenever you are in a position to assert that p, you are *ipso facto* in a position to assert ›I believe that p‹. (Evans, *The Varieties of Reference*, 225f.)[12]

In der »Lage« zu sein, ein Urteil zu fällen impliziere, in der »Lage« zu sein, sich eine Überzeugung zuzuschreiben. Wie ist das zu verstehen? Evans fügt an, dass jeder Sprecher an jede seiner Behauptungen den Operator »Ich glaube, dass ...« anschließen könne. Zwar sei dies ein mechanisches Verfahren, das nicht zwingend auch substantielles Selbstwissen generiere, doch würde das volle Verständnis der involvierten Begriffe und ihrer Anwendungskriterien diesen Mechanismus der Generierung von Selbstzuschreibungen zur Quelle echten psychologischen Wissens machen (Evans, *The Varieties of Reference*, p. 226). Doch wir konnten in Abschnitt 2 bereits sehen, dass unsere Fähigkeit, Selbstzuschreibungen mit eigenen Behauptungen zu koordinieren und »Ich glaube, dass ...« nur dann anzuschließen, wenn die Wahrheitsbedingung einer solchen Selbstzuschreibung auch erfüllt ist, genau das ist, was zu erklären wäre.[13] Wir können sie nicht zur Erklärung unseres Zugangs zu Eigenpsychischem heranziehen. Was unsere Fähigkeit angeht, assertorische Akte zu vollziehen, trifft Evans' Bemerkung wohl zu. Denn ist jemand in der Lage, Behauptungsakte zu verstehen und zu vollziehen, muss er wohl auch

---

[12] Evans benutzt den Ausdruck »assertion«. Wenn er – und das scheint der Fall – auf die mentale Dimension der Selbstkenntnis abhebt, kommt man der Sache am nächsten, wenn man »urteilen« setzt und das primär als mentales Ereignis versteht bzw. als aufrichtige Behauptung.

[13] Man könnte an der Stelle betonen, dass sich, da etwas zu glauben eine spezifische Einstellung zu einem propositionalen Gehalt ist, der Fall des »Ich glaube, dass p« als epistemologisch anspruchsvoller darstellt als der des einstellungstypneutralen Operators »Ich denke, dass p«, auf den Evans rekurriert (Evans, The Varieties of Reference, S. 226).

in der Lage sein, sich die Inhalte seiner eigenen Behauptungen als das zuzuschreiben, was er selbst glaubt. Doch das ist nicht die gewünschte Erklärung der Fähigkeit zu Selbstzuschreibungen, sondern nur eine transzendentale Begründung dafür, dass jeder vollwertige Konversationsteilnehmer sie besitzen muss. Es handelt sich um eine Fähigkeit, die eine Form des Zugangs zur psychologischen Dimension voraussetzt. Darüber hinaus haben wir in Abschnitt 3 gesehen, dass sich die starke Transparenz von Standpunktfragen nicht ohne weiteres auf die psychologischen Fragen überträgt. Ich könnte also in der Lage sein, etwas als der Fall seiend zu behaupten, ohne damit berechtigt zu sein, die entsprechende psychologische Behauptung zu machen.

Doch gibt es über den transzendentalen Aspekt hinaus einen Hinweis auf eine Epistemologie der psychologischen Selbstzuschreibung? Das »*ipso facto*« könnte einfach andeuten, dass das extrospektive Verfahren keine Fragen offen lasse. Das trifft zu, aber eben nur im schon bekannten schwachen Sinne. Die Akzeptabilität von Evans' Prinzip beruht auf der Annahme, dass das Urteil (oder ggf. das relevante »in-der-Lage-sein«, p zu urteilen) die zuzuschreibende Überzeugung konstituiert. Die Erfüllung der Antezedensbedingung garantiert dann zwar, dass die entsprechende Selbstzuschreibung wahr ist, doch das Berechtigtsein im Sinne der Erfülltheit der Wahrheitsbedingung behebt die epistemische Unvollständigkeit nicht. Gibt es eine Lesart von Evans' Prinzip als epistemisches Prinzip, das die Brücke zur psychologischen Selbstkenntnis schlägt? Wann immer ich weiß, dass ich »imstande« bin, zu urteilen, dass p, darf ich urteilen, dass ich glaube, dass p. Sehen wir etwas genauer hin, erwartet uns hier ein Dilemma. Eine korrekte Anwendung des Prinzips als epistemisches Prinzip setzt voraus, dass der Anwendende weiß, dass die Antezedensbedingung erfüllt ist. Zu glauben, dass die Antezedensbedingung erfüllt ist, bedeutet hier aber zu glauben, dass man selbst *in der relevanten Weise* urteilt (oder dazu in der Lage ist). Doch weiß man einmal das – woher auch immer – dann weiß man bereits genug. Der naheliegende Weg, dieser Zirkelstruktur zu entkommen, kostet Evans' Prinzip seine Gültigkeit. Denn versuchen wir, »In-der-Lage-Sein« lediglich als epistemisches Gerechtfertigtsein zu verstehen, ist nicht mehr gewährleistet, dass durch die Erfüllung der so modifizierten Antezedensbedingung auch die Wahrheitsbedingung der Selbstzuschreibung erfüllt ist. Der Grund ist, dass der epistemologische Sachverhalt, gerechtfertigt zu sein (oder sich dafür zu halten), p zu glauben und der psychologische Sachverhalt, p zu glauben, nicht identisch sondern unabhängig voneinander sind.[14] Das Antezedens könnte dann wahr und das Konsequens falsch sein, da die epistemische Tatsache oder eine sie betref-

---

[14] Eine Interpretation des »*ipso facto*«, die von Fernandez in *Privileged Access Naturalized* angeboten und in *Privileged Access Revisited* verteidigt wird, besteht darin, zu sagen, dass beide Überzeugungen – das tatsachenbezogene Urteil und das selbstbezogene Metaurteil – dieselbe

fende epistemologische Überzeugung (z. B. »Verfügbare Evidenz e1, e2 und e3 rechtfertigt mich darin, dass *p* zu urteilen.«) nicht konstitutiv für eine Überzeugung ist und eine Überzeugung zu haben auch nicht impliziert, dass eine solche Rechtfertigung vorliegt. Das vorläufige Ergebnis ist damit, dass noch nicht zu sehen ist, ob und wie der Transparenz oder der Beantwortung der Tatsachenfrage eine epistemische Funktion für die Beantwortung der psychologischen Frage zukommt. Evans' Prinzip trägt als transzendentales Prinzip nicht zu einer epistemologischen Aufklärung bei. Als explizite epistemische Regel ist es ebenso untauglich und die Vorstellung einer Identität der Rechtfertigung der Tatsachenbehauptung und der Rechtfertigung der psychologischen Behauptung ist abwegig.

4. Wozu eine Epistemologie von Selbstzuschreibungen?

Wir stehen vor dem zentralen *Dilemma* zwischen der epistemologischen Unvollständigkeit des extrospektiven Verfahrens und dem fehlgeschlagenen Versuch, Transparenz als epistemisches Prinzip zur Geltung zu bringen und die Unvollständigkeit zu überwinden. Dieses Dilemma ist ein neuralgischer Punkt aller Positionen, die der Transparenz eine tragende Rolle für die Selbstkenntnis zuweisen. Doch müssen wir das Dilemma wirklich ernst nehmen? Vielleicht ist es verfehlt oder kleinlich, dem Verfahren epistemische Unvollständigkeit vorzuhalten. Eine Option könnte etwa sein, zu sagen, dass es eben in der Natur unserer Überzeugungszustände liegt, dass die Kenntnis dieser Zustände schon mit in sie »eingebaut« ist. Shoemaker vertritt und verteidigt in zahlreichen Aufsätzen die Auffassung, dass Selbstwissen mit dem Besitz von Überzeugungen einhergehen muss. Zwischen Überzeugungen erster Ordnung (»Es schneit«) und zweiter Ordnung (»Ich glaube, dass es schneit«) könnte keine kausale, sondern müsse eine konstitutive Beziehung bestehen. Nach dieser Auffassung ist bei rationalen Agenten nicht nur der Besitz von Überzeugungen hinreichend für Selbstwissen, auch Selbstwissen ist notwendig, um im vollen Sinne rational zu sein. Wenn es zur grundlegenden funktionalen Struktur von Überzeugungszuständen selbst gehört, dass rationale Agenten Kenntnis von ihnen besitzen müssen, ließe sich eben *beides* jeweils als eine Kerndispositionen eines solchen Überzeugungszustandes auffassen: zu urteilen dass es schneit und sich die Überzeugung zuzuschreiben, dass es schneit. Dies wäre die konstitutivistische Lesart des »*ipso facto*« aus Evans' Prinzip. Die Position baut auf starke Thesen. So ist erstens zweifelhaft,

---

Rechtfertigung besäßen. Sie erweist sich als nicht haltbar. Für eine ausführliche Kritik siehe z. B. Zimmermans *Unnatural Access* und Zimmermans *Putting Extrospection to Rest*.

ob Selbstwissen in einem für diese konstitutivistische Hypothese hinreichend starken Sinne für Rationalität notwendig ist. Und selbst wenn es so wäre und Rationalität wahre Überzeugungen höherer Ordnung gewährleistete, folgt daraus nicht bereits, dass die Beziehung zwischen Überzeugungen erster und zweiter Ordnung nicht kausaler Natur sein könnte. Die kausalen Mechanismen, welche Einstellungen höherer Ordnung ermöglichen, gehörten dann einfach zu den kausalen Voraussetzungen vollständiger Rationalität, bzw. die kausalen Voraussetzungen eines funktionalen rationalen Systems schlössen eben Mechanismen des Selbstwissens mit ein.[15] Und es gibt keinen zwingenden Grund für eine Unverfügbarkeit tieferer epistemologischer Charakterisierungen. Zweitens, man gewinnt für die Erklärung nichts Entscheidendes, wenn man der Frage nach der kognitiven Struktur unserer Selbstkenntnis durch eine Hypothese zur selbsterschließenden Natur von Überzeugungen ausweicht.

Doch die Ansicht, dass wir überhaupt die Frage nach einer epistemischen Beziehung zu beantworten haben, stößt vielfach gerade bei Ansätzen, die Transparenz ernst nehmen, auf Widerstand. Verschiedene »anti-epistemisch« oder »nicht-kognitiv« genannte Konzeptionen von Selbstzuschreibungen, die der Transparenz explizit einen zentralen Status zuerkennen, sehen sich gezwungen, von epistemologischen Erklärungen von Selbstzuschreibungen ganz abzusehen oder stufen sogar den Versuch der epistemischen Fundierung von Selbstzuschreibungen und ihrer Autorität als grundlegendes Missverständnis ein.[16] Sie teilen in Wittgensteinianischer Tradition die Auffassung, dass Selbstzuschreibungen und ihre Autorität nicht epistemologisch zu begründen sind und unsere Beziehung z. B. zu unseren eigenen Überzeugungen anderer Natur ist. Ich kann diese Auffassungen und ihre teils wichtigen Einsichten an dieser Stelle nicht würdigen und einordnen. Meine knappe Erwiderung an dieser Stelle ist kurz und programmatisch und daher unbefriedigend. Es gibt in der Tat Aspekte von Selbstzuschreibungen und ihres Status, denen nicht durch eine erst-personale epistemische Relation genüge getan wird. Doch, wir sind – nach Voraussetzung – *de facto* in der Lage, in eine epistemische Beziehung zu eigenen mentalen Einstellungen einzutreten. Mir scheint, keine der in der Literatur vertretenen anti-epistemischen Betrachtungsweisen entbindet uns von der Aufgabe und dem theoretischen Anspruch, die kognitive Struktur dieser Selbstkenntnis zu erörtern, auch dann nicht, wenn es uns zunächst vielleicht nicht gelingt, sie befriedigend

---

[15] Für eine detaillierte Ausführung dieser Kritik siehe Michel, *Self-knowledge and Self-deception*, Kapitel 2.
[16] Nur hingewiesen sei in diesem Zusammenhang auf die Arbeiten Wrights (»default view«), Morans (»commitment-view«), Bar-Ons (»neo-expressivism«) und teils Gordons (»ascent routine«).

darzulegen. Die propagierten Gründe dafür, den Versuch einer epistemologischen Annäherung an Selbstkenntnis zu verwerfen, erscheinen mir untriftig. Die Paradoxie einer »anti-epistemischen« oder »nicht-kognitiven« Theorie einer Wissensform ist, wenn möglich, zu vermeiden. Die Frage bleibt, ob der Eigenschaft der Transparenz eine entscheidende Rolle zukommen kann und muss. Anstatt die epistemologische Unvollständigkeit des extrospektiven Verfahrens zu ignorieren, schlage ich vor, zu erörtern, ob der bisher konstatierte defizitäre Charakter eines extrospektionsbasierten Verfahrens behebbar ist.

5. Inferentialismus und der metarepräsentationale Aufstieg

Ein transparenzbasiertes epistemisches Verfahren kann eine Form des Schlussfolgerns nicht vermeiden, will es eine Alternative zur Introspektionstheorie, zum Konstitutivismus und zum Anti-Kognitivismus anbieten können. Doch es dominieren die Schwierigkeiten. Dass Evans' Prinzip nicht als epistemisches Prinzip taugt, war zu sehen. Gallois beißt nun in den sauren Apfel und schlägt vor, dass wir das Wissen bezüglich unserer Überzeugung eben mit Hilfe eines unkorrekten Schlusses erlangen. Demnach folgen wir einem Schema[17]

Doxastisches Schema
(P) *p*
―――――――
(K) Ich glaube, dass *p*

Dieses Schema ist zwar nicht mehr zirkulär, aber es ist auch nach Gallois ein schlechtes Schema, das weder deduktiv noch induktiv gültig ist. Demungeachtet führe es zu korrekten Selbstzuschreibungen. Gallois kann diese nicht als Wissen anerkennen, doch er hält es für irrational, auf die Anwendung des Schemas zu verzichten. Die Gründe dafür können hier nicht ausgeführt werden. Was jedoch neben dieser Spannung prinzipiell gegen das o. g. Schema spricht, ist, dass niemand glaubt, was es besagt. Niemand glaubt, das Bestehen eines beliebigen Sachverhaltes impliziere oder mache generell wahrscheinlich, dass man selbst (oder irgendwer) glaubt, dass dieser Sachverhalt besteht. Daher erscheint es unbegründet und falsch, zu vermuten, dass das Schema in der oben gegeben Form eine tatsächliche Annahme repräsentiert, der noch dazu eine wichtige epistemische Funktion zukommt. Doch Gallois Idee trifft natürlich einen wichtigen Kern. Wir nehmen freilich an, dass es ein Vorkommnis unseres eigenen Urteils »Es schneit« ist, das die Grundlage und

―――――――
[17] Gallois, The World Without, the Mind Within, p. 47.

Wahrheitsbedingung unserer Selbstzuschreibung ausmacht und nicht etwa die nicht-mentale Tatsache, dass es schneit. Diese Voraussetzung kann aber selbst nicht als Prämisse eines informativen Schlussschemas erscheinen, wenn der Übergang informativ sein soll. Verwandt zu Gallois Vorschlag formuliert Byrne (2005, 2011) eine epistemische Regel für Überzeugungsselbstzuschreibungen (Gl).

(Gl) Wenn *p*, dann glaube, dass du glaubst, dass *p*!

(Gl) zu folgen (bzw. bereits der Versuch, Byrne 2005, p. 97f.) soll zu Selbstwissen führen. Diese epistemische Regel unterscheidet sich von Evans' Prinzip darin, dass sie, wie Gallois Schema, nicht zirkulär ist. Doch auch sie kann sich auf keine akzeptable Konstitutionsbeziehung zwischen Tatsache und Überzeugung stützen. Wie ist (Gl) aber aufzufassen? Verlangt (Gl) etwa, dass wir z. B. glauben sollen, dass wir glauben, dass die Goldbachsche Vermutung wahr sei, wenn sie wahr ist. Entspräche (Gl) der epistemischen Regel, dass wir glauben sollen, dass wir, wenn etwas der Fall ist, dieses auch glauben, dann ist (Gl) eine schlechte Regel. Doch so kann (Gl) nicht gemeint sein. Auch dem Imperativ in (Gl) kann nicht entsprochen werden. Angenommen die Goldbachsche Vermutung trifft zu, doch ich glaube weder, dass sie zutrifft, noch glaube ich, dass sie nicht zutrifft. Soll ich nun glauben, dass ich glaube, dass sie zutrifft, obgleich das eben nicht das ist, was ich glaube? Oder angenommen, die Vermutung ist falsch aber ich glaube, sie ist wahr. Sollte ich glauben, dass ich glaube, dass sie falsch ist? Offenbar nicht. In beiden Fällen wären die Selbstzuschreibungen nicht nur falsch, wir hätten keinen Anhaltspunkt, um sie auszubilden. Nur unter der Voraussetzung, dass wir in der Tat glauben bzw. urteilen, dass die Goldbachsche Vermutung zutrifft, können wir wahrer Weise glauben, dass wir glauben, dass sie zutrifft. So ist (Gl) explizit gemeint. Diese notwendige und hinreichende Bedingung für eine wahre Überzeugung zweiter Ordnung, die (Gl) zu der »selbstverifizierenden« epistemischen Regel (Byrne 2005, p. 96) macht, als die Byrne sie auffasst, lässt sich jedoch leider nicht explizit in die Antezedensposition von (Gl) einfügen, ohne (Gl) zu trivialisieren: »Wenn du *glaubst*, dass *p*, dann glaube, dass du glaubst, dass *p*!«.[18] Sollen wir nun doch in Gallois sauren Apfel beißen und unsere Meta-Überzeugungen nach einer epistemisch inadäquaten Regel erschließen? Oder sollen wir ein transparenzbasiertes epistemisches Verfahren als erledigt ansehen? Ich denke, beides ist vermeidbar. Der Inferentialismus liegt im Kern richtig. Die beschriebenen Probleme des inferentiellen Schemas und der epistemischen Regel sind einem systematischen aber nur oberfläch-

---

[18] Siehe für eine kritische Betrachtungen dieser inferentialistischen Auffassung auch Boyle, *II – Matthew Boyle: Transparent Self-Knowledge* und Michel *Self-knowledge and Self-deception*, Kapitel 4.

lichen *Darstellungsproblem* für einen kognitiven Übergang geschuldet, den wir *de facto* jederzeit leicht vollziehen. Das Schema oder die Regel zeichnen sich dadurch aus, dass sie in der Antezedensposition nur eine Tatsache oder eine psychologische Selbstzuschreibung zulassen. Ich versuche im Folgenden knapp den kognitiven Übergang vom Urteil zur Kenntnis der Überzeugung als einen token-basierten kognitiven Aufstieg zu skizzieren, der bestimmte Fähigkeiten voraussetzt doch ohne das Postulieren zweifelhafter Schemata oder Regeln auskommt.[19]

Wie könnte so ein extrospektionsbasiertes epistemisches Verfahren aussehen? Der Vorschlag besteht im Versuch, das klassische inferentielle Modell durch ein Modell eines »metarepräsentationalen Aufstiegs« zu ersetzen.[20] Diesem Verfahren liegt immer ein »extrospektives« Urteilsvorkommnis zugrunde, das eine Einstellung erster Ordnung konstituiert und dem die Rolle einer epistemischen Basis zukommt. Für diese epistemische Basis des metarepräsentationalen Aufstiegs gelten zwei Anforderungen, um einen epistemisch korrekten und informativen Übergang zu erreichen. Erstens, für die Spezifikation des Inhalts der Basis darf keine psychologische Selbstkenntnis benötigt werden. Zweitens ist wichtig, dass schon auf der Ebene der Eingabe trotzdem auf Information zum Modus der Einstellung (z. B. Überzeugung) zugegriffen werden kann. Eine Möglichkeit, beide Anforderungen zugleich zu erfüllen, besteht darin, den Einstellungsmodus implizit bereits im Inhalt der Einstellung erster Ordnung zu verankern. Den so modifizierten Inhalt erster Ordnung nenne ich »vollständig« und »extrospektiv«. Er stellt eine Erweiterung des propositionalen Inhalts dar. Eine Einstellung zu besitzen, heißt demnach nicht nur, einen propositionalen Gehalt zu denken, sondern ihn auch zu bewerten. Die einstellungstypkonstitutive Komponente des vollständigen mentalen Gehaltes ist *evaluativ*. Dieser vollständige mentale Inhalt einer Einstellung erster Ordnung und Ausgangspunkt des kognitiven Aufstiegs ist weder durch den klassischen propositionalen Gehalt (»p«), noch als psychologische Metarepräsentation (»Ich glaube, dass p«) darzustellen, sondern durch einen bewerteten propositionalen Gehalt (»#p«). Die Dimension der Bewertung, hier einfach durch # repräsentiert, konstituiert dabei einen spe-

---

[19] Für eine ausführlichere Version siehe Michel *Self-knowledge and Self-deception*, Kapitel 4.
[20] Diese auf repräsentationaler Transparenz beruhende Konzeption des metarepräsentationalen Aufstiegs ist nicht mit der »ascent routine« oder dem »semantic ascent« zu verwechseln, die Gordon beschreibt. Gordons Konzeption interpretiert die Evans-Strategie als einen Übergang von einer Tatsachenbehauptung ⊢(es schneit) zu einer anderen Behauptung ⊢(ich glaube, es schneit). Äußerungen dienen hier als Input der Transformation zu Äußerungen mittels eines »redeployment mechanism« (Gordon Ascent Routines for Propositional Attitudes, S. 154). In der Verteidigung gegen Goldman und Stich stellt sich Gordons Position als teil-expressivistische Strategie heraus. Sie behandelt ganze Selbstzuschreibungssätze als linguistische Expressionen ihrer Zustände, die der Selbstkenntnis als Grundlage des Aufstiegs dienen.

zifischen Einstellungstyp. Das Haben von Einstellungen besteht in solchen bewertenden Repräsentationen von intentionalen Inhalten, die noch keine Repräsentationen eigener Einstellungen als solcher sind. Ihre Struktur ist rein formal gesehen zwar metarepräsentational, doch weder muss sie explizit sein, noch liegt der Selbstbezug einer *de se* Einstellung vor. Bewertende Repräsentationen können somit beide Anforderungen erfüllen, die Bewertung ist kein Selbstwissen, liefert aber die Information für den Einstellungsmodus. Ein metarepräsentationaler Aufstieg, so die Hypothese, hat nun diese Art bewertender Repräsentationen als Eingabe. Er setzt sich aus zwei zentralen Komponenten bzw. Schritten zusammen. Erstens ist da die generelle Fähigkeit, sich als epistemisches Subjekt und damit als Subjekt repräsentationaler Zustände zu verstehen. Zweitens lernen wir, unsere Bewertungen intentionaler Inhalte in alltagspsychologischen Einstellungsbegriffen zu kategorisieren. Ich beginne mit der zweiten Komponente.

In einer Einstellung ordnen wir einem Gedankeninhalt oder einem anderen intentionalen Objekt eine Bewertung zu. Bewertungen von Inhalten in verschiedenen Dimensionen vorzunehmen soll dabei als eine grundlegende kognitive Funktion angesehen werden, die darin besteht, Akteuren Entscheidungsgrundlagen zu liefern. Innerhalb der »*epistemischen Dimension*« entsprechen solche Wertzuordnungen etwa dem, was wir sprachlich mit Prädizierungen wie »korrekt«, »(nicht)wahr«, »(un)wahrscheinlich«, »(un)plausibel«, »zweifelhaft« etc. ausdrücken. Nach dieser Vorstellung besteht die Tatsache, ein Urteil erster Ordnung zu vollziehen strukturell darin, einem Gedankeninhalt eine Werteigenschaft zuzuordnen, etwa den Inhalt (»es schneit«) innerhalb der epistemischen Dimension als positiv zu repräsentieren. Diese Einstellung drücken wir sprachlich in einigen Fällen z. B. vermittels der Zuschreibung des Prädikates »wahr sein« zum Inhalt aus. Die Annahme ist, dass solche Bewertungen funktionale Rollentypen in einem System des Schließens und Entscheidens kodieren. Einige korrespondieren (mehr oder weniger eindeutig) mit alltagssprachlichen Einstellungstypen. Alltagspsychologische Einstellungsbegriffe konstituieren sich (wenigstens zum Teil) in Brückenprinzipien, die Werteigenschaftstypen korrespondierende Einstellungstypen zuordnen (z. B. für den idealisierten Fall einer Überzeugung »# ist meine Bewertung von p« ↔ »Ich glaube, dass p«). Dieser Teil des Übergangs zur Beantwortung der psychologischen Frage ist klassisch inferentiell. Da Einstellungen in den zugeschriebenen Werteigenschaften charakteristische repräsentationale Modi besitzen, sind Einstellungsarten aus dem vollständigen repräsentationalen Inhalt erster Ordnung zu extrahieren. Wenn dies gilt, dann liegt z. B. für Überzeugungen über die angenommene starke Transparenz als Festlegungsbeziehung hinaus eine *Repräsentationale Transparenz* vor. Repräsentationale Transparenz ist kein sprachpragmatisches Phänomen, sondern Bestandteil der Natur repräsentationaler Zustände. G. E.

Moore hat früh auf diese Art der Transparenz von Wahrnehmungserlebnissen verwiesen und festgestellt, dass nur die Inhaltseigenschaften z. B. eines Blauerlebnisses für die Introspektion des repräsentationalen Zustandes selbst zur Verfügung stehen.[21] Sind Einstellungen evaluative Repräsentationen, können wir auch sie als repräsentational transparent auffassen.

Doch es fehlt noch die wichtige, zweite Komponente. Aufgrund selbstzugeschriebener bewertender Repräsentationen können wir uns alltagspsychologische Einstellungen zuschreiben. Doch um überhaupt zur Selbstzuschreibung einer bewertenden Repräsentation zu kommen, müssen wir zunächst von der Wertzuschreibung selbst zum Erfassen dieser Bewertung als eigener bewertender Repräsentation gelangen. Dieser Übergang ist nicht in einem gültigen inferentiellen Schema formulierbar. Doch er kann als Ausübung der im Laufe unserer kognitiven Entwicklung allgemeinen erworbenen Fähigkeit charakterisiert werden, uns selbst als Subjekte zu erfassen, die ihre Vorstellungen und die anderer Personen z. B. wahrheitsbezogen bewerten und zutreffende wie defizitäre Repräsentationen ihrer Umwelt erzeugen. Grundlage des metarepräsentationalen Aufstiegs ist somit ein entwickeltes Selbstverständnis als epistemischem Akteur, wie es jede Epistemologie der Kenntnis eigener Überzeugungen voraussetzen muss. Welche Aspekte dieses Verständnis besitzt und in welchen Stufen es erworben wird, ist Gegenstand der Entwicklungspsychologie. Es zu besitzen heißt jedoch, in der Lage zu sein, jedes Vorkommnis einer spezifischen Bewertung eines spezifischen Inhalts als eine eigene Bewertung eines Inhaltes und damit als eigene Einstellung aufzufassen und sie nach alltagspsychologischen Einstellungsbegriffen zu kategorisieren. Diese Metarepräsentation dient bestimmten Zwecken, z. B. der expliziten kritischen Prüfung eigener Einstellungen anhand von expliziten epistemischen Normen (z. B. im Rahmen der sogenannten »System 2«-Prozesse), die wir mit Überzeugungen verbinden.[22] Eine substantielle Theorie bedarf der eingehenden Beschreibung beider Komponenten des Aufstiegs. Das Verfahren macht vergleichsweise attraktiv, dass es in seinen zu klärenden theoretischen Voraussetzungen nicht anspruchsvoller ist, als alle rivalisierenden Positionen. Seine Beschreibung zeigt, dass die Darstellungsprobleme des Inferentialisten keine starken Hinderungsgründe für eine transparenzbasierte Epistemologie psychologischer Selbstkenntnis sind. Die Beantwortung der Tatsachenfrage, die Evans einfordert, kann als konventionelle epistemische Grundlage beschrieben werden.

---

[21] Moore, The Refutation of Idealism, S. 446.
[22] Zu den Grundlagen der Unterscheidung zwischen zwei Systemen des Denkens siehe z. B. Stanovich und West, *Individual Differences in Reasoning*.

6. Konklusionen

Ich kehre nun zum Ausgangspunkt zurück. Erstens, Evans hat damit Recht, dass man die Tatsachenfrage beantworten muss, da zumindest eine transparenzbasierte Beantwortung der Standpunkt- und der psychologischen Frage die Beantwortung der Tatsachenfrage erfordert. Doch das allein ist nicht ausreichend. Es muss in einem epistemischen Ansatz deutlich werden, wie die Beantwortung der Standpunkt- und der Tatsachenfrage auf der Beantwortung der Tatsachenfrage fußt. Die Skizze des metarepräsentationalen Aufstiegs zeigt, wie ein transparenzbasierter epistemischer Ansatz aussehen kann. Kern des epistemischen Verfahrens ist kein allgemeines Transparenzprinzip, sondern die repräsentationale Transparenz von Einstellungen als Vorkommnissen bewertender Repräsentationen. Die Beantwortung von (2) und (3) kann jeweils analogen Verfahren folgen, mit fallspezifischen Anforderungen an das notwendige Hintergrundwissen. Grundlage ist jeweils eine bewertende Repräsentation. Ich kann die psychologische Frage beantworten und Mooresche Überzeugungen vermeiden, weil ich in der Lage bin, mich als repräsentierendes Subjekt aufzufassen und alltagspsychologische Einstellungsbegriffe besitze. Ich bin in der Lage, die Standpunktfrage zu beantworten und Mooresche Behauptungen zu vermeiden, weil ich zudem die Pragmatik des Behauptens verstehe. Die bewertende Repräsentation ist Grundlage der Möglichkeit meiner aufrichtigen Behauptung, dass p. Meine aufrichtige Behauptung ⊢(p) ist ein kommunikativer Akt mit der Intention, die als wahr bewertete Proposition p mitzuteilen. Dieser Akt wird etwa durch die unmittelbar angeschlossene Behauptung ⊢(Ich glaube nicht, dass p) unterminiert. Wir können zweitens Evans auch problemlos darin zustimmen, dass jeder, der über die geeignete Fähigkeit zum Selbstbezug und ein Verständnis des alltagspsychologischen Begriffs verfügt, dann, wenn er in der Lage ist, zu urteilen, dass p, auch in der Lage ist, zu urteilen, dass er selbst glaubt, dass p. Für eine Immunität gegen Zweifel oder eine echte epistemologische Besonderheit spricht hingegen wenig. Zum einen ist eine alltagspsychologische Klassifizierung theoretisch fehleranfällig. Zum anderen ist – wie zu Beginn von Abschnitt 3 gezeigt – die Haltbarkeit einer starken Transparenzthese mit Blick auf Überzeugungen völlig offen und muss auf dem Gebiet der Einstellungstheorie ausgetragen werden. Sie ist vorerst eine Setzung. Einige Sprachphilosophen, und es scheint, Evans gehört dazu, übertragen die pragmatischen Regeln für Selbstzuschreibungen relativ unbesehen und unmittelbar in eine Epistemologie des Eigenpsychischen. Die gewonnene Epistemologie der Selbstzuschreibung ist unspektakulärer als oft vermutet. Standpunkt- und psychologische Fragen erscheinen als normale Tatsachenfragen, die Selbstwissensfrage als normale epistemologische Frage. Der Beantwortung der Tatsachenfrage bzw. dem Urteil erster Ordnung kommt eine gewöhnliche epistemische Rolle für die Kenntnis der eigenen Einstellung zu. Zudem verschwindet das Rätsel der Transparenz, denn die Beantwortung der Tatsachenfrage ist epistemologisch nur Teil der Beantwortung der psychologischen und der Standpunktfrage. Es werden keineswegs *beide* – die externe Tatsachenfrage und die korrespondierende psychologische Frage – mit Hilfe eines identischen Verfahrens beantwortet.

Literatur

Austin, J. L.: *How to do Things with Words.* In: Austin, J. L., *Philosophical Papers*, J. O. Urmson & G. J. Warnock (eds.), S. 220–239. Oxford 1961, Oxford University Press.

Bar-On, D., and D. Long: Knowing Selves: Expression, Truth and Knowledge. In Gertler 2003, S. 179–212.

Boyle, M.: II – Matthew Boyle: Transparent Self-Knowledge. In *Aristotelian Society Supplementary Volume* (Vol. 85, No. 1, S. 223–241). Oxford 2003, Oxford University Press.

Byrne, A.: Introspection. Philosophical Topics, 33 (1), 2005, S. 79–104.

Evans, G.: *The Varieties of Reference*, ed. J. McDowell. Oxford 1982, Oxford University Press.

Fernández, J.: Privileged Access Naturalized. *Philosophical Quarterly*, 53 (212), 2003, S. 352–72.

Fernández, J.: Privileged Access Revisited. *Philosophical Quarterly*, 55 (218), 2005, S. 102–5.

Gallois, A.: *The World Without, the Mind Within: An Essay on First-Person Authority*. Cambridge 1996, Cambridge University Press.

Gertler, B. (ed.): *Privileged Access: Philosophical Accounts of Self-Knowledge*. Aldershot 2003, Ashgate Publishing.

Goldman, A.: *Simulating minds: The philosophy, psychology, and neuroscience of mindreading*. Oxford 2006, Oxford University Press.

Gordon, R. M.: Ascent Routines for Propositional Attitudes. *Synthese*, 159, 2007, S. 151–65.

Heal, J.: Moore's Paradox: A Wittgensteinian Approach. *Mind*, 103, 1994 S. 5–24.

Kauppinen, A.: The pragmatics of transparent belief reports. *Analysis*, 70 (3), 2010, S. 438–446.

Michel, C.: *Self-knowledge and Self-deception: The Role of Transparency in First-Personal Knowledge*. Münster 2014, Mentis.

Moore, G. E.: The Refutation of Idealism. *Mind*, *12*(48), 1903, 433–453.

Moran, R.: Self-Knowledge: Discovery, Resolution and Undoing. *European Journal of Philosophy*, 5 (2), 1997, S. 141–61.

Moran, R: *Authority and Estrangement: An Essay on Self-Knowledge*. Princeton 2001, Princeton University Press.

Moran, R: Responses to O'Brien and Shoemaker. *European Journal of Philosophy*, 11 (3), 2003, S. 402–19.

Putnam, H.: *Minds and Machines*. In: Putnam H. 1975 (ed.), *Philosophical Papers*, Vol. 2: *Mind, Language and Reality*. Cambridge, Cambridge University Press, S. 362–385.

Shoemaker, S.: Self-Knowledge and »Inner Sense«. Lecture II: The Broad Perceptual Model. *Philosophy and Phenomenological Research*, 54 (2), 1994, S. 271–90.

Shoemaker, S.: Self-Intimation and Second Order Belief. *Erkenntnis*, 71, 2009, S. 35–51.

Stanovich, K. E., and R. F. West: Individual Differences in Reasoning: Implications for the Rationality Debate. *Behavioral and Brain Sciences*, 23, 2000, S. 645–726.

Nichols, S., & Stich, S. P.: *Mindreading: An integrated account of pretence, self-awareness, and understanding other minds*. Oxford 2003, Clarendon Press/Oxford University Press.

Wittgenstein, L.: *Tractatus Logico-Philosophicus, Tagebücher 1914–1916, Philosophische Untersuchungen*. Werkausgabe Bd. 1., 1984, Frankfurt am Main: Suhrkamp.

Wright, C.: Self-Knowledge: The Wittgensteinian Legacy. In Wright, Smith and Macdonald 1998, S. 13–45.

Wright, C., B. C. Smith, and C. Macdonald (eds.): *Knowing Our Own Minds*. Oxford, 1998, Clarendon Press.

Zimmerman, A.: Unnatural access. *The Philosophical Quarterly*, 54 (216), 2004, S. 435–438.

Zimmerman, A.: Putting Extrospection to Rest. *Philosophical Quarterly*, 25 (221), 2005, S. 658–61.

Thomas Szanto

EXTERNALISMUS UND SELBSTKENNTNIS:

Evans' Kompatibilismus

1. Einleitung

Kurz nach der Neuauflage der traditionellen Selbstbewusstseins-Debatte in der analytischen Philosophie in den 1960er- bis 80er-Jahren[1] – und erstaunlich wenig davon beeinflusst – ist eine Diskussion darüber entbrannt, ob der semantische oder geisttheoretische Externalismus mit der epistemischen Privilegierung, die Individuen bezüglich ihrer eigenen mentalen Zustände genießen, kompatibel sei.[2]

In einem ersten Vorgriff lässt sich das Dilemma, um das sich Kompatibilisten und Inkompatibilisten in Bezug auf Selbstkenntnis ringen, folgendermaßen konstruieren: Wenn der Externalismus die richtige Theorie der Individuation mentaler Zustände ist, dann, so scheint es, können Subjekte keine *epistemisch privilegierte Selbstkenntnis* (EPS) haben; umgekehrt müssen wir, sofern wir an der Idee von EPS festhalten wollen, den Externalismus

---

[1] Gemeint sind hier insbesondere Strawson, Individuals; Castañeda, »He«; Shoemaker, Self-Reference; Rorty, Incorrigibility; Lewis, Attitudes; Perry, Essential Indexical; Chisholm, First Person; Anscombe, first person und eben Evans, VR.

[2] Als diskursbegründend können die Arbeiten von Burge, Individualism and the Mental; Individualism and Self-Knowledge und Davidson, First person; own mind; Burge; the Mind gelten. Daran anknüpfend reihen sich u. a. Heil, Privileged Access; Bilgrami, Externalism; Brueckner, Anti-Individualist; Externalism; Warfield, Privileged self-knowledge; Falvey & Owens, Externalism; Dretske, the Mind (insbes. 64ff.); Macdonald, Externalism; Miller, Externalist self-knowledge; McLaughlin & Tye, Externalism; Sawyer, Privileged access; Falvey, Anti-Individualism und Jacob, Own Minds – die mit z. T. sehr unterschiedlichen Konzepten von Selbstkenntnis, aber mehr oder weniger eindeutig dem kompatibilistischen Lager zuzurechnen sind – und ihre wichtigsten Widersacher McKinsey, Anti-Individualism; Externalism; Brown, anti-individualism and privileged access; Boghossian on externalism; Anti-Individualism and Knowledge und Boghossian, Content; What an Externalist. Konzise Überblicke liefern Ludlow & Martin, Introduction; Wright et al., Introduction und Nuccetelli, Introduction bzw. Rowlands, Externalism, Kap. 8 und Brown, Externalism, und Kallestrup, McKinsey's Paradox und am rezentesten Goldberg, Introduction.

verabschieden. Beide Optionen sind aber nicht sehr attraktiv, und für manche sogar inakzeptabel – daher das Dilemma.

Die Wege und Umwege dieser äußerst komplexen Diskussion[3] haben zu der paradoxen Situation geführt, dass es gerade die leidenschaftlichsten Vertreter des geisttheoretischen Externalismus (und nicht, wie man vermuten würde, vielmehr die Internalisten) sind, die sich gezwungen sehen, angesichts der inkompatibilistischen Argumentationsstrategien immer ausgefeiltere externalistische Theorien zu entwickeln, um EPS – dem sie ebenso wie die Inkompatibilisten eine gewisse intuitive Anziehungskraft einräumen – irgendwie unterbringen zu können.

Evans ist kurioserweise in dieser Debatte bislang ein praktisch unbeschriebenes Blatt, obwohl seine Theorie der Selbstkenntnis enorm einflussreich ist. Angesichts dieses Desiderats möchte ich im Folgenden zeigen, dass Evans, auch wenn er keine explizite und vielleicht auch nicht, wie Burge oder Davidson, die eleganteste, so doch eine der überzeugendsten Lösungsvorschläge bereithält. Ich werde mit Evans dafür argumentieren, dass sich sowohl die externalistische Bedrohung für EPS als auch die vermeintliche einzige Alternative, den Externalismus aufzugeben, als unbegründet erweisen.

Ich werde dabei folgendermaßen vorgehen: In Abschnitt 2 werde ich das Dilemma und die unterschiedlichen Argumente für den Inkompatibilismus diskutieren. In Abschnitt 3 werde ich Evans' spezifisch informationstheoretische, radikale Version des Externalismus darlegen und ein Argument konstruieren, das Evans' vermeintlichen Inkompatibilismus demonstrieren soll. Anschließend werde ich Evans' Lösungsstrategie vorstellen (Abschnitt 4). Ich werde mich dabei insbesondere auf Evans' komplexe Theorie der Selbstidentifikation mit Blick auf unser gegenständliches Problem konzentrieren (4.1), um dann seinen alternativen Kompatibilismus zu skizzieren (4.2). Schließlich werde ich auf die wichtigsten Einwände gegen Evans antworten (Abschnitt 5.), um dann den Schluß zu ziehen, dass, selbst wenn sie zuträfen, dies das kompatibilistische Kernargument von Evans nicht ernsthaft gefährdet.

2. Externalismus und Selbstkenntnis: Das *Prima facie*-Dilemma

Die Kompatibilität des privilegierten Zugangs zu den eigenen mentalen Zuständen mit dem Externalismus hängt freilich zum einen davon ab, was der Externalismus speziell in Bezug auf Selbstkenntnis genau besagt, und zum an-

---

[3] Ich habe mich mit dieser Debatte weit ausführlicher und aus einer transzendental-phänomenologischen Perspektive kritisch in Szanto, Bewusstsein, 399–462 auseinandergesetzt.

deren davon, was man unter epistemischer Privilegiertheit eigentlich versteht. Zunächst zum ersten Punkt.

Der Externalismus in Bezug auf die Individuation mentaler Zustände wird in der betreffenden Auseinandersetzung üblicherweise unter dem Titel *Anti-Individualismus* (AI) verhandelt. Dies ist eine Bezeichnung, die auf Burge zurückgeht und den (methodologisch) solipsistischen Aspekt des Internalismus herausstreicht (Burge 1979; 1986; 1988). AI besagt, grob, dass die Individuation der mentalen Zustände eines Individuums bzw. deren Inhalt *notwendig* von jenen (kausalen und sozialen) Relationen abhängt, die das betreffende Individuum zu seiner physikalischen Umwelt und anderen Individuen einer Sprachgemeinschaft einnimmt. Das Problem, das der Anti-Individualismus speziell für EPS zu stellen scheint, resultiert aus einer epistemisch modifizierten Version des semantischen und geisttheoretischen Externalismus[4], die man so formulieren kann:

(AI) Die externen Faktoren, die die mentalen Zustände eines Subjekts S individuieren, sind gänzlich (logisch-konzeptuell und/oder metaphysisch) unabhängig vom introspektiven *Wissen*, das S von seinen mentalen Zuständen und deren Gehalt hat, wobei das Wissen, das S von seinen mentalen Zuständen haben soll, *epistemisch privilegiertes* (und evtl. gerechtfertigtes) Wissen sein soll.

Angesichts von AI wird nun das Problem, um das sich die Auseinandersetzung zwischen Kompatibilisten und Inkompatibilisten zentriert – wohlgemerkt aus der Perspektive der Inkompatibilisten –, üblicherweise als ein klassisches Dilemma konstruiert (vgl. Heil 1988): Entweder wir nehmen uns die weithin akzeptierten Lehren des Anti-Individualismus zu Herzen, oder aber wir pochen auf EPS, was im gegebenen Fall zugleich hieße, dass EPS über jede externe Beschränkung seitens der Welt oder anderer Subjekte erhaben ist. Beides jedenfalls könnten wir nicht haben. So weit, so gut; aus den beiden, sich vermeintlich ausschließenden Optionen allein ergibt sich aber noch lange kein *Dilemma*. Das eigentliche Dilemma des Inkompatibilismus entsteht nun aus der Annahme, dass, wofür wir uns immer entscheiden, inakzeptable bzw. kontra-intuitive Konsequenzen folgten, oder wir uns unauflösliche Probleme einhandeln.

Wenn wir nun AI voraussetzen, besteht das erste Horn des Dilemmas darin, dass es rätselhaft erscheint, dass wir *meistens bestens* darüber Bescheid wissen, *wovon* unsere Gedanken handeln und *wie* wir über etwas Bestimmtes denken – unerachtet dessen, dass unsere Gedanken *oft* nicht mit dem übereinstimmen, wie die Welt wirklich beschaffen ist, unerachtet auch dessen,

---

[4] Für weithin akzeptierte, konzise Formulierungen des geisttheoretischen und semantischen Externalismus, vgl. McGinn, Mental Content und Rowlands, Externalism.

dass wir nicht immer *wissen*, wie der bestimmte Gegenstand unserer Gedanken tatsächlich beschaffen ist und ob der Gegenstand oder Sachverhalt, an den wir denken, vorliegt oder nicht – und uns gar, wenn auch in seltenen Fällen, darüber täuschen können, *wie* wir an etwas denken z. B. ob wir, was auch immer tatsächlich der Fall sein mag, nun etwas fürchten, lieben, oder verabscheuen). Zudem, so ein weiterer oft vorgebrachter Aspekt, bliebe es schwer verständlich, wie eine mögliche Ignoranz der *Individuationsbedingungen* unserer Gedanken, die wir ja tatsächlich oft nicht kennen oder deren wir zumeist nicht gewahr sind, sich in keiner Weise auf die Kenntnis unserer Gedanken selbst auswirken sollte. Schließlich müssten wir, wenn es zutrifft, dass unsere Gedanken durch Faktoren bestimmt werden, die ihnen äußerlich sind, diese Faktoren begutachten, um festzustellen, welche Gedanken wir worüber haben – eine Prozedur der Informationsbeschaffung, die jedoch völlig unseren normalen kognitiven Praktiken zuwiderläuft.

Das zweite Horn des Dilemmas besteht darin, dass die Annahme einer epistemischen Privilegierung uns zu einer Art Privation zu führen scheint, zu einer Loslösung von der Welt und den anderen Subjekten. Wenn wir auf unser Privileg bestehen, *einzig* und allein und auch noch *verlässlich* darüber informiert zu sein, was und wie wir denken, unabhängig davon, was andere denken und ob die Welt mitmacht, steht jeder von uns am Ende allein (mit seinen eigenen Gedanken) da.

Mit anderen Worten: Wenn man den epistemischen Zugang, der mit EPS vorliegt, zu stark externalistisch einschränkt, entsteht das Problem, dass der Zugang zu unseren eigenen Gedanken gegen all unsere Intuitionen und unsere normale (Selbst-)Erfahrung *potenziell permanent* unterminiert wird. Wenn man dagegen den Zugang rein internalistisch fasst, bleibt dem Skeptiker jederzeit die Hintertür offen, und es wird in einem ebenfalls inakzeptablen Maße fraglich, ob unsere Gedanken überhaupt von irgendetwas, außer von sich selbst, handeln. Burge – neben Putnam nicht nur der wohl wichtigste Anti-Individualist, sondern neben Davidson auch der prominenteste Vertreter des Kompatibilismus – hat das treffend formuliert (vgl. auch Davidson 1987, 663):

> Our problem is that of understanding how one can know some of our mental events in a direct, non-empirical manner, when those events depend for their identities on our relations to the environment. A person need not investigate the environment to know what his thoughts are. A person has to investigate the environment to know what the environment is like. Does this not indicate that the mental events are what they are independently of the environment? (Burge 1988, 650)[5]

---

[5] Burges kongenialen kompatibilistischen Lösungsvorschlag habe ich, neben jenen von Davidson und McDowell, in Szanto, Bewusstsein, Kap. III. 3.1, 3.2 diskutiert.

Zu beachten ist dabei, dass die Kompatibilität von Anti-Individualismus und der Möglichkeit von EPS nicht notwendig davon abhängt, ob EPS als *wahres* oder *gerechtfertigtes propositionales* Wissen qualifiziert wird und auch nicht davon, ob die betreffenden Gedanken erfolgreich referieren oder nicht. Kompatibilisten können behaupten, dass Selbstkenntnis unabhängig davon *epistemisch privilegiert* ist, ob der propositionale Gehalt eines mentalen Zustandes erfüllt ist bzw. ob der semantische Gehalt der jeweiligen mentalen Zustände erfolgreich referiert. Demzufolge wird die Kompatibilitätsthese von möglichen skeptischen Szenarien nicht tangiert.

Genau das bezweifeln nun Inkompatibilisten. Inkompatibilisten halten AI genau insofern für problematisch als ihrer Ansicht nach skeptische oder externalistische Zwillingserde-Szenarien (*à la* Putnam 1975) entweder den Aspekt der *epistemischen* Privilegierung von EPS unterminieren, oder aber die Plausibilität von AI (vgl. Brueckner 1992; Falvey & Owens 1994). Wie ist das zu verstehen?

Inkompatibilisten konstruieren EPS als eine Form *apriorischen* Wissens und sprechen dabei üblicherweise vom *Prinzip des privilegierten Zugangs*. Demnach haben Subjekte apriorisches Wissen von ihren eigenen mentalen Zuständen und Gedanken. ›Apriorisch‹ kennzeichnet hier ein Wissen, das unabhängig von empirischen Untersuchungen erworben wird. Empirische Untersuchungen sind wiederum all jene Untersuchungen, die die physikalische Umwelt des jeweiligen Subjekts betreffen. Wir können das Prinzip – das Evans, wie wir noch sehen werden, ablehnen wird – auch so formulieren:

(PEPZ) Ein Subjekt S hat epistemisch privilegierten Zugang zu seinen eigenen mentalen Zuständen Z, wenn S's introspektives Wissen über Z apriorisches Wissen ist, d. i. unabhängig von Beobachtung oder sonstigen empirischen Untersuchungen erworben wird (im Gegensatz zu S's Wissen über seine physikalische Umwelt).

Die Standardargumente der Inkompatibilisten, die PEPZ voraussetzen, gehen auf die Arbeiten von McKinsey (1991) und Boghossian (1989, 1997) zurück und haben die Form einer *Reductio ad absurdum*.[6] Die Reductio soll zeigen, dass der Kompatibilismus notwendig zu der unannehmbaren These führt, dass ein Subjekt gleichsam inferenziell – und das heißt hier, via die autoritative, apriorische Struktur seiner Selbstkenntnis, also via PEPZ – *entweder* auf die externen Individuationskriterien seiner Gedanken *oder* auf die Existenz der konkreten Individuationsbedingungen oder auf die Existenz der Gegenstände, von denen seine Gedanken handeln, schließen könnte.

---

[6] Eine etwas andere inkompatibilistische Argumentation, die nicht auf einer Reductio basiert, findet sich in Boghossian, Content; vgl. dazu kritisch: Warfield, Privileged self-knowledge und siehe auch Ludlow, Externalism.

Nach McKinsey (1991) vertritt, genauer, der Anti-Individualist à la Burge, notwendig drei Thesen, die miteinander nicht kompatibel sind:

(1) Wenn ein Subjekt S EPS hat, dann weiß S a priori, dass S denkt, dass *p*.
(2) Die Proposition P, ›dass S denkt, dass *p*‹, hängt (logisch/konzeptuell) notwendig von E ab, wobei E irgendeine externe Tatsache, Eigenschaft, Gegenstand oder Proposition ist, jedenfalls genau dasjenige, was P (typ- oder token-)individuiert. [Folgt aus der semantischen Version von AI.]
(3) Kein Subjekt (also auch nicht S) hat von E apriorische Kenntnis; Kenntnis von E kann ein Subjekt vielmehr nur durch empirische Untersuchung seiner Umwelt erwerben.

Zwischen (1) und (3) herrscht in der Tat eine unauflösbare Spannung. Entweder man gibt die These auf, dass ein Subjekt EPS-begabt ist und also apriorische Kenntnis von seinen propositionalen Einstellungen hat, oder man gibt die nach McKinsey zentralen externalistischen Thesen (2) und (3) auf. Solange diese Spannung nicht aufgelöst werden kann, scheint jedenfalls der Kompatibilismus keine sinnvolle Theorie zu sein.[7]

Das Standard-Reductio-Argument gegen den Kompatibilismus lässt sich auch ohne Rückgriff auf propositionale Einstellungen und ontologisch noch prägnanter folgendermaßen darstellen (vgl. McKinsey 1991):

(1) Die Existenz eines mentalen Zustandes, Gedankens etc. eines Subjekts S impliziert *logisch* oder *konzeptuell* die Existenz von etwas (Gegenstand, Eigenschaft, Proposition etc.), das S extern ist.
(2) Wenn ein Subjekt S *a priori* davon Kenntnis hätte, dass es sich in einem bestimmten mentalen Zustand befindet, dann würde S *a priori* wissen, dass die externe Welt existiert. [Folgt aus der logisch-konzeptuellen Implikation, die in (1) formuliert ist.]
(3) Es ist offensichtlich, dass niemand *a priori* Kenntnis von der Außenwelt hat.
(4) Niemand kennt *a priori* seine eigenen okkurrenten mentalen Zustände.

Nimmt man die Reduktion ernst, gibt es aber immer noch zwei Optionen. Entweder man macht bei (3) halt, dann folgt, dass der Anti-Individualismus nicht die richtige Theorie der Individuation des Gehalts (bestimmter) mentaler Zustände ist; oder aber man geht einen Schritt weiter zu (4). Wofür man auch optiert, das Argument zeigt jedenfalls, dass EPS und der Anti-Individualismus nicht kompatibel sind.

Doch wie plausibel ist nun die Reduktion selbst? Trifft die Absurdität, die mit solchen Reductio-Argumenten aufzeigt werden, überhaupt die Plausibilität der Annahme von EPS? Welche implizite Zusatzannahme liegt solchen

---

[7] Vgl. die einflussreiche Kritik bei Brueckner, Anti-Individualist und die Auseinandersetzung zwischen Brueckner, Externalism und McKinsey, Anti-Individualism.

Argumenten zugrunde? Und zielen sie nicht am eigentlichen Phänomen von EPS vorbei? Soweit ich sehe, ist genau dies der Fall.

Inkompatibilistische Reductio-Argumente operieren mit einer Art Verdoppelung des (propositionalen) Wissens von Subjekten. Demnach müssten Subjekte entweder a.) (*pace* Burge) selbst die Individuationskriterien und/oder die jeweiligen Individuationsbedingungen kennen, um die eigenen Gedanken zu kennen, oder b.) (was zunächst noch absurder erscheint, aber eine schwächere These ist) zumindest müssten genau diejenigen Subjekte, die apriorische Kenntnis von (der Geltung von) anti-individualistischen Argumenten haben, *a priori* wissen, dass, wenn sie einen bestimmten Gedanken über etwas haben, und sie introspektiven Zugang zu diesem Gedanken haben, jene Objekte, Eigenschaften, Sachverhalte, über die ihre Gedanken handeln, existieren bzw. bestehen.[8] Beide Forderungen, die – aus der Perspektive des Inkompatibilisten – die Kompatibilität von Anti-Individualismus und EPS garantieren sollen, scheinen jedenfalls eine äußerst komplizierte epistemische Prozedur nach sich zu ziehen. Beide Forderungen ließen sich in der folgenden Zusatzannahme, die man die *Kompatibilitätsthese* (KT) nennen könnte, zusammenfassen:

(KT) Damit der Kompatibilismus möglich ist, muss ein (externalistisch konstruiertes, EPS-begabtes) Subjekt S *a priori* wissen (können), dass jede Proposition des Typs P, die S hat, notwendig (konzeptuell oder logisch) abhängig ist von einer Proposition P*, die besagt, dass Propositionen des Typs P von der Existenz von S externer Tatsachen abhängig sind (bzw. durch die Relation, die S zu diesen Tatsachen hat, individuiert werden).[9]

Einmal abgesehen davon, dass es äußerst unplausibel ist, dass Subjekte im Falle *jeder* Proposition die Kenntnis, die KT voraussetzt, haben, und auch davon, dass es offensichtlich falsch ist, dass *alle* Subjekte (etwa jene, die keine philosophischen Abhandlungen über den Externalismus gelesen haben) solche *apriorische* Kenntnis haben – der Grund, warum KT am Problem der Selbstkenntnis vorbeizielt, ist ein anderer. Der Grund ist, dass EPS nichts damit zu tun hat, ob Subjekte apriorische oder aber empirische Kenntnis von ihren Gedanken oder der (Existenz der) konkreten Individuationsbedingungen ihrer Gedanken und deren Inhalte haben. Dies möchte ich nun mit Evans zeigen.

---

[8] Boghossian, Content, 73 und Brown, anti-individualism and privileged access, 149 weisen explizit darauf hin, dass die erste Alternative (a.) kein Prinzip des Inkompatibilismus sein muss und auch nicht sein soll.

[9] Die prägnanteste Formulierung von KT findet sich in Brown, anti-individualism and privileged access, die die These selbst gegen Kompatibilisten wendet.

3. Evans Anti-Individualismus

Für jemanden, der auch nur ein wenig mit Evans' Werk vertraut ist, mag es zunächst scheinen, dass sich gerade für oder mit Evans das inkompatibilistische Dilemma noch brisanter stellt. Und in der Tat ist kaum jemand radikaler in seinem Externalismus in Bezug auf Selbstkenntnis als Evans (und Evans' Wittgenstein). Wie ich jedoch im Folgenden argumentieren werde, sind für Evans zwei scheinbar inkompatible Thesen durchaus vereinbar: nämlich seine berühmt-berüchtigte, radikal-externalistische *Transparenzthese bezüglich Selbstkenntnis* (TS), auf der einen Seite, und seine These bezüglich der *Identifikations-Unabhängigkeit von Selbstkenntnis* bzw. seine ebenfalls wohlbekannte These von der *Immunität gegen Fehlidentifizierung* (*Immunity to Error through Misidentification*) von Ich-Gedanken (IF) auf der anderen Seite.

TS zufolge wissen wir, was wir denken, nicht, weil wir uns in irgendwelchen mentalen Zuständen befinden, sondern weil und sofern sich unsere Gedanken auf externe Entitäten *beziehen*. Von diesen beziehen sich unsere Gedanken ihren kognitiven Gehalt (Information), und wir mithin (empirische) Informationen von der Welt. Wenn sich unsere Gedanken auf nichts beziehen, oder wir nicht wissen, worauf sie sich beziehen, weil wir keine Informationsquelle oder falsche Informationen haben, gibt es rein gar nichts, was wir sonst konsultieren könnten, um zu wissen, an welchen bestimmen Gegenstand wir denken; mithin haben wir gar keine Gedanken. Diese These scheint auf den ersten Blick jedoch direkt der These von einer bestimmten Irrtumsresistenz bezüglich unserer eigenen Gedanken zuwiderzulaufen. Dieser These, IF, zufolge, ist nämlich die Semantik von selbst-referenziellen, sogenannten Ich-Gedanken (*I-thoughts*) so beschaffen, dass sie eine grundlegende Selbstidentifikation voraussetzt, die beobachtungs- und identifikationsunabhängig und immun gegen Fehlidentifizierung ist. Dies wiederum soll eine Art Wissen (Selbstwissen)[10] ermöglichen, welches weitgehend – wenn auch nicht vollständig – unabhängig ist von den Objekten unserer Gedanken und der Kenntnis ihrer externen Individuationsfaktoren.

Doch um zu verstehen, inwiefern sich für Evans aufgrund dieser beiden Annahmen, TS und IF, überhaupt das inkompatibilistische Dilemma stellen würde, müssen wir zunächst eine genau Vorstellung von Evans' externalis-

---

[10] Ob identifizierungsfreie (Ich-)Gedanken nun tatsächlich Instanzen von *Wissen* (oder auch von Selbst*kenntnis* bzw. Selbst*wissen* im prägnanten Sinne) sind, ist bei Evans nicht ganz klar, daher auch der Zusatz ›eine Art Wissen‹; ich werde die betreffenden epistemologischen Differenzierung hier jedoch außer Acht lassen, da sie für mein Kernargument keine wesentliche Rolle spielen. Ich werde jedenfalls IF bzw. die semantisch-epistemische Struktur Ich-Gedanken weiter unten (Abschnitt 4.1) genau diskutieren.

tischen Prämissen gewinnen. Das ist umso wichtiger, als sein semantischer und geisttheoretischer Externalismus in der Mainstream Internalismus/Externalismus-Debatte bisher praktisch keine Beachung fand, obwohl sie eine äußerst interessante, informationstheoretisch angereicherte Version des Externalismus darstellt (vgl. Rammings Beitrag in diesem Band). Anschließend müssen wir uns die zentralen semantischen und epistemologischen Prinzipien, die Evans' spezifischer Externalismus voraussetzt, und die von den semantischen Standardannahmen einer kausaler Referenztheorie der Art von Kripke (1972) und Putnam (1975) zum Teil gravierend abweichen, erläutern.

Was Evans' Externalismus betrifft, kann kaum genug betont werden, dass er nicht nur eine sogenannte neo-russellsche, sondern auch eine kausal-externalistische Theorie der Referenz vertritt (eine Theorie übrigens, die Evans bereits sehr früh entwickelte; vgl. Evans 1973, 1980, und 1982 [im Folgenden VR für *Varieties of Reference*], 76–79). Dies zu betonen scheint umso eher angebracht, als es bei der Komplexität der betreffenden Referenz-Theorie leicht übersehen oder missverstanden werden könnte, zumal Kripke (1972) bekanntlich die Kausaltheorie der Referenz zum Teil direkt gegen Russells Beschreibungstheorie von Eigennamen und Kennzeichnungen lanciert (und zum anderen Teil, wie stärker noch Putnam (1975), gegen Freges Theorie intensionalen Sinns, beides Theorien, die Evans ja zu integrieren versucht; vgl. insbes. VR, Kap. 1; vgl. auch Kripke 2008). Ferner ist Evans' Externalismus umso interessanter als er nicht nur eine spezifisch informationstheoretische Variation der Kausal-Theorie der Referenz à la Kripke, Putnam & Co. ist; er stellt auch, weniger aufgrund seiner kausaltheoretischen, als vielmehr gerade aufgrund seiner neo-russellschen Anleihen eine besonders radikale Form des Externalismus dar. Denn Evans' neo-russellsche Theorie von referenziellen Termen und Gedanken (*Russellian terms/thoughts*) hat zur Folge, dass, sofern extra-mentalen Gegenstände nicht existieren, die betreffenden Gedanken nicht nur nicht veridisch sind oder nicht referieren, sondern die Gedanken selbst nicht existieren (VR, 43–79, 173); das aber ist eine besonders extreme Ablehnung jeglicher Form von geisttheoretischem oder semantischem Internalismus. Evans' Externalismus (EE) lässt sich nun folgendermaßen charakterisieren:

(EE) Die Konstitutions- und Individuationsbedingungen einer (russellschen) referenziellen Bezugnahme eines Subjekts S sind abhängig von der Existenz eines demonstrativ und raum-zeitlich lokalisierbaren Gegenstandes x in der Umwelt von S (d.i., auf der egozentrischen kognitiven Karte von S) und einer Relation R zwischen x und S [R (S, x)], wobei R einen epistemischen und referenziellen Kontakt zwischen S und x herstellt, derart, dass S Informationen über x erhält.

Was EE insbesondere von anderen externalistischen Theorien der Referenz unterscheidet, ist die darin formulierte epistemische These bezüglich eines spezifisch ›informationellen Links‹, der zwischen dem Subjekt und dem Referenzgegenstand besteht. Ein informationeller Link hat im Wesentlichen drei Funktionen: a) Die aktuelle oder auch vergangene (und mithin vom Subjekt erinnerte) Informationen, die ein solcher Link liefert, steuert die (perzeptuelle oder erinnerte) Gegenstands-Konzeptionen des Subjekts; b.) das Subjekt bleibt, dank eines solchen Links und nur wenn ein solcher gegeben ist, mit dem Gegenstand in direktem epistemischen Kontakt, sodass es unmittelbar disponiert ist, seine Gegenstands-Konzeption entsprechend zu ändern, wenn sich die Informationen (in Zukunft) ändern; c.) schließlich ermöglicht er dem Subjekt, das Objekt (oder sich selbst) im egozentrischen Raum zu lokalisieren (vgl. VR,174, 244f.).

Doch, so sehr Informationslinks für die Etablierung einer referenziellen *Relation* unerlässlich sind, sie reichen für Evans gewiß nicht aus um eine referenzielle *Identifikation* zu ermöglichen. Hierfür greift Evans auf Einsichten Russells zurück, und damit kommen wir zum nächsten Punkt, den semantischen *und* epistemologischen Prinzipien, die Evans' spezifischer Externalismus voraussetzt.

Evans übernimmt, reformuliert und ergänzt insbesondere drei Einsichten von Russells Theorie der Kennzeichnungen, wobei er noch einmal – und in Einklang mit seiner informationstheoretischen Wendung des Externalismus – die epistemologische Dimension einer Theorie der Referenz hervorstreicht: In aller Prägnanz und Evans' Terminologie folgend haben wir also zunächst *Russell's Principle*, wonach jedes Urteil eines Subjekts S über einen Gegenstand x impliziert, dass S *Kenntnis* von x hat (VR, 64ff., 74, 91–100). Was es aber heißt, von einem Gegenstand Kenntnis zu haben (jenseits der Tatsache wohlgemerkt, dass man dazu in einer Informationsrelation steht), expliziert Evans mithilfe der sog. Allgemeinheitsklausel (*Generality Constraint*). Demzufolge hat S Kenntnis von x genau dann, wenn S einen Begriff davon hat, dass ein bestimmter Gegenstand a die Eigenschaft F hat (F(a)). Einen solchen Begriff zu haben ist wiederum gleichbedeutend damit, dass S weiß, was es heißt, dass eine Proposition der Form F(a) wahr ist, oder mit anderen Worten, dass S die konzeptuelle Fähigkeit hat, beliebige Gedanken der Form F(a) oder G(a), oder F(b) oder G(b) zu bilden (VR, 100–105). Dies aber beruht auf einer weiteren epistemischen Leistung, nämlich auf die Fähigkeit, eine grundlegende Vorstellung (*Fundamental Idea*) von einem Gegenstand zu haben. Demnach hängt S Kenntnis in der Allgemeinheitsklausel davon ab, ob S eine grundlegende Vorstellung δ von x hat, wobei δ durch die grundlegenden Individuationsbedingungen von x festlegt ist. Diese grundlegenden Individuationsbedingungen sind all jene Faktoren, welche den grundlegenden Unterscheidungsgrund (*fundamental ground of difference*;

VR, 107) eines Objekts im Vergleich zu (allen) anderen Objekten markieren (VR, 105–112).

Wir sind nun gerüstet, mit Evans ein mögliches inkompatibilistisches Argument zu konstruieren. Zu beachten ist, dass wir bei Evans selbst kein solches Argument finden, und dass dies, wie wir noch sehen werden, durchaus nicht zufällig, sondern aus systematischen Gründen der Fall ist. Mehr noch, wie ich zeigen werde, lehnt Evans bestimmte zentrale Voraussetzungen, die inkompatibilistische Argumente erst ermöglichen, geradeheraus ab. Das Argument könnte jedenfalls so aussehen:

(1) Wenn S einen (russellschen) Gedanken über G hat, dann gab oder gibt es ein G und einen kausal-informationalen Link zwischen S und G (auf dem S's G-Gedanke, zusammen mit einer grundlegenden Vorstellung δ der Form ›δ ist G‹ beruht).
(2) S hat einen (russellschen) Gedanken über einen Gegenstand G.

Nun kann S durch bloße Introspektion seines G-Gedankens, welches S Wissen über (1) und (2) liefert, zusammen mit einer Modus-ponens-Inferenz – und das heißt eben *a priori* – auf (3) schließen:

(3) Es gab/gibt ein G und einen kausal-informationalen Link zwischen S und G.

Das Argument mündet allerding in das inkompatibilistische Dilemma, da ja (3) plausibler Weise keine Instanz apriorischen Wissens sein kann. Im nächsten Abschnitt möchte ich nun zeigen, warum (3), bei der richtigen Konzeption von Ich-Gedanken und Selbtswissen, für Evans jedoch gar nicht folgt.

4. Evans' Kompatibilismus

4.1 Ich-Gedanken und Immunität gegen Fehlidentifizierung

Um Evans Kompatibilismus richtig ermessen zu können, müssen wir eine klare Vorstellung von den semantischen und epistemischen Besonderheiten von Ich-Gedanken bzw. der obigen These IF gewinnen. Diese weisen zwar einige der Kernaspekte der referenziellen Struktur von russellschen Gedanken im Allgemeinen auf, haben aber darüber hinaus einige epistemische Besonderheiten., die mit der besonderen Weise von Identifikation in *Selbst*identifikationen und der Identifikation von *Personen* zu tun haben. Allgemein besehen sind Ich-Gedanken, selbst-referenzielle und selbst-bewusste Gedanken der Form ›Ich denke/glaube/meine, etc., dass ich φ‹, wobei φ nicht nur für irgendeinen mentalen oder psychologischen Ausdruck (z. B. ›denken‹,

›habe Schmerzen‹), sondern auch etwa für demonstrative Referenzen oder beliebige andere Beschreibungen, die *mich* im φ-Ausdruck selbst einschließen (z. B. ›Ich denke, dass ich bei der nächsten roten Ampel stehenbleiben sollte‹), oder sogar weitere propositionale Einstellungen stehen kann (wie etwa ›Ich glaube, dass ich *gestern fälschlicherweise daran gezweifelt habe, dass p*‹). Genauer nun weisen Ich-Gedanken zunächst folgende Komponenten auf (VR, 205–209): Erstens haben sie, wie alle russellschen Gedanken, eine Informationskomponente. Diese ist dafür verantwortlich, dass das betreffende Subjekt einen epistemisch-kausalen Kontakt mit nicht-mentalen, extern individuierten, aber auch selbstbezüglichen, z. B. auf die eigene Person, Handlung oder den eigenen Körper bezogene Informationen hat. Ebenfalls analog zu russellschen Gedanken basieren Ich-Gedanken ferner auf einer grundlegenden ›Ich‹-Vorstellung, die aber anders als gegenständliche Identifikationen ein Identifikations-*unabhängiges* Wissen, oder eben eine *Selbst*identifikation, zum Resultat hat. Was ein Subjekt in einer solchen Selbstidentifikation nun repräsentational, aber unmittelbar, d. i., ohne sich selbst oder die Umgebung beobachten zu müssen, herausgreift, ist seine Lokalisierung in einem egozentrischen Raum. Dieses Identifikations-unabhängige Wissen ist aber nicht die einzige Art der Individuation des eigenen Ichs in Ich-Gedanken. Vielmehr teilen, drittens, Ich-Gedanken mit allen anderen russellschen Gedanken eine bestimmte Form der Allgemeinheitsklausel. (Dies ein zentraler Aspekt von Ich-Gedanken ist, der in der breiten Literatur über Evans berühmte Immunität gegen Fehlidentifizierung gern unterschlagen wird). Demgemäß beruhen Ich-Gedanken auf einer fundamentalen Identifikation einer beliebigen *Person* gemäß der Allgemeinheitsklausel, die wiederum von der Fähigkeit abhängig ist, dass das betreffende Subjekt sich selbst als eine körperliche Person auf einer objektiven, d. i., einer *nicht*-egozentrischen, sondern allozentrischen, raum-zeitlichen Karte verorten kann. Schließlich weisen Ich-Gedanken auch wesentlich eine Handlungskomponente auf, die in der genuin praktischen Fähigkeit besteht, Ich-Gedanken in Handlungen manifestieren zu können und entsprechend auch in Handlungen zu realisieren (vgl. auch Bermúdez 2005, 186ff.)

Die weitere Charakteristik von Ich-Gedanken, die den entscheidenden Schritt hin zu Evans' Kompatibilismus bereitet, ist nun seine berühmte, aber meistens nicht hinreichend genau dargestellte Eigenschaft der erwähnten *Immunität gegen Fehlidentifizierung* (IF) von Ich-Gedanken (VR, 179ff., 237f.). Demnach ist ein Ich-Gedanke der Form ›Ich bin φ‹ immun gegen Fehlidentifizierung (durch das Subjekt des Ich-Gedankens), wenn die Information, dass φ instanziiert ist, nicht auf einer Identifikation eines Paares von Propositionen der Form [›δ ist φ‹ und ›δ = Ich‹] beruht, sondern vielmehr die Information, mit dem die Konzeption von ›φ‹ assoziiert ist, unmittelbares Wissen zu t darüber liefert, dass eben *Ich* (und niemand anderer) φ bin; dies wiederum ist genau dann der Fall, wenn die Instanziierung von φ zu t Teil des Individuationsgrundes vom Ich-Subjekt ist (als diese φ-beschaffene *Person* zu t), sodass die Frage zu t ›Es gibt eine Person, die φ ist, aber bin *ich* diese Person?‹ keinen Sinn macht. Warum macht diese Frage nun keinen Sinn? Nun, deshalb, weil S keine weiteren Informationen – die über die Information, die mit der Konzeption von φ gleichsam automatisch mitgeliefert wird und die mir anzeigt, dass *ich* φ bin – konsultieren muss, oder auch nur sinnvollerweise konsultieren *kann*, um die Frage zu beantworten.

Genau genommen ist IF keine epistemische, sondern eine referenzielle Besonderheit, nämlich von Urteilen, die auf Identifikations-unabhängige Typen von Gedanken beruhen (VR, 219). Folgende Typen von Propositionen qualifizieren sich dafür: demonstrative Identifikationen wie Dies und Hier (VR, 179 ff.), und verschiedene Formen von reflexiven Ich-Gedanken, nämlich solche, die auf mentalen (VR, 224 ff.), oder körperlichen Selbstzuschreibungen basieren (VR, 220 ff.), oder jene Selbstzuschreibungen, die auf Erinnerung beruhen (VR, 235 ff.).

Nun tritt anstelle des Prinzips epistemisch privilegierter Selbstkenntnis (EPS), auf dem die Kompatibilismus-Debatte beruht, bei Evans IF. IF selbst ist eine direkte Konsequenz der oben erwähnten Identifikations-Unabhängigkeit selbst-referenzieller Bezugnahmen. Entscheidend ist ferner, dass IF bzw. die Identifikations-Unabhängigkeit von Ich-Gedanken wiederum an die Stelle von apriorischem Wissen über sich selbst tritt. Ein anderes Äquivalent von apriorischem Wissen über sich selbst oder gar über die Welt gibt es für Evans schlicht nicht. Freilich ist auch jene Form von Selbstkenntnis, die IF aufweist, nicht apriorisch im eigentlichen Sinn, insofern auch sie wesentlich auf externen Informationen beruht.

Um den Kontrast von IF zur Apriorizität im Zusammenhang mit EPS genauer zu sehen, ist es hilfreich, sich das Verhältnis zwischen *Immunität* auf der einen, und *Infallibilität* und *Inkorrigibilität* auf der anderen Seite klarzumachen. Selbstidentifikationen, die immun gegen Fehlidentifizierung sind, sind weder infallibel in Bezug auf die Selbstzuschreibungen, die Aussagen über die Zeit hinweg machen, und schon gar nicht in Bezug auf Identität der Person, die die Subjektstelle einnimmt, d. i. in Bezug auf personale Identität (VR, 196; 213 ff.; 228 f.).[11] Bestimmte Fragen danach, ob *ich* (noch) dieselbe Person bin wie vor 15 Jahren, oder ob ich morgen das glauben werde, was ich heute glaube, sind freilich sinnvoll, und bilden zum Teil den Reiz der metaphysischen Spekulationen über personale Identität. IF- oder Ich-Gedanken sind aber auch nicht inkorrigibel in Bezug auf allfällige zugeschriebene körperliche oder mentale Eigenschaften oder den repräsentationalen *Gehalt* von Ich-Gedanken (das heißt in Bezug auf all dessen, was die Stelle von φ

---

[11] Ich komme auf letzteres Problem im nächsten Abschnitt zurück.

einnimmt). Sie sind lediglich inkorrigibel in Bezug auf die Identifizierung des Objekts/Subjekts d. i., der Person) *zum Zeitpunkt* der Instanziierung eines Ich-Gedankens, dem jene Eigenschaften zugeschrieben werden: *Ich* bin jetzt φ, und das Subjekt, das *sich jetzt* φ zuschreibt, ist (jetzt) nicht etwa irgendjemand anderer. IF von Ich-Gedanken schließt also keineswegs aus und ist kompatibel mit der Möglichkeit, dass ein Subjekt das Objekt seiner demonstrativen Gedanken oder auch die körperlichen oder mentalen Prädikate, die er sich selbst zuschreibt, radikal fehlidentifizieren kann (vgl. VR, 179). Wie bei Shoemaker, der diese Eigenschaft von Selbstkenntnis als erster präzise formuliert hat (Shoemaker 1968), ist IF von selbstreferenziellen Ausdrücken *nicht* darauf zurückzuführen, dass Selbstzuschreibungen als solche oder hinsichtlich der zugeschriebenen Eigenschaften irrtumsresistent oder inkorrigibel sind, sondern darauf, dass das Subjekt, das sich etwas selbst zuschreibt, sich selbst gegenüber in keine Relation der Identifizierung tritt.

Mit dieser Konzeption von IF bezüglich Ich-Gedanken haben wir alles an der Hand, um nun Evans Kompatibilismus zu skizzieren.

4.2 Evans' alternativer Kompatibilismus

Wie wir gesehen haben, scheint fast alles bei Evans zunächst geradehin in das inkompatibilistische Dilemma zu führen. So sind die Informationen, die uns die eigenen mentalen Zustände liefern, wenn wir introspektives Wissen von ihnen haben, nicht diesen Zuständen interne Informationen, sondern Informationen über die Welt und/oder über die (raum-zeitlich lokalisierbare) Personen, die sich in den betreffenden Informationszuständen befinden. Entsprechend legen die Subjekt-externen Faktoren bzw. die kausalinformationellen Links, die das Subjekt zu diesen hat, fest, *was* es weiß, wenn es introspektives Wissen von seinen eigenen mentalen Zuständen hat. Ferner müssen, gemäß Evans' russellscher Konzeption von Gedanken, die Gegenstände bzw. Sachverhalte, die die mentalen (Glaubens-)Zustände individuieren, auch tatsächlich existieren. Ja, mehr noch: Wenn ein Subjekt sich in einem Informationszustand befindet, der einen kognitiven Gehalt über die Welt liefert, befindet es sich in einem Zustand, der ihm *ipso facto* all diejenigen Informationen liefert, die notwendig sind, um Aussagen über sich zu machen bzw. selbstreferenzielle Gedanken zu haben (VR, 230f.).

Doch Evans vertritt, zur Erinnerung, eben keinen Standard-Externalismus, und entsprechend sind die Individuationsbedingungen von mentalen Zuständen bei Evans eine komplexe multidimensionale Angelegenheit: *Qua Informationszustände* werden die mentalen Zustände eines Subjekts S durch S externe Entitäten (in der demonstrativ identifizierbaren Umwelt von S) individuiert. Diese bilden die Quelle von S's Informationszuständen, und zu ihnen steht S in bestimmten kausalen Relationen; *qua Ich-Gedanken* werden sie aber durch die jeweilige raum-zeitliche und körperliche Person P individuiert, die die Stelle von S in der objektiven Welt einnimmt, und die S selbst, wie wir gesehen haben, auf seiner egozentrischen Karte lokalisieren können muss (VR, 253). Nun ist aber das *Wissen* bzw. sind die jeweiligen Vorstellungen (*Ideas*), die S *über sich selbst* hat, wiederum abhängig a.) von dem Vermögen einer grundlegenden Selbstidentifikation, die immun gegen Fehlidentifizierung ist (und einer damit einhergehenden ›grundlegenden Ich-Vorstellung‹) und b.) von den (nicht-irrtumsresistenten und nicht-mentalen) Informationen, auf deren Grundlage S die *jeweiligen* Ich-Vorstellungen ausbildet und in eine Relation zu P setzt. Das heißt aber, dass S's Ich-Gedanken zwar nicht von irgendwelchen inneren mentalen Zuständen, sondern von externen Objekten und Sachverhalten handeln, gleichwohl sind sie zum Teil durch kriterienlose Selbstidentifikation konstituiert, und eben nicht allein durch externe Individuationskriterien. Sie sind aber auch, sofern S eben *Informationen* von den externen Entitäten beziehen können muss, über die seine Gedanken handeln (und nicht *nur* in *kausalen* Relationen dazu steht) – entgegen (AI) und aufgrund Russells Prinzip – *nicht unabhängig* von den *epistemischen* Individuationskriterien für Gedanken (cf. VR, 256f.).

Gemäß Evans' alternativem Kompatibilismus sind also selbstbewusste Gedanken *epistemisch* ausgezeichnet. Denn S hat gar keine selbstbewussten Gedanken, wenn es nicht eine – identifikations- bzw. kriterienlose *grundlegende* Konzeption von sich selbst als Subjekt seiner Gedanken hat.[12] *Dieses* Wissen ist jedoch eine Art Hintergrundwissen, und um dieses zu haben, muss S *nicht* die Individuationskriterien seiner Gedanken identifizieren und auch nicht die jeweiligen Individuationsbedingungen kennen, sondern lediglich dazu disponiert sein, sich selbst als raum-zeitlich lokalisiertes Subjekt kriterienlos zu identifizieren.

Als unmittelbare Antwort auf das mögliche inkompatibilistische Argument, das ich weiter oben konstruiert habe (s. Abschnitt 3), können wir nun folgendes kompatibilistische Argument konstruieren:

(1) Immer wenn ein Subjekt S einen Ich-Gedanken (mit propositionalem Inhalt) hat, gibt es einen extern individuierten Informationszustand IZ, in dem sich S befindet.
(2) Wenn S aufgrund von extern individuierten Informationen korrekt urteilt, dass *p*, hat S *a priori* Fehlidentifizierungs-immune Kenntnis davon, dass *er/sie glaubt*, dass *p*.

---

[12] Vgl. dazu auch Burges' (Individualism and Self-Knowledge) ähnliches Konzept von *basic self-knowldege*.

(3) S kann aber aus der Proposition ›Ich glaube, dass *p*‹ weder inferenziell noch apriorisch auf *p* schließen, noch dass sein Glaube, ›dass *p*‹ *gerechtfertigt* ist.
(4) Der Inkompatibilismus ist falsch.

S kann aber nicht nur *nicht* inferenziell oder gar *a priori* auf irgendwelche externen Individuationskriterien seiner Gedanken schließen, wie der Inkompatibilist behauptet – im Gegenteil: Ein Subjekt hat überhaupt nur Wissen darüber, was es für Gedanken hat, wenn es eine Konzeption der (externen) Objekte seiner Gedanken hat. Die Implikation ist für Evans sozusagen eine Einbahnstraße von der Welt zum Geist: Zwar muss tatsächlich ein Gegenstand G existieren, wenn man einen russellschen Gedanken hat, aber S kann durch das Haben eines G-Gedankens *allein* nicht wissen, ob G tatsächlich existiert, es könnte einfach der Fall sein, dass S *de facto* gar keinen G-Gedanken hat, und um *dies* festzustellen, muss S auf G, nicht auf den G-Gedanken blicken. Zu beachten ist ferner, dass das Subjekt in keinerlei epistemischer Relation zu IZ (in (1)) und auch nicht zu IZ's Individuationsbedingungen (in (2)) steht, sondern über die relevanten Informationen verfügt, sofern es sich in einem solchen Informationszustand (qua mentalem Zustand) *befindet*:

> His internal state cannot in any sense become an *object* to him. (He is *in* it). However, a subject can gain knowledge of his informational states in a very simple way: by re-using precisely those skills of conceptualization that he uses to make judgments about the world. [...] there is no *informational* state which stands to the internal state as that internal state to the state of the world. (VR, 227f.)

Wenn wir uns nun statt auf die epistemischen, vielmehr auf die referenziellen Aspekte inkompatiblistischer Argumente fokussieren, können wir eine Version von Evans' kompatiblistischem Argument auch so formulieren:

(1) Wenn ein S einen russellschen Gedanken über G hat, dann gab/gibt es ein G und einen kausal-informationalen Link zwischen S und G.
(2) S hat einen russellschen Gedanken über einen Gegenstand G.
(3) S kann *nicht* durch bloße Introspektion, welche S Wissen über (1) und (2) lieferte, gepaart mit einer Modus-ponens-Inferenz, d. i., *a priori*, folgern:
(3a) ›Es gab/gibt G und einen kausal-informationalen Link L zwischen S und G.‹
(4) Der Inkompatibilismus ist falsch.

Wie bereits klar sein sollte, liegt der Grund für die negative These in (3) darin, dass es für Evans keine, wie auch immer geartete Form von Selbst-Kenntnis bezüglich (1) und (2) gibt, die verbürgen würde, dass die Aussage (3a) *wahr* ist bzw. dass es *tatsächlich* den betreffenden kausal-informationalen Link gibt. Im Gegenteil, erst das Vorliegen von L verbürgt, dass S einen

G-Gedanken hat. Denn es gibt keinen Informationszustand *in* S, den S durch Introspektion eruieren könnte, und welcher dann S Kenntnis über das Vorliegen von L lieferte. Alles was es hier zu konsultieren gibt, ist genau nur diejenige Information, die durch L, und mithin durch das Vorliegen von G, konstituiert wird. Um herauszufinden, ob *dies* der Fall ist, muss S folglich auf L und G blicken, nicht auf irgendwelche interne Zustände.

5. Einwände und Repliken

Ich habe bisher argumentiert, dass Evans einen Kompatibilismus anbietet, der die Skylla des Anti-Externalismus und die Charybdis der Leugnung der privilegierten Weise, wie wir Kenntnis von unseren eigenen Gedanken haben, umschiffen kann. Ich denke, dass Evans mit seinem Vorschlag auf der richtigen Fährte liegt. Allerdings möchte ich, auch auf die Gefahr hin, dass dies eine ungewöhnliche Dialektik in meiner Argumentation erzeugt, auf eminente Probleme in Evans' Lösungsvorschlag hinweisen – ohne, wohlgemerkt, dass ich selbst mit Evans hinreichend Argumente aufbringen werde können, diese Einwände restlos zu entkräften. Ich möchte zwei Gruppen von Einwänden hervorstreichen und beide dann mit einem Gedankenexperiment verschärfen.

Die erste Gruppe von Einwänden betrifft die Transparenzthese und deren vermeintlich allzu weit reichende Radikalität. Fraglich ist hier welche epistemische Rolle externe Individuationsfaktoren bei *nicht-propositionalen* Formen von Selbstkenntnis spielen könnten. Welche externen Äquivalente gibt es, die man konsultieren könnte, um herauszufinden, welche nicht-propositionalen mentalen Zustände man hat, wie etwa phänomenale Zustände wie Schmerzen oder Stimmungen?[13]

Ein weiteres Problem im Zusammenhang mit der Transparenzthese betrifft die Verfügbarkeit und Identifizierung externer Kriterien von personaler Identität und des Materials für grundlegende Ich-Vorstellungen. Das Problem lässt sich als ein zirkuläres Begründungsproblem ausdrücken: Gibt es irgendwelche externe Entitäten, die eine Quelle von Informationen sein könnten, auf die eine grundlegende Kenntnis von sich selbst beruht, ohne dass diese grundlegende Ich-Konzeption Teil dieser Information ist oder von dieser abgeleitet ist, zumal die grundlegende Ich-Vorstellung eben kein *Inhalt* von Ich-Gedanken oder Selbstzuschreibung ist, sondern diese ko-konstituieren (vgl. auch Rössler 1994; Bar-On 2004, 116, und Barz 2012, 26 ff.)?

Evans selbst scheinen diese beiden Probleme freilich nicht entgangen. So diskutiert er letzteres kurz in Zusammenhang mit dem Problem externer Kriterien für die Identifikation von sich selbst als über die Zeit hinweg iden-

---

[13] Vgl. dazu auch Campbell, Information Processing.

tisches, oder personales *Selbst*: »How can it be that we can have knowledge of a state of affairs which involves a substantial and persisting self, simply by being aware of (still worse, by merely appearing to be aware of) a state of the world?« (VR, 231). Dass es für Evans nicht hinlangt, (diachrone oder synchrone) personale Identität einfach mit dem Modell von Selbstidentifikation vorauszusetzen, oder personale Identität in die referenzielle Struktur von Ich-Gedanken gleichsam analytisch hineinzuinterpretieren, das wird an seiner Kritik an Anscombes Modell von Ich-Gedanken manifest (Anscombe 1975) (VR, 213 f.). Evans' positiver Vorschlag ist aber weniger eindeutig, er involviert jedenfalls eine komplexe Diskussion von Erinnerung als einer *praktischen Fähigkeit*, über die Zeit hinweg über die eigenen (Ich-)Gedanken gewissermaßen Buch zu führen oder im Auge zu behalten (VR, 235–248). Evans spricht an einer Stelle im Zusammenhang mit der Fähigkeit, den eigenen (räumlichen) Platz über kinästhetische Bewegungen hinweg zu orten, von einer »*skill*« als »ability to keep track« (VR, 236). Ähnlich könnten wir wohl die zeitliche Selbstverortung und Selbstidentifikation über diachrone und mentale bzw. psychologische Veränderung hinweg mit Evans als ein »praktisches Wissen« (*practical knowledge*) (VR, 234), oder einer Fähigkeit und deren praktische Konsequenzen konstruieren. Diese wäre dann daran geknüpft, Unterschiede feststellen zu können zwischen dem Haben oder Nicht-Haben eines mentalen Zustandes und zwischen dem, dass *ich* sie habe oder hatte und dass jemand anderer sie hatte oder hat. Es wird eben auch einen praktischen und nicht nur einen theoretisch-epistemischen Unterschied machen, ob ich *glaube* oder *nicht glaube*, dass es morgen regnen wird, oder dass *ich* gestern Zahnschmerzen hatte, oder ob *du* Zahnschmerzen hattest. Im einen Fall werde ich morgen einen Regenschirm auf die Demo mitnehmen, oder heute zum Zahnarzt gehen, im anderen eben nicht.

Wenn Evans die Analogien und Unterschiede in der Weise notiert, in der jemand propositionale, perzeptuelle und phänomenale Tatsachen verifizieren kann, und gleichzeitig die radikale Transparenzthese in Bezug auch auf paradigmatische phänomenale Zustände wie Schmerzen nicht aufgeben mag, dann scheint er genau in diese Richtung zu deuten.

> A subject's knowledge of what is in question when, for example, he is in pain, or when he sees a tree, can seem to be very similar to his knowledge of what is in question when an observable state of the world obtains. When an eclipse of the sun occurs, he might say, such-and-such experiences are to be expected; and he knows which they are – he can manifest this knowledge by his performance in suitable tests. Equally, he might say, when he is in pain, such-and-such experiences are to be expected; and he knows which ones they are. There is certainly a difference between his being in pain and anyone else's being in pain; and this difference is one which he can detect, just as he can

detect the difference between an eclipse of the sun and an eclipse of the moon. (VR, 233; vgl. VR, 208)

Die zweite Gruppe von Einwänden ist gravierender, zumal das Problem, das darin zum Ausdruck kommt, wohl kaum im Rahmen von Evans Theorie von Selbstidentifikation lösbar ist; im Gegenteil, erst dieser Rahmen scheint das Problem virulent zu machen. Das Problem betrifft *negative* und *leere* Selbstidentifikationen. Erinnern wir uns: Jede Selbstidentifikation setzt für Evans folgendes voraus:

(1) Wenn ein Subjekt S selbst-referenzielle Ich-Gedanken hat, dann gibt es eine Person, die sich immun gegen Fehlidentifizierung auf einer raum-zeitlichen egozentrischen kognitiven Karte lokalisieren kann, und diese Person ist identisch mit S.

Was passiert nun, wenn das Subjekt eine Art negative Selbstidentifikation vollzieht:

(2) S denkt oder äußert den Ich-Gedanken:
(2a) ›*Ich* bin (oder war) *keine* Person, die auf einer raum-zeitlichen egozentrischen kognitiven Karte lokalisierbar ist (war).‹

Die Frage ist nun, ob (2a) durch S-unabhängige, extern individuierte Informationen, die S von sich selbst hat, widerlegt wird, oder aber schlicht dadurch, dass S einen Ich-Gedanken hat, und das heißt Gedanken des Typs, die (1) konstitutiv voraussetzen (vgl. auch Roos 2004). Diese Fragen lassen sich nicht ganz eindeutig beantworten. Denn, zum einen stellt sich die weitere Frage, was jene S-unabhängigen Informationen sein sollten, die (2a) falsifizieren könnten, wenn sie denn nicht Faktoren sind, die eben in (2a) konstitutiv vorausgesetzt sind d. i., die Tatsache, dass das Subjekt und das Objekt der betreffenden Selbstidentifikation eine raum-zeitlich lokalisierbare Personen ist). Aber heißt das nicht, dass (2a) schlicht leer oder selbstwidersprüchlich im Stile des Lügner-Paradoxes ist? Dies wiederum scheint intuitiv nicht ganz plausibel. Denn können wir uns nicht sehr wohl vorstellen, dass wir, zumindest teilweise, unsere Fähigkeit verlieren können, uns selbst auf ego-zentrischen kognitiven Karten zu lokalisieren, und gleichwohl selbstbewusste Gedanken mit intentionalem Gehalt haben bzw. referenziell gehaltvolle Aussagen tätigen können? Man denke hier etwa an partielle Amnesien.

Diese beiden Probleme der Individuation phänomenalen Selbstbewusstseins bzw. jener negativer und leerer Selbstidentifikationen lassen sich noch erheblich mit dem klassischen *Brain in the Vat* (BIV) Gedankenexperiment (Putnam 1981) verschärfen. Stellen wir uns nämlich folgende Variationen vor:

(3a) Ein Gehirn im Tank (BIV) denkt, ›Ich habe Fußschmerzen‹.

Und, um die Sache endgültig zu verkomplizieren, was passiert, wenn ein Gehirn im Tank den obigen Ich-Gedanken (2a) denkt, und mithin eine negative und *ex hypothesi* auch leeren Ich-Gedanken hat.

(3b) Ein BIV denkt den Gedanken ›*Ich* bin *keine* Person, die auf einer raumzeitlichen egozentrischen kognitiven Karte lokalisierbar ist.‹

BIV's Selbstkonzeption basiert *ex hypothesi* auf keinen externen Informationen. BIV's (physikalische und evtl. mentale) Selbstzuschreibungen sind also referenziell gesehen leer. Denn ein BIV *formuliert* zwar insofern Ich-Gedanken, als es denken kann; doch sofern sein kognitives »Kontrollzentrum« (VR, 254) quasi anderswo ist als der Gegenstand, den es in Ich-Gedanken identifiziert (der nämlich nirgendwo ist), schlägt seine grundlegende Selbstidentifikation fehl. Der Grund liegt darin, dass BIV's Ich-Gedanken einfach keine raum-zeitliche, körperliche Person herausgreifen, da ja BIV einen solchen Körper in der BIV-Welt *ex hypothesi* nicht hat, zumal seine Ich-Gedanken nicht in Handlungen manifestierbar sind.

Wir scheinen in einem Paradox gefangen: Wie kann nämlich ein BIV dann überhaupt eine grundlegende Ich-Konzeption haben, die es aber eben haben muss, um Ich-Gedanken überhaupt *formulieren* zu können? Gibt es aber nicht, so könnte eine mögliche Replik lauten, einen egozentrischen ›Referenzrahmen‹ (›*frame of reference*‹) (VR, 265) an Informationen und demonstrativer Identifikation auch in einer BIV-Welt? Es ist plausibel anzunehmen, dass dem so ist, und es scheint, dass auch Evans dieser Ansicht war – zumindest, wenn es um ähnliche Gedankenexperimente, die auf oft widerstreitende Intuitionen bezüglich entkörperten oder körperlosen Gehirnen, oder auf mehrere Körper verteilten Gehirnen oder auf mehrere Gehirne verteilten Bewusstseine rekurrieren, wie jene von Dennett (1978) oder Nagel (1971) (VR, 253–255), oder um Selbstbezugnahmen von Doppelgängern in *Twin Earth*-Szenarien à la Putnam (1975) (VR, 263ff.).[14] Evans scheint der Ansicht, dass wir auch in solchen Fällen eine Art raumzeitlich-lokalisierbaren referenziellen Rest hätten, der für die demonstrative und selbstbezüglich Identifikation ausreiche, und demzufolge, dass der egozentrische Rahmen eben ›dort‹ ist, wo des Sprechers/Denkers *Gehirn* ist:

> [...] the reason we do not find the ›disembodied brain in a vat‹ case very disturbing, conceptually, is that the brain is also the last remaining part of the subject's body. (The case is often presented as a limiting case of amputation.) A tiny foothold is thus provided for the idea that the subject is where the brain is, and hence for the idea that the brain is what the subject is. (VR, 255)

---

[14] Vgl. auch zu demonstrativen Bezugnahme und gegenständlicher Re-Identifikation in Zwillingserde-Szenarien Evans, VR, 278–282. Ich habe das *Twin Earth*- bzw. BIV-Gedankenexperiment Putnams ausführlich in Szanto, Bewusstsein, 267–285 bzw. 505–516 diskutiert.

Doch was, wenn überhaupt etwas, legt den referenziellen Unterschied zwischen einem Ich-Gedanken, den ein BIV hat und einen, den ein Nicht-BIV hat, fest? Denn allein externe Informationen können es ja, wie wir gesehen haben, für Evans nicht sein. Ferner, sind *beide* immun gegen Fehlidentifizierung? Und wenn nicht, was verbürgt die Immunität der Ich-Gedanken von Nicht-BIVs im Unterschied zu BIVs? Es kann jedenfalls kein rein semantischer Unterschied sein, denn beiden Typen von Gedanken sind ihrer semantischen Struktur nach identisch, aber auch epistemologisch gesehen sind BIV- und Nicht-BIV-Gedanken *ex hypothesi* analog, sodass auch die epistemologische Struktur keinen Unterschied machen wird. Diese Fragen werden wohl, zumindest *innerhalb* des semantisch-referenziellen und epistemologischen Modells, den die Theorie der (Selbst-)Bezugnahmen Evans' vorgibt, offenbleiben müssen.

6. Schlussbemerkung

Ich habe argumentiert, dass Evans informationstheoretisch gewendete, radikal-externalistische Theorie von (Selbst-)Referenz, gepaart mit seinen nicht minder radikalen epistemologischen Thesen bezüglich der Transparenz des Geistes und der Immunität gegen Fehlidentifizierung von Ich-Gedanken einen originellen und überzeugenden Ausweg aus dem Dilemma anbietet, den die vermeintliche Inkompatibilität von Externalismus und Selbstkenntnis darstellt. Es scheint jedoch, als wären wir mit den eben diskutierten Einwänden nur erneut in einer Sackgasse gefangen. Doch wie auch immer man auf diese beiden Typen von Einwänden antworten mag, und ob sie überhaupt zu parieren sind, entscheidend für das Ziel dieses Aufsatz ist, dass keine der beiden Evans' Argument für die *Kompatibilität* externalistischer und EPS-basierter Intuitionen selbst betrifft. Das heißt, auch wenn die Einwände als solche triftig genug wären, um zu zeigen, dass a.) die Transparenzthese zu radikal in Bezug auf (phänomenale) Selbstkenntnis ist, oder b.) dass das Modell IF-basierter Selbstidentifikation auf Grund Evans' sonstiger Hypothesen zur Lokalisierung psycho-physischer Personen in Raum und Zeit und über die Zeit hinweg unlösbaren Problemen ausgesetzt ist – dies ändert nichts an einer möglichen, vielleicht etwas schwächeren, aber, angesichts der Komplexität des Problems, wie ich denke, immer noch durchaus attraktiven konditionalen Interpretation von Evans' Lösungsvorschlag: Demzufolge bietet Evans eine Lösung des besagten Dilemmas, *falls* wir seinen radikal-externalistischen Kernthesen bezüglich der Transparenz des Geistes und der Fehlidentifikations-Immunität von Selbstzuschreibung im Allgemeinen, oder auch nur in Bezug auf bestimmte Ich-Gedankens, etwa nur in Bezug auf *propositionale* Ich-Gedanken, akzeptieren können. Dies, so hoffe ich gezeigt zu haben, ist angesichts der Dringlichkeit des Problems durchaus nicht geringzuschätzen, zumal wir, wie wir gesehen haben, bei den Opponenten weit inakzeptablere Prämissen, wie etwa die Verdoppelung des propositionalen Wissens, akzeptieren müssen, damit ihre Reductio-Argumente überhaupt Boden unter den Füßen bekommen.

Referenzen

Anscombe, G. E. M.: The first person. In: *Mind and Language*, hg. von In: S. Guttenplan, Oxford 1975, S. 45–65.
Bar-On, D.: Externalism and Self-Knowledge: Content, Use, and Expression. In: *Noûs* 38 (3), 2004, S. 430–455.
Barz, W.: *Die Transparenz des Geistes*. Berlin 2012.
Bermúdez, J. L.: Evans and the Sense of »I«. In: *Thought, Reference, and Experience: Themes from the Philosophy of Gareth Evans*, hg. von J. L. Bermúdez. Oxford 2005, S. 164–194.
Bilgrami, A. (1992): Can Externalism Be Reconciled with Self-Knowledge? In: *Philosophical Topics* 20 (1), S. 233–267.
Boghossian, Paul A. (1989): Content and self-knowledge. In: *Philosophical Topics* 17 (1), S. 5–26.
– (1997): What the Externalist can Know A Priori. In: *Knowing Our Own Minds*, hg. von C. Wright, B. C. Smith, & C. Macdonald. Oxford 1998, S. 271–284.
Brown, J.: The incompatibility of anti-individualism and privileged access. In: *Analysis* 55 (3), 1995, S. 149–156.
– Boghossian on externalism and privileged access. In: *Analysis* 59 (1), 1999, S. 52–59.
– *Anti-Individualism and Knowledge*. Cambridge, MA/London 2004.
– (2007): Externalism in Mind and Epistemology. In: *Internalism and Externalism in Semantics and Epistemology*, hg. von S. Goldberg. Oxford, S. 13–34.
Brueckner, A. L. (1992): What an Anti-Individualist Knows A Priori. In: *Analysis* 52 (2), S. 111–118.
– Externalism and Privileged Access Are Consistent. In: *Contemporary Debates in Philosophy of Mind*, hg. von B. P. McLaughlin & J. D. Cohen, 2007, S. 37–51.
Burge, T.: Individualism and the Mental. In: *Midwest Studies in Philosophy* 4 (1), 1979, S. 73–122.
– Individualism and Psychology. In: *The Philosophical Review* 95 (1), 1986, S. 3–45.
– Individualism and Self-Knowledge. In: *Journal of Philosophy* 85 (11), 1988, S. 649–663.
Campbell, J.: Information Processing, Phenomenal Consciousness, and Molyneux's Question. In: *Thought, Reference, and Experience: Themes from the Philosophy of Gareth Evans*, hg. von J. L. Bermúdez. Oxford 2005, S. 195–219.

Castañeda, H.-N.: »He«: On the Logic of Self-Consciousness. In: *Ratio* 8, 1966, S. 130–157.
Chisholm, R. M.: *The First Person: An Essay on Reference and Intentionality*. Minneapolis 1981.
Davidson: First person authority. In: *Dialectica* 38 (2–3), 1984, S. 101–111.
– Knowing one's own mind. In: *Proceedings and addresses of the American philosophical association* 60 (3), 1987, S. 441–458.
– Reply to Burge. In: *The Journal of Philosophy* 85 (11), 1988, S. 664–665.
– What is Present to the Mind? In: *Philosophical Issues* 1, 1989, S. 197–213.
Dennett, D. C.: Where am I? In: D. C. Dennett: *Brainstorms: Philosophical Essays on Mind and Psychology*. Brighton 1978, S. 310–323.
Dretske, F.: *Naturalizing the Mind*. Cambridge, MA/London 1995.
Evans, G.: The Causal Theory of Names. In: *Proceedings of the Aristotelian Society, Suppl. Vols.* 47, 1973, S. 187–208.
– Commentary on Jerry A. Fodor's »Methodological Solipsism Considered as a Research Strategy in Cognitive Psychology.« In: *The Behavioral and Brain Sciences* 3, 1980, S. 79–80.
– *The Varieties of Reference*, hg. von J. McDowell. Oxford 1982 [=VR].
Falvey, K.: The Compatibility of Anti-Individualism and Privileged Access. In: *Analysis* 60 (1), 2000, S. 137–142.
Falvey, K. & Owens, J.: Externalism, Self-Knowledge, and Scepticism. In: *The Philosophical Review* 103 (1), 1994, S. 107–137.
Goldberg, S.: Introduction. In: *Externalism, Self-Knowledge, and Skepticism: New Essays*, hg. von S. C. Goldberg. Cambridge 2015.
Heil, J.: Privileged Access. In: *Mind* 157 (386), 1988, S. 238–251.
Jacob, P.: Do We Know how We Know Our Own Minds yet? In: *The Externalist Challenge*, hg. von R. Schantz. Berlin/New York 2004, S. 401–418.
Kallestrup, J.: Recent Work on McKinsey's Paradox. In: *Analysis* 71 (1), 2011, S. 157–171.
Kripke, S. A.: Naming and necessity. In: *Semantics of Natural Language*, hg. von D. Davidson & G. Harman. Dodrecht, 1972, S. 253–355.
– Frege's Theory of Sense and Reference: Some Exegetical Notes. In: *Theoria* 74 (3), 2008, S. 181–218.
Lewis, D.: Attitudes De Dicto and De Se. In: *The Philosophical Review* 88 (4), 1979, S. 513–543.
Ludlow, P. (1995): Externalism, Self-Knowledge, and the Prevalence of Slow Switching. In: *Analysis* 55 (1), S. 45–49.
Ludlow, P. & Martin, N.: Introduction. In: *Externalism and Self-Knowledge*, hg. von P. Ludlow & N. Martin. Stanford 1998.
Macdonald, C.: Externalism and Authoritative Self-Knowledge. In: *Knowing Our Own Minds*, hg. von C. Wright, B. Smith, & C. Macdonald. Oxford 1998, S. 123–155.
McGinn, C. (1991): *Mental Content*. Oxford.

McLaughlin, B. P. & Tye, M. Externalism, Twin Earth, and Self-Knowledge. In: *Knowing Our Own Minds*, hg. von C. Wright, B. Smith, & C. Macdonald. Oxford, 1998, S. 285–320.

McKinsey, M.: Anti-Individualism and Privileged Access. In: *Analysis* 51 (1), 1991, S. 9–16.

– Externalism and Privileged Access Are Inconsistent. In: *Contemporary Debates in Philosophy of Mind*, hg. von B. P. McLaughlin, & J. D. Cohen. London, 2007, S. 52–63.

Miller, R. W.: Externalist self-knowledge and the scope of the a priori. In: *Analysis* 57 (1), 1997, S. 67–75.

Nagel, T. Brain bisection and the unity of consciousness. In: *Synthese* 22 (3), 1971, S. 396–413.

Nuccetelli, S.: Introduction. In: *New Essays on Semantic Externalism and Self-Knowledge*, hg. von S. Nuccetelli. Cambridge, MA/London, 2003, S. 1–21.

O'Brien, L.: Evans on Self-Identification. In: *Noûs*, 29 (2), 1995, S. 232–247.

Perry, J.: The Problem of the Essential Indexical. In: *Noûs* 13 (1), 1979, S. 3–21.

Putnam, H.: The meaning of »meaning«. In: *Minnesota Studies in the Philosophy of Science* 7, 1975, S. 131–193.

– *Reason, Truth and History*. Cambridge 1981.

Roos, A.: An Objection to Gareth Evans' Account of Self-Identity. In: *Ratio* 17 (2), 2004, S. 207–217.

Rorty, R.: Incorrigibility as the Mark of the Mental. In: *Journal of Philosophy* 67 (12), 1970, S. 399–424.

Rössler, J.: Einleitung zu Evans, Gareth. In: *Analytische Theorien des Selbstbewußtseins*, hg. von M. Frank. Frankfurt a. M. 1994, S. 483–499.

Rowlands, M.: *Externalism: Putting Mind and World Back Together Again*. Motreal & Ithaca 2003.

Sawyer, S.: Privileged access to the world. In: *Australasian Journal of Philosophy* 76 (4), 1998, 523–533.

Shoemaker, S.: Self-Reference and Self-Awareness. In: *The Journal of Philosophy* 65 (19), 1968, S. 555–567.

Strawson, P. F.: *Individuals: An Essay in Descriptive Metaphysics*. London 1959.

Szanto, T.: *Bewusstsein, Intentionalität und Mentale Repräsentation: Husserl und die analytische Philosophie des Geistes*. Berlin/Boston 2012.

Warfield, T.: Privileged self-knowledge and externalism are compatible. In: *Analysis* 52 (4), 1992, S. 232–237.

Wright, C., Smith, B. C., & Macdonald, C.: Introduction. In: *Knowing Our Own Minds*, hg. von C. Wright, B. C. Smith, & C. Macdonald. Oxford 1998, S. 1–12.

Jan Müller

GETEILTE REFLEXIVE SELBSTBEZUGNAHME UND DAS »INFORMATIONAL SYSTEM«

In Gareth Evans' Modell der Selbstbezugnahme besteht eine charakteristische Spannung: Einerseits argumentiert er dafür, dass das Pronomen der Ersten Person Singular (wie andere demonstrative Ausdrücke) einen Frege'schen *Sinn* haben kann. In aktuellen, wirklichen ›Ich‹-Gedanken bezieht sich das erstpersonale Pronomen so auf ein Objekt, dass sein Sinn durch die Art der Repräsentation des Objekts im Denken definiert ist. Evans erläutert diese Art *direkter* demonstrativer Bezugnahme so, dass dem demonstrativen Urteil eine aus der Erfahrung stammende, selbst vor-begriffliche »Information« zu Grunde liegt, die den Objektbezug (die »Art des Gegebenseins« des Objekts) des Urteils bestimmt. Im Fall der Selbstbezugnahme ist es ausgeschlossen, diese »Information« *deskriptiv* zu verifizieren: Hier repräsentiert sich eine Denkende erstpersonal in indirekt reflexiver Weise als »sie selbst«, und nicht: drittpersonal sich selbst *als andere*. Es könnte deshalb scheinen, als sei diese selbstbezügliche Art der Repräsentation eines Objekts im Denken gerade *wegen* ihrer Objektabhängigkeit nicht kommunizierbar: Denkende könnten solche ›Ich‹-Gedanken dann nicht teilen. Dasnnwäre aber (andererseits) fraglich, wie ›Ich‹-Gedanken als *objektiv* verstanden werden können, ohne Raum für skeptizistische Einwände zu lassen.

    Ich möchte plausibel machen, dass diese Spannung nicht ein *Fehler* in Evans' Modell ist, der zu korrigieren wäre, sondern zur logischen Grammatik seines Konzepts der Transparenz im Selbstwissen dazugehört. Diese Interpretation entwickle ich in sechs Schritten. Ich werde zuerst Evans' Erläuterung der Selbstbezugnahme skizzieren (1), und dann dafür argumentieren, sein *sui-generis*-Modell des Selbstwissens als *reflexiv* zu verstehen (2). Diese Deutung verpflichtet noch nicht zu einer bestimmten Stellungnahme zum Modell des »information link«, auf dem der Sinn demonstrativer Bezugnahme beruht. José Louis Bermúdez interpretiert Evans' Modell des »informational system« als ein deskriptivistisches *bottom-up*-Modell, und kritisiert, dass sich daraus die Unteilbarkeit von ›Ich‹-Gedanken ergebe (3). Die ›Unteilbarkeit‹ von ›Ich‹-Gedanken beinhaltet aber keineswegs, nicht wissen zu können, was es für andere Personen überhaupt bedeutet, ›Ich‹-Gedanken zu haben:

Geteilt werden nicht durch ihren Sinn individuierte ›Ich‹-*Gedanken*, sondern die *Form* selbstbewussten Denkens (4). Und zu dieser Form gehört in der Tat eine »informationale Komponente« – allerdings nicht im Sinn eines deskriptiven *bottom-up*-Modells der Konstitution demonstrativer Gehalte (5), sondern als eine geltungstheoretische *top-down*-Klausel in der Reflexion auf den subjektiven Beitrag zur Objektivität demonstrativen Denkens (6).

1. Selbstwissen als Wissen *sui generis* und das Bezugnehmen »auf sich«

Selbstbezugnahme ist »the essence of self-consciousness [...], that is to say, thinking, by a subject of judgement, about himself, and hence, necessarily, about a subject of judgements«.[1] Das ist eine grammatische Bemerkung, die die Idee von so etwas wie »Selbstbewusstsein« erläutert: Selbstbewusstsein ist Sich-als-diesen-Gedanken-denkend-Denken. *Wirklich* ist Selbstbewusstsein dann, wenn das »subject of judgements« einen aktuellen ›Ich‹-Gedanken hat oder denkt; und dieser ›Ich‹-Gedanke ist artikuliert in Urteilen, in denen das Personalpronomen der Ersten Person Singular auftaucht. Die Verwendung dieses Personalpronomens benötigt einen angemessenen informationalen Input; ist der gegeben, dann ist der *Sinn* des verwendeten Personalpronomens *objektabhängig*. »In self-conscious thought«, so Evans, »the subject must think of an object in a way that permits it to be characterized as the subject of that very thought«.[2] Das bedeutet nicht, dass das Denksubjekt sich auch »*as* the author of this very thought« denken müsse[3] – »if, indeed, such a thing is intelligible«. »Unintelligible« wäre es in der Tat, die Rede vom »Autor« eines ›Ich‹-Gedankens so verstehen zu wollen, als wäre das Subjekt des Denkens in einem starken Sinn der *Produzent* seiner Gedanken (im Gelingensfall: der Produzent der *Objektivität* seiner Gedanken): Die Idee der Objektabhängigkeit eines solchen Gedankens führte in einen Regress. Versteht man die Rede vom »Autor« eines ›Ich‹-Gedankens hingegen so, dass das Subjekt *sich als Objekt* eines ›Ich‹-Gedankens repräsentieren können muss, dann ist der Vorschlag, Selbstbewusstsein wesentlich *auch* als das Fassen eines Gedankens aufzufassen, in dem das Denksubjekt als Subjekt eben dieses Gedankens fungiert *und dieser Zusammenhang Gegenstand des Gedankens ist,* durchaus intelligibel.

Deshalb geht es Evans darum, die *Objektabhängigkeit* von ›Ich‹-Gedanken, mithin den demonstrativen *Sinn* des Personalpronomens, zu verstehen.

---

[1] Evans, Varieties, S. 213.
[2] Ebd., S. 213.
[3] Ebd.

Wenn selbstbewusstes Denken objekt-abhängig ist, und wenn vermieden werden soll, das Objekt solcher Gedanken als cartesische Denk-Substanz zu verstehen, dann denkt man im Sich-selbst-Denken unmittelbar ein Objekt in der Welt. Ein Objekt denken heißt, es als unabhängig vom Subjekt des Denkens, und als unabhängig von seinem Gedacht-Werden repräsentieren. Einen Gedanken von sich selbst haben heißt, ein verkörpertes Subjekt, eine Person denken – weil

> our thinking about ourselves conforms to the Generality Constraint. And this means that one's Idea of oneself must also comprise, over and above the information-link and the action-link, a knowledge of what it would be for an identity of the form ›I =δ_1‹ to be true, where δ_1 is a fundamental identification of a person: an identification which – unlike one's ›I‹-identification – is of a kind which could be available to someone else.[4]

Man versteht nur, was es heißt, über sich selbst zu urteilen, wenn man versteht, wie das Denken an *irgend*eine Person (gleich welche) Prädikate erfüllen kann, die man auch mit seiner eigenen »fundamental Idea of oneself« verbinden kann. Man muss, um *sich selbst* zu denken, sich auch *als* eine Person unter anderen verstehen können.

Der Ausdruck »Idea« fungiert in Evans' Überlegungen zweifach: Er bezeichnet einerseits eine grundsätzliche Weise, ein Objekt zu denken (das »fundamental level of thought«[5]). In diesem Gebrauch beschreibt eine »›I‹-idea«, was es im Allgemeinen für jemanden bedeutet, sich selbst in einer Weise »gegeben zu sein«, die sich von der »Art des Gegebenseins« anderer Personen und nicht-personaler Objekte unterscheidet.[6] Man hat »a *fundamental* Idea of an object if one thinks of it as the possessor of the fundamental ground of difference which it in fact possesses. (Such an idea constitutes, by definition, distinguishing knowledge of the object, since the object is differentiated from all other objects by this fact)«[7]: Der Gedanke an ein Objekt – das drückt die Rede von einer »Idee des Objekts« aus – ist individuiert dadurch, dass das Objekt selbst als Grund seiner Identität und Verschiedenheit repräsentiert ist. Die Rede von »Idee« artikuliert den Gelingensfall, in dem ein Gedanke seine Identität gleichsam *von* seinem Objekt her erhält, und insofern *auf* diesem Objekt beruht. – Seine zweite Rolle spielt der Ausdruck »Idea« in der »fundamental Idea of *oneself*«. Wirklich eine solche Idee von sich haben heißt nicht nur, allgemein an »ein Subjekt« zu denken, sondern sich als eine *Instanziierung*, eine exemplifizierende Verwirklichung der »Idea« im ersten

---

[4] Ebd., S. 209.
[5] Vgl. ebd., S. 105 ff.
[6] Vgl. Frege, Über Sinn und Bedeutung, S. 41.
[7] Evans, Varieties, S. 107.

Sinn zu denken. Das beinhaltet die Fähigkeit »to know what is involved in locating oneself in a spatio-temporal map of the world [..., for] no one can be credited with an ›objective‹ model of the world if he does not grasp that he is modelling the world *he* is in – that he has a location somewhere in the model, as do the things that he can see«.[8] Die beiden Rollen des Terminus »Idea« beschreiben, wie es zur Form des Sich-Selbst-Denkens gehört, dass man sich einerseits als ein *verkörpertes* Subjekt in der Welt (als ein Objekt) denkt – und dass man sich andererseits als ein verkörpertes *Subjekt* denkt: nicht *nur* als eine Sache, die neben anderen Sachen einen Ort in Raum und Zeit einnimmt, sondern als eine Sache, die diesen Platz *selbstbewusst* einnimmt. Nur so ist verständlich, dass ein Urteil über einen selbst überhaupt einen ›Ich‹-*Gedanken* vermittelt, dessen Identität auf seinem Objekt beruht.

Die Form der demonstrativen *Selbst*bezugnahme macht sichtbar, dass demonstrative Bezugnahme im Allgemeinen beinhaltet, uns selbst als Subjekt solcher bezugnehmender Akte verstehen zu können. So bemerkt Evans, dass das Verfügen über eine »Idea of oneself« dieselben zwei Elemente beinhaltet, die auch in räumlicher demonstrativer Bezugnahme wirksam sind: »an element involving sensitivity of thoughts to certain information, and an element involving the way in which thoughts are manifested in action«.[9] Die beiden Elemente haben im selbstbewussten Denken jedoch einen anderen Status: Die Vorstellung von »Raum« beruht auf der Praxis, *räumliche Relationen* zu identifizieren – was wiederum beinhaltet, sich selbst *in* solchen mit anderen Subjekten *geteilten* räumlichen Relationen zu verorten. Selbstbezugnahme ist die Selbst-Verortung in einem Raum, zu dessen Etablierung man (in einem gewissen Sinn) beiträgt. Alle Formen demonstrativen Denkens weisen zwar »the same general character« auf[10]; selbstbewusstes Denken ist aber insofern *sui generis*, als es ermöglicht, die anderen, relativ primitiveren Formen demonstrativen Denkens zu verstehen.

2. *Reflexives* SELBSTWISSEN

Selbst-Wissen besteht – im Unterschied zum Wissen von *irgendeiner* Person, mag sie akzidentiell auch mit mir identisch sein – darin, ›Ich‹-Gedanken zu denken: Gedanken, in denen der Sinn der bezugnehmenden Ausdrücke einzig auf der Weise beruht, in der das Subjekt Wissen erlangen kann. Solches Denken identifiziert sein Objekt – wie alle demonstrative Identifikation – *direkt*. Es ist »identifikationsunabhängig«, das heißt: Es ermöglicht die nachfolgende

---
[8] Ebd., S. 211 u. 212.
[9] Ebd., S. 207.
[10] Ebd., S. 205.

Beschreibung des Objekts erst, beruht aber selbst auf keiner deskriptiven Identifikation. Es greift das Objekt, das es denkend repräsentiert, *unmittelbar* heraus[11], weil sein Sinn auf der Weise beruht, in der das Subjekt überhaupt vom Objekt wissen kann – nicht auf einem zusätzlichen identifizierenden Urteil.

Man darf diese Identifikationsunabhängigkeit demonstrativen Denkens und die sich daraus ergebende Immunität zugehöriger Urteile gegen Fehlidentifikationen nicht so verstehen, als sollte sie beliebige Wissensansprüche gegen Kritik immunisieren – wie durch eine Art »epistemological magic«.[12] Dieser Verdacht läge nur nahe, wenn man Bezugnahme im Allgemeinen so verstehen wollte, dass sie ein identifizierendes Urteil beinhaltet (wenn man, mit anderen Worten, dem Russell'schen Modell von Bezugnahme folgte). Dann, so Elizabeth Anscombe, wäre die Selbstbezugnahme in der Tat ein begriffliches Monstrum: Man nähme in Urteilen auf sich Bezug, deren identifizierende Komponente dadurch geadelt wäre, dass sie angeblich nicht fehlgehen kann. Anscombe argumentiert, dass ein solcher »unbestreitbarer Wahrheitsanspruch« schlicht unverständlich wäre, und schließt: *Wenn* Bezugnahme stets eine identifizierende Komponente beinhalte, *dann* könne das Personalpronomen »ich« kein bezugnehmender Ausdruck sein.[13] Gerade deshalb bemüht Evans sich ja, die Selbstbezugnahme als eine *andere*, vom Russell'schen Modell *verschiedene* Form direkter Bezugnahme zu erläutern. Ausdrücklich geht es ihm nicht darum, über faktische (oder »empirische«) Vorgänge des Wissenserwerbs nachzudenken, in denen auf letztlich unerklärliche Weise eine infallible Identifikationskomponente angenommen werden müsste. Es geht ihm um die *Form* solchen Wissens im Allgemeinen. Die Form des Selbstwissens als *bezugnehmend*, aber *identifikationsunabhängig* zu begreifen, heißt zu sagen, dass es in ihm *keine Identifikation* von etwas als etwas *gibt* – nicht, eine solche Identifikation als unbezweifelbar gelungen zu unterstellen. Die Möglichkeit des Irrtums wird also nicht auf »magische« Weise ausgeschlossen; man muss nur den Fehler, der gemacht werden kann,

---

[11] So erfüllt das demonstrative Denken »Russell's Principle«: Die notwendige Bedingung dafür, dass ein Subjekt über ein Objekt denken kann, ist, dass das Subjekt wissen kann, über *welches* Objekt es nachdenkt – d. h. über die Fähigkeit verfügt, es unter allen anderen Objekten anzusprechen; vgl. ebd., Kap. 4.

[12] Grush, Evans on Identification-freedom, S. 611 f.

[13] Mit dieser Rekonstruktion bringe ich Anscombe und Evans näher zusammen, als wenigstens Evans das wollte; vgl. Evans, Varieties, S. 215 ff., bes. S. 216 Fn. 21. Mir scheint indes, dass Anscombes Parallelisierung der Selbstbezugnahme mit dem in genau analoger Weise scheinbar »unmittelbaren« praktischen Wissen (vgl. Anscombe, The First Person) für Evans eigentlich hätte attraktiv sein müssen: denn Anscombes Erläuterung des praktischen Wissens behandelt auf direktem Weg dieselbe Form transparenten Selbstwissens, die Evans sozusagen über den Umweg epistemologischer Erwägungen entwickelt.

anders verstehen. Evans trifft deshalb eine grammatische Unterscheidung zwischen *Urteilen* und mentalen Episoden, die zwar wie Urteile *aussehen*, aber keine Urteile im eigentlich Sinne *sind*, weil ihnen der angemessene »information-link« zwischen urteilendem Subjekt und beurteiltem Objekt fehlt. Fehlt diese sachliche Verbindung, dann kann es sich nicht um Urteile *über etwas*, sondern nur um bloße Urteils-*Versuche*[14] handeln – denn zum Begriff des Urteils gehört, dass es durch etwas anderes als das urteilende Subjekt allein ermöglicht ist.[15] Der Unterschied zwischen einem Urteil und einem bloßen Urteils*versuch* ist, dass nur im Urteil die Disposition des urteilenden Subjekts, bestimmte perzeptive Informationen aufzunehmen, dazu führt, dass der bezugnehmende Ausdruck seinen Bezugsgegenstand tatsächlich *trifft*. Nur wirkliche, aktuelle Urteile aber artikulieren einen Gedanken über ein Objekt, dessen Gehalt durch die Art des Gegebenseins des Objekts bestimmt ist. Im Licht dieser Unterscheidung ist klar, dass demonstrative Urteile »immun gegen Fehler durch Fehlidentifikation« sind – und es ist klar, dass das Urteilen selbstverständlich *misslingen* kann: dann nämlich, wenn es in Sätzen resultiert, die (oberflächengrammatisch) wie Urteile *aussehen*, aber keine Urteile *sind*.

Evans behandelt die Vorstellung einer identifikationsfreien Unmittelbarkeit demonstrativen Urteilens mit einiger Vorsicht, um dem Missverständnis vorzubeugen, er rede einer vermeintlichen Infallibilität der Selbstbezugnahme das Wort. Dabei greift schon die Frage, ob ein Urteilen über sich ge- oder misslungen ist, formal auf die Idee eines *gelungenen* identifizierungsfreien Urteils zurück, also auf die Idee eines Urteils, die die Frage, ob die »Identifikation« des Gegenstands unfraglich sei, unverständlich macht. *Ob* eine faktische Äußerung (gleich, ob ausgesprochen oder bloß vorgestellt) tatsächlich ein Urteil *ist*, ist eine *praktische* Frage – das heißt: eine Frage, deren angemessene Behandlung weitere erst- und drittpersonale Urteile über das Urteilssubjekt, sein Verhalten, und die weiteren Umstände der Urteilssituation erfordern würde.[16] Solche *faktischen* Fragen will (und kann!) Evans nicht beantworten; er will (»nur«) auf dem Weg begrifflicher Analyse erläutern,

---

[14] Vgl. Grush, Evans on Identification-freedom.
[15] Die Disposition, für Informationen über das Objekt des Urteilens empfänglich zu sein, ist natürlich eine notwendige Bedingung für das Urteilen. Das Empfangen von Informationen und das daraus resultierende Versetztwerden in einen bestimmten informationellen Zustand (»informational state«) *verursacht* aber nicht die Urteile, die diese Informationen zum Material haben: »the judgement's being a judgement with a certain content can be regarded as constituted by its being a response to that state«, rather than »the state [...] be regarded as *constituted by* dispositions to make certain judgements« (Evans, Varieties, S. 22).
[16] Darauf beruht Evans' Zurückweisung der solipsistischen Erläuterung des Sinns von »ich«: Der Fehler des Solipsisten besteht nicht in fehlender *theoretischer* Einsicht (einem falschen Räsonieren), sondern in seiner merkwürdigen *praktischen* Haltung zu seinem Weltverhältnis.

was schon im Spiel ist, wenn man die Unterscheidung zwischen einem Urteil und einem bloßen Urteils*versuch* versteht: »someone who understands a term as referring to himself must be disposed to regard, as relevant to the truth or falsity of certain utterances involving that term, the occurence of certain experiences which he is in a position immediately to recognize«.[17]

Die Annahme eines privilegierten Zugangs zu Informationen aus der Erfahrung ist durch die Form demonstrativer Gedanken nicht nur exemplifiziert, sondern zugleich gerechtfertigt: Ein Wissen von »diesem-Gegenstand-da« gründet auf der Tatsache, dass ich ihn *sehe*, oder auch: dass ich verlässlich disponiert wäre ihn zu sehen, wären die Umstände danach.[18] Auch das ist freilich eine heikle Überlegungen: Dass Wissen durch die Form des wissenden Subjekts und seine mentale Aktivität gerechtfertigt sei, scheint in scharfem Kontrast zu der Idee einer Objekt-Abhängigkeit von Gedanken zu stehen, die doch gerade dazu dienen sollte, idealistische Vorstellungen von einer subjektiven »Konstitution« mentaler Gehalte zu vermeiden. In dieser Spannung hat Evans' Modell des »information-link« seinen systematischen Ort. Der »link« nennt die privilegierte Relation, in der man zum Objekt seines Gedankens steht. Er erklärt, wie demonstratives Denken sein Objekt *selbst* präsentiert oder vorstellt, indem er illustriert, *wie* ein Subjekt *direkt*, unabhängig von einer vorhergehenden Identifizierung, auf ein Objekt Bezug nehmen kann.

Damit diese Objekt-Abhängigkeit auch in Gedanken *an sich selbst* besteht, müssen die mentalen Einstellungen und Zustände transparent ein (andernfalls das Objekt des Sich-Denkens als eine cartesische Denk-Substanz vorgestellt würde). Die Idee von unseren mentalen Zuständen und unserer mentalen Aktivität ist so intern mit unserem objektiven Verhältnis zur Welt verknüpft: »in making a self-ascription of belief, one's eyes are, so to speak, or occasionally literally, directed outward – upon the world«.[19]

Allerdings scheint es Evans' Erläuterung der Transparenz unserer mentalen Zustände und Einstellungen gegenüber der Welt offen zu lassen, *wie* wir zu einem Wissen über diese Zustände und Einstellungen gelangen können. Ich will dafür argumentieren, dass dieser Schein sich vor allem dem Modell verdankt, durch das Evans das Selbstwissen illustriert. Er spricht metaphorisch von einer »procedure [to] gain knowledge of one of his [the subject's, JM] mental states«.[20] Diese Rede von einer »Prozedur« hat Interpreten veranlasst,

---

[17] Evans, Varieties, S. 233.
[18] »A subject does not need to have information actually available to him in any of the relevant ways in order to know that there is just one object to which he is thus *dispositionally* related« (ebd., S. 216 Fn. 21).
[19] Ebd., S. 225.
[20] Ebd., S. 225.

sich das Selbstwissen als Produkt eines *inferentiellen* Vorgangs vorzustellen – als einen Schluss von der Überzeugung »p« auf die Überzeugung »Ich *weiss* (glaube, etc.), dass *p*«.[21] Matthew Boyle hat gegen diese Interpretation eingewandt, dass sie entweder zu absurden Konsequenzen führt, oder aber nichts erklärt. Denn entweder müsse man davon ausgehen, dass der Umstand, dass tatsächlich *p*, selbst den Schluss darauf herbeiführt, dass ein denkendes Subjekt von *p* überzeugt ist. Man müsste sich das Subjekt dann als allwissend imaginieren – obwohl doch gilt, dass »even if it is true that P, this by itself has no tendency to show that I believe it«.[22] Will man diese Konsequenz vermeiden, dann wäre der Schluss von *p* auf »Ich glaube, dass *p*« nur in solchen Fällen angemessen, in denen ich ohnehin davon überzeugt bin, dass *p*; dann aber hätte der Schluss keine erklärende Funktion. Boyle argumentiert, dass die Frage, *wie* man zu Wissen über seine mentalen Zustände und Einstellungen *kommt*, eigentlich nicht rätselhaft sei: Sie sei bereits beantwortet, wenn man sagen kann, was es für rationale Wesen heißt, etwas in der Welt aufzufassen (etwa: sinnlich wahrzunehmen) und dieses Auffassen zu artikulieren. Der Begriff einer assertorischen Artikulation – *p* – enthält, dass ein Wesen in der Lage ist, seine Behauptung zu rechtfertigen; man darf von ihm Gründe für seine Behauptung verlangen. Solche Gründe gibt man nicht, indem man z. B. eine bestimmte Überzeugung *produziert* (inferentiell ableitet), sondern indem man auf seine mentale Einstellung *reflektiert*. Reflexion – »making up one's mind« – ist der Evans'schen Metapher der »Transparenz« angemessener als das inferentialistische Bild, in dem das Wissen um den eigenen Geist buchstäblich als Produkt einer Prozedur vorgestellt wird, und nicht als das Medium einer Objekt-Präsentation, welche in dieser Objekt-Präsentation unthematisch (und damit gleichsam »durchsichtig«) ist. Selbstwissen gehört formal zu Wissen über Objekte in der Welt, weil es ein Aspekt solchen Wissens ist; »Reflexion« ist der Name der rationalen Fähigkeit, die das Verhältnis des Denkens zu seinen Objekten explizit macht.[23] Diese Fähigkeit zur Selbst-Besinnung ist nicht etwas, das zur Anschauung *hinzuträte* und etwa ermöglichte, *zusätzlich* zum Objekt auch noch vom eigenen Anschauen zu wissen. Die »unmittelbare« Anschauung *selbst* ist nur verständlich im Licht der Fähigkeit, die Verbindung zwischen Sachverhalten in der Welt und unserem Denken, das gegenüber diesen Sachverhalten »durchsichtig«

---

[21] Eine solche inferentialistische Auffassung vertritt etwa Campbell, »Another I«, S. 222.
[22] Boyle, Transparent Self-Knowledge, S. 230.
[23] In der analytischen Philosophie des Geistes wurde das Modell der Reflexion prominent von Richard Moran, Authority and Estrangement, entwickelt und zuletzt von Matthew Boyle verteidigt: »suppose I knowingly accept P, and understand that what I accept as true just is what I believe. Then I have everything I need to knowingly judge: I believe P. All I need do is reflect« (Boyle, Transparent Self-Knowledge, S. 237).

ist, zum Gegenstand des Denkens zu machen. *Das* bedeutet es, eine »Idea of oneself« zu haben: »If there is to be a division between the mental and the physical, it is a division which is spanned by Ideas we have of ourselves«.[24] Indem wir auf unsere Urteile über die Welt und die Gründe, die wir für sie geben können, reflektieren, navigieren wir die Unterscheidung zwischen dem »Physischen« und dem »Mentalen«, und machen sie so verständlich.[25] Das ist die reflexionsphilosophische »Idea of oneself«: Das Subjekt befindet sich in einem »informational state«, der ermöglicht, dass die rationale Fähigkeit des Subjekts auf genau diesen »informationalen Zustand« antwortet, oder seine Empfänglichkeit für ihn realisiert.

3. Ein skeptischer Einwand: »Ich«-Gedanken sind unteilbar ...

Das Modell des »informational state« ist also ein entscheidender Baustein in Evans' Erläuterung der Selbstbezugnahme und des Selbstwissens: An ihm hängt die Idee, dass Selbstwissen *objektiv* ist, dass selbstbewusstes Urteilen tatsächlich einen Fregeanischen ›Ich‹-Gedanken ausdrücken kann. Für solche ›Ich‹-Gedanken ist indes charakteristisch, dass »jeder sich selbst in einer besonderen und ursprünglichen Weise gegeben [ist], wie er keinem

---

[24] Evans, Varieties, S. 213.

[25] Damit hat Evans auch schon gezeigt, in welcher Weise das Wissen darum, was wir tun (das unmittelbare Handlungswissen, oder »knowledge-in-intention«), zu unserem Selbstwissen dazugehört. So, wie wir um unsere mentalen Einstellungen des Überzeugtseins etc. wissen, indem wir reflektierend unsere Disposition bemerken können, bestimmte Behauptungen für wahr zu halten (d. h. für Behauptungen, die als Grund für andere Überzeugungen dienen können) – so wissen wir um unser Handeln als um ein Handeln *aus Gründen*. Evans verdeutlicht, dass die Unterscheidung zwischen »mentalen« und »körperlichen« Aktivitäten eine Differenzierung von Aspekten an Aktivitäten ist, die wir uns und anderen zuschreiben können. Die Urteile, in denen solche Zuschreibungen vorgenommen werden, beruhen dabei stets auf »experiential information«, die derart über die richtigen Kanäle erworben wurde, dass die Identität des erfahrenen Objekts allein auf der Art seines Gegebenseins für das Subjekt beruht; vgl. etwa Evans, Varieties, S. 224 Fn. 34: »I should argue that the case of our knowledge of our own action [...] compels upon us an identity between the self and a physical thing: the *agent* – the subject of desires, thoughts, and intentions – is identified with the object in the world that moves and changes«. An dieser Stelle berührt sich Evans' Projekt mit dem Bemühen von G. E. M. Anscombe, praktisches Wissen als »cause of what it understands« zu erläutern (Anscombe, Intention, S. 87): Dort, wo Evans durch den methodischen Ansatz beim Problem der singulären Bezugnahme »compelled« ist, die *Differenz* der perspektivischen Beschreibung der Handelnden als »agent« und als »object in the world« zu unterstreichen und ihre Identität als das zu lösende *Problem* zu verstehen, hebt Anscombe die Anforderung hervor, in der Einheit ihre *Differenz* zu verstehen.

anderen gegeben ist«.²⁶ Für Evans stellt gerade dieses Prinzip die Identität von Gedanken sicher: Gedanken werden über den Sinn der in ihnen wirksamen Demonstrativa individuiert, und dieser Sinn beruht auf der Objekt-Abhängigkeit des Gedankens.²⁷

Das scheint eine unangenehme Konsequenz für die Vorstellung von ›Ich‹-Gedanken zu beinhalten: Da nur ›ich‹ mir in der »besonderen und ursprünglichen Weise« gegeben bin, die für *meine* ›Ich‹-Idee charakteristisch ist, kann auch nur *Ich* ›Ich‹-Gedanken haben, deren Gehalt einzig auf der Weise beruht, in der ich mir gegeben bin. Das scheint umgekehrt zu beinhalten, dass ›Ich‹-Gedanken nicht mit anderen Denkenden geteilt werden können²⁸ – womit der Kommunikation, die »*essentially* a mode of transmission of knowledge« sei²⁹, sehr enge Grenzen gesetzt wären: ›Ich‹-Gedanken *können* wohl objektiv sein – *ob* sie es sind, wäre aber prinzipiell nicht mit letzter Sicherheit zu sagen.

José Luis Bermúdez sieht in dieser Konsequenz eine Sollbruchstelle von Evans' Modell des Selbstwissens. Wenn es eine »information component of an ›I‹-idea [as] a set of information links that can hold only between a person and himself« gebe, dann folge, dass

> thoughts containing such an ›I‹-idea are not shareable [...]. My sensitivity to information about myself that is immune to error through misidentification is not something that you can share. Hence, building such sensitivity into the sense of the first-person pronoun will have the result that ›I‹-thoughts are incommunicable.³⁰

Die Idee, dass es nicht mitteilbare, nicht kommunizierbare Gedanken gebe, widerspricht aber der Idee von Wissen im Allgemeinen, und provoziert direkt skeptizistische Folgerungen. Bermúdez' umsichtig vorgebrachter Einwand

---

[26] Frege, Der Gedanke, S. 39.
[27] Darin liegt für Evans der Witz von Freges Überlegungen: Dass jeder sich in einer »besonderen und ursprünglichen Weise gegeben ist«, beinhaltet nicht, dass »all ways of thinking of objects must involve thinking of those objects as uniquely satisfying some description« (Evans, Understanding Demonstratives, S. 313). So erst wird eine Erläuterung demonstrativer Bezugnahme möglich, ohne auf Russell'sche definite Kennzeichnungen zurückgreifen zu müssen.
[28] Evans meint, dass das kein Problem darstellt, weil Frege die Teilbarkeit von Gedanken nur als ein sicheres *Anzeichen*, nicht als eine notwendige *Bedingung* für die Objektivität verstanden habe, die für Gedanken charakteristisch ist: It »is the inference from shareability to objectivity which is of paramount importance to Frege, rather than shareability itself. Since an unshareable thought can be perfectly objective [...,] there is no clash between what Frege says about ›I‹-thoughts and this [...] aspect of his philosophy« (ebd., S. 313). Als eine immanente Deutung von Freges Überlegungen stimmt das; es löst aber die Schwierigkeiten nicht, in die Evans' *eigene* Überlegungen in der Folge geraten könnten, und um diese Schwierigkeiten geht es mir.
[29] Evans, Varieties, S. 310; Hervorh. JM.
[30] Bermúdez, Evans and the Sense of »I«, S. 185f.

wiegt schwer, weil er exemplarisch für eine typische Rezeption und Problematisierung von Evans' Modell steht. Trotzdem will ich dafür argumentieren, dass er ins Leere läuft – jedenfalls dann, wenn man die Rolle des »informational link« in Evans' Modell nachsichtiger interpretiert, als Bermúdez es tut.

Bermúdez schlägt vor, die informationale Komponente der Bezugnahme von der wichtigen Rolle zu entlasten, die sie bei Evans spielen soll, und diese Rolle stattdessen der spatialen Komponente zuzuweisen, also der Fähigkeit, sich im Raum zu verorten. Denn das »requirement [for spatial demonstration, JM] is [...] that one knows what is involved in locating oneself in *public* space. If one understands that one is such a person, then one can understand the truth condition for any sentence of the form ›I = δ‹ where ›δ‹ is a name or description picking out a particular person«[31]; und so, meint Bermúdez, wäre die befürchtete »Privatheit« von ›Ich‹-Gedanken gebannt. Sein Vorschlag würde aber zugleich eine zentrale Unterscheidung nivellieren: den Unterschied zwischen der Form, an sich* mit dem indirekten Reflexivpronomen zu denken, und der Form, an sich-als-Anderen zu denken.[32] Ein Urteil der Form ›I = δ‹ drückt *einen* Gedanken aus, wenn ›δ‹ die »Fundamental Idea of a Person« im Allgemeinen bezeichnet (also eine Person-gleich-welche, die entweder deskriptiv charakterisiert oder demonstrativ aus allen gleichartigen Personen herausgehoben werden kann). Es drückt einen *anderen* Gedanken aus, wenn ›δ‹ *meine* fundamentale Idee *von mir* exemplifiziert, und also in *meinen* singulären ›Ich‹-Gedanken fungiert. Weil er der informationalen Komponente der Bezugnahme ein so geringes Gewicht beimisst, versteht Bermúdez unversehens die *Selbst*bezugnahme so, als ginge es in ihr nur darum, ein Objekt unter anderen zu identifizieren. Das unterbietet jedoch eine ganz zentrale Einsicht von Evans: Obwohl es natürlich zum Begriff von einem selbst gehört, auf sich *auch* als auf ein Objekt unter anderen Bezug nehmen zu können, gehört zur Selbstbezugnahme im vollen Sinn, dass die *Art des Gegebenseins* dieses ›Objekts‹ gerade *nicht* dieselbe ist, in der andere Gegenstände der Erfahrung gegeben sind. Im selbstbewussten Denken ist das Objekt *als Subjekt* repräsentiert, und diese Art des Gegebenseins definiert den Sinn und die Identität von Gedanken-an-mich. Bermúdez' Ausweg, die Selbstbezugnahme über den »information link« der räumlichen Erfahrung zu vermitteln, muss dann als eine Variante genau des Modells verstanden werden, das er vermeiden wollte – denn »[t]he idea that there is an objective world and the idea that the subject is *somewhere* cannot be separated, and where he [the thinker, JM] is is given by what he can perceive«.[33]

---

[31] Ebd., S. 191; Hervorh. JM.
[32] Vgl. Castañeda, On the Logic of Self-Knowledge, und Anscombe, The First Person, S. 36.
[33] Evans, Varieties, S. 222.

4. ... UND SEINE ZURÜCKWEISUNG: DIE *Form* VON »ICH«-GEDANKEN IST GETEILT

Man kann die Verschleifung, die Bermúdez unterläuft, auch so fassen, dass er den Ausdruck »Subjekt« so versteht, als nehme er auf eine (mit dem Begriff »Person« ko-extensive) Klasse von Sachen Bezug. In Evans' Überlegungen fungiert der Ausdruck »Subjekt« aber – in Anlehnung an die Unterscheidung von Peter Geach[34] – *attributiv*: Er bezeichnet eine bestimmte *Art und Weise* der Repräsentation. Deshalb ist Bermúdez Versuch, die Objektivität von ›Ich‹-Gedanken über ihre kommunikative Verifizierbarkeit sicherzustellen, mit einem Verzicht auf einen zentralen Gedanken in Evans' Neo-Fregeanismus erkauft: Denn auch wenn die Objektivität und Wahrheit eines Gedankens davon unabhängig ist, ob er wirklich und aktuell von einer Denkenden gedacht wird, hängt sein *Sinn* entscheidend von seinem Gedacht-Werden ab. Nur von einem wirklich gedachten ›Ich‹-Gedanken lässt sich sagen, dass er allein auf der Weise beruht, in der ein denkendes Wesen sich gegeben ist. Im Fall des demonstrativen Denkens an *sich selbst als rationales Subjekt* (das heißt: im Selbstwissen) ist es notwendig, den ›Ich‹-Gedanken als wirklich und aktuell gedacht zu verstehen – denn es ist gerade die Aktivität *dieser bestimmten* Denkerin, die den Sinn des bezugnehmenden Ausdrucks (die Repräsentation dieses Objekts *als* Subjekt) bestimmt. Diese Notwendigkeit wird freilich erst sichtbar, wenn nicht nur die Fähigkeit ausgeübt wird, sich selbst unter anderen Objekten im Raum zu identifizieren, sondern auch die Fähigkeit zur Artikulation der mentalen Aktivität (der Zustände und Einstellungen, die gegenüber der Verortung im Raum transparent bleiben). Deshalb beruht die Ausübung rationaler Fähigkeiten im Allgemeinen auf einem schon in der Erläuterung des »Generality Constraints« behandelten »backgrounds«, nämlich auf der

> appreciation of the fact that the kinds of evidence which [the thinker] is prepared to recognize as relevant to the ascription of the predicate to others bear also upon the truth of his claim, and a willingness to recognize, as relevant to the ascription of the predicate to others, evidence of their having executed the same procedure [...]. Without this background, we might say, we secure no genuine ›I think‹ [...] to accompany his thought (›p‹): the ›I think‹ which accompanies all his thoughts is purely formal.[35]

---

[34] Vgl. Geach, Good and Evil, S. 33f.

[35] Evans, Varieties, S. 226. – Evans erwähnt dies nur nebenbei und scheinbar, um die Idee abzuwehren, die Selbstzuschreibung von Überzeugungen und anderen mentalen Einstellungen und Zuständen könnte nach dem Vorbild der Wahrnehmung – gleichsam als eine Wahrnehmung zweiter Ordnung (die Wahrnehmung wahrnehmender Zustände) verstanden werden; vgl. ebd., S. 228.

Beachtet man diesen »background«, dann gibt es keine Lücke zwischen der »besonderen und ursprünglichen Weise«, in der ein Subjekt sich selbst gegeben ist, und dem Umstand, dass diese Art des Gegebenseins überhaupt nur verständlich ist, weil das Subjekt in der Lage ist, seinen ›Ich‹-Gedanken als eine Exemplifikation einer allgemeinen ›Ich‹-Idee zu begreifen, die auch im Denken und Sprechen anderer Subjekte auftaucht. Die vorgestellte Lücke ist immer schon überbrückt durch den »background« einer geteilten Praxis ineinandergreifenden Urteilens, in der die Angemessenheit von Zuschreibungen erwogen und beurteilt wird.

Vor diesem Hintergrund ist es einerseits beinahe trivial, dass wirkliche ›Ich‹-Gedanken unteilbar sind – denn sie sind durch ihren Sinn individuiert, durch die Art, in der sie sich auf ihr Objekt beziehen. Daraus folgt aber nicht, dass ihre Objektivität fraglich würde.[36] Auch wenn ich Deinen ›Ich‹-Gedanken nicht *teilen* kann (weil das Personalpronomen in meinem Denken einen anderen Sinn hat), kann ich doch wissen, was es für einen ›Ich‹-Gedanken im Allgemeinen bedeutet, wirklich zu sein; und ich kann sehr wohl verstehen, dass Du in Deinem selbstbezüglichen ›Ich‹-Gedanken zum Objekt Deines Gedankens in derselben Beziehung stehst, wie ich in meinem ›Ich‹-Gedanken. Daraus folgert Bermúdez, dass wir keine wirklichen, aktuellen ›Ich‹-Gedanken teilen können, dass wir niemals mit Sicherheit sagen können, ob eine faktische Äußerung ein bloßer Urteils*versuch*, oder doch die Artikulation eines *Gedankens* ist – womit die Vorstellung, solche Äußerungen könnten *Wissen* vermitteln, grundsätzlich problematisch werde. Deshalb entwirft er eine Methode, wie Zuschreibungen durch den Bezug auf eine vorausgesetzte raum-zeitliche Ordnung überprüft werden können.[37] Einer solchen Methode bedürfte es indes nur, wenn der Erfolg unserer kommunikativen Anstrengungen grundsätzlich fraglich wäre, sodass wir einen solchen Test benötigen würden, um zu verstehen, dass und wie wir Subjekte

---

[36] Im Gegenteil: Wenn die Idee der wirklichen, aktuellen Selbstbezugnahme eine »willingness« voraussetzt, das rationale Verhalten *Anderer* als relevant für die eigenen Selbstzuschreibungen anzuerkennen (»to recognize«), dann ist Selbstbewusstsein wesentlich in einem geteilten »Raum der Gründe«, einer geteilten rationalen Praxis verortet. *Für sich* genommen ist das keine aufregende Einsicht; aufregend wird sie, wenn man sie als eine natürliche Verlängerung von Evans' Überlegungen begreift, die sich daraus ergibt, dass auch ›Ich‹-Gedanken dem »generality constraint« unterliegen.

[37] Sein Vorschlag ist eng mit dem des Solipsisten verwandt, den Evans diskutiert. Der Solipsist reagiert auf das von Bermúdez aufgeworfene Problem mit der Behauptung, zumindest für *sich* könne er die Bedeutung von ›ich‹ sehr wohl erklären (nämlich: »By ›I‹ I mean the person such that, when he is in pain, something frightful is to be expected«; Evans, Varieties, S. 234f.). Bermúdez versucht nun, eine Gruppe solcher Solipsisten dadurch wiederzuvereinen, dass er ihnen eine externalistische Methode zur Überprüfung drittpersonaler Zuschreibungen zur Verfügung stellt. Evans hingegen lässt sich durch den solipsistischen Wunsch nach einer solcher Methode nicht beunruhigen, weil er das solipsistische Selbstverständnis unverständlich findet.

sind, oder dass es andere Subjekte gibt. So verhält es sich aber nicht. Wir teilen die Form des Denkens; und dieses Geteiltsein ist in jedem wirklichen, aktuellen ›Ich‹-Gedanken (als Bedingung für seine grammatische Struktur) exemplifiziert.[38] Dass jeder singuläre Urteils*versuch* immer auch scheitern kann, bietet ebenso wenig Anlass für skeptizistische Beunruhigung wie der Umstand, dass wir wechselseitig unsere ›Ich‹-Gedanken nicht teilen. Beides konfrontiert uns lediglich mit dem *praktischen* Problem, unsere Perspektiven auf einander und auf die Welt beständig zu koordinieren und damit umzugehen, dass dieses perspektivische Wissen nicht »into a substantial account of what the subject means by ›I‹« transformiert werden kann.[39]

5. Die skeptische Deutung verdankte sich einer empiristischen Interpretation des »informational system«, die nicht zwingend ist

Bermúdez' Einwand gegen Evans beruhte auf der Interpretation, dass informationale Zustände *nicht-begrifflich* und strikt privat, und dass folglich ›Ich‹-Gedanken unteilbar seien. Bermúdez kommt zu dieser Einschätzung, weil er Evans' Rede vom »informational system« – auf dessen Aktivität die Objektabhängigkeit des resultierenden Gedankens beruht – als Beschreibung eines faktischen Informationsverarbeitungssystems versteht. Deshalb unterstellt er Evans ein *bottom-up*-Modell, das mit der drittpersonalen Beschreibung dieses »informational system« anhebt und mit einer erstpersonalen Erläuterung des Selbstwissens endet; Lucy O'Brien nennt das treffend ein »observational model« von Selbstbezugnahme.[40] In *dieses* Modell ist eine Lücke zwischen einem drittpersonalen, deskriptiven Zugang und einem erstpersonalen, expressiven (artikulatorischen, reflexiven) Zugang eingeschrieben, der sich nur schwer überbrücken lässt.[41] Unterstellt man Evans ein solches *bottom-up*-Modell, dann lassen sich beide Zugänge definitionsgemäß nicht vermitteln. Man müsste dann einerseits ernstnehmen, dass Evans' Erläuterung demonstrativen Denkens eine begriffliche Form expliziert, die

---

[38] Vgl. ebd., S. 228 Fn.: »The point is that ›I think‹ (or ›it seems to me‹) acquires structure (›XI thinks‹ or ›it seems to XI‹, with ›I‹ in the argument-place) only when it is related to (at least possible) other exemplifications of the same predicate«.

[39] Ebd., S. 234.

[40] O'Brien, Evans on Self-Identification, S. 246.

[41] Man sieht nun, dass Bermúdez gar nicht versucht, diesen Übergang zu überbrücken: Er stellt lediglich fest, dass Evans scheinbar von einem deskriptiven Ausgangspunkt startet und zugleich den epistemischen Zugang zu diesem Ausgangspunkt unerträglich beschränkt; deshalb schlägt er vor, diesen deskriptiven Ausgangspunkt gegen einen anderen zu tauschen, der von Anfang an »öffentlich« und daher epistemisch zugänglich wäre.

wesentlich geteilt und in einer gemeinsamen Praxis manifestiert ist, in der einzelne Urteile beständig im Licht »normaler« oder paradigmatischer Fälle beurteilt werden[42]. Andererseits dürfte man mit einem solchen Verweis auf die Normalität einer geteilten Praxis kaum zufrieden sein. Man könnte so zum Beispiel nicht erklären, wie ein Subjekt seinen Fehler einsehen könnte, wenn sein »informational system« chirurgisch an eine falsche Informationsquelle angeschlossen würde. Und das ließe nur den Schluss zu, dass die observationale Idee einer singulären, unmittelbaren Quelle nicht-verifizierbarer Information überhaupt fehlerhaft ist.

Vertritt Evans aber überhaupt ein solches observationales Modell? Ein solches Modell kombiniert zwei Ideen: Erstens die Idee, dass unser selbstbewusstes Wissen von unseren mentalen Aktivitäten, Zuständen und Einstellungen auf einer *Beobachtung* beruht (freilich nicht auf einer Beobachtung der mentalen Zustände, die transparent gegen die Welt sind, sondern der Beobachtung von Sachverhalten in der Welt); und zweitens die Idee, dass Beobachtung unser primärer und privilegierter Zugang zur Welt ist.[43] Der *deskriptivistische* Zugang zur Welt wäre als primär und naheliegend zu betrachten, wohingegen die direkte demonstrative Bezugnahme einer besonderen Erläuterung bedürftig wäre. Eine solche Auffassung würde Evans indes bedenklich nahe an gerade diejenigen Aspekte des Russell'schen Deskriptivismus heranrücken, die er doch explizit zurückweist mit dem Ziel, die demonstrative Referenz als grundlegend zu erweisen. Grundlegend ist sie, weil nur in direkt demonstrativ bezugnehmenden Urteilen der Sinn der Urteile in der Art des Gegebenseins ihrer Objekte für uns, und zugleich in unserer konstitutiven Empfänglichkeit für dieses Gegebensein gründet. Dann aber können der drittpersonale und der erstpersonale Zugang nicht einfach als *getrennt*, sondern müssen als immer schon durch die »fundamental Idea« einer Person *vermittelt* verstanden werden.

---

[42] Vgl. Evans, Varieties, S. 257.
[43] Man müsste diese »Welt« dann empiristischen und realistischen Vorannahmen entsprechend verstehen: als ein raum-zeitliches System, für das unsere Teilnahme an ihm akzidentiell ist. Das heißt: Der Umstand unseres In-der-Welt-Seins würde nach dieser Vorstellung weder zur Form noch zur Objektivität dieser »Welt« beitragen.

6. Ein reflexiver Gegenvorschlag: Das »informational system« als geltungstheoretische Klausel gegen subjektivistische Missverständnisse

Bermúdez' Kritik beruht auf der Funktion, die er der »information component« im objektabhängigen Denken zuschreibt: Er versteht Evans so, als wolle er die Konstitution faktischer demonstrativer Gedanken erklären, und zeigt, dass Evans an dieser Erklärung scheitert. Das war aber gar nicht Evans' Vorhaben: Ihm geht es nicht um die Konstitution faktischer Gedanken, sondern um die Form objektabhängigen Denkens überhaupt. Muss man dafür nicht die Idee eines »information system« ganz aufgeben?[44] Die Antwort darauf hängt davon ab, ob man das »information system« im skizzierten Sinn *empiristisch*, d. h. als vorbegrifflich und drittpersonal deskriptiv fassbar verstehen muss. Evans ist in diesem Punkt unentschieden. Er schreibt zwar, dass die »informational states which a subject acquires through perception are *non-conceptual*, or *non-conceptualized*. Judgements *based upon* such states necessarily involve conceptualization: in moving from a perceptual experience to a judgement about the world [...], one will be exercising basic conceptual skills«.[45] Gleich im Anschluss ergänzt er jedoch, dass »this formulation (in terms of moving from an experience to a judgement) must not be allowed to obscure the general picture«.[46] Evans versucht, zwei gleichermaßen absurde Vorstellungen zu vermeiden: Einerseits die Vorstellung, der »move« von der Erfahrung zum Urteil gehe nur auf subjektive Spontaneität zurück – denn dann wäre die Objektabhängigkeit demonstrativen Denkens unverständlich. Umgekehrt wendet er sich aber auch gegen die Vorstellung, die unmittelbare Erfahrung »verursache« ein Urteil (oder »bringe« es »hervor«) – denn Urteilen *ist* wesentlich ein spontaner, rationaler Akt. Er vermeidet diese beiden absurden Verkürzungen, indem er das »moving from an experience to a judgement« aus zwei komplementären Richtungen erzählt: Einerseits als »process of conceptualization or judgement [, which] takes the subject from his being in one kind of informational state [...] to his being in another kind of cognitive state«, und andererseits und parallel dazu als Entstehung begrifflichen Gehalts aus un- oder vorbegrifflicher »information«.[47] Versteht man beide Erzähl*richtungen* als *zwei Erzählungen* über *zwei* Prozesse, dann sieht

---

[44] Das ist natürlich die These von John McDowell, Mind and World, S. 64 f.
[45] Evans, Varieties, S. 227.
[46] Ebd.
[47] Ebd.

es so aus, als wären beide voneinander unabhängig; so verstanden spitzt die Erzählung das Problem zu, anstatt es lösen zu können.

Es geht Evans aber nicht um *zwei verschiedene Vorgänge*, deren Zusammentreffen rätselhaft bleiben muss. Beide »Prozesse« sind *ein* Prozess: die Ausübung rationaler Fähigkeit. Deshalb braucht Evans auch keine *Kriterien* anzugeben, die entscheiden hülfen, ob ein faktischer kognitiver Zustand bereits die Bedingungen für »Wissen« erfüllte. So schreibt er etwa, Reflexion »is a way of producing in himself, and giving expression to, a cognitive state whose content is *systematically* dependent upon the content of the informational state, and the systematic dependence is a basis for him to claim knowledge of the informational state«[48] – aber diese Grundlage für einen Wissensanspruch ist (um den Preis eines Regresses) nicht *selbst* Gegenstand der Reflexion: »in no sense has that state become an object to him«.[49] Würde es in dieser Textpassage um einen bestimmten, singulären, faktischen Wissensanspruch gehen, dann könnte man tatsächlich Wissen um die eigenen mentalen Zustände beanspruchen, ohne dafür deskriptiv zugängliche und empirisch verifizierbare Gründe geben zu müssen. Evans aber geht es um die *Form* des Selbstwissens überhaupt. Er formuliert eine geltungstheoretische Klausel gegen die Vorstellung, man könne den kognitiven Zustand »Wissen« als *allein* durch das wissende Subjekt konstituiert verstehen. Dazu ist es notwendig zu verstehen, dass ein kognitiver Zustand auf einem Vorläuferzustand basieren muss, der ihn ermöglichte und selbst nicht durch diesen kognitiven Zustand konstituiert wurde. Den Begriff »Wissen« verstehen, oder mit der Grammatik von »Kognition« vertraut sein, heißt verstehen, was es im Allgemeinen bedeutet, dass ein Urteil seinen Gegenstand gleichsam »trifft«. Dieses »Treffen« kann nicht nur Resultat des subjektiven *Akts* sein, sondern muss objektiv ermöglicht sein. Diesen metaphorischen »Beitrag des Objekts« fängt Evans' Modell des »informational state« ein: Man rekonstruiert den informationalen Zustand, der das Urteil über das Objekt *ermöglichte* und – retrospektiv gesprochen! – den *Gehalt* (den Sinn) des Urteils konstituiert hat. Die Rede von einem »informational state« ist nur sinnvoll *in Verbindung* mit einem Urteil: denn man kann einen informationalen Zustand überhaupt nur identifizieren ausgehend von dem Urteil, in das er einmündete. Der »informational state« ist *nichts anderes als* der Vorgänger des aktuellen, wirklichen Urteils, in dessen Licht er identifizierbar ist.

Die »observationale« Interpretation hingegen glaubt, Evans verstehe die »informational states« als deskriptiv zugänglich unabhängig von den kognitiven Aktivitäten, die vielmehr erst hinterher durch sie erklärt würden – um einzuwenden, dass die explanatorische Lücke zwischen vorbegrifflicher, rein

---

[48] Ebd., S. 228.
[49] Ebd.

privater Information und gedankenvermittelndem Urteilen unüberbrückbar sei. Versteht man Evans' Modellierung des »informational system« und seiner Zustände hingegen *top-down*, also ausgehend von den Urteilen, in denen es sich ausdrückt, dann gibt es keinen Grund, auf das Modell des »informational system« zu verzichten. Man muss nur verstehen, dass die argumentative Funktion des Modells ist, diejenigen mentalen Tätigkeiten und Zustände zu »erden«, die dem »information system« gegenüber transparent sind: das Selbstwissen, dessen man sich reflexiv vergewissert, indem man seine »Durchsichtigkeit« zu seinen eigenen (objektiven) Möglichkeitsbedingungen ins Verhältnis setzt.

Die Idee der Transparenz unserer Überzeugungen (und anderer mentaler Zustände und Haltungen) komplettiert so Evans' externalistische Ausdeutung der Kantischen Idee, dass Anschauungen (die Gehalte unserer Erfahrung) notwendig eine bestimmte begriffliche Form haben. Man versteht den Beitrag des Subjekts zu dieser Form der Anschauung ausgehend von der Verbindung des Subjekts mit dem Angeschauten. In der Wahrnehmung scheint die Verbindung, der »Kontakt« zum angeschauten Objekt *unmittelbar* zu sein. In der Bezugnahme auf *sich* selbst, auf die eigenen mentalen Zustände und Einstellungen, ändert sich nun nicht das angeschaute *Objekt*, sondern die *Art und Weise*, in der das Objekt im Denken präsent ist. Die *Perspektive* wechselt: Wir wissen um unser »Inneres« *vermittelt* über unser Verhältnis zur Welt. Die Unmittelbarkeit der Wahrnehmung erweist sich als je schon im Denken vermittelt – so, wie ein scheinbar unmittelbar wahrgenommenes farbiges Licht sich als schon durch ein Glasprisma vermittelt (ja, sogar herbeigeführt) erweisen mag, und ohne die konstitutive Lichtbrechung unsichtbar bliebe. Selbstbewusstes Denken ist charakterisiert nicht durch ein anderes *Objekt* des Denkens (etwa als ein Denken »an sich selbst *als* Subjekt« – »if, indeed, such a thing is intelligible«), sondern durch die Art des Gegebenseins des Objekts und die Aufmerksamkeit für diese Art des Gegebenseins. Zugleich ist selbstbewusstes Denken dasjenige Denken, an dem die Art des Gegebenseins von demonstrativ repräsentierten Objekten *überhaupt* verständlich wird. Das zeigt sich am Aufbau von Evans' Argumentation: Während die vorhergehenden, relativ einfacheren Analysen räumlicher und zeitlicher demonstrativer Referenz es noch nahelegen, in einen Russell'schen Deskriptivismus zurückübersetzt zu werden, vollzieht Evans mit seiner Behandlung der Selbst-Bezugnahme einen methodischen Ebenenwechsel, der seine gesamte Theorie der Bezugnahme rückblickend in eine Kantische Gangart versetzt. Die besondere Form demonstrativer *Selbst*-Bezugnahme komplettiert die Erläuterung der anderen (zeitlichen, räumlichen) Weisen demonstrativer Bezugnahme: Denn erst mit der Selbstbezugnahme kann sich zeigen, dass und wie alle demonstrative Bezugnahme von der besonderen, erfahrenden Beziehung auf die Objekte der Welt abhängt, die unserere begrifflich strukturierte

Beziehung zur Welt exemplifiziert. Die Objektabhängigkeit ist allen Formen demonstrativen Denkens gemein. Letztlich verständlich wird sie aber erst in der Form der Bezugnahme auf die objektabhängige Repräsentation des Objekts im Denken selbst, oder: in der Selbstbezugnahme. Dann wird die Art des Gegebenseins als formaler Aspekt des Denkens selbst verständlich, und zwar in einer begrifflich artikulierten Praxis der Reflexion. Reflexion ist nichts anderes, als genau diese responsive geistige Aktivität in den Fokus zu rücken – die Fähigkeit, sich auf sich selbst zu beziehen, indem man sich Einstellungen, Intentionen und Volitionen zuschreibt. So *arbeitet* man in der reflexiven, allgemeinen und geteilten Artikulation *heraus*, in welchem Zustand man sich befindet, und auch, in welchem Zustand man sich befinden *sollte*.

Literatur

Anscombe, G. E. M.: The First Person. In: *The Collected Philosophical Papers of G. E. M. Anscombe, Vol. 2: Metaphysics and the Philosophy of Mind.* Oxford 1982, S. 21–36.

Anscombe, G. E. M.: *Intention*, Cambridge [2]2000.

Bermúdez, J. L.: Evans and the Sense of »I«. In: *Thought, Reference, and Experience. Themes from the Philosophy of Gareth Evans*, hg. von J. L. Bermúdez. Oxford 2005, S. 164–194.

Boyle, M.: Transparent Self-Knowledge. In: *Aristotelian Society Suppl. Vol. 85*, 2011, S. 223–241.

Campbell, J.: »Another I«: Representing Conscious States, Perception, and Others. In: *Thought, Reference, and Experience. Themes from the Philosophy of Gareth Evans*, hg. von J. L. Bermúdez. Oxford 2005, S. 220–257.

Castañeda, H.-N.: On the Logic of Self-Knowledge. In: *Noûs* 1, 1967, 9–21.

Evans, G.: *The Varieties of Reference*, Oxford 1982.

Evans, G.: Understanding Demonstratives. In: *Collected Papers.* Oxford 1985, S. 291–321.

Frege, G.: Der Gedanke. In: *Logische Untersuchungen*, hg. von G. Patzig. Göttingen [4]1993, S. 30–53.

Frege, G.: Über Sinn und Bedeutung. In: *Funktion, Begriff, Bedeutung. Fünf logische Studien*, hg. von G. Patzig. Göttingen [7]1994, S. 40–65.

Geach, P.: Good and Evil. In: *Analysis* 17, 1956, S. 33–42.

Grush, Rick (2007): Evans on Identification-freedom. In: *Canadian Journal of Philosophy* 37.4, S. 605–618.

McDowell, J.: *Mind and World*, Cambridge [2]1996.

Moran, R.: *Authority and Estrangement. An Essay on Self-Knowledge*, Princeton 2001.

O'Brien, Lucy (2005): Evans on Self-Identification. In: *Noûs* 29.2, S. 232–247.